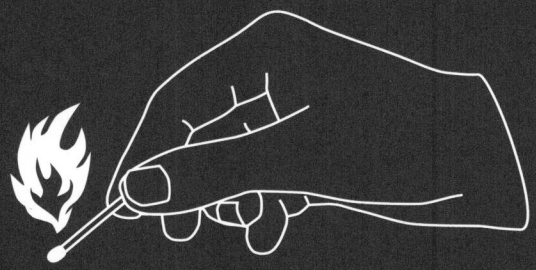

404
Page could not be found

COVER   ENTWURF BASIEREND AUF DEM CROWD-SOURCED MUSIKVIDEO »DO NOT TOUCH« VON MONIKER FÜR »LIGHT LIGHT«
MIT FREUNDLICHER GENEHMIGUNG DER AUTOREN

URL   WWW.DONOTTOUCH.ORG

To Do:
Die neue Rolle der Gestaltung
in einer veränderten Welt

Strategien
Werkzeuge
Geschäftsmodelle

Florian Pfeffer

Verlag
Hermann Schmidt Mainz
www.typografie.de

Modern zu sein bedeutet, in einer Umgebung zu leben, die uns Abenteuer, Macht, Freude, Wachstum und Wandel verspricht – und gleichzeitig droht, alles zu zerstören, was wir kennen und sind.

Marshall Berman,
All That Is Solid Melts Into Air

Nein /

dieses Buch beschreibt kein festgefügtes Ideengebäude, es ist kein Manifest und erhebt keinen Zeigefinger.

Genauso wie eine Landkarte niemandem sagen kann, wo er hingehen soll, bietet dieses Buch keine Rezepte oder Handlungs-anweisungen. Es ist kein Abgesang auf ein traditionelles Verständnis von Design, sondern eine Hymne auf Vielfalt, Pluralismus und mehr Design – auch in Landschaften, in denen Designer bislang noch nicht so oft angetroffen wurden.

Ja /

dieses Buch ist ein Handbuch für den Kopf
und richtet sich an radikale Optimisten,
Pioniere des Wandels, an Design-Amateure ▸036
(Menschen, die etwas mit Liebe tun) und
Gestalter mit Fragen an die eigene Disziplin.

Dieses Buch ist ein Werkzeug für alle,
die als Designer die Welt verändern wollen.

036 Dilettantismus / Amateurismus als Schlüsselkompetenz für Gestalter des 21. Jahrhunderts

Wie kam es zu diesem Buch?

Eine Absage

Dieses Buch ist die Antwort auf eine Absage. Eine Absage an den Autor Florian Pfeffer. Florian hatte im Rahmen seiner Diplomarbeit 1998 den internationalen Wettbewerb :output ins Leben gerufen, einen Wettbewerb, der samt der dazugehörigen Publikation zum Ziel hatte, Studienarbeiten aus aller Welt zugänglich zu machen. Für Studierende sollte :output Einblick ins Leben an anderen Hochschulen geben, für Agenturbosse war es Talentscout, für andere powervolles Sourcebook.

Damals war Florian seiner Zeit voraus, Jahrbücher waren rar – und eine der wenigen Möglichkeiten, sich darüber zu informieren, was andere Gestalter, Studenten und Hochschulen machten. :output wurde zum Geheimtipp unter Trendaffinen – und zum Erfolgstitel bei Schmidt. Dann veränderte das Internet alles. Raum und Zeit spielen keine Rolle mehr, Gutes spricht sich in Echtzeit herum und Jahrbüchern haftet schnell das Attribut »veraltet« an.

So saßen wir also zusammen mit Florian beim Italiener, und es hätte ein Essen werden können, das allen Beteiligten schwer im Magen liegt ... Statt aber an der ruhmreichen Vergangenheit von :output zu klammern, wandte Florian den Blick radikal nach vorn: Was bewegt Gestalter heute? Was bringt Input für Grafikdesigner? Welche »Blicke über den Tellerrand« brauchen Einsteiger in die Welt der visuellen Kommunikation? Wenn das Netz die Flut der Inhalte liefert, welche Aufgabe hat das Buch dann noch? Was sind die Fragen, die uns heute beschäftigen?

Es war Sommer, die Küche hatte längst geschlossen, kein anderer Gast saß mehr auf der Terrasse. Wir merkten es nicht. Wir fragten uns, wie sich Rolle und Aufgabe von Gestaltung grade verändern. Wir diskutierten, was das für die Lehre bedeutet und bedeuten müsste. Wir sprachen von Grafikdesignerinnen und -designern, die nicht nur in Berlin das neue Prekariat bilden, weil sie vom Verkaufen ihrer guten Ideen nicht mehr leben können und weil jeder heute irgendwie gestalten kann. Wir fragten uns, was Gestaltung heute heißt – und ob sich das aufs Visuelle beschränkt. Wir fragten uns, welche Kompetenzen herausragende Designer zur Lösung von Problemen mitbringen – und was das fürs Berufsbild heißen könnte. Ohne dass uns das bewusst gewesen wäre, arbeiteten wir am Konzept dieses Buches.

Nachwirkungen

Mit einer Absage und vielen Fragen und Denkanstößen im Kopf machte sich Florian Pfeffer auf den Weg an die HfG Karlsruhe, wo er zu
der Zeit lehrte. Nicht erst an diesem Tag fielen ihm die herausragenden Kulturplakate auf, die dort im Entree hängen als Leistungsbeweis
und Erinnerung an große Gestalter, die ihre Wurzeln an dieser HfG
haben. Nicht erst unser Infragestellen der Rolle des Gestalters heute
ließ ihn diese Kulturplakate anders (und für die Zukunft weniger
relevant) sehen. Nicht erst unsere Diskussion führte zur intensiven
Auseinandersetzung mit der Rolle von Gestaltungsprofessuren heute.

Wir verabredeten uns zum regelmäßigeren Gedankenaustausch. Wir
vereinbarten, miteinander offen und hemmungslos Fragen zu stellen,
vermeintliche Gesetze und Wahrheiten über Berufsbilder und Rollen
infrage zu stellen.

Was will dieses Buch? Was kann es? Und was kann und will es nicht?

Florian Pfeffer sprach nicht nur mit uns, er führte ergebnisoffene
Gespräche mit Designern aus aller Welt und er hielt die Augen offen.
Er sammelte Anregungen und Denkanstöße, Richtungweisendes
und Aktivitäten und Aktionen, die heute vielleicht noch Randerschei-
nungen sein mögen, Kreativen aber die Richtung weisen können.
Zum neuen Rollenverständnis. Und zum Einreißen selbstbegrenzen-
der Mauern. Florian sammelte ohne zu urteilen. Und er machte sich
Randnotizen zu allem, was er entdeckte.

Daraus wurde dieses Buch. Ein Buch der Phänomene und Denkanstöße. Auf 100 Doppelseiten präsentiert Florian Pfeffer richtungwei-
sende Projekte, Phänomene und Aktionen. Gestalterisch und durch
zwischengeheftete, verkürzte Seiten getrennt davon präsentiert er
jeweils seinen »Zwischenruf«. Also seine weiterführenden Gedanken
zu den unterschiedlichen Themen. Was ist daran wichtig für den
gestalterischen Alltag? Wie könnten wir das Beobachtete in die Praxis übersetzen. Was ist die Meta-Ebene, das Phänomen hinter dem
konkreten Projekt?

Weder die hier versammelten Aktionen noch die Zwischenrufe erheben Anspruch auf Vollständigkeit, direkte praxisnahe Umsetzbarkeit, Kopierbarkeit oder weltrettende Relevanz. Noch sind die Zwischenrufe von einem allwissenden Weisen verfasst. Florian Pfeffer als Autor und wir als Verleger verstehen uns als Suchende und Fragende auf dem Weg zu einem neuen Selbstverständnis von Gestaltern in einer veränderten Welt.

Wenn dieses Buch mehr Fragen aufwirft, als es Antworten gibt, wenn diese Fragen Ihnen nicht mehr aus dem Kopf gehen und wenn sie Ihren Blick auf Ihren Arbeitsalltag und Ihr Leben in den Creative Industries verändern, haben wir unser Ziel erreicht. Gewohntes infrage zu stellen, über den Tellerrand zu schauen, Grenzen zu überschreiten und Mauern, die das eigene Berufsfeld zu stützen und zu sichern schienen, einzureißen kann verwirrend, verunsichernd und anstrengend sein. Dahinter aber wartet das Neue. Das, was zu tun ist. Weil Gestaltung in der vernetzten, sozialen und ökologischen Revolution neu gedacht werden muss.

Der Kopf ist rund, damit das Denken die Richtung ändern kann (Francis Picabia) – Viel Freude dabei!

Karin & Bertram Schmidt-Friderichs
Mainz, im März 2014

PHÄNOMENE   PROJEKTE   STANDPUNKTE

Weiße Seiten: Neue Terrains

Neue Terrains ◀

Die breiteren Seiten auf weißem
Papier stehen für »Neue Terrains«.
Hier werden gesellschaftliche
Phänomene, beispielhafte
Projekte und interessante Stand-
punkte beschrieben, aus denen
sich die neue Landschaft der
Gestaltung formt.

PHÄNOMENE ──────── PROJEKTE ──────── STANDPUNKTE

▶ 003 **Netz/Stern**

Vom Todesstern und Lehman Brothers zu Wikipedia und Mikrokrediten [a]
Muhammad Yunus und Richard Fuld sind zwei unterschiedliche Menschen, die an zwei
unterschiedlichen Orten dieselbe Idee hatten: Geld an Menschen zu verleihen, die selbst
nicht genügend Geld besitzen, um kreditwürdig zu sein. Die Idee von beiden war zwar
im Grundsatz dieselbe, die Folgen hätten aber kaum unterschiedlicher ausfallen können.
Der bangladeschische Wirtschaftswissenschaftler Yunus wurde für sein Konzept des
Mikrokredits 2006 mit dem Friedensnobelpreis ausgezeichnet. Fuld hingegen, CEO der
Investmentbank Lehman Brothers, hat zwei Jahre später durch die Insolvenz seines
Instituts infolge eines zu hohen Investments in sogenannte »Subprime-Kredite« das
internationale Finanzsystem zum Einsturz gebracht. Wie kann ein und dieselbe Idee
zu so unterschiedlichen Ergebnissen führen? Die Antwort liegt in der Gestaltung der
Struktur, die sich hinter den beiden Ideen verbirgt: Auf der einen Seite die zentralistisch
angeordnete, sternförmige Struktur des internationalen Finanzwesens und auf der
anderen Seite die netzartig organisierte Peer-to-Peer-Struktur des Mikrokredits. ▶

▶ **003**

Positionen

Jedes Kapitel beschreibt eine
Position in dem neuen Terrain.
Die Positionen können Orientierung bieten. Sie können aber
auch Reibungspunkte sein.

011

012

**Zwischen Untergang und Nobelpreis
liegt nur ein Designprinzip.**

IMG011 TODESSTERN AUS »STAR WARS – DAS IMPERIUM SCHLÄGT ZURÜCK«
IMG012 LOGO VON WIKIPEDIA

STRATEGIEN   WERKZEUGE   GESCHÄFTSMODELLE

Wege

Hellgrün / verkürzte Seiten: Wege

Die verkürzten Seiten auf hellgrünem Papier stehen für »Wege«. Welche Strategien lassen sich nutzen? Welche Werkzeuge stehen zur Verfügung? Welche neuen Geschäftsmodelle entwickeln sich?

STRATEGIEN ——— WERKZEUGE ——— GESCHÄFTSMODELLE

Was wir von Computern lernen können
Peer to Peer (P2P) ist nicht nur ein Computernetzwerk, in dem alle Rechner gleichberechtigt miteinander verbunden sind. P2P ist auch ein Designprinzip zur Gestaltung von Kommunikation, Dienstleistungen, Geschäftsmodellen und Produkten, bei dem viele unabhängige Ressourcen miteinander verbunden werden und innerhalb des Systems gleichberechtigt jede beliebige Rolle übernehmen können – Autor, Kunde, Investor etc.

004 **Peer-to-Peer**
ist das Gestaltungsparadigma des 21. Jahrhunderts. Durch die verstärkte, weltweite Vernetzung ergeben sich neue Möglichkeiten, Peer-to-Peer-Strukturen als universelles Gestaltungsprinzip einzusetzen. Markensysteme, Designbüros, Content Management … nahezu alles, womit Gestalter heute zu tun haben, lässt sich als P2P-Struktur entwerfen.

 **004**

Richtungen

Jeder Position steht eine Richtung gegenüber. Richtungen beschreiben Möglichkeiten, sich in dem neuen Terrain zu bewegen.

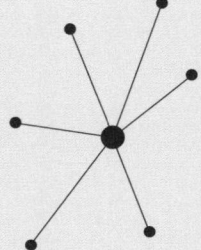 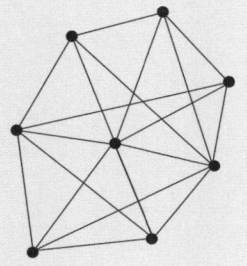

IMG013	ZENTRALISIERTES NETZWERK		IMG014	PEER-TO-PEER-NETZWERK
	INVESTOREN, MÄZENE, STIFTUNGEN	< >		KICKSTARTER
	BROCKHAUS	< >		WIKIPEDIA
	BANKENKREDIT	< >		MIKROKREDIT
	AGENTUR/DESIGNBÜRO	< >		COCREATION, MIKROBÜROS
	ORIGINAL/KOPIE	< >		MEME, SHANZHAI
	UNIVERSITÄT	< >		AD-HOC-WISSENSNETZE
	MARKE ALS LEUCHTTURM	< >		MARKE ALS PLATTFORM
	MEDIUM	< >		MEM

Begriffe und Definitionen
Glossar
ab Seite 261

Neue Landschaften formen neue
Sprachen. Die wichtigsten Be-
griffe werden im hinteren Teil des
Buches erläutert.

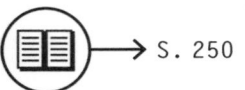 S. 250

Bücher und Texte
Kommentierte Literaturliste
ab Seite 243

Für alle, die an einer bestimmten
Stelle tiefer graben und mehr
wissen wollen, sind die entsprechenden Bücher und Texte in
einer kommentierten Literaturliste
ausführlich beschrieben und mit
ISBN-Nummern für eine einfache
Bestellung versehen.

**Nützliche Downloads
und frei verfügbare Inhalte**

Publikationen und Quellen, die im
Netz frei als Download verfügbar
sind, sind mit einem entsprechenden Symbol gekennzeichnet.

 S. 257

Blogs und Websites

Fundstücke aus dem Netz sind
mit einem »WWW«-Symbol markiert. Manche der Texte sind in
der Literaturliste im hinteren Teil
des Buches kommentiert.

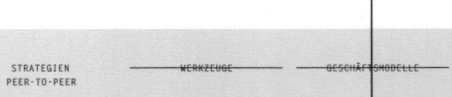

STRATEGIEN   WERKZEUGE   GESCHÄFTSMODELLE
PEER-TO-PEER

Peer-to-Peer-Identity
Als Struktur (fluides Netz) und als formgebendes Konzept ist P2P der gestalterische
Antityp zu den Designkonzeptionen des vergangenen Jahrhunderts. Ein Beispiel: Die
Gestaltung von Unternehmensidentitäten war in der Vergangenheit in erster Linie eine
Frage der Entwicklung von Standards. Diese Standards wurden in detailreichen (früher
gedruckten und heute online publizierten) Designmanuals festgeschrieben. Ähnlich
wie bei der Gestaltung eines industriell gefertigten Produkts – zum Beispiel eines
Stuhls – war die möglichst exakte Reproduzierbarkeit des Erscheinungsbildes zu jeder
Zeit und an jedem Ort eine Grundbedingung für einen hohen Wiedererkennungswert
und damit für den Erfolg des Corporate Designs.

Heute erscheinen diese Standards – das Gleichmacherische, nahezu Militärische
und auf starren Regeln basierende Prinzip eines Erscheinungsbildes – zunehmend
fragwürdig. Diese Regeln lassen sich in einer globalisierten Unternehmenswelt kaum
mehr implementieren. Unternehmen verändern sich heute so schnell, dass Marken-
architekturen und ihre formalen Ausprägungen ständig adaptiert werden müssen.
Welchen Sinn aber machen starre Regeln, wenn die Veränderung die einzige Regel ist,
die Bestand hat? Welchen Sinn macht die sternförmig organisierte Implementierung
eines Erscheinungsbildes, wenn die Unternehmensrealität längst einem P2P-Netzwerk
ähnelt, bei dem die einzelnen Knotenpunkte an den Rändern mehr und mehr eigene
Gestaltungskompetenz übertragen bekommen? ↷008

»Gut genug« sticht »perfekt«
Am 12. Juni 2013 hat der Bertelsmann Konzern bekannt gegeben, dass das traditions-
reiche Nachschlagewerk »Brockhaus« eingestellt werden soll. Damit verschwindet eine
Institution der Bildungsgesellschaft und eine der stärksten bibliophilen Marken im
deutschsprachigen Raum vom Markt. Der Grund dafür liegt auf der Hand: Wikipedia.
Wo im Brockhaus Wissen zentralisiert und Inhalte durch eine überschaubare Anzahl
hoch qualifizierter Autoren erstellt wurden, kann bei Wikipedia in einem offenen
Netzwerk jeder mitschreiben. Hier offenbart sich eine weitere Charaktereigenschaft
von P2P: Ein »Peer« ist ein Ebenbürtiger, Kollege und Fachgenosse. Es gibt keinen
Unterschied mehr zwischen Rezipient (Wissenssuchender) und Autor (Wissensanbie-
ter). Das P2P-Netzwerk funktioniert deshalb gleichzeitig als Korrektiv und stellt die
Qualität von Wikipedia sicher. Wir wissen nicht, wie es um die inhaltliche Richtigkeit
von Wikipedia im Vergleich zum Brockhaus bestellt ist. Wikipedia muss man zu
nutzen wissen, weil es anfällig ist für Manipulationen und Fehler – aber wo gilt dieser
Grundsatz nicht? Es ist offensichtlich so, dass nicht nur das Netz den Stern schlägt,
sondern auch »gut genug« besser funktioniert als »perfekt«.

↷008 **Offene Marken** / Anpassungsfähige Identität durch offene Marken

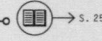 S. 250 FUTURE PERFECT:
THE CASE FOR PROGRESS IN A NETWORKED AGE
STEVEN JOHNSON; RIVERHEAD 2013

Links und Querverweise

Links im Text verweben unterschiedliche Inhalte zu einem großen Ganzen. Querverbindungen ermöglichen Assoziationen und lassen neue Gedanken entstehen.

☞054 **Disruptive Innovation** / »Low End« als Gestaltungsprinzip

PHÄNOMENE ——— PROJEKTE ——— STANDPUNKTE
NETZ/STERN

Todessterne
Im Fall der Investmentbank sehen wir die sternförmig angeordnete Struktur des internationalen Finanzsystems mit großen Knotenpunkten an zentralen Stellen, die »too big to fail« sind – also zu bedeutsam für das Gesamtsystem, als dass man das Risiko ihres Scheiterns akzeptieren könnte. Diese Sternstruktur konzentriert Profite ebenso wie Risiken in ihrer Mitte. Fällt die Zentrale aus, zieht sie die Peripherie (z. B. Kleinanleger und mittelständische Unternehmen) mit sich in den Abgrund. Ebenso wie Luke Skywalker, dem Helden des Filmepos »Star Wars«, ein kleiner Raumgleiter ausreichte, um mit einem einzigen Treffer in die Energiezentrale den ganzen Todesstern des Imperiums auszulöschen, so genügte im Falle der internationalen Finanzkrise das Scheitern einer einzigen Bank, um das Gesamtsystem zum Kollaps zu bringen.

Peer-to-Peer-Netzwerke
Der Mikrokredit hingegen basiert auf einer netzartigen Struktur, in der Profite und Gewinne auf eine Vielzahl von kleinen Knotenpunkten verteilt werden, die alle so miteinander verknüpft sind, dass der Ausfall eines Knotens von den anderen aufgefangen werden kann. Fällt ein Kreditnehmer aus, so übernehmen andere Knotenpunkte dessen Funktion. In diesem System können zwar keine Milliardengewinne in einem einzigen Institut konzentriert werden, dafür ist das System aber auch weniger anfällig für Störungen. Entscheidend ist dabei, dass Kreditnehmer und Kreditgeber identisch sind und so – ähnlich dem System der Genossenschaften – ein individuelles Interesse an der Rückzahlung der Darlehen besteht. So wie bei Wikipedia eine Gemeinschaft von gleichberechtigten Autoren im ständigen Austausch untereinander die Qualität des Gesamtwerkes durch seine Peer-to-Peer-Netzstruktur garantiert.

Chancen und Notwendigkeit
Wir können heute an vielen Stellen beobachten, wie die zunehmende Vernetzung unserer Gesellschaft die Umformung von sternförmigen Strukturen in Netzstrukturen beschleunigt. Dadurch entstehen Chancen für neue Geschäftsmodelle, die in manchen Fällen alte, sternförmige Modelle innerhalb kurzer Zeit ersetzen. ☞**054** So ist die Plattform WWW.KICKSTARTER.COM mit 320 Mio. US-Dollar bereits heute größer als der bedeutendste nationale Kulturfonds der USA (National Endowment for the Arts). Kickstarter verlagert die Entscheidung, welche Projekte realisiert werden, von den Händen weniger (Stern) in die Hände vieler (Netz). Durch P2P-Strukturen kann heute jeder Mensch ab 5 US-Dollar Investor werden. ☞**056** Auf der anderen Seite ist dieser Wandel nicht nur eine Chance, sondern auch eine Notwendigkeit. Je stärker wir uns global verbinden und je abhängiger wir voneinander werden, desto weniger können wir uns weitere »Todessterne« in unseren Systemen leisten.

☞**054 Disruptive Innovation** / »Low End« als Gestaltungsprinzip
☞**056 El Dorado** / Machen statt konsumieren

Textbrücken

Der Text in diesem Buch hat keine festgelegte Reihenfolge. Alles hängt mit allem zusammen. Es bieten sich ständig neue Wege an. Textbrücken machen Vorschläge, wo man weiterlesen könnte.

Resilienz /
Wie lassen sich widerstandsfähige Systeme gestalten? → ☞**030**

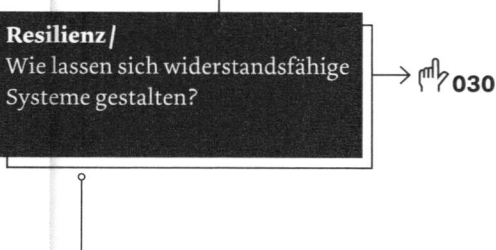

Resilienz /
Wie lassen sich widerstandsfähige Systeme gestalten?

→ ☞**030**

▶**Terrains**

PHÄNOMENE   PROJEKTE   POSITIONEN

↓

🖐 **Wege**

STRATEGIEN   WERKZEUGE   GESCHÄFTSMODELLE

↓

»It's the end of the world
as we know it.

And I feel fine.« R.E.M.

Das Ende der Gewissheit

Im Jahr 1996 ist die Welt, wie ich sie kannte, zu Ende gegangen. Nach einer sechswöchigen Rucksack-Reise sitze ich am Vorabend des Rückflugs in einem Café in Jakarta. Im Fernsehen laufen die Abendnachrichten. Ich kann kein Wort verstehen. Dennoch kann ich den Blick während der gesamten Sendung nicht von dem Bildschirm abwenden. Ich bin fasziniert von der folkloristischen Anmutung der Dekoration, mit der die Designer des indonesischen Fernsehens das Nachrichtenstudio ausgestattet haben. Hinter der Sprecherin ist eine Art Rorschach-Test zu sehen, der sich an der linken und rechten Seite zu großflächigen, unregelmäßigen Mustern auffächert – schön, aber auch eigenartig für eine Nachrichtensendung. Ich kann mir keinen Reim darauf machen. Was ist das?

Kurz vor dem Wetterbericht trifft es mich dann wie ein Blitz – plötzlich fügt sich das Bild vor meinen Augen neu zusammen: Es ist eine Weltkarte! Allerdings befindet sich im Zentrum der Karte Indonesien. Links, im Westen, liegen Europa und Afrika und rechts, im Osten, Nord- und Südamerika. Ich habe die Weltkarte nicht erkannt, weil sie einen anderen Mittelpunkt hat.

Ich bin erschüttert. Ich musste 26 Jahre alt werden, um zu begreifen, dass die Welt, wie ich sie kenne, eben genau nur das ist: die Welt, wie *ich* sie kenne. Und in diesem Moment ist sie auch an ihrem Endpunkt angelangt. Sie hat ihren Mittelpunkt verloren. Sie ist nur noch eine Möglichkeit anstelle einer Gewissheit. In diesem Moment habe ich verstanden, was Design kann.

Heute habe ich das Gefühl, wieder an einem ähnlichen Punkt angelangt zu sein. Die Welt hat sich weitergedreht – Design aber scheint stehen geblieben zu sein. Oder sieht das nur für mich so aus, weil ich mal wieder die Karte nicht lesen kann?

Die digitale Medienrevolution ist zu Ende. Es gibt keine »neuen« Medien mehr, höchstens vielleicht »soziale« Medien – und auch die sind mittlerweile alt. Design befindet sich nicht mehr an den Siedepunkten der gesellschaftlichen Entwicklung. Damit sinkt die kulturelle Relevanz traditioneller Gestaltung. Es spricht natürlich nichts dagegen, weiterhin Schriften, Stühle, Websites, Plakate, Autos oder Zeitschriften zu gestalten. Was aber spricht dafür? Traditionelles Design neigt dazu, die bestehenden Modelle der Kommunikation, der Produktion, der Ökonomie und des Konsums fortzuschreiben. Was aber, wenn diese Modelle nicht mehr funktionieren?

Das zentrale Problem von Design ist, dass es Expertise, Gewissheit und Einfachheit verkaufen will. Von dem legendären amerikanischen Gestalter Paul Rand existiert die Anekdote, dass er einem Auftraggeber auf die Bitte nach alternativen Entwürfen sinngemäß folgende Antwort gegeben haben soll: »Ich mache keine Alternativen. Sie haben ein Problem. Ich gebe Ihnen die Lösung. Diese Lösung können Sie benutzen, wenn Sie das wollen.« Diese Haltung ist Ausdruck eines romantisierten Rollenbildes, das in der Tradition des Künstlers des 19. und 20. Jahrhunderts steht: Der Gestalter als Guru und genialer Schamane, der mit der magischen Gabe ausgestattet ist, aus dem Nichts Wahrheiten für ein staunendes Publikum hervorzuzaubern.

Die Wahrheit ist, dass es keine Wahrheit mehr gibt.

»Modern zu sein bedeutet, in einer Umgebung zu leben, die uns Abenteuer, Macht, Freude, Wachstum und Wandel verspricht – und gleichzeitig droht, alles zu zerstören, was wir kennen und sind«, schrieb der amerikanische Philosoph und Autor Marshall Berman bereits 1982 in seinem Essay »All That Is Solid Melts Into Air«. Dieselben Technologien, die uns heute den Zugang zu Wissen und weltweiten Netzwerken bieten, liefern uns der NSA aus. Gentechnik heilt Krankheiten und eröffnet gleichzeitig einen Supermarkt für biologisches Leben. Die Realität ist kompliziert, und es ist illusorisch zu glauben, dass sie durch Design einfacher wird. Das Credo von traditionellem Design ist es, komplexe Sachverhalte einfach darzustellen. Das Design der Zukunft ist mit der Frage konfrontiert, wie wir Komplexität aushalten und gestalten können.

Die nächste Revolution

Der Begriff »Revolution« hat eine kurze Halbswertszeit. Viele Entwicklungen, die auf den ersten Blick revolutionäre Züge haben, entpuppen sich später lediglich als kleine Kurskorrekturen oder unwesentliche Veränderungen. Eine Revolution, die diesen Titel verdient, hat einen umwälzenden Charakter. Revolutionen verändern die Lebens- und Arbeitsverhältnisse der Menschen auf tiefgreifende Weise. Eine Gesellschaft, die sich in einer Revolution befindet, muss sich dessen allerdings nicht immer bewusst sein. Nicht jede Revolution kommt wie ein Putsch daher. Umwälzende Veränderungen können sich hinziehen und ein langwieriger Prozess sein, anstelle eines plötzlichen Ereignisses.

Design hat in seiner kurzen Geschichte bereits zwei Revolutionen miterlebt. Die industrielle Revolution markiert die Geburtsstunde der modernen Gestaltung. Die Erfindung der Dampfmaschine hat die Massenproduktion von Serien ermöglicht. Haben zuvor Handwerker Einzelstücke angefertigt, tritt nun der Designer auf den Plan, der nicht mehr einzelne Objekte herstellt, sondern Konzepte für Dinge entwirft, die mit Hilfe von Maschinen in tausendfacher Auflage vervielfältigt werden können. Die zweite Revolution ist die Elektrifizierung und die darauf folgende explosionsartige Verbreitung der Massenmedien. Ohne diese Innovation wäre Kommunikationsdesign kaum denkbar. Zu der Gestaltung von Produkten kommt nun die Entwicklung von komplexen Zeichensystemen hinzu.

Ein Blick aus dem Fenster genügt, um zu sehen, dass heute eine neue Revolution im Gange ist – die vernetzte, soziale und ökologische Revolution.

Diese Revolution hat nicht einen Ursprung alleine. Eine komplexe Melange aus globaler Vernetzung großer Datenströme, ökologischen Problemen und der Überdehnung unserer sozialen Systeme wälzt den Status quo um und bringt neue Formen der Gestaltung hervor. Haben wir uns früher damit beschäftigt, Wohlstand für alle zu erzeugen, stehen wir heute vor der Frage, wohin mit all den Kollateralschäden. Hat Kommunikation früher nach dem Prinzip »One to Many« funktioniert, so können heute alle mit allen reden. Wo früher Kontrolle war, herrscht heute »Transparenz« — im Guten wie im Schlechten. Bedeutsamer aber ist, dass die vernetzte, soziale und ökologische Revolution die Systemfrage stellt: »Ist die Art und Weise, wie wir bisher gelebt, gearbeitet, produziert und konsumiert haben, intelligent genug? Welche Alternativen können wir erzeugen?« Wir befinden uns mittendrin in der Umwälzung und es ist noch nicht klar, wie die Landschaft hinterher aussehen wird. Es ist lediglich klar, dass die bisherigen Werkzeuge und Konzepte von Gestaltung nicht mehr ausreichen.

Diese Revolution braucht weniger Symbole und mehr Substanz, weniger Produkte und mehr Werkzeuge, weniger Hardware und mehr Software.

Was nun?

Eine Alternative ist es, Design weiter so zu betreiben, wie bisher. Diese Möglichkeit ist auf den ersten Blick nicht die schlechteste. Denn auch wenn der Hype vorbei ist, ist Design noch immer eine sinnvolle Dienstleistung mit einem funktionierenden Markt. Die Frage ist nur, wie lange das noch so sein wird. In einer Studie des Bund Deutscher Grafikdesigner (BDG) über die Einkommen von Designern sprechen die Autoren von einem wachsenden »prekären Vorhof«, in dem sich ein Heer von Freelancern mit einem Jahreseinkommen von weniger als 10.000 Euro wiederfindet. Es ist deutlich, dass das Geschäftsmodell von traditionellem Design unter Druck steht.

Computer und soziale Medien geben heute jedem die Möglichkeit, ein Designer zu sein. Es ist dabei unerheblich, ob die Ergebnisse qualitativ an die
eines akademisch ausgebildeten Gestalters heranreichen.

Eine zweite Alternative ist der Rückzug in nostalgische Nischen oder akademische Unverbindlichkeit. »Der Status einer Profession wird nicht einfach
von einzelnen Individuen in einem bestimmten Berufsfeld definiert. Die
Existenzberechtigung einer Profession basiert grundsätzlich auf einem
sozialen Vertrag mit denjenigen, denen dieser Beruf einen Nutzen bringen
soll«, stellt die amerikanische Designerin und Professorin Deborah Littlejohn
in ihrer Dissertation über die Zukunft der Designausbildung fest. Mit anderen
Worten: Die Nische ist ein schöner Ort, aber kein tragfähiges Modell für eine
breite Weiterentwicklung von Design mit ausreichender gesellschaftlicher
Akzeptanz.☝058

☝**058 Ränder versus Nischen** / Auf der Suche nach einer neuen Relevanz für Design

Die dritte Alternative ist die Auseinandersetzung von Design mit den
komplexen und widerspenstigen Fragestellungen des modernen Lebens.
Wo sind die gestalterischen Strategien für die Entwicklung einer vernetzten,
globalen Zivilgesellschaft und gegen den Cloud-Feudalismus von Google,
Facebook und Apple?☝018 ☝050 Kann Design mehr sein als eine blinde Inno-
vationsmaschine, die uns sagt, was wir *können,* sondern auch ein kritischer
Katalysator, der uns hilft, darüber zu sprechen, was wir *wollen?* Ist Design
nur ein Konzept für hochentwickelte Industrieländer?☝088 Können wir
– ähnlich wie in der Nachrichtensendung des indonesischen Fernsehens –
neue »Landkarten« der Welt gestalten, die nicht unsere defekten Modelle
fortschreiben, sondern alternative Möglichkeiten sichtbar machen?

☝**018 Dunkle Materie** / Gestaltung der Welt hinter der Welt
☝**050 Counterveillance** / Strategien gegen die totale Überwachung als Geschäftsmodell für Designer
☝**088 Informelle Ökonomie** / Heute ist jedes Land ein »Entwicklungsland«

Welchen Einfluss hat die vernetzte, soziale und ökologische Revolution auf
Gestaltung?
Was ist Design heute? Wozu ist es gut – und wozu nicht?
Wohin entwickelt sich Design?
Welche Perspektiven bietet Design der Kultur, der Wirtschaft, der
Wissenschaft, der Technologie, der Politik – und den Designern selbst?

Diese Fragen sind der Ausgangspunkt für dieses Buch.

Was ist Design?

Ich gebe zu, diese Frage ist nicht besonders originell. Wahrscheinlich gibt es sie schon so lange, wie es Design als Begriff und kulturelles Phänomen gibt – also ungefähr seit den 20er Jahren des letzten Jahrhunderts (oder so).

Doch auch wenn Design schon seit langer Zeit ein Beruf ist, es Auftraggeber für Design gibt, Hochschulen, Bücher, Konferenzen, Forschung und unzählige konkrete Beispiele, hat es bislang noch niemand geschafft, eine befriedigende und umfassende Antwort auf diese Frage zu geben. Das fängt bereits im Kleinen an. Jeder Designer kennt das Phänomen, nicht in der Lage zu sein, seiner Familie, den Freunden oder auch sich selbst genau erklären zu können, was man eigentlich tut. Was ist die Essenz von Design, jenseits des einzelnen Projekts und des konkreten Artefakts? Vertreter anderer Berufe haben es da leichter. Wir alle wissen, was ein Arzt, ein Müllmann, ein Autoverkäufer oder ein Lehrer macht. Was aber macht ein Designer?

Und es wird nicht einfacher, wie der italienische Architekt und Designer Stefano Mirti in einem Facebook-Eintrag schreibt: »Vor 25 Jahren war Design eine kleine Nische. Ein obskures Gebiet, das sich mit der Gestaltung schicker Stühle beschäftigt hat, die zu phantastischen Preisen verkauft wurden.«

»Heute ist Design etwas anderes. Heute ist Design alles. Aber wenn etwas alles ist, ist es nichts.«

Design dehnt sich aus, fächert sich in viele schillernde Facetten und Spezialisierungen auf, vermischt sich mit anderen Fachgebieten, erfindet eigene, neue Disziplinen und läuft damit Gefahr, sich in einem unspezifischen Nebel aufzulösen.

Andererseits: Was hätten wir davon, wenn wir wüssten, was Design ist?

Hier hilft ein Blick zu der wesensverwandten Schwester der Gestaltung, der Kunst. Man kann ein Kunstwerk oder eine Strömung in der Kunst beschreiben, nicht aber »die Kunst«. Und das ist gut so. Denn es wäre für die Kunst fatal, wenn feststünde, was sie ist (und was sie nicht ist). In einem solchen Fall würde Kunst sofort aufhören zu existieren, weil sie berechenbar und damit unbrauchbar geworden wäre. Oder – und es spricht vieles dafür, dass dies in der Vergangenheit bereits öfter geschehen ist – sie würde sich im Augenblick ihrer Erklärung auf der Stelle in etwas ganz Anderes, Unvorhersehbares und noch Rätselhafteres als zuvor verwandeln.

Mit Gestaltung verhält es sich ähnlich. Es ist die Wesensart und das Ziel von Design, die Wirklichkeit immer wieder neu zu interpretieren. Das bedeutet aber auch, dass sich Design mit jedem Projekt selbst neu erfindet, und sei es nur in einem winzigen kleinen Teil. ☞092 Die Folge ist eine große, vielfältige Buntheit von Standpunkten und Haltungen, die in sich schlüssig sein können, sich gegenseitig ergänzen, widersprechen oder beziehungslos nebeneinander stehen können. Aus dieser Spannung bezieht Design seine Energie.

☞**092 Praxis** / Education by Infection

Dieses Buch ist kein Versuch, Design zu erklären. Es ist der Versuch, Design zu praktizieren, indem es neue Modelle in den Raum stellt, um so zu dem Projekt der ständigen Umgestaltung von Design beizutragen.

Warum verändert sich Design?

Es gibt heute nicht mehr nur Grafikdesign, Produktdesign, Industriedesign und Modedesign, sondern auch Interaction Design, Social Design, Service Design, Experience Design, Critical Design, Design Fiction und viele andere mehr oder weniger neue Formen, Aggregatzustände und Disziplinen von Gestaltung.

Wir leben heute mitten in einem sich lange hinziehenden Übergang von national geprägten Industriegesellschaften hin zu … ja, wohin eigentlich? Zur globalisierten Wissensgesellschaft, Informationsgesellschaft, Netzgesellschaft oder der Einfachheit halber zur »post-industriellen« Gesellschaft? Wir wissen es nicht. Alle Versuche, der Entwicklung einer globalen, vernetzten, dynamischen und hybriden Kultur die passende Überschrift zu geben, sind Ausdruck einer Ratlosigkeit im Angesicht stark ansteigender Komplexität. Denn auch wenn der Umgang mit Wissen und Information immer wichtiger wird, muss deshalb die Bedeutung von greifbaren Gegenständen und deren industrieller Produktion nicht automatisch abnehmen – oder vielleicht doch? Wir haben es eben gerne einfach und deshalb ist uns eine einzige Überschrift meist lieber als viele verschiedene. Die Expansion von Design ist heute in vollem Gange. Sie wird noch lange anhalten, weil der Umbau unserer Systeme gerade erst begonnen hat.

Die aktuelle Ausdehnung von Design ist kein Zufall, keine Mode-Erscheinung und keine Laune einer kleinen Avantgarde. Sie ist die logische Folge eines massiven gesellschaftlichen Wandels.

Dieser Wandel wird von einer Reihe schwerer Krisen begleitet.

So ist zwischen 1860 und 1981 in der letzten großen Phase der Industrialisierung der weltweite Ausstoß von CO_2 um das 500-Fache angestiegen. Uns geht nicht nur langsam der Sprit aus. Wir sind dabei, uns ins Chaos zu stürzen. Denn auch wenn eine Erwärmung der Atmosphäre um mehr als drei Grad nicht zwangsweise das Ende der Menschheit bedeuten muss, so könnten die sozialen, ökonomischen und ökologischen Folgen dennoch unbeherrschbar werden. Design spielt bei dieser Entwicklung eine nicht unbedeutende Rolle. Ohne Produktdesign gäbe es keine industriell gefertigten Produkte. Und ohne Kommunikationsdesign würde sie keiner kaufen. Wir sind gezwungen, vollkommen neue und vor allen Dingen intelligentere Formen von Produktion, Wachstum und Konsum zu entwickeln. ⇪028 ⇪030

⇪**028 SLOC** / Blaupause für eine zweite Globalisierung
⇪**030 Resilienz** / Wie sieht eine Welt aus, die immer noch eine Option in der Tasche hat?

Aber das ist noch nicht alles. Auf die weltweite Digitalisierung folgt nun die weltweite Vernetzung – sowohl im Kleinen (Internet der Dinge) wie im Großen (Big Data). Auch dieser Übergang wird von einer Reihe unterschiedlicher Phänomene begleitet. Es entstehen neue Formen der Beteiligung an demokratischen Prozessen, neue Geschäftsmodelle, Technologien und Kommunikationsformen. Bestehende Machtblöcke lösen sich auf und Gesellschaften haben die Chance, offener zu werden. Gleichzeitig entbrennt ein heftiger Kampf um die Kontrolle der globalen Datenströme und es droht ein Terror der totalen Transparenz. ▸047 Wir sind – was die digitale Vernetzung betrifft – wie Kinder am Meer. Wir stürzen uns kopfüber ins Vergnügen und haben keine Schwimmflügel an. Die Technologie entwickelt sich so schnell, dass unsere Gesellschaft kaum hinterherkommt, entsprechende Umgangsformen und soziale Normen hervorzubringen.

▸**047 Terror** / Gestaltung, Transparenz und Überwachung

Auch hier ist Gestaltung gefordert. Denn in der Industrialisierung waren es gestalterische Bewegungen wie das Bauhaus oder die Ulmer Schule, die den Waren der Massenproduktion nicht nur eine äußere Form, sondern vor allen Dingen eine innere Ethik gegeben haben: Dass die Form einer Funktion folgen oder dass es das Ziel von Design sein solle, mehr (Nutzen) mit weniger (Aufwand) zu erzeugen, mag aus heutiger Sicht dogmatisch, diskussionswürdig und überholt klingen – oder auch nicht. Es waren aber genau diese Glaubenssätze, die die gesellschaftliche und kulturelle Bedeutung von Design über einen rein ökonomischen Nutzen hinaus begründeten. Für die digitale Vernetzung steht die Entwicklung einer Ethik noch aus.

Der dritte Treiber der Veränderung ist die Frage nach der sozialen Balance in einer globalisierten Welt. Nicht dass es diese Balance jemals in einem ausreichenden Maße gegeben hätte. Global betrachtet waren die Ungleichheiten früher möglicherweise sogar noch größer als heute. Kolonialisierung, feudalistische Gesellschaften und imperialistische Feldzüge in der Geschichte haben sicher nicht zu einem historisch ausgeglichenen Gerechtigkeitskonto geführt. Wir können aber – und das ist ein wesentlicher Unterschied – offensichtliche Ungerechtigkeit heute nicht mehr so leicht ignorieren wie früher. Wir bekommen sie durch die Medien in unsere Wohnzimmer geliefert. Wir wissen alle, welche Folgen unsere Konsummuster in Kenia haben und was Drohnen im vorgeschobenen Auftrag unserer Sicherheit auf einem Acker in Afghanistan anrichten können. Dabei müssen wir nicht in die Ferne schweifen. Die soziale Balance gerät auch in unserer unmittelbaren Nähe ins Wanken. Laut einer Studie von UNICEF leben mehr als 1,1 Millionen Kinder und Jugendliche in Deutschland in Armut. Während das private Gesamtvermögen immer neue Rekordmarken erreicht, fallen auf der anderen Seite immer mehr Menschen durch das soziale Raster. Die Lebensbedingungen klaffen in vielen Ländern der Erde immer weiter auseinander und immer mehr Menschen wollen sich mit dieser Situation nicht mehr abfinden.

»Die besten Köpfe arbeiten dort, wo sie keiner braucht – an den Problemen der Reichen«, sagt Sam Pitroda, der Vorsitzende des National Innovation Council India. ▸089 Das mag polemisch sein, unscharf und zum Teil ungerecht. Oft wird Produktdesign und Branding aber genau so eingesetzt: Um Unterschiede auf einer symbolischen Ebene zu erzeugen, die eine höhere Marge rechtfertigen und Produkte komplexer und teurer machen. Das wird in Zukunft als Begründung für Design nicht mehr ausreichen.

▸089 **Einfachheit** / Was Industrieländer von Schwellenländern lernen können

Es spielt keine Rolle, ob wir glauben, dass Design die Welt verändern kann oder nicht. Die Welt verändert Design – ob mit oder ohne uns.

Design ist viel zu wichtig, um bei dieser Entwicklung am Spielfeldrand zu stehen. Es reicht auch nicht mehr aus, gut gemeinte Plakatwettbewerbe zu veranstalten oder zaghafte Upcycling-Konzepte, die am Ende doch nicht in einem nennenswerten Maßstab implementiert werden.

Es wird Zeit, dass Design sich einmischt und sich die Finger schmutzig macht.

Die Ausdehnung von Design und die vielen neuen Formen von Gestaltung sind klare Signale dafür, dass dies bereits geschieht. Und das ist gut.

Auf wessen Schultern können wir stehen?

Jede Generation ist davon überzeugt, den »Sex« erfunden zu haben. Jeder Mensch empfindet zu Recht (und zugleich fälschlicherweise) seine eigenen Erfahrungen als einzigartig, unvergleichbar und noch nie dagewesen. Es gibt aber einen Unterschied zwischen einer Erfindung und einer Entdeckung.

Mit der gegenwärtigen ökologischen, ökonomischen und sozialen Krise verhält es sich ebenso. Viele Menschen glauben, dass wir einer globalen Katastrophe noch nie so nahe waren wie heute. Die überwiegende Mehrheit der Wissenschaftler ist davon überzeugt, dass der Klimawandel eine ernste Bedrohung für die Menschheit darstellt. Diese Situation ist einzigartig in der Geschichte des Planeten und provoziert deshalb unterschiedliche Re-aktionen: von Ratlosigkeit und Ohnmacht über den Wunsch nach radikalem Wandel bis hin zu Ablehnung und Negierung des Problems. Es gibt keine Erfahrung mit dieser komplexen Frage und so stochern wir im Trüben.

Aber auch wenn wir nicht wissen, was wir in *dieser* Krise tun können, so können wir doch auf vielfältige Erfahrungen mit existenziellen Herausforde-rungen an sich zurückblicken. Es ist entweder pures Glück oder gekonntes Krisenmanagement, dass wir überhaupt so weit gekommen sind, wie der Gestalter, Ingenieur und Visionär Buckminster Fuller bereits 1972 in einem Interview mit dem »Playboy« festgestellt hat: »[Der Mensch] stand schon immer am Abgrund. Er hatte schon immer die Möglichkeit, einen Stein nach einem anderen Menschen zu werfen und ihn zu töten. Er konnte schon immer von der Klippe fallen. Er hatte schon immer Zeit, da draußen zu erfrieren. [...] Adam und Eva hätten Steine nehmen können und es wäre alles aus gewe-sen.« ▶029

▶**029 Krise** / Design jenseits der Komfortzone

Deshalb ist es nicht überraschend, dass die Idee von Gestaltung als Technik zur Bewältigung von Krisen, komplexen Fragestellungen oder gesellschaft-lichen Aufgaben ebenfalls nicht neu ist. Dieser Gedanke ist schon früher ge-dacht und praktiziert worden. Otl Aicher hat es 1991 in seinem Buch »Die Welt als Entwurf« so formuliert: »Design bezieht sich auf den kulturellen Zu-stand einer Epoche. Die heutige Welt ist definiert durch ihren Entwurfszu-stand.«

»Die Qualität der Entwürfe ist die Qualität der Welt.«

Aicher war davon überzeugt, dass es nicht möglich ist, isoliert und losgelöst ein Buch zu gestalten, eine Marke oder einen Stuhl. Wer entwirft, gestaltet die Welt. Alles hängt untrennbar miteinander zusammen und alles kann zu einem Objekt von Gestaltung werden. Die Ausdehnung und mögliche Überdehnung von Design ist also nicht neu. Design wurde schon immer überstrapaziert und hatte seine besten Momente vielleicht sogar immer dann, wenn die Spannung am größten war.

Was hat die Geschichte der Gestaltung uns heute zu bieten?
Welche Wurzeln geben Halt in dem Sturm der vernetzten, sozialen und ökologischen Revolution?

Wenden wir uns noch einmal Buckminster Fuller zu. Geboren 1895, entstammte Fuller einer wohlhabenden Familie und geriet dennoch mit 32 Jahren in eine tiefe Lebenskrise. Seine Tochter Alexandra war kurz zuvor im Alter von vier Jahren an einer Hirnhautentzündung gestorben und Fuller wurde nach einem Bankrott arbeits- und mittellos. Bei einem Spaziergang am Lake Michigan spielte er mit dem Gedanken, Selbstmord zu begehen, um durch die Auszahlung seiner Lebensversicherung seiner Familie eine neue Existenz zu ermöglichen. In diesem Moment – so seine eigene Erinnerung – hatte Fuller eine spirituelle Erscheinung. Ihm wurde plötzlich klar, was sein Platz im Leben sein sollte und welche Ziele er verfolgen wollte. Er entschied sich, fortan »in einem Experiment herauszufinden, was ein einzelner Mensch zur Veränderung der Welt und zum Nutzen der Menschheit beitragen könne«.

Die Essenz und tiefere Erkenntnis dieser Wandlung beschrieb Buckminster Fuller in dem bereits erwähnten »Playboy«-Interview mehr als 50 Jahre nach seiner »Erleuchtung« folgendermaßen: »Als ich einmal darüber nachgedacht habe, was ein einzelner Mensch bewegen kann, hat es mich wie ein Schlag getroffen: Stell dir [das Kreuzfahrtschiff] Queen Elizabeth vor. Das ganze Schiff bewegt sich an dir vorbei. Am Ende kommt das Ruder. Und am Ende des Ruders ist dieses kleine Ding – das Trimmruder. Es ist ein Miniatur-Ruder. Wenn man diese kleine Klappe bewegt, bildet sich ein Unterdruck, der das große Ruder herumzieht. Es kostet kaum Kraft.

Mir wurde klar, dass jeder Mensch ein Trimmruder sein kann. Man kann einfach den Fuß ein Stück bewegen und das ganze Schiff dreht sich in eine andere Richtung. ☞014

Ich sagte deshalb zu mir: ›Nennt mich Trimmruder.‹ Der Trick ist, einen Unterdruck zu erzeugen, anstatt den sinnlosen Versuch zu unternehmen, auf der anderen Seite das Schiff herumschieben zu wollen. Den Unterdruck bekommt man, indem man hier ein bisschen Unsinn beseitigt und dort ein paar Dinge verändert ... so lange, bis das Trimmruder langsam beginnt, sich zu bewegen. Das ist die große Strategie.«

☞**014 Wandel** / Der Einzelne als Agent des Wandels

Was dann folgte, war eine beispiellose Karriere als Architekt, Produktdesigner, Philosoph, Berater der Vereinten Nationen, Grafiker, Autor, Futurologe und Hochschullehrer, in deren Verlauf Fuller 30 Bücher schrieb, 28 Patente erwarb und mehr als 100 Auszeichnungen erhielt – darunter die Ehrenmedaille des amerikanischen Präsidenten. Im Mittelpunkt seiner Arbeit stand ab jetzt der Wunsch, »mehr mit weniger« zu erreichen. Er publizierte 1968 den Bestseller »Operating Manual for Spaceship Earth«, in dem er darlegte, warum auf einem Planeten mit begrenzten Rohstoffen eine Kultur der Kooperation und der Verantwortung notwendig ist. Als Sozialkritiker und Grafiker gestaltete er eine neue Weltkarte, die die damals gültige Weltordnung in Frage stellte. Er konstruierte ein Auto mit aufblasbaren Flügeln (ein kolossaler Fehlschlag) und ein ufo-artiges Haus, das energiesparend, umweltfreundlich und für jedermann erschwinglich sein sollte.

All das liest sich, als wäre es gerade eben geschrieben worden.
Es lohnt sich nicht, Sex neu zu erfinden.
Er war schon immer da und funktioniert bestens.

Die Konzepte von Buckminster Fuller sind nunmehr 60 Jahre alt.

Bereits vor 40 Jahren hat die Studentengruppe »Des-In« an der Hochschule für Gestaltung in Offenbach halbfertige Produkte aus industriell erzeugten Materialien entwickelt, die auf einfache Weise von jedem Benutzer selbst hergestellt und verändert werden konnten.▸079 ☞098

▸**079 Luxus** / Hartz-IV-Möbel
☞**098 Open Design** / Der Tod des Autors in der Gestaltung

Der österreichisch-amerikanische Designer Victor Papanek hat 1971 in sei-nem legendären Manifest »Design for the Real World« die Forderung erhoben, Einfachheit und Offenheit nicht als ein formales Programm zu begreifen, sondern als strukturelle Eigenschaften gestalterischer Erzeugnisse.☞090 Er plädierte für mehr Beteiligung der Nutzer an Designprozessen☞076 und warb für eine Designausbildung jenseits der institutionellen Akademie.☞072

☞**090 Frugales Design** / Wenn weniger wirklich weniger ist
☞**076 Partizipatives Design** / User als Experten der eigenen Erfahrung
☞**072 Education Hacking** / DIY Lernen

Die Idee von Design als Motor für gesellschaftliche Verän-derung ist weder extravagant noch utopisch. Sie ist weder übertrieben noch überfordert sie Design.

Sie ist anspruchsvoll und im besten Sinne »alt«. Sie hat Wurzeln, ist erprobt und verlässlich.

Und jetzt?

Es ist allerdings wichtig, nun den nächsten Schritt zu tun. Denn so alt der Gedanke sein mag, so neu ist das Terrain. Es ist klar, dass sich die Welt seit den frühen 1970er Jahren fundamental verändert hat. Heute haben wir DIY-Biolabs, Waffen aus dem 3D-Drucker, Occupy Everything, Hackermoms, Kickstarter, NSA, das Internet der Dinge, Netzaktivismus, Globalisierung, Bitcoins, die Cloud, Klimawandel, informelle Ökonomien...

Willkommen in der neuen Normalität!

Wir steuern auf einen neuen gesellschaftlichen und technologischen Siedepunkt zu, den der Blogger, Unternehmensberater und Gründer der Plattform WWW.CHANGEIST.COM Scott Smith als einen »Moment der Super-Verdichtung« bezeichnet, in dem Chaos, Unsicherheit, schneller Wandel und eine Neuordnung von Macht die neuen Parameter werden. Es genügt nicht, einfach nur zurückzublicken und sich an Traditionen zu wärmen. Die Frage ist nicht: Was hat Buckminster Fuller gemacht? Die Frage ist, was hätte er heute anders gemacht? ⚐054 Wie lässt sich Design als kritische Kraft in die Zukunft fortschreiben? Welche Möglichkeiten bietet Design, die neue Normalität zu gestalten? Was kann ich heute tun? Wie sieht ein modernes Trimmruder aus?

⚐**054 Disruptive Innovation** / Wie neue Modelle des Denkens und Handelns entstehen

Die Welt ist gestaltbar – das ist die These dieses Buches.

Um die Welt zu gestalten, brauche ich keinen festen Standpunkt. Mit einem festen Standpunkt kann ich keinen Unterdruck erzeugen.

Ich muss mich bewegen.

Dieses Buch ist ein Handbuch für den Kopf. Es verbindet Theorien, Fakten und Forschung mit konkreten Handlungsmöglichkeiten. Es gibt einen Überblick über Themen und Entwicklungen und sucht nach Pfaden durch den Dschungel eines erweiterten Designbegriffs. Es ist im besten Sinne unpraktisch, weil es keine einfachen Rezepte liefert, und es ist praktisch, weil es dennoch beim Kochen hilft.

Die To-do-Liste ist lang – und das ist für Gestalter zunächst einmal eine gute Nachricht.

To Do:
100 Phänomene, Projekte,
Positionen, Strategien,
Werkzeuge und Geschäftsmodelle
für Gestalter

▶ Neues Terrain

Dynamische Verschiebungen – hervorgerufen durch die globale Vernetzung, den ökologischen Wandel und die Suche nach einer neuen sozialen Balance – verändern unsere Welt. Es entstehen neue Landschaften …

IMG001   SCHNEEFELD – HENNING BOCK
IMG002   SWITZERLAND – HENNING BOCK

------> 🖐 **Wege**

Welche neuen Möglichkeiten ergeben sich dadurch
für Gestalter?
Wie verändert der gesellschaftliche Wandel das Design?
Was gibt es zu tun?
Wohin können wir gehen?

 Wege ←--

Synonoym für:

Arbeitsweise, Art, Ausflug, Ausgang, Ausschlupf, Ausweg, avanti, Behandlungsweise, Behelf, Bewegung, Brauch, Bummel, dalli, Durchschlupf, Exkursion, Faden, Fahrweg, Fasson, Fundus, Fußweg, Gang, Gerüst, Gehweg, Handhabung, Hilfe, Hintertreppe, Hintertür, Hoffnung, Instrument, Kurs, Lauf, Leitgedanke, Linie, Loch, Lösung, Lücke, Manier, Marschroute, Maßnahme, Methode, Mittel, Modus, Möglichkeit, Notausgang, Orientierung, Passage, Pfad, Plan, Praktik, Praxis, Promenade, Reise, Richtschnur, Richtung, Route, Rückzugsmöglichkeit, Runde, Schleichweg, Schritt, Spaziergang, Steg, Steig, Stil, Straße, Strategie, Streifzug, Strömung, System, Taktik, Technik, Tendenz, Trend, Trick, Trip, Umstellung, Verfahren, Verlauf, Vorgehensweise, voran, Vorwand, vorwärts, Wandel, Weise, weiter, Werkzeug ...

▶Neues Terrain

Synonoym für:

Acker, Anwesen, Areal, Basis, Besitz, Bezirk, Boden, Distrikt, Erde, Fläche, Fundament, Gebiet, Gefilde, Gegend, Gestade, Gelände, Grund, Grundbesitz, Grundstück, Land, Länderei, Landschaft, Raum, Region, Sohle, Territorium, Tiefe, Zone ...

▶ 001 Offenheit

Die Initiative OS (OpenStructures) erforscht die Möglichkeiten eines modularen Kon-
struktionsmodells, in dem auf der Basis eines gemeinsamen geometrischen Rasters
kollaborativ Entwürfe angefertigt werden können. OS stellt dazu auf der Website
WWW.OPENSTRUCTURES.NET eine Umgebung zur Verfügung, in der Designer, Auftraggeber
und Kunden Teile, Komponenten und Strukturen beitragen, die wiederum von anderen
genutzt und weiterentwickelt werden können. Voraussetzung und Grundlage für Open-
Structures ist ein skalierbares Raster mit fest definierten Abmessungen. Durch diese
modulare, gemeinsam genutzte Gestaltungsgrundlage sind die einzelnen Bauteile unterschiedlicher Entwürfe untereinander austauschbar. Mit der Idee von OpenStructures
lassen sich aber nicht nur Produkte, sondern ganze Designbüros »bauen«. ▶

003
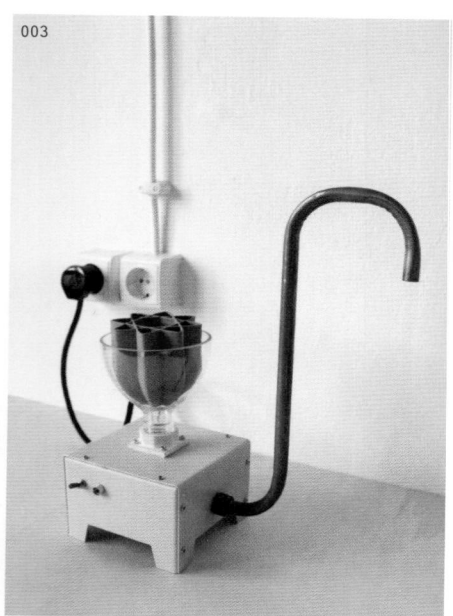

004

005
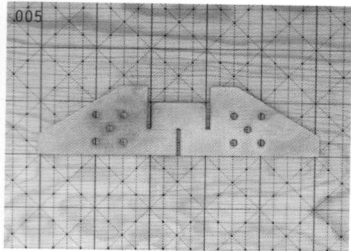

006
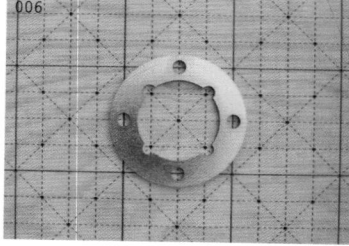

007
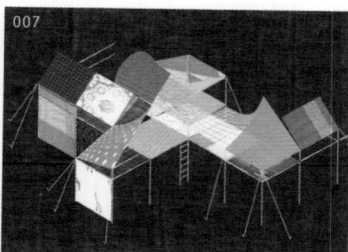

IMG003   OS WASSERKOCHER, UNFOLD IN KOOPERATION MIT JESSE HOWARD, THOMAS LOMMÉE, FABIO LORE
IMG004   OS KINDERSCHAUKEL SWING, CHRISTIANE HOEGNER
IMG005
IMG006   OS BAUTEILE, LUKAS WEGWERTH
IMG007   OS ENTWURF EINER ZELTSTADT AUS OPENSTRUCTURES, LUKAS WEGWERTH

Wie werden wir morgen arbeiten?

Heute wächst eine Generation von Gestaltern heran, die neue Wertmaßstäbe in die Berufswelt mitbringt, was die Vereinbarkeit von Familie und Beruf, Flexibilität und die Verwirklichung von eigenen Vorstellungen bei der Arbeit betrifft. Die Selbständigkeit ist schon seit langem die Arbeitsform der Wahl für die vielen Absolventen der Gestaltungshochschulen. Man kann sich allerdings fragen, wie freiwillig diese Wahl tatsächlich ist: Ist Selbständigkeit Ausdruck des Wunsches nach Freiheit oder eines zunehmenden wirtschaftlichen Drucks bzw. eines größeren gesellschaftlichen Trends? Die gesamte Gestaltungsbranche steht – befeuert durch die Dauerkrise der vergangenen Jahre – unter enormem Effizienzdruck. Designbüros bauen in immer kürzeren Abständen Personal ab und wieder auf, weil extrem kurze Projektlaufzeiten, kleiner werdende Margen und regelmäßig hereinbrechende Marktkrisen dies erforderlich machen.

002 Adaptives Designbüro

Laut einer Studie des Softwareunternehmens »Intuit« werden in den USA im Jahr 2020 ungefähr 40 % aller arbeitenden Menschen Freelancer sein. [1] Sind wir darauf vorbereitet? Was könnte eine mögliche Struktur sein für eine neue Art von Designbüro, das widerstandsfähiger, flexibler und offener ist als die traditionellen Modelle aus den Tagen von »Mad Men«?

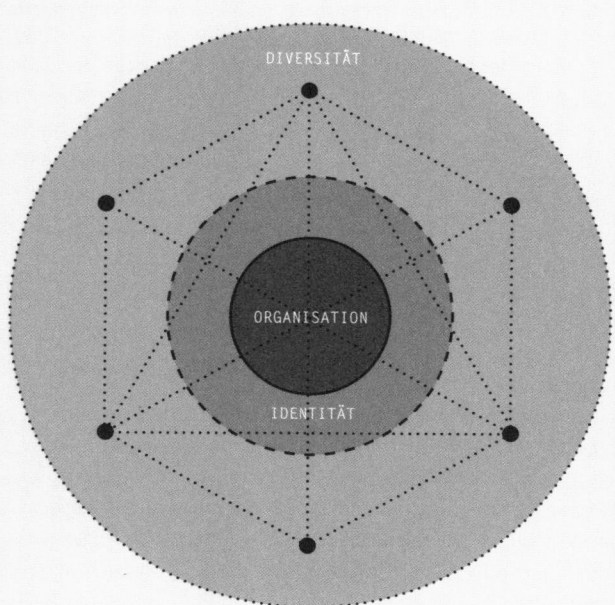

IMG008   DIE DREI DIMENSIONEN EINES ADAPTIVEN DESIGNBÜROS
Die Struktur ist im Zentrum stabil/verbindlich und wird nach außen hin offener und flexibler:
_ Die geteilte Organisation im Zentrum garantiert Stabilität.
_ Eine »hybride« Identität entsteht durch das Zusammenspiel der individuellen Expertise und
  Sichtbarkeit der einzelnen Mitglieder mit einer gemeinsamen, verbindenden Idee.
_ Die Unterschiedlichkeit der Mitglieder garantiert die besondere Qualität der Leistungen.

Das Designbüro von morgen ist vor allen Dingen kein Büro mehr

Noch bis vor wenigen Jahren war der konstituierende Akt bei der Gründung eines neuen Designbüros die Unterzeichnung eines Mietvertrages. Heute wird ein Designbüro durch die Freischaltung einer Website oder einer Facebook-Seite gegründet. Wer online ist, ist im Geschäft – ob hinter der Website noch ein Büroraum steht, ist für viele Selbständige zweitrangig geworden: arbeiten kann man schließlich überall. Die damit einhergehende Vereinzelung und Atomisierung von Strukturen stellt aber auch ein Problem dar: Immer mehr einzelne Gestalter drängen als Ein-Personen-Gesellschaften in den Markt. Diese Mikrobüros ⟲088 sind aufgrund ihrer kleinen und traditionellen Struktur oft nicht in der Lage, komplexere Aufträge zu akquirieren und eine wirtschaftlich sinnvolle Existenz aufzubauen.

Adaptive Unternehmen mit offenen Strukturen

Eine mögliche Antwort ist die Übertragung der Idee hinter OpenStructures auf die Organisation eines Designbüros. In der Peer-to-Peer Economy ⟲004 entstehen neue Möglichkeiten, sich flexibel und dynamisch zu größeren Einheiten zu verbinden, die mehr sind als lose Netzwerke und dennoch keine starren Strukturen bilden. Was also wäre das Äquivalent des gemeinsam genutzten Gestaltungsrasters für ein schlagkräftiges Designbüro, das sich aus vielen Mikrounternehmen zusammensetzt?

Raster 1 – Organisation

Im Zentrum eines OS-Designbüros stehen ein geteilter Arbeitsprozess, ein geteiltes Projektmanagement und eine geteilte Art zu wirtschaften. An die Stelle der Pflege von Infrastruktur und Mitarbeiter/innen tritt die Pflege des Netzwerks, das keinen gemeinsamen Ort mehr braucht – aber Verlässlichkeit und Effizienz.

Raster 2 – Identität

Niemand vergibt einen Auftrag an eine organisatorische Plattform. Das zweite »geteilte Raster« ist daher eine geteilte Haltung und eine geteilte Identität. Die Identität eines adaptiven Designbüros entsteht auf der einen Seite von alleine durch die Sichtbarkeit der einzelnen Teilnehmer und muss auf der anderen Seite bewusst geformt werden als Ausdruck eines gemeinsamen Nenners. ⟲008 Der Kommunikationsaufwand nach innen und nach außen ist dabei deutlich höher und muss mehr Unterschiede zulassen als bei einem traditionellen Designbüro.

Raster 3 – Diversität

Es macht wenig Sinn, mit zehn Webdesignern ein OpenStructure-Büro zu gründen. Eine solche Einseitigkeit führt zu Konkurrenz anstelle von Kooperation. Gleichzeitig bleiben andere wichtige Positionen unbesetzt. Ein adaptives Designbüro, das ad hoc unterschiedlich zusammengesetzte Teams bilden kann, hat gegenüber traditionellen Designbüros den Vorteil, schnell unterschiedliche Expertisen miteinander verknüpfen zu können. ⟲052

⟲088 **Informelle Ökonomie** / Mikrobüros: Was Freelancer von der Zwischenwirtschaft lernen können
⟲004 **Peer-to-Peer** / Das Gestaltungsparadigma des 21. Jahrhunderts
⟲008 **Offene Marken** / Anpassungsfähige Identität durch offene Marken
⟲052 **Diversität schlägt Talent** / Warum unterschiedlich besetzte Teams besser sind als das Team der Besten

009   010

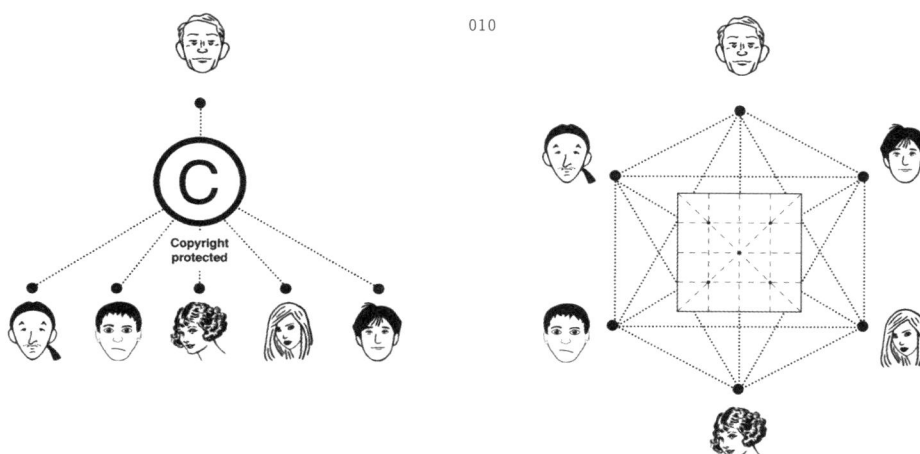

Ein gemeinsam genutztes Puzzle

OpenStructures stellt einer breiten Nutzergemeinschaft – von Handwerkern bis zu Multi-
nationals – einen universellen, modularen Baukasten zur Verfügung. Jeder kann diesem
Baukasten neue Teile hinzufügen. So können flexible Konstruktionen entwickelt und
die einzelnen Bauteile später leichter wiederverwendet werden. Analog zu offenen Soft-
ware-Systemen, wie zum Beispiel Linux[a], will OpenStructures die Möglichkeiten und
Grenzen von offenen Strukturen für Hardware erforschen.

Mit OpenStructures lassen sich aber nicht nur Produkte in einer flachen Hierarchie entwerfen. Dieses Modell kann ebenso gut als Blaupause für eine alternative Ökonomie
verstanden werden, in der Kooperation und der gemeinsame Nutzen profitabler sind als
Originalität und Abgrenzung. Was würde passieren, wenn man das Prinzip von Open-
Structures auf andere Bereiche der Gestaltung übertragen würde? Aus einem Buch würde eine kollaborative Plattform zur Entwicklung von Inhalten werden ▸061 und aus einer
Kommunikationskampagne ein Mem ⤷006, das leicht kopiert und variiert werden kann.

▸061 Geschäftsmodelle / Das Buch »Business Model Generation« wurde von über 100 Autoren geschrieben
⤷006 Mem / Neue Kommunikationsmodelle in Netzwerken

IMG009   GESCHLOSSENE STRUKTUR, THOMAS LOMMÉE
         Ein Gestalter/Unternehmen stellt einen Entwurf für alle her; Vertikale Hierarchie:
         Entwürfe sind untereinander nicht kompatibel

IMG010   OFFENE STRUKTUR (OS), THOMAS LOMMÉE
         Jeder stellt Komponenten innerhalb eines Systems für alle her; Horizontale Hierarchie:
         Unterschiedliche Entwürfe unterschiedlicher Designer sind miteinander kompatibel.

URL   WWW.OPENSTRUCTURES.NET [ABGEFRAGT AM 17.11.2013]

▶003 Netz/Stern

Vom Todesstern und Lehman Brothers zu Wikipedia und Mikrokrediten 🗎

Muhammad Yunus und Richard Fuld sind zwei unterschiedliche Menschen, die an zwei unterschiedlichen Orten dieselbe Idee hatten: Geld an Menschen zu verleihen, die selbst nicht genügend Geld besitzen, um kreditwürdig zu sein. Die Idee von beiden war zwar im Grundsatz dieselbe, die Folgen hätten aber kaum unterschiedlicher ausfallen können. Der bangladeschische Wirtschaftswissenschaftler Yunus wurde für sein Konzept des Mikrokredits 2006 mit dem Friedensnobelpreis ausgezeichnet. Fuld hingegen, CEO der Investmentbank Lehman Brothers, hat zwei Jahre später durch die Insolvenz seines Instituts infolge eines zu hohen Investments in sogenannte »Subprime-Kredite« das internationale Finanzsystem zum Einsturz gebracht. Wie kann ein und dieselbe Idee zu so unterschiedlichen Ergebnissen führen? Die Antwort liegt in der Gestaltung der Struktur, die sich hinter den beiden Ideen verbirgt: Auf der einen Seite die zentralistisch angeordnete, sternförmige Struktur des internationalen Finanzwesens und auf der anderen Seite die netzartig organisierte Peer-to-Peer-Struktur des Mikrokredits. ▶

011

012

Zwischen Untergang und Nobelpreis liegt nur ein Designprinzip.

IMG011   TODESSTERN AUS »STAR WARS – DAS IMPERIUM SCHLÄGT ZURÜCK«
IMG012   LOGO VON WIKIPEDIA

Was wir von Computern lernen können

Peer to Peer (P2P)[a] ist nicht nur ein Computernetzwerk, in dem alle Rechner gleichberechtigt miteinander verbunden sind. P2P ist auch ein Designprinzip zur Gestaltung
von Kommunikation, Dienstleistungen, Geschäftsmodellen und Produkten, bei dem
viele unabhängige Ressourcen miteinander verbunden werden und innerhalb des
Systems gleichberechtigt jede beliebige Rolle übernehmen können – Autor, Kunde,
Investor etc.

🖐 004 **Peer-to-Peer**

ist das Gestaltungsparadigma des 21. Jahrhunderts. Durch die verstärkte,
weltweite Vernetzung ergeben sich neue Möglichkeiten, Peer-to-Peer-
Strukturen als universelles Gestaltungsprinzip einzusetzen. Markensysteme, Designbüros, Content Management … nahezu alles, womit
Gestalter heute zu tun haben, lässt sich als P2P-Struktur entwerfen.

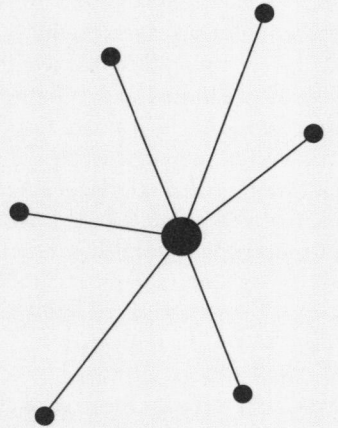 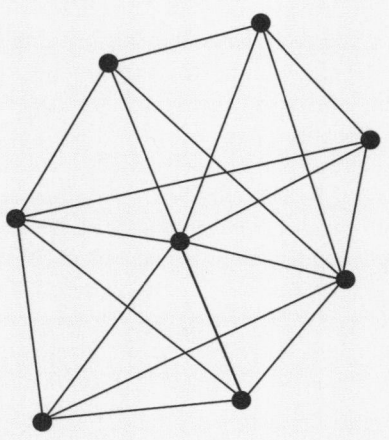

IMG013	ZENTRALISIERTES NETZWERK		IMG014	PEER-TO-PEER-NETZWERK
	INVESTOREN, MÄZENE, STIFTUNGEN	< >		KICKSTARTER
	BROCKHAUS	< >		WIKIPEDIA
	BANKENKREDIT	< >		MIKROKREDIT
	AGENTUR/DESIGNBÜRO	< >		COCREATION, MIKROBÜROS
	ORIGINAL/KOPIE	< >		MEME, SHANZHAI
	UNIVERSITÄT	< >		AD-HOC-WISSENSNETZE
	MARKE ALS LEUCHTTURM	< >		MARKE ALS PLATTFORM
	MEDIUM	< >		MEM

Peer-to-Peer-Identity

Als Struktur (fluides Netz) und als formgebendes Konzept ist P2P der gestalterische
Antityp zu den Designkonzeptionen des vergangenen Jahrhunderts. Ein Beispiel: Die
Gestaltung von Unternehmensidentitäten war in der Vergangenheit in erster Linie eine
Frage der Entwicklung von Standards. Diese Standards wurden in detailreichen (früher
gedruckten und heute online publizierten) Designmanuals festgeschrieben. Ähnlich
wie bei der Gestaltung eines industriell gefertigten Produkts – zum Beispiel eines
Stuhls – war die möglichst exakte Reproduzierbarkeit des Erscheinungsbildes zu jeder
Zeit und an jedem Ort eine Grundbedingung für einen hohen Wiedererkennungswert
und damit für den Erfolg des Corporate Designs.

Heute erscheinen diese Standards – das Gleichmacherische, nahezu Militärische
und auf starren Regeln basierende Prinzip eines Erscheinungsbildes – zunehmend
fragwürdig. Diese Regeln lassen sich in einer globalisierten Unternehmenswelt kaum
mehr implementieren. Unternehmen verändern sich heute so schnell, dass Marken-
architekturen und ihre formalen Ausprägungen ständig adaptiert werden müssen.
Welchen Sinn aber machen starre Regeln, wenn die Veränderung die einzige Regel ist,
die Bestand hat? Welchen Sinn macht die sternförmig organisierte Implementierung
eines Erscheinungsbildes, wenn die Unternehmensrealität längst einem P2P-Netzwerk
ähnelt, bei dem die einzelnen Knotenpunkte an den Rändern mehr und mehr eigene
Gestaltungskompetenz übertragen bekommen? ☞**008**

»Gut genug« sticht »perfekt«

Am 12. Juni 2013 hat der Bertelsmann Konzern bekannt gegeben, dass das traditions-
reiche Nachschlagewerk »Brockhaus« eingestellt werden soll. Damit verschwindet eine
Institution der Bildungsgesellschaft und eine der stärksten bibliophilen Marken im
deutschsprachigen Raum vom Markt. Der Grund dafür liegt auf der Hand: Wikipedia.
Wo im Brockhaus Wissen zentralisiert und Inhalte durch eine überschaubare Anzahl
hoch qualifizierter Autoren erstellt wurden, kann bei Wikipedia in einem offenen
Netzwerk jeder mitschreiben. Hier offenbart sich eine weitere Charaktereigenschaft
von P2P: Ein »Peer« ist ein Ebenbürtiger, Kollege und Fachgenosse. Es gibt keinen
Unterschied mehr zwischen Rezipient (Wissenssuchender) und Autor (Wissensanbie-
ter). Das P2P-Netzwerk funktioniert deshalb gleichzeitig als Korrektiv und stellt die
Qualität von Wikipedia sicher. Wir wissen nicht, wie es um die inhaltliche Richtigkeit
von Wikipedia im Vergleich zum Brockhaus bestellt ist. Wikipedia muss man zu
nutzen wissen, weil es anfällig ist für Manipulationen und Fehler – aber wo gilt dieser
Grundsatz nicht? Es ist offensichtlich so, dass nicht nur das Netz den Stern schlägt,
sondern auch »gut genug« besser funktioniert als »perfekt«.

☞**008 Offene Marken** / Anpassungsfähige Identität durch offene Marken

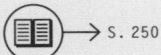 → S. 250   FUTURE PERFECT:
THE CASE FOR PROGRESS IN A NETWORKED AGE
STEVEN JOHNSON; RIVERHEAD 2013

Todessterne

Im Fall der Investmentbank sehen wir die sternförmig angeordnete Struktur des internationalen Finanzsystems mit großen Knotenpunkten an zentralen Stellen, die »too big
to fail« sind – also zu bedeutsam für das Gesamtsystem, als dass man das Risiko ihres
Scheiterns akzeptieren könnte. Diese Sternstruktur konzentriert Profite ebenso wie
Risiken in ihrer Mitte. Fällt die Zentrale aus, zieht sie die Peripherie (z. B. Kleinanleger
und mittelständische Unternehmen) mit sich in den Abgrund. Ebenso wie Luke Skywalker,
dem Helden des Filmepos »Star Wars«, ein kleiner Raumgleiter ausreichte, um mit
einem einzigen Treffer in die Energiezentrale den ganzen Todesstern des Imperiums
auszulöschen, so genügte im Falle der internationalen Finanzkrise das Scheitern einer
einzigen Bank, um das Gesamtsystem zum Kollaps zu bringen.

Peer-to-Peer-Netzwerke

Der Mikrokredit hingegen basiert auf einer netzartigen Struktur, in der Profite und
Gewinne auf eine Vielzahl von kleinen Knotenpunkten verteilt werden, die alle so miteinander verknüpft sind, dass der Ausfall eines Knotens von den anderen aufgefangen
werden kann. Kann ein Kreditnehmer seinen Kredit nicht mehr bedienen, so übernehmen andere Knotenpunkte dessen Funktion. In diesem System können zwar keine
Milliardengewinne in einem einzigen Institut konzentriert werden, dafür ist das System
aber auch weniger anfällig für Störungen. Entscheidend ist dabei, dass Kreditnehmer
und Kreditgeber identisch sind und so – ähnlich dem System der Genossenschaften –
ein individuelles Interesse an der Rückzahlung der Darlehen besteht. So wie bei Wikipedia eine Gemeinschaft von gleichberechtigten Autoren im ständigen Austausch
untereinander die Qualität des Gesamtwerkes durch seine Peer-to-Peer-Netzstruktur
garantiert.

Chancen und Notwendigkeit

Wir können heute an vielen Stellen beobachten, wie die zunehmende Vernetzung unserer Gesellschaft die Umformung von sternförmigen Strukturen in Netzstrukturen beschleunigt. Dadurch entstehen Chancen für neue Geschäftsmodelle, die in manchen
Fällen alte, sternförmige Modelle innerhalb kurzer Zeit ersetzen.☞**054** So ist die Plattform
WWW.KICKSTARTER.COM mit 320 Mio. US-Dollar bereits heute größer als der bedeutendste
nationale Kulturfonds der USA (National Endowment for the Arts). Kickstarter verlagert
die Entscheidung, welche Projekte realisiert werden, von den Händen weniger (Stern) in
die Hände vieler (Netz). Durch P2P-Strukturen kann heute jeder Mensch ab 5 US-Dollar
Investor werden.☞**056** Auf der anderen Seite ist dieser Wandel nicht nur eine Chance,
sondern auch eine Notwendigkeit. Je stärker wir uns global verbinden und je abhängiger wir voneinander werden, desto weniger können wir uns weitere »Todessterne« in
unseren Systemen leisten.

☞**054 Disruptive Innovation** / »Low End« als Gestaltungsprinzip
☞**056 El Dorado** / Machen statt konsumieren

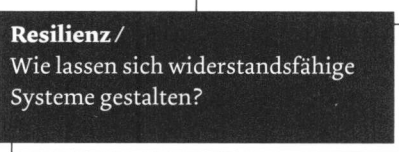

Resilienz /
Wie lassen sich widerstandsfähige
Systeme gestalten?

▶005 Bilderstürme

Das »Ersetze-die-Frau-in-dem-Bild-durch-ein-Möbelstück-von-IKEA«-Mem

Im Oktober 2012 brachte der schwedische Möbelgigant IKEA einen Katalog für den saudi-arabischen Markt heraus. Dieser Katalog sah genauso aus, wie das schwedische Pendant – mit einem kleinen, aber bedeutsamen Unterschied: Aus dem gesamten Katalog waren im Rahmen einer groß angelegten Photoshop-Retusche alle Frauen entfernt worden. War in dem schwedischen Katalog ein Badezimmer abgebildet, in dem eine Mutter und ihr Sohn beim morgendlichen Zähneputzen gezeigt wurden, so war in der saudischen Variante zwar die gleiche Badezimmerszene zu sehen – allerdings nur mit dem Kind und ohne die Mutter. ▶

IMG015   DOPPELSEITEN AUS DEM IKEA KATALOG 2012. LINKS: SCHWEDEN. RECHTS: SAUDI-ARABIEN
IMG016   ABBILDUNG AUS DEM TUMBLR »I(KEA) GOT 99 PROBLEMS BUT A BITCH AINT ONE!«
URL   WWW.IKEAFILES.TUMBLR.COM [ABGEFRAGT AM 17.11.2013]

Kopie schlägt Original

Ein Mem ist eine kulturell/kommunikative Sinneinheit, die sich – ähnlich wie ein biologisches Gen – durch Kopieren und Variieren verbreitet. Seine eigentliche Kraft erhält das Mem dadurch, dass es einfach kopiert werden kann. Bei jedem Kopiervorgang wird eine neue Variante erstellt, die dieselbe Grundinformation trägt (z. B. »Möbelstück statt Frau«) – ähnlich einem Gencode in der biologischen Reproduktion. Die Möglichkeit der Aneignung und Anpassung ist dabei gleichzeitig Voraussetzung und Beschleuniger des Verbreitungsprozesses.

006 Mem

Meme stehen beispielhaft für neue Kommunikationsmodelle in Netzwerken, in denen Sender und Empfänger, Kanal und Gestalter in einer hybriden Melange zusammenfallen.

Früher waren Gestaltungskonzepte erfolgreich, wenn sie originell und authentisch waren. Kommunikation im Zeitalter des Mems ist erfolgreich, wenn sie leicht zu kopieren ist.

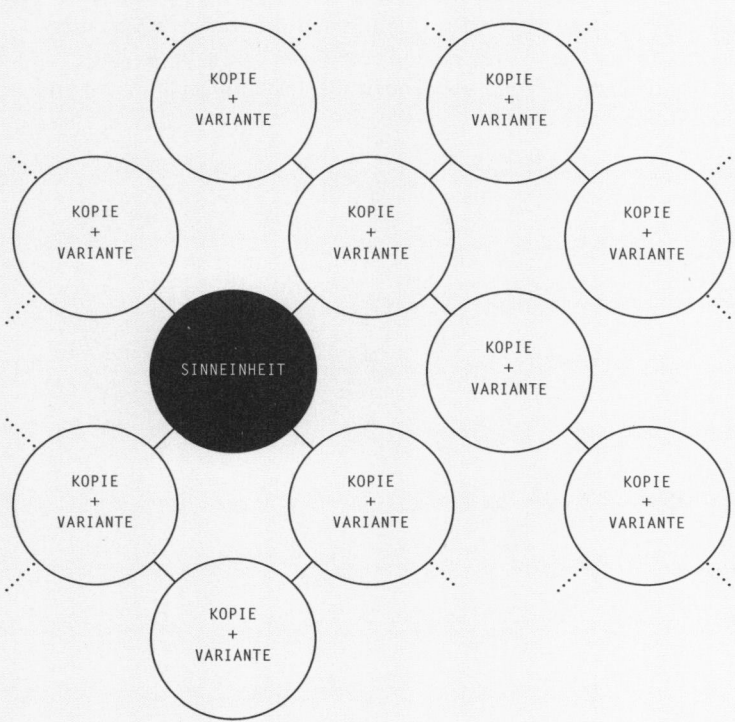

IMG017   MEME VERBREITEN SICH DURCH DAS GLEICHZEITIGE HERSTELLEN EINER KOPIE
           UND EINER VARIANTE

Bilderstrategien für eine neue Form der Massenkommunikation

Im Fall von IKEA wurde dieser spontan eröffnete Kommunikationskanal so groß, dass
der saudische Katalog eingestellt wurde. Nun war es sicherlich nicht das Frauen/Möbel-
Mem alleine, das dazu führte, dass IKEA sich schließlich auf seine Werte besann. Der
öffentliche Druck hat sich in diesem Fall eine Vielzahl von Kanälen gesucht. Aber es
ist doch auffällig, wie eine Bilderstrategie – die Domäne der visuellen Kommunikation
– Teil einer solchen Bewegung wurde, wobei kein einzelner Designer mehr Autor bzw.
Gestalter der dazugehörigen Kampagne war.

Für ein Unternehmen wie IKEA mag ein solcher Kommunikationsunfall auf den ersten
Blick eine schmerzhafte Erfahrung sein. Aber nur auf den ersten Blick ... denn auf lange
Sicht kann es für ein Unternehmen nur nützlich sein, wenn sich viele Menschen an
der Debatte über Unternehmenswerte beteiligen. ▶011 Allerdings setzt das ein radikales
Umdenken voraus: Marken werden nicht mehr nur daran gemessen werden, ob sie eine
gute Dienstleistung oder ein gutes Produkt repräsentieren, sondern auch daran, wie
formbar, offen und zugänglich sie sind.

Kopierbar zu sein ist originell

Für Gestalter stellen Meme eine Chance und eine Herausforderung zugleich dar.
Je stärker sich die Gesellschaft vernetzt, desto mehr Ad-hoc-Kommunikationskanäle
werden entstehen, die neue technische Möglichkeiten nutzen werden, um Meme
zu generieren. Diese Kanäle werden kostengünstig, effektiv, schlagkräftig und ziem-
lich unberechenbar sein. Damit ändern sich die Voraussetzungen für Gestalter, die
in Zukunft mediale Kanäle nutzen wollen: Die Qualität und Expertise von Gestaltern
wird nicht mehr nur darin bestehen, originell und einfallsreich zu sein, sondern
auch »kopierbar und variierbar«. Ob man dabei noch alle Gestaltungsparameter kontrolliert, spielt keine Rolle mehr. ▶007

▶011 **Identity Correction** / Marken als soziales Kapital
▶007 **Folgen/Führen** / How to create a movement / Be easy to follow

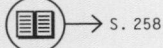 → S. 258   THE MEME MACHINE
                        SUSAN BLACKMORE; OXFORD UNIVERSITY PRESS 2000

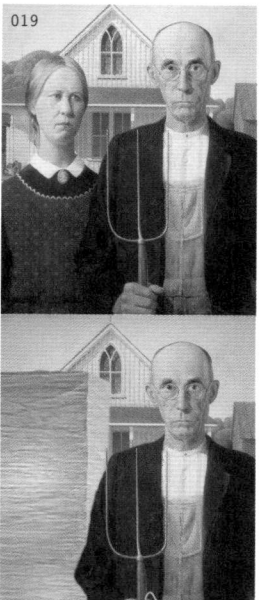

Die symbolische Brisanz dieses Aktes wurde von den Verantwortlichen in Schweden vollkommen unterschätzt: Denn wie in Saudi-Arabien Frauen von extrem konservativen religiösen Fundamentalisten »unsichtbar« gemacht und aus dem öffentlichen Raum verbannt werden, so hatte IKEA Frauen aus seinen Wohnwelten entfernt.

Es dauerte nicht lange, bis die ersten Gegenüberstellungen von Bildern aus dem saudischen und dem schwedischen Katalog im Internet veröffentlicht wurden und eine schwedische Zeitung das Thema aufgriff. Während in Stockholm einzelne Politiker begannen, sich mit der Angelegenheit zu beschäftigen, tauchte eine Tumblr-Seite auf mit Bildcollagen, auf denen Frauen durch Möbelstücke von IKEA ersetzt worden waren: Obama verfolgt die Jagd auf Osama Bin Laden. An seiner Seite starrt aber nicht Hillary Clinton auf das dramatische Geschehen auf dem Bildschirm, sondern HEMNES – eine blau gestrichene Schlafzimmer-Kommode mit zwei Schubladen. John Lennon umarmt nicht nackt und hingebungsvoll Yoko Ono, sondern einen Schrank aus der beliebten STOLMEN Serie. Und das Frühstück findet ohne Tiffany statt, dafür aber mit KNÄCKE-BRÖD RÄG … ein erfolgreiches Internet-Mem war geboren. In den Stunden danach wurden die Bilder über Facebook und Twitter millionenfach verbreitet, wobei immer neue Varianten des Themas angefertigt und online gestellt wurden. Dadurch wurde der virtuelle Ad-hoc-Kommunikationskanal in kurzer Zeit immer größer. Wenige Tage und unzählige Bilder, Shares und Tweets später war der frauenlose IKEA-Katalog schließlich Geschichte: IKEA veröffentlichte eine Entschuldigung mit dem Hinweis, dass der saudi-sche Katalog nicht im Einklang mit den eigenen Unternehmenswerten stünde, weswe-gen man den Katalog vom Markt nehmen und vernichten würde.

▶ 007 Folgen/Führen

Jenseits allen Rhythmusgefühls und ohne Bezug zur Musik zappelt und torkelt ein Mann über eine Wiese, begeistert von sich selbst und verloren im Rausch. Was auf den ersten Blick eine für ein Open-Air-Konzert alltägliche Szene zu sein scheint, entpuppt sich als Zündfunke für ein spontanes Tanz-Happening, das innerhalb kurzer Zeit die gesamte Wiese in einem euphorischen Zusammengehörigkeitsgefühl vereint: Eine Bewegung ist geboren — in drei Minuten, aus dem Nichts.

Das Amateurvideo »Dancing Guy«, das auf YouTube bis heute 7,5 Millionen Zuschauer gefunden hat, dient dem amerikanischen Autor Derek Sivers als Anschauungsobjekt, um ein neues Modell von »Führung« in einer vernetzten Welt zu entwickeln. In seinem vielbeachteten TED-Talk »Leadership Lessons from Dancing Guy« beschreibt er den Tanzenden und seine Nachahmer als eine Allegorie auf neue Führungsprinzipien und soziale Dynamiken in der vernetzten Gesellschaft, die alles bisher Gelernte umkehren und neue Paradigmen entstehen lassen. ▶

021

»It is the first follower who transforms a lone nut into a leader.«

IMG021   SZENE AUS DEM VIDEO »HOW TO START A MOVEMENT«

URL   WWW.TED.COM/TALKS/DEREK_SIVERS_HOW_TO_START_A_MOVEMENT.HTML [ABGEFRAGT AM 19.2.2014]

Eine Verteidigung des Branding gegen seine Anhänger

Branding ist in der Krise. Je pluralistischer die Wertewelt unserer Gesellschaft wird, je stärker die Demokratisierung von Medien voranschreitet und je offener und transparenter Entwicklungsprozesse von Produkten und Dienstleistungen werden, umso mehr büßen Marken ihre Funktion als »Leuchttürme« in einer unübersichtlichen Welt ein. Im Gegenteil: Marken werden zum Symbol eines Systems, das sich nicht mehr aufrechterhalten lässt und zusehends erodiert. Wir werden Zeugen, wie sich die vernetzte Welt mehr und mehr der zentralistischen Kontrolle von globalen Unternehmen und Nationalstaaten entzieht. In diesem Umfeld müssen Marken agiler werden und ihren autoritären Charakter aufgeben.

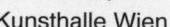 008   **Offene Marken**

sind Identitäten für Unternehmen, Städte, Institutionen, Organisationen oder Bewegungen, die nicht mehr darauf beruhen, starre Leitbilder zu vermitteln, sondern ihre Glaubwürdigkeit daraus beziehen, dass sie selbst kulturellen und gesellschaftlichen Strömungen folgen können – statt an ihnen zu zerbrechen.

022

023

024

Kunsthalle Wien   Kunsthalle Wien   Kunsthalle Wien

DIE CHARAKTERISTIKA GESCHLOSSENER UND OFFENER MARKEN:

GESCHLOSSENE MARKE	< >	OFFENE MARKE
Design Manual	< >	Plattform
Autor	< >	Coworking
Brand Equity	< >	Soziales Kapital
Markenführung	< >	Folgen
Shareholder Value	< >	Shared Value

IMG022
IMG023
IMG024   »EAGLE«. OFFENES ERSCHEINUNGSBILD DER KUNSTHALLE WIEN. GESTALTUNG: BOY VEREECKEN

Der Terror der Crowd

Im Jahr 2010 erlitt das amerikanische Mode-Label GAP katastrophalen Schiffbruch bei der Einführung eines Redesigns seiner Marke. Das neue Logo – gesetzt aus der Helvetica und verziert mit einem blauen Quadrat – stieß sofort nach seiner Einführung auf großen Widerstand bei den Kunden. Insbesondere auf Facebook und Twitter brach ein Sturm der Entrüstung los. Nach wenigen Tagen »Shitstorm« und einem schmerzhaften Versuch, die Sache durch einen eilig vorgeschobenen Crowdsourcing-Wettbewerb zu retten, gab GAP schließlich auf, kehrte zu dem ursprünglichen Logo zurück und entließ den Vorstand. [2] Dieser Vorgang zeigt, wie in der vernetzten Gesellschaft schlagkräftige Kanäle entstehen, auf die Unternehmen vergleichsweise wenig Einfluss haben – oder besser: auf die Unternehmen kein Monopol mehr besitzen. Wer kann es sich schon leisten, einen TV-Spot oder eine Zeitungsanzeige zu schalten? Eine große Twitter-Gemeinde aufzubauen ist zwar auch nicht ganz einfach – der entscheidende Faktor ist aber nicht Kapital, sondern Glaubwürdigkeit, ein Gespür für Emotionen, ein bisschen Glück und ein langer, langer Atem ... alles Dinge, an denen kein Preisschild hängt.

Die traditionellen Werkzeuge des Brandings hingegen werden immer stumpfer und rückwärtsgewandter: Apple warb in den 1980er Jahren noch mit dem Slogan »Think different«, verschanzt sich heute aber in seinem monopolisierten, abgeschlossenen und zensierten AppStore. Der Dynamik des vernetzten Raums soll totale Kontrolle entgegengesetzt werden. Ein solcher Anachronismus kann auf Dauer nicht gut gehen.

Marken, die folgen ...

Brauchen wir Marken überhaupt noch und welche Funktion kann eine Marke heute übernehmen? Marken werden nicht mehr als Eigentum von Unternehmen betrachtet, sondern als sozialer Code und Verstärker einer größeren gesellschaftlichen Konversation. ▶011 ▶087 Wenn die Adressaten von Marken heute zu Mitentscheidern und Kollaborateuren werden, ist es höchste Zeit, sich Gedanken darüber zu machen, wie eine solche Zusammenarbeit produktiv gestaltet werden kann.

Sicher nicht, indem nun jeder anfängt, Logos zu malen (wer will das schon?). Interessanter wäre die Frage, wie der Bedeutungsraum eines Erscheinungsbildes geöffnet werden kann. Warum soll Kassel beispielsweise laut seines neu eingeführten Slogans die »documenta-Stadt« [3] sein, wenn es doch in Kassel genauso Trash-Kultur, RTL II, Problemjugendliche, Heimatvereine und die Partei der Euro-Gegner gibt? Kann das Erscheinungsbild einer Stadt eine Plattform für mehr direkte Demokratie sein? Kann eine Marke ein Marktplatz für soziale Innovationen sein? Wie würde eine Marke als Mem aussehen, in der bei jeder Kopie eine Variante hergestellt wird? ⟳006 Kann es eine Open-Source-Marke geben? Die »offene Marke« ist die konsequente Weiterentwicklung des Brandings vor dem Hintergrund einer vernetzten Bürgergesellschaft und der Tatsache, dass wir dringend neue Modelle des Wachstums brauchen.

▶011 **Identity Correction** / Marken als soziales Kapital
▶087 **Alternativen** / Shanzhai – Wie in China aus Kopien einfallsreiche Originale werden
⟳006 **Mem** / Neue Kommunikationsmodelle in Netzwerken

Be public. Be easy to follow. »Wenn du eine Version des tanzenden Typen bist,
denke daran, deine ›Follower‹ als Gleiche anzuerkennen und die Bewegung in den
Mittelpunkt zu stellen – nicht dich selbst (...). Was du tust, muss es anderen leicht
machen, mitzumachen.«

Leadership is over-glorified. »Zugegeben, es hat alles mit dem Typen ohne Hemd
angefangen und er wird möglicherweise die gesamte Anerkennung ernten. Aber
wenn wir genau hinsehen und uns fragen, was wirklich passiert ist, sehen wir, dass
es der erste ›Follower‹ war, der den einsamen Spinner in einen Anführer verwandelt
hat.«

**When you find a lone nut doing something great, have the guts to be the first
person to stand up and join in.** »Du musst den Mut haben, mitzumachen und anderen zu zeigen, wie sie ebenfalls mitmachen können (...). Der erste ›Follower‹ zu sein ist
eine unterschätzte Form des Anführens.« ✎4

▶009 Adhokratie

Der kanadische Wirtschaftswissenschaftler Henry Mintzberg hat in den 1980er Jahren ein bis heute stark genutztes Modell entwickelt, mit dem sich Organisationsformen von Unternehmen dynamisch beschreiben lassen. In der »Konfiguration von Mintzberg« steht die »Adhokratie« für eine Organisation mit flachen Hierarchien, in denen Entscheidungen »ad hoc« und durch gegenseitige Beeinflussung in gleichberechtigten Teams getroffen werden. Als Gegensatz zur »Bürokratie« ist die Adhokratie besonders geeignet, um neue Arbeitsfelder zu entwickeln und Expertenwissen aus unterschiedlichen Gebieten miteinander zu verknüpfen.

Durch die Open-Source-Software »Adhocracy«[a], hat der Begriff auch außerhalb der Unternehmenswelt an Bekanntheit und Bedeutung gewonnen: Stuttgart 21, die landesweite Protestbewegung rund um den Gezi-Park in Istanbul im Sommer 2013, Facebook-Partys, die spontane Verbreitung von Memen im Internet sind neue gesellschaftliche Phänomene, die deutlich machen, wie sich Menschen in der vernetzten Gesellschaft »ad hoc« – aus dem Moment heraus – organisieren. ▶007 ▶

▶007 Folgen/Führen / How to create a movement

029

Plädoyer für ein neuartiges Designbüro

Die Welt der Gestaltung ist in den vergangenen Jahren explodiert. Zurückgeblieben sind viele kleine Facetten mit vielen unterschiedlichen Mustern. Als Gestalter kann man heute nahezu alles machen. Die neue Landschaft des Designs ist vielfältig, unübersichtlich, erschöpfend und aufregend zugleich. Es entstehen täglich neue und immer kleinere Nischen. Gab es für einen Grafikdesigner vor 20 Jahren noch drei bis vier mögliche Betätigungsfelder (Werbung, Corporate Design, Kultur ...), so gibt es heute keine Grenzen mehr. Jeder ist aufgefordert, sein eigenes Arbeitsfeld zu erfinden und einen entsprechenden Markt dafür zu suchen. Die Auflösung der Disziplin geht mit einer ständigen Überforderung einher, da immer neue Kontexte immer neue Werkzeuge erforderlich machen. Eine Sache richtig gut zu können, braucht aber Zeit und Erfahrung. ⇗036

Angesichts dieser Dynamik sind die Organisationsformen von Designbüros allerdings erstaunlich traditionell und starr. Feste Räume und Infrastruktur, Hardware, Inhaber, Angestellte, Standardisierung, Projektgeschäft, wenig Aufstiegschancen ... seit Jahrzehnten hat sich hier nichts verändert. In solchen Strukturen ist eine schnelle Anpassung kaum möglich. Auch deshalb treten in regelmäßigen Abständen Krisen auf, bei denen eine mehr oder weniger große Zahl von Mitarbeitern entlassen werden muss. Die Folge ist ein stetig wachsendes Heer an Mikrobüros, Freelancern und Einzelkämpfern, die größtenteils komplett auf eine Organisationsstruktur verzichten. Aber auch das ist keine Lösung, weil auf dieser Basis keine komplexeren Projekte bearbeitet werden können, die wirtschaftliche Stabilität und Entwicklungsmöglichkeiten garantieren könnten.

⇗**036 Dilettantismus** / Wie sich Nicht-Können produktiv machen lässt

☞ 010 Fluidität

ist das Maß für die Fließfähigkeit von Stoffen und Organisationen. Unternehmen mit hoher Fluidität sind dynamischer und flexibler, während Organisationen mit geringer Fluidität stabiler, aber auch weniger beweglich sind.

Wie »flüssig« muss ein Designbüro sein?

Adaptiv, offen, flüssig oder spezialisiert in der Nische

Das eigentliche Argument für eine höhere Fluidität von Gestaltungsbüros liegt aber nicht in der Widerstandskraft gegen Krisen ☞**030**, sondern ist strategischer Natur: Je komplexer die Aufgaben sind und je unterschiedlicher die Projekte, desto besser lassen sie sich in einer flüssigeren Struktur bearbeiten. Passt man die Aufgaben der Organisation an, führt das unweigerlich in eine Spezialisierung, mit dem Risiko, dass die Nische plötzlich zu klein werden kann. Passt sich umgekehrt die Organisation den Aufgaben an, können breit gefächerte Arbeitsfelder flexibel bearbeitet und unterschiedliche Expertisen schneller miteinander verknüpft werden. Allerdings ist jedes Designbüro unterschiedlich, und es muss individuell entschieden werden, wie »flüssig« die Organisation sein soll. Der Grad der Fluidität hängt von drei Faktoren ab:

Dauer. Je kürzer die typische Projektdauer ist, desto flexibler muss ein Büro auf Schwankungen im Projektvolumen reagieren können.

Neuartigkeit. Sind die Projekte sehr unterschiedlich und – für das Büro selbst – immer wieder neu, so müssen Teams mit wechselnden Spezialisten besetzt werden können. Die »Flüssigkeit« des Büros wird entscheidend für die Projektqualität.

Komplexität. Je komplexer Projekte aufgebaut sind, desto diverser muss ein Team in sich besetzt werden. Unterschiedlich zusammengestellte Teams können Probleme oftmals effektiver lösen als ein »Team der Besten«, weil sie in der Lage sind, in kürzerer Zeit eine größere Zahl von Lösungsoptionen zu erarbeiten, und sich stärker untereinander herausfordern. ☞**052**

☞**030 Resilienz**/Auch bei schlechtem Wetter in Form sein ...
☞**052 Diversität schlägt Talent**/Warum unterschiedlich besetzte Teams besser sind als das Team der Besten

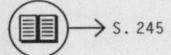 → S. 245 ASPEKTE DER FÜHRUNG UND DER STRATEGISCHEN ENTWICKLUNG VON PROFESSIONAL SERVICE FIRMS
BERND BÜRGER; DEUTSCHER UNIVERSTÄTSVERLAG 2005

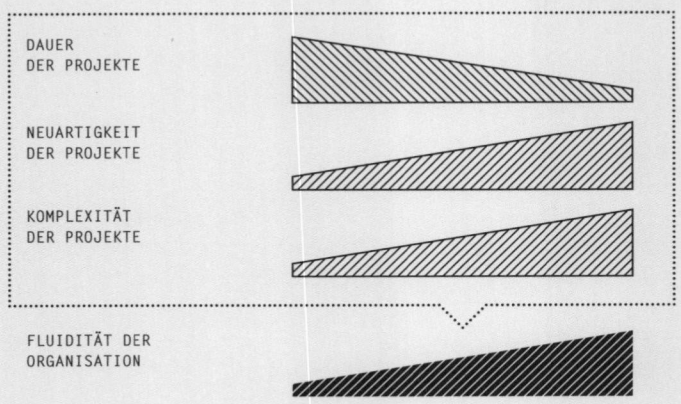

IMG030 KRITERIEN FÜR DIE FLUIDITÄT VON DESIGNBÜROS
Je kürzer, neuartiger und komplexer die Projekte, desto »flüssiger« muss die
Organisationsstruktur sein.

Neue Arbeitsformen und Facebook-Partys

Ähnlich wie sich bei den Protesten im Gezi-Park wildfremde Menschen spontan und zu einem bestimmten Zweck zusammenfanden, verbinden sich in einer Adhokratie unterschiedliche Experten zeitlich begrenzt, um möglichst spontan und frei in einem Projekt zusammenarbeiten zu können. Dazu müssen Arbeitsabläufe und Verhaltensregeln so offen und informell wie möglich sein: kleine, spezialisierte Teams mit flachen Hierarchien, die sich selbst steuern und untereinander korrigieren. Die Adhokratie ist für Organisationen besonders geeignet, die ideengesteuert sind und in denen die Verantwortung an gut ausgebildete und hochspezialisierte Experten übertragen wird.

Allerdings ist ein solcher Zustand nicht so leicht und »ad hoc« zu erreichen, wie es der Name verspricht. Unterschiedliche Disziplinen haben für gewöhnlich eine hohes Abgrenzungsbedürfnis. Es gibt unterschiedliche Fachsprachen, Ausdrucksweisen und Arbeitskulturen, die die Zusammenarbeit erschweren können. Adhokratische Teams haben zwar ein großes kreatives Potenzial – der Aufwand für die gemeinsame Entwicklung von geteilten Überzeugungen und die Herausforderung an die (geteilte) Führung ist jedoch auch entsprechend groß.

Das dekompostierte Designbüro

In den vergangenen Jahren hat sich die Art und Weise, wie wir arbeiten, stark gewandelt, wodurch sich eine noch radikalere und aktuellere Form der Adhokratie entwickelt hat: Wir beziehen einen immer größeren Teil unserer Lebenserfahrung aus dem virtuellen Raum. Arbeit braucht keinen festen Ort mehr und die Strukturen von Designbüros lösen sich zusehends auf. Kollaborationen lassen sich heute noch leichter und noch schneller herstellen (und auflösen) als bisher. Ein adhokratisches, adaptives Designbüro, das sich immer neu konfigurieren kann, hätte in dieser neuen Realität sicherlich große Erfolgschancen. Adhokratie bedeutet aber nicht, keine Struktur zu haben – im Gegenteil: Die Vermittlung von gemeinsamen Standpunkten nach innen und nach außen, Verlässlichkeit, Erkennbarkeit, die gemeinsame Nutzung von Ressourcen, rechtliche Fragen und neuartige Eigentümer-Modelle erfordern eine noch größere Investition in Strukturen, als das bislang der Fall war.

Das adhokratische Designbüro ist nicht formlos – es formt sich ständig neu.

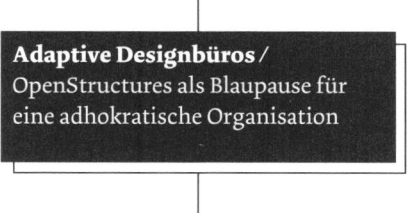

Adaptive Designbüros /
OpenStructures als Blaupause für
eine adhokratische Organisation

 002

▶011 Identity Correction

Am 3. Dezember 2004, dem 20. Jahrestag des Chemieunfalls in Bhopal, trat Andy Bichlbaum in der Nachrichtensendung »BBC World« auf. Bichlbaum hatte Zutritt zu der Livesendung erhalten, indem er sich mit Hilfe einer gefälschten Visitenkarte als »Jude Finisterra« ausgegeben hatte, seines Zeichens Sprecher von Dow Chemical, dem zweitgrößten Chemieunternehmen der Welt. Dow Chemical hatte im Jahr 2001 das Unternehmen »Union Carbide« übernommen, das durch technische Nachlässigkeit und mangelnde Sicherheitsstandards das Bhopal-Unglück 1984 herbeigeführt hatte. Nach unterschiedlichen Schätzungen kamen bei der Katastrophe zwischen 3.800 und 50.000 Menschen ums Leben. Weitere 500.000 Menschen wurden zum Teil schwer verletzt. In den Folgejahren wurden in der Region außerdem zahlreiche Fehlbildungen bei tausenden von Neugeborenen registriert.

Bis zum 3. Dezember 2004 hatte niemand für diese Katastrophe die umfassende Verantwortung übernommen. Union Carbide versteckte sich hinter Paragraphen und die indische Justiz war entweder nicht in der Lage oder nicht willens, den Opfern eine angemessene Entschädigung zuzusprechen. ▶

ANDY BICHLBAUM (ALIAS JUDE FINISTERRA) IN DER SENDUNG »BBC WORLD«
VOM 3.12.2004

Die BBC hat die Veröffentlichung dieses Bildes nicht gestattet.

GOOGLE BILDERSUCHE: [BBC] [YES] [MEN]

IMG031   ANDY BICHLBAUM (ALIAS JUDE FINISTERRA) IN DER SENDUNG »BBC WORLD« VOM 3.12.2004
URL   WWW.THEYESMEN.ORG/HIJINKS/DOW [ABGEFRAGT AM 22.8.2013]

Wem gehört die Marke?

Marken waren in den 1990er Jahren Sinnstifter für Konsumenten – eine Art Religion, an die man glauben konnte (oder auch nicht). Heute hat sich dieses Verhältnis umgekehrt: Es ist das Publikum, das Marken Sinn gibt. Ging es früher um die Macht der Marke, so tritt heute der Charakter der Beziehung zwischen Marke und Rezipient in den Vordergrund. Die Frage ist nicht mehr nur: »Glaube ich dieser Marke?«, sondern auch: »Glaubt die Marke mir? Ist sie offen genug?«

In der Konsequenz werden Marken nicht mehr als alleiniges Eigentum von Unternehmen wahrgenommen, sondern als soziokulturelles Gut, das Unternehmen zur verantwortungsvollen Nutzung anvertraut wird. »Identität« als Kernbegriff bei der Gestaltung von Marken wird zunehmend durch Begriffe wie »Vertrauen« und »Glaubwürdigkeit« ersetzt.

🖑 012 Marken/Werte

Deshalb gibt es zwischen der Schaffung einer Markenidentität (beispielsweise durch einen Gestalter) und der Korrektur dieser Identität durch andere (beispielsweise durch das Publikum) keinen Unterschied.

Haben Marken eine Bedeutung für den Erfolg einer Gesellschaft? Können Marken nicht nur wirtschaftliche, sondern auch gesellschaftliche Bedürfnisse befriedigen und neue soziale Beziehungen und Kollaborationen herstellen? 🖑038

🖑**038 Soziale Innovation** / Dinge, die nicht *nur* für die Wirtschaft gut sind

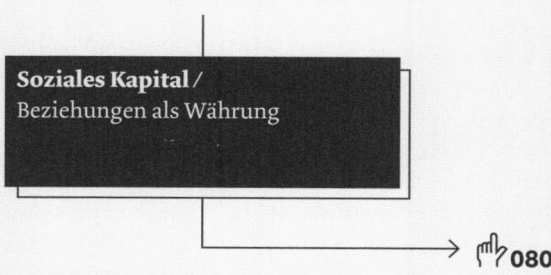

Soziales Kapital /
Beziehungen als Währung

⟶ 🖑080

Wert und Werte

Marken haben nicht nur einen Einfluss auf den Erfolg eines Unternehmens, sondern auch auf den Erfolg einer Gesellschaft. Die Entscheidung beispielsweise, ob wir durch den Aufbau von billigen Produktionsstandorten in Asien unsere eigenen, westlichen Sicherheitsstandards unterlaufen, kann nicht alleine in der Hand von Unternehmen wie Union Carbide oder H&M liegen. Es ist im Interesse der Unternehmen, Marken strategisch für den wirtschaftlichen Erfolg des eigenen Geschäftsmodells einzusetzen. Die Gesellschaft hat aber ebenso ein Interesse daran, ihrerseits den Einfluss von Marken auf das globale Wertegefüge mit zu bestimmen. Denn wenn in Bangladesch hunderte von Arbeiterinnen und Arbeitern unter dem eingestürzten Dach einer Näherei begraben werden, werden Marken wie KIK oder Benetton zu Botschaftern für die Werte der westliche Welt – im negativen Sinne.

Aus Zielgruppen werden handlungsfähige Subjekte

Nun ist der Medien-Stunt der »Yes Men« nahezu zehn Jahre alt. Das macht ihn aber nicht weniger aktuell – im Gegenteil: Die Aktion lässt sich aus heutiger Sicht als Vorbote einer neuen Realität lesen, in der sich die Besitz-, Macht- und Interpretationsverhältnisse von Marken neu ordnen. War es bei den »Yes Men« noch ein klassisches Massenmedium, in das man mit einem Trojanischen Pferd eindringen musste, um die Identitätskorrektur vorzunehmen, so wird an dem Beispiel von IKEA ▶005 deutlich, dass sich durch die vernetzte Bürgergesellschaft das Kräfteverhältnis zwischen Unternehmen und Kunden nachhaltig verändert: Aus »Zielgruppen« werden handlungsfähige Subjekte auf Augenhöhe, die eigene Kampagnen führen können, weil sie selbst den Kanal stellen, selbst eine Strategie entwickeln und diese selbst in visuelle Kommunikation übersetzen können.

Eine neue Verantwortung

Gestalter haben in der Vergangenheit gerne die gesellschaftliche Verantwortung der eigenen Arbeit beschworen. Faktisch war diese Verantwortung aber stets sehr eingeschränkt. Leitlinien der Unternehmenspolitik werden nicht in Markenworkshops, sondern in der Geschäftsleitung festgelegt. Waren früher Unternehmen die klassischen Auftraggeber für Markenentwicklungen, so kommen heute weitere Interessengruppen hinzu. Spezialisten wie »Yes Men« treten auf, die die ungefragte Mitarbeit an Markenbildern professionalisieren und diese Dienstleistung NGOs und der Gesellschaft als Ganzes »anbieten« – zum Beispiel bei der Kampagne »Let's Go! Arctic« der Yes Men im Auftrag von Greenpeace. ✐5 Solche Strategien werden in Zukunft umso häufiger eingesetzt und weiter verfeinert werden, je mehr Kommunikationskanäle die vernetzte Bürgergesellschaft bereitstellen kann. Damit entstehen für Gestalter neue Alternativen und eine neue – diesmal echte – Verantwortung.

▶005 **Bilderstürme** / Das »Ersetze-die-Frau-im-Bild-durch-ein-Möbelstück-von-Ikea«-Mem

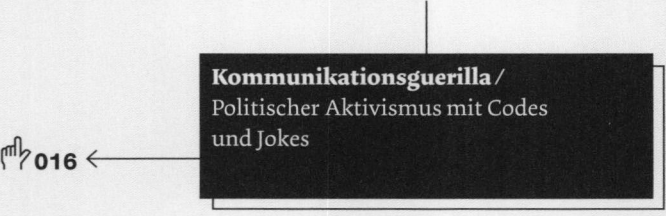

Kommunikationsguerilla /
Politischer Aktivismus mit Codes
und Jokes

Media Hacking

Das sollte sich nun ändern. Denn Bichlbaum – alias »Finisterra« – hatte der BBC eine
Sensation versprochen und verkündete in dem live ausgestrahlten Interview folgende
Erklärung: »Ich bin sehr glücklich, dass ich heute mitteilen kann, dass Dow erstmals die
volle Verantwortung für die Katastrophe in Bhopal übernimmt. (...) Wir haben uns ent-
schlossen, Union Carbide zu liquidieren, diesen Alptraum für die Welt und diesen Kopf-
schmerz für unsere Firma. Und wir werden die dadurch frei werdenden zwölf Milliarden
US-Dollar dazu nutzen, die Anlage zu sanieren und die 150.000 Opfer zu unterstützen,
die ihr Leben lang medizinisch versorgt werden müssen.« [6]

Diese Nachricht schlug erwartungsgemäß ein wie eine Bombe und wurde in Minuten-
schnelle durch die internationalen Nachrichtenagenturen um die Welt getragen. Zwar
wurde der Inhalt der Erklärung wenig später von Dow Chemical dementiert und Andy
Bichlbaum als Mitglied der Aktivistengruppe »Yes Men« entlarvt. Aber da war es schon
zu spät: Der Börsenkurs von Dow Chemical war bereits in den ersten Minuten nach
dem Interview um ca. 2 Milliarden US-Dollar abgesackt. Bedeutsamer ist in diesem
Zusammenhang jedoch, dass durch das gefälschte Interview öffentlich wurde, welche
Werte das Unternehmen Dow Chemical vertritt. Bichlbaum hatte Dow Chemical dazu
gezwungen, die Karten auf den Tisch zu legen und entweder die Verantwortung für
das Unglück von Bhopal zu übernehmen oder den Opfern ins Gesicht zu sagen, dass
sie keine freiwilligen Entschädigungszahlungen erwarten können.

Ein neues Wort im professionellen Wortschatz für Gestalter

Für Gestalter von Marken und Menschen, die sich mit Corporate Identity und Corporate
Design auseinandersetzen ist diese Episode aus der Historie des Brand-Hacking und
der Kommunikationsguerilla in zweierlei Hinsicht interessant: Zum einen ist es ein
traditionelles Stück Grafikdesign alter Schule, das diesen Coup möglich gemacht hat:
Die BBC verließ sich auf den gekonnt gefälschten Briefkopf bzw. die Visitenkarte von
»Finisterra« und eröffnete Bichlbaum so den durch Medienkonzerne kontrollierten
Zugang zur Weltöffentlichkeit. Zum anderen hat »Yes Men« unserem professionellen
Vokabular einen neuen Begriff hinzugefügt: »Identity Correction« – die Erfindung
falscher Tatsachen zur Schaffung wahrer Ereignisse. Die Unternehmensidentität und die
Markenwerte von Dow Chemical wurden durch das falsche Interview korrigiert – zumin-
dest aus der Sicht der »Yes Men«, der Opfer von Bhopal und vieler anderer Menschen
rund um den Globus, die die Firmenpolitik von Dow Chemical hinsichtlich ihrer Tochter-
firma Union Carbide ablehnen.

▶013 **Agenten**

Wie formen sich Gesellschaften um und wer spielt dabei eine Rolle? Mit dieser Frage hat sich der wissenschaftliche Beirat der Bundesregierung im Rahmen der Studie »Welt im Wandel« beschäftigt. Im Gegensatz zu den Ansätzen der großen Klimakonferenzen, die staatliches Handeln und multilaterale Abkommen auf Regierungsebene in den Mittelpunkt stellen, betont die Studie die Rolle einzelner Akteure – sogenannter »Agenten des Wandels« –, ohne die Transformationen auch auf staatlicher Ebene entweder gar nicht oder nur langsam vorankommen. ▶

Agenten des Wandels:

Vermittler lassen neue Ideen wünschenswert erscheinen, wecken Interesse, schaffen Identität und lassen Chancen erkennbar werden.

Vermittler

Martí Guixé / Solar Kitchen → ▶023

Akzeptanz neuer Ideen →

Erfinder

Erfinder holen Ideen aus der Marginalität und setzen sie auf die Agenda.

Bas van Abel / Fairphone → ▶025

MARGINALITÄT
>
Zeit →

AGENDA SETTING
WIDERSPRUCH
>

MEINUNGSFÜHRUNG
MEDIALISIERUNG
>

How to change the world

»Wir erkennen heute, dass die Idee der Historie als ›Geschichte großer Taten großer
Männer‹ überholt ist, und beginnen, historische Bedeutung in bislang übersehenen
Episoden zu erkennen. Der Schriftsteller Leo Tolstoi war möglicherweise der Erste,
der erkannt hat, dass man Geschichte als kombinierten Effekt aller Handlungen
betrachten sollte, die viele gewöhnliche Menschen jeden Tag vollbringen: Eine unendlich große Zahl von unendlich kleinen Aktionen.« [7]

→ S. 253 HOW TO CHANGE THE WORLD
JOHN-PAUL FLINTOFF; THE SCHOOL OF LIFE 2012

Entgegen der landläufigen Auffassung, dass ein Einzelner alleine auf gesellschaftlicher Ebene wenig ausrichten kann, stellt der Begriff des Agenten des Wandels, wie er
in der Studie »Welt im Wandel« des Wissenschaftlichen Beirats der Bundesregierung
beschrieben wird, den Einzelnen in den Mittelpunkt großer Veränderungsprozesse.
So macht zum Beispiel der Designer Bas van Abel mit der Markteinführung des »Fairphone« deutlich, dass es prinzipiell möglich ist, Mobiltelefone ohne sozialschädliche
Nebenwirkungen zu produzieren. ▶025 Van Abel will die großen Hersteller wie Samsung, Nokia oder Apple dazu bewegen, die Prozesse von Fairphone in ihrer eigenen
Herstellung anzuwenden. ↷020 Durch das Fairphone als Prototyp wird eine Idee aus
der Marginalität geholt und zum richtigen Zeitpunkt für eine breitere Käuferschicht
wünschenswert gemacht (Rollen: Erfinder und Vermittler).

▶**025 Revolution** / Warum das »Fairphone« das echte Smartphone ist
↷**020 Hebelwirkung** / Systeme durch Design verändern

⌕ 014 Wandel

Für Gestalter entstehen so völlig neue Geschäfts-, Berufs- und
Tätigkeitsfelder als »Erfinder«, »Vermittler« und »Verbinder«.

Wer glaubt noch, dass Obama oder Greenpeace die Welt retten werden?
Spätestens seit dem Scheitern der großen Klimakonferenzen ist klar geworden, dass
wir die Verantwortung für den notwendigen Wandel nicht einfach an Regierungen oder
große Interessenverbände delegieren können. Abgesehen davon, dass solche Institutionen mit dieser Aufgabe anscheinend überfordert sind, lassen sich Veränderungen in
einer offenen und vernetzten Gesellschaft ohnehin kaum noch von oben verordnen.

Es gibt eine Vielzahl von Initiativen, neu gegründeten Unternehmen und einzelnen
Aktionen, die belegen, dass die Bedeutung von Einzelnen bei der Bewältigung des
gesellschaftlichen Wandels und der Wiederherstellung von sozialer Balance in einem
globalen Maßstab in der vernetzten Gesellschaft immer größer wird. Als einige wenige
Beispiele seien hier neben dem bereits erwähnten Fairphone ▶025, das Global Village
Construction Set ▶027, die Transition-Town-Bewegung ⊞, aber auch große, populäre
Plattformen wie www.kickstarter.com genannt, in denen Einzelne in einem bislang unge-
kannten Maße an der Umsetzung und Entwicklung neuer Ideen beteiligt werden.

Agenten des Wandels sind keine gutherzigen Pro-bono-Arbeiter
Die Idee des Agenten des Wandels muss sich aber über den Status einer Pro-bono-
Kultur hinaus entwickeln, um ihre echte Kraft entfalten zu können. Es ist natürlich
nichts falsch daran, die eigene Arbeitskraft oder die eigenen intellektuellen Fähigkeiten einem guten Zweck zu spenden. Wenn sich aber Agenten des Wandels nicht
ausreichend professionalisieren, werden die Ergebnisse immer hinter dem Potenzial
zurückbleiben. Die Beispiele zeigen, dass im Bereich der sozialen Innovationen ⟲038
eine ganze Palette neuer unternehmerischer Ideen und Geschäftsmodelle entstehen.
Diese Verknüpfung von gesellschaftlichen Zielen mit unternehmerischem Handeln ist
dabei nichts Verwerfliches, denn erst wenn eine Idee als funktionierendes »Geschäftsmodell« beschrieben werden kann, Initiativen verstetigt und skaliert werden, kann die
entsprechende Hebelwirkung entstehen und aus einer Utopie Realität werden.

▶025 **Revolution** / Fairphone
▶027 **Globalisierung** / Global Village Construction Set
⟲038 **Soziale Innovation** / Geschäftsmodelle, die allen nutzen

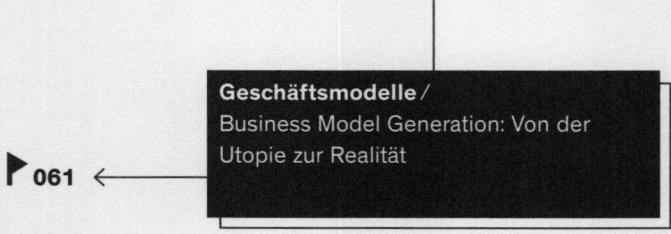

Geschäftsmodelle /
Business Model Generation: Von der
Utopie zur Realität

▶ 061 ←

Akzeptanz neuer Ideen →

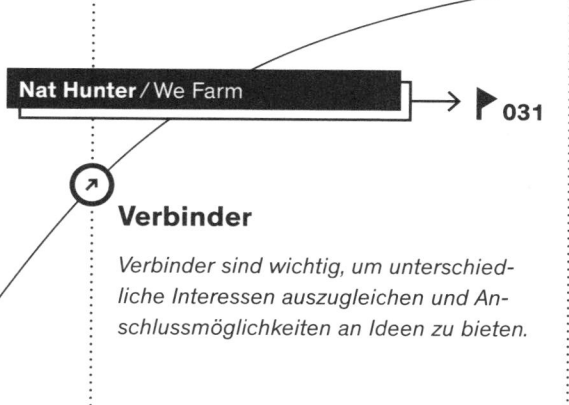

Nat Hunter / We Farm ➤ **031**

Verbinder

*Verbinder sind wichtig, um unterschied-
liche Interessen auszugleichen und An-
schlussmöglichkeiten an Ideen zu bieten.*

Von der Marginalität zur Routine: die fünf Phasen neuer Ideen in der Gesellschaft
Neue Ideen finden sich zu Beginn an den Rändern der Gesellschaft, wo sie kaum Be-
achtung finden (Marginalität). Neue Themen können dann auf die öffentliche Agenda gelangen, wenn Außenseiter auftreten, die dem gesellschaftlichen Konsens hörbar widersprechen. Solche Kontroversen erzeugen Sichtbarkeit und machen es möglich, dass
Meinungsführer die Idee aufgreifen. Das ist wiederum die Voraussetzung dafür, dass die
Idee medialisiert und weiter verbreitet werden kann. Die Verbreitung lässt die Zahl von
Nachfolgern auf eine kritische Masse anwachsen und führt schließlich dazu, dass die
vormals als neu empfundene Idee zur sozialen Routine und als liebgewonnene Gewohn-
heit nicht mehr hinterfragt wird.

Die Idee kann diese Phasen aber nur durchlaufen, wenn zur richtigen Zeit sogenannte
Promotoren (Agenten des Wandels) auftreten. Die Promotoren müssen in den unterschiedlichen Phasen unterschiedliche Rollen ausfüllen, um der Idee über die Hürde und
in die nächste Phase zu helfen. Geschieht dies nicht, verbreitet sich die Idee nicht weiter.

 → S. 259   WELT IM WANDEL
STUDIE DES WISSENSCHAFTLICHEN BEIRATS DER BUNDESREGIERUNG 2011
WWW.WBGU.DE/HAUPTGUTACHTEN/HG-2011-TRANSFORMATION/

MAINSTREAM
ANSCHLUSSFÄHIGKEIT
>

HABITUALISIERUNG
ROUTINE
>

Zeit →

▶ 015 **Aktivismus**

Design und Politik

Die beiden großen Volksparteien haben in den vergangenen 15 Jahren nahezu eine halbe Millionen Mitglieder verloren – bei den Gewerkschaften waren es sogar mehr als zwei Millionen. [8] Für diesen Wandel gibt es Gründe. War bürgerschaftliches Engagement in früheren Zeiten eine Frage der Zugehörigkeit zu gesellschaftlichen Gruppen wie der Kirche oder der »Arbeiterklasse«, so lösen sich heute diese sozialen Milieus zunehmend auf. Das bedeutet aber nicht, dass Menschen politikmüde wären, wie oft behauptet wird. Menschen engagieren sich vielmehr situativ und für einzelne konkrete Anliegen. An die Stelle von Pflichterfüllung und dem Wunsch nach Akzeptanz tritt Selbstentfaltung und die Einbettung von Engagement in die eigenen Lebensinteressen. Welche Rolle kann politisches Design in einem solchen Umfeld spielen? ▶

»Ist die beste Subversion nicht die, Codes zu entstellen, anstatt sie zu zerstören?«

ZITAT ROLAND BARTHES

IMG032 WWW.CLIMATENAMECHANGE.ORG: STURMTIEFS ÜBER EUROPA WERDEN NACH POLITIKERN BENANNT
Climate Name Change ist eine Petition, die sich an die »World Meteorological Organization« (WMO) mit der Forderung wendet, extreme Stürme nach Politikern zu benennen, die eine schärfere Gesetzgebung im Kampf gegen den Klimawandel verhindern. Seit 1954 belegt die WMO Taifune und Hurricans mit weiblichen Vornamen. 1978 kamen männliche Vornamen hinzu. Mit dem neuen Namensgebungs-System könnte der nächste Herbststurm »Merkel« heißen. Die Deutsche Bundeskanzlerin hatte im Frühjahr 2013 strengere Kohlendioxid-Grenzwerte für Autos im EU-Parlament verhindert. [9]

Biblische Wunder und radikale Konzepte

»Design hat den Kapitalismus gerettet«, sagt Ruedi Baur in einem Gespräch für dieses Buch. Gestaltung ist das sichtbare Interface der Warenwelt, der Generator von Differenzierungsmerkmalen und poetischer Durchlauferhitzer kalter, sachlicher und unsichtbarer Technologie. »Nicht die Kirchen, sondern Konsumtempel sind der Ort moderner Religiosität«, beschreibt Norbert Bolz den Wandel des Gestalters als Anbieter purer Information im Sinne der Ulmer Schule[a] hin zum mythologisch-kulturell aufgeladenen Geschichtenerzähler der Postmoderne. »Der Theologieprofessor Harvey Cox vergleicht die Schaufenster der Warenhäuser mit der Krippenszenerie und das Markenzeichen mit einer säkularisierten Hostie.«[10] Die Rettung, von der Baur spricht, hat sich in den 80er und 90er Jahren des vergangenen Jahrhunderts vollzogen. Indem Gestalter effektive Alternativen für die säkularisierten Rituale und zerstörten Umgangsformen der »alten Welt« zur Verfügung stellten, wurde die westliche Welt vor dem Kollaps bewahrt und die Fortsetzung ihrer Lebensmodelle ermöglicht.

Wenn Gestaltung derartige Wunder biblischer Dimension vollbringen kann, könnten wir dann mit Design den Kapitalismus auch verändern – anstatt ihn nur zu retten? Denn heute sind wir zwei Wirtschaftskrisen und einen Krieg gegen den Terror weiter. Der nächste Kollaps klopft an die Tür.

016 Kommunikationsguerilla

Die Kommunikationsguerilla bedient sich der Methoden, Techniken, der Sprache und der Grammatik von bestehenden Kulturen – und dreht sie um. Ihre Akteure geben sich multiple Namen, verkörpern imaginäre Personen und nutzen kollektive Mythen, um sich wie ein Trojanisches Pferd in die Nervenzentren von Ideologien einzuschleichen.[11]

Kann Kommunikationsguerilla helfen, die Welt zu verändern?

→ S. 251 HANDBUCH DER KOMMUNIKATIONSGUERILLA
AUTONOME A.F.R.I.K.A. GRUPPE; LUTHER BLISSETT, SONJA BRÜNZELS
ASSOZIATION A; 5. ERWEITERTE AUFLAGE 2012

Im Klassiker »Handbuch der Kommunikationsguerilla« stellen Sonja Brünzels und
Luther Blissett [a] Methoden, Techniken, Anlässe und Beispiele der kulturell/medialen
Subversion vor.

Verfremdung

greift bekannte Bilder und Vorstellungen auf und gibt ihnen eine neue Form: Nachdem
Russland 2013 die Regenbogenflagge als homosexuelle Propaganda verboten hatte,
wurde der Zebrastreifen vor der russischen Botschaft in Stockholm von Unbekannten
in Regenbogenfarben angemalt. Das Straßenverkehrsamt weigerte sich, die Farbe zu
entfernen, und nun blicken Angehörige und Gäste der Botschaft jeden Tag auf den
lesbischen und schwulen Protest. ✎[12]

Camouflage

Verkleidung und Tarnung gehören zu den traditionellen Techniken des Untergrunds:
»Exit« ist eine Aussteiger-Initiative für Rechtsextreme. Um ihre Bekanntheit in der
Szene zu steigern, ließ die Organisation im Sommer 2011 auf einem Rechtsrockfestival
in Gera kostenlose T-Shirts mit dem Aufdruck »Hardcore Rebellen« verteilen. Beim
ersten Waschen verschwand aber dieser Aufdruck, und darunter kam die Botschaft
zum Vorschein: »Was dein T-Shirt kann, kannst du auch – wir helfen dir, dich vom
Rechtsextremismus zu lösen.« ✎[13]

Überidentifizierung

macht sich die Argumente der Gegenseite zu eigen und unterstützt sie derart vehement
und übertrieben, dass sie durch die verzerrte Darstellung unannehmbar werden:
Bei Amy Dickinson, der Beziehungs-Ratgeberin der »Washington Post«, beklagte sich
ein konservativ-religiös geprägtes Ehepaar, ihr Sohn wolle partout nicht »aufhören,
schwul zu sein«. Amy gab dem Paar den Rat, selbst für ein paar Wochen homosexuell
zu werden. Nur so könnten sie ihrem Sohn zeigen, dass man seine sexuelle Neigung
ganz einfach ändern kann. ✎[14]

Erfindungen, Fakes und Fälschungen

leihen sich für eine gewisse Zeit Macht und Image einer bestehenden Institution aus:
Am 7. Juni 2012 wurde unter dem Titel »#ShellFAIL: Private Arctic Launch Party Goes
Wrong« ein Handy-Video auf YouTube veröffentlicht, das angeblich eine Feier von
Shell zur Einweihung neuer Bohrtürme in der Arktis dokumentiert. In dem Video
gerät ein Zapfhahn in Form einer Modell-Bohrinsel außer Kontrolle und besudelt eine
ältere Dame mit einer braunen Flüssigkeit. Die Dame verliert ihre Fassung und bricht
inmitten der betretenen Party-Gäste in Tränen aus. Das Video erhielt innerhalb eines
Tages mehr als 500.000 Views sowie tausende Kommentare und Tweets. Veranstalter
der Feier war allerdings nicht Shell, sondern die Netzkunst- und Aktivistengruppe
»Yes Men« im Auftrag von Greenpeace. ✎[15] ▶011

Collage und Montage

bringen bekannte, eingespielte Wahrnehmungsmuster der Realität durcheinander:
»Designers Republic« (s. rechte Seite) vermischt die Muster von Freizeit und Politik
und macht dadurch den öffentlichen zu einem politischen Raum.

▶011 Identity Correction / Erfindung falscher Tatsachen zur Schaffung wahrer Ereignisse

Anwälte der eigenen Agenda

Politische Kommunikation, die darauf setzt, Botschaften durch Einbahn-Medienkanäle an ein geneigtes Publikum zu senden, bewirkt in vielen Fällen das Gegenteil von dem, was sie will – wenn sie überhaupt etwas bewegt. So sehr die Macher von politischen Plakaten, Kampagnen gegen Kindesmissbrauch oder für Menschenrechte unsere Sympathie verdienen, so sehr zwingen sie ihr Publikum in die Rolle eines Zuschauers. Das Ergebnis ist Passivität. Was aber ist das Ziel von politischer Gestaltung? Geht es darum, die eigenen Ansichten nach außen zu transportieren, »Gegner« zu überzeugen oder ein Statement zu machen? Wenn politische Organisationen nicht genügend Anknüpfungspunkte für Teilhabe bieten, müssen ausgerechnet Gestalter ihnen darin nacheifern? Die Akzeptanz einer demokratischen Gesellschaft hängt davon ab, ob Menschen in der Lage sind, zu Anwälten ihrer eigenen Agenda zu werden. Wie sehen Designstrategien aus, die politische Gestaltungsmonopole aufbrechen (einschließlich der eigenen), sodass jeder vom Bürger zum Aktivisten werden kann?

IMG033
IMG034
IMG035
IMG036 SITZDEMO, KARLSRUHE 2010, VIOLA KUP
Die Sitzdemo bietet Menschen die Möglichkeit, in ihrer Freizeit mit einem Minimum an
Aufwand für ein politisches Anliegen einzutreten. Neben einer Bank in einem Park wurde ein
Schild aufgestellt, mit dessen Hilfe sich Slogans für unterschiedliche Demonstrationen
auswählen lassen. Wer sitzt, demonstriert. Der Rest ergibt sich von allein...

▶ 017 Transparenz

Der britische Interaction-Designer Thomas Thwaites hat sich vorgenommen einen
Toaster zu bauen und dabei auf alle industriellen Hilfsmittel zu verzichten. Angefangen
bei der Gewinnung und Aufbereitung von Eisenerz, Kupfer für die Elektrik, Nickel für die
Heizung bis hin zur eigenen Herstellung von Kunststoffen aus Erdöl. Das Ergebnis ist
ein Objekt, mit dem man auch Brot toasten kann – vor allen Dingen aber ist es ein kommunikatives Objekt, das von einem Dilemma moderner Zivilisation berichtet: Wir können
nicht mehr verstehen, wie Dinge entstehen und funktionieren, müssen sie aber gestalten,
kaufen und benutzen. ▶

037

»Left to his own devices he couldn't build a toaster. He could just about make a sandwich and that was it.«

IMG037   TOASTER FROM SCRATCH

URL   WWW.THETOASTERPROJECT.ORG [ABGEFRAGT AM 19.2.2014]

ZITAT   DOUGLAS ADAMS, PER ANHALTER DURCH DIE GALAXIS

Die Dinge hinter den Dingen

Der Toaster von Thomas Thwaites macht deutlich, dass hinter jedem Ding, hinter jeder Dienstleistung und hinter jedem Medium ein komplexes System von unsichtbaren Zusammenhängen steht, das diese Dinge stärker formt als der Blick auf die gestaltete Oberfläche vermuten ließe: Organisationskulturen, Geschäftsmodelle, Gesetzgebungen, Finanzierungsmodelle, Arbeitsteilung, Sozialsysteme, lokale Kultur, Identität, Regelwerke …

Diese Rahmenbedingungen beschreibt der Architekturhistoriker Wouter Vanstiphout in einem Interview mit dem Architekten Rory Hyde als die »Dunkle Materie« der Gestaltung: »Wenn man wirklich eine Stadt gestalten möchte, wenn man den echten Kampf austragen und die Probleme angehen will, dann muss man in den Clinch gehen mit öffentlicher Planung, Regierungen, Verwaltungen und großen institutionellen Immobilienentwicklern. Ich glaube, hier liegt die eigentliche Anstrengung, dass wir uns mit diesen Strukturen und Institutionen einlassen, dieser furchterregend komplexen ›Dunklen Materie‹. An dieser Stelle wird es erst richtig interessant.« [16]

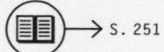 → S. 251 FUTURE PRACTICE:
CONVERSATIONS FROM THE EDGE OF ARCHITECTURE
RORY HYDE; ROUTLEDGE 2013

🖐 **018 Dunkle Materie**

Die »Dunkle Materie« ist der strukturelle, kulturelle, strategische und systemische Teil einer Designaufgabe, der zwar nicht sichtbar ist – aber fundamental für die Lösung.

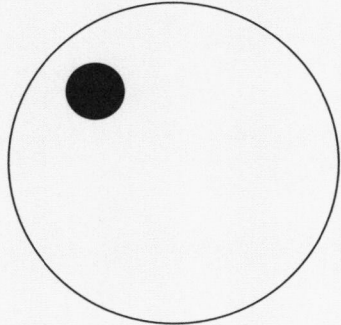

IMG038 DUNKLE MATERIE
Dunkle Materie ist mit 83 % der größte Teil der Materie im Universum. Die Dunkle Materie ist nicht sichtbar. Sie muss aber dennoch da sein, weil ansonsten der sichtbare Teil unserer Welt physikalisch nicht erklärbar wäre.

Wenn wir beispielsweise ein Mobiltelefon kaufen, wird mit diesem Telefon nicht nur eine Technologie, eine gestaltete Hülle und der Zugang zu einem Kommunikations-netzwerk geliefert. In dem Telefon stecken auch Bürgerkrieg um die Ausbeutung von Minen mit seltenen Erden, unmenschliche Arbeitsbedingungen, Umgehung sozialer Standards und Gesundheitsschäden bei vielen Menschen, die an der Herstellung des Telefons beteiligt sind.

So hat Apple nach der Selbstmordwelle bei seinem chinesischen Produktionspartner Foxconn nicht etwa darauf gedrungen, die dortigen Missstände zu beseitigen, sondern ist einfach zu dem Mitbewerber Pegatron gewechselt – wo noch schlimmere Arbeits-bedingungen herrschen: bis zu 69 Wochenstunden in einer Sieben-Tage-Woche und ein Lohn, bei dem das Existenzminimum nur mit Überstunden erreicht werden kann. [17]

All diese Komponenten gehören zu jener »Dunklen Materie«, die unsichtbar in dem Telefon und vielen anderen Dingen versteckt ist, mit denen wir uns umgeben. ▶025

Es wäre natürlich nicht richtig, dem Designer, der das iPhone gestaltet hat, die Schuld an diesen Umständen zu geben – die Verantwortung hierfür liegt in erster Linie bei der Geschäftsführung von Apple. Das bedeutet aber nicht, dass die »Dunkle Materie« nicht gestaltbar wäre. Die Frage, die Vanstiphout stellt, ist, wo der Auftrag für Gestalter beginnt und wo er endet – und damit, was Gestaltung in seinem inneren Kern eigent-lich bedeutet. Design kann – wie in dem Toasterprojekt von Thomas Thwaites – Dinge sichtbar machen und Lösungen in Form von Prototypen, Beispielen und Möglichkei-ten aufzeigen. Design kann – ausgehend von menschlichen Motivationen, einem tiefe-ren Verständnis von sozialen Faktoren und dem Umfeld, in das Produkte eingebettet sind – Alternativen entwickeln, die wirtschaftlich und sozial wünschenswerter sind als der Status quo. Design ist Ausdruck des Optimismus, dass die Welt gestaltbar ist.

Um das tun zu können, müssen – so Vanstiphout – Designer ihren eigenen Auftrag massiv ausdehnen, hinein in Gebiete, wo nicht mehr einzelne Formen verändert werden, sondern Systeme wie ein Mobiltelefon in ihrer Gesamtheit betrachtet werden: formal, strategisch und sozial. ✌082

▶**025 Revolution** / Fairphone
✌**082 Total Beauty** / Schön ist, was nichts kaputt macht

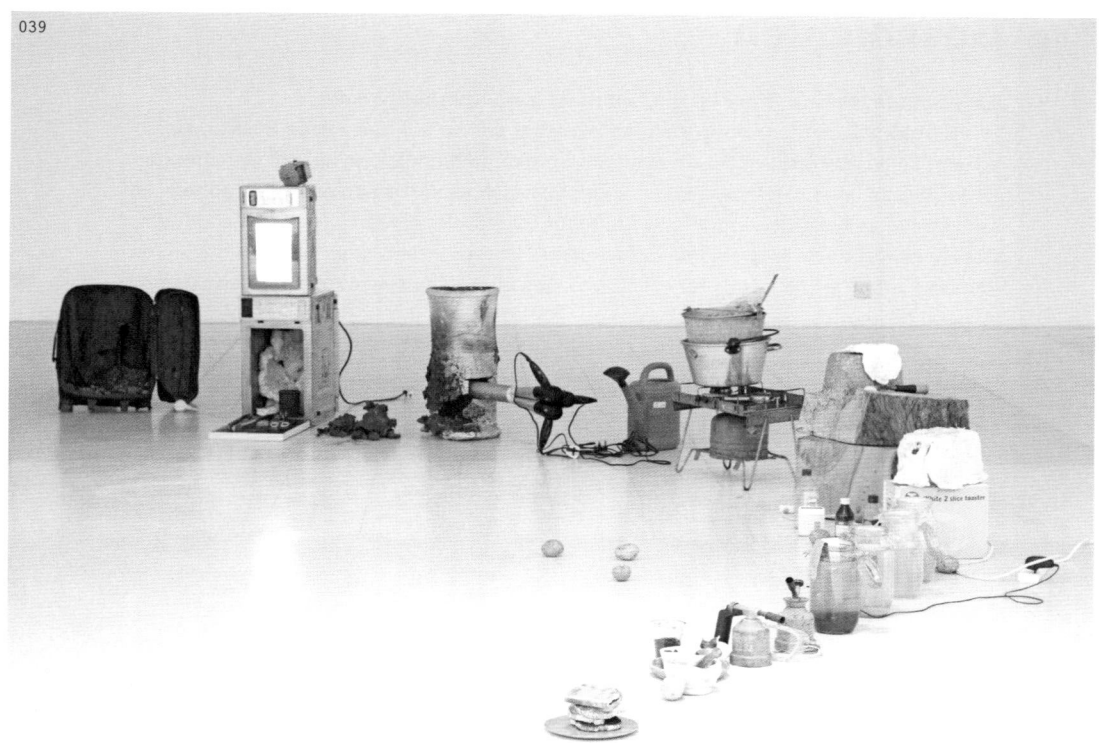

»Der Kontrast im Verhältnis zwischen Produkten, die wir als Konsumenten zu Hause benutzen, und der Industrie, die diese Produkte herstellt, ist absurd – wir setzen massive industrielle Ressourcen dazu ein, Objekte herzustellen, die uns in die Lage versetzen, Brot auf eine effizientere Art zu toasten. Dabei geben uns diese Dinge keinen Hinweis auf ihre Herkunft«, schreibt Thomas Thwaites zu seinem Projekt. [18]

Es dauerte mehrere Jahre, bis Thwaites den gesamten Prozess zur Herstellung eines Toasters Schritt für Schritt nachvollzogen und die dafür notwendigen Geräte gebaut hatte. Schließlich war es möglich, einen Toaster herzustellen und am Ende einen Toast zuzubereiten. Der Ladenverkaufspreis des Toasters beträgt 1.187,54 Britische Pfund.

IMG039   PRODUKTIONSKETTE DES TOASTERS
CREDITS   THOMAS THWAITES

▶ **019** **Geschichten**

Eine Schule ist eine Story ist ein Laden ist ein Superheld ist ein …

Im »Brooklyn Superhero Supply Store« ist nichts, wie es auf den ersten Blick zu sein scheint. Auch aus diesem Grund steht am Eingang ein großes Schild mit der strengen Aufforderung an »unsichtbare Erscheinungen«, sich »sofort zu erkennen zu geben«. In dem Laden selbst gibt es nützliche Dinge für Superhelden: Man kann Schwerkraft (in Dosen) erwerben, sich in einem »Entschurker« läutern lassen oder sich in ein »Secret Identity Program« mit dem Titel »Versuche, gewöhnlich zu sein« einschreiben. Aber das ist noch nicht alles … ▶

IMG040   FASSADE DES BROOKLYN SUPERHERO SUPPLY STORE
URL   WWW.SUPERHEROSUPPLIES.COM [ABGEFRAGT AM 19.2.2014]

Skalierbarkeit – vom Einzelfall zum System

Die europäische Schuldenkrise, gescheiterte Klimakonferenzen, die Occupy-Bewegung, Umwälzungen in den arabischen Ländern, die USA am Rande des Staatsbankrotts, zusammenstürzende Banken, 30–50 % Jugendarbeitslosigkeit in Griechenland, brennende Stadtviertel in London und Paris – der Beginn des neuen Jahrhunderts ist so reich an umwälzenden Ereignissen, dass die »Krise« zum Normalzustand und Lebensgefühl einer ganzen Generation geworden ist.

Diese Krise ist aber nur oberflächlich die Krise einer Währung, der europäischen Idee oder des Arbeitsmarktes. Es handelt sich in erster Linie um eine veritable Vertrauenskrise. Viele Menschen glauben nicht mehr, dass unsere Institutionen und Systeme diese Probleme tatsächlich lösen können. Mehr noch: In vielen Fällen hat die Art und Weise, wie die Systeme strukturiert sind, diese Krisen überhaupt erst ausgelöst. Der Ausbruch des Vulkans Eyjafjallajökull auf Island im Jahr 2010 hat dazu geführt, dass »in Deutschland drei Produktionsstraßen von BMW geschlossen und in Dublin medizinische Operationen abgesagt werden mussten. In Kenia haben Menschen ihre Jobs verloren«[19] und in Oberitalien ist Angela Merkel auf einer Dienstreise gestrandet. Alles hängt miteinander zusammen und es scheint, als seien diese Zusammenhänge so gestaltet, dass es kaum Puffer, Ausweichmöglichkeiten oder Back-ups gibt.

Wir brauchen Alternativen – auf der institutionellen ebenso wie auf der individuellen Ebene. Die Stärke von Design ist es, greifbare und funktionierende Beispiele, Modelle und Prototypen entwickeln zu können. Wenn diese Beispiele nicht als isolierte Einzellösungen konzipiert, sondern skalierbar sind, von anderen übernommen, angepasst und weiterentwickelt werden können, kann Design ein wichtiger Teil dieser Suche werden.

☞ 020 Hebelwirkung

Die Veränderung von Systemen (oder Teilen davon) mit Mitteln des Entwurfs und der Gestaltung kann dann gelingen, wenn die Gestaltungswerkzeuge und Strategien explizit an den Hebeln des Systems ansetzen. Kann Design Systeme verändern?

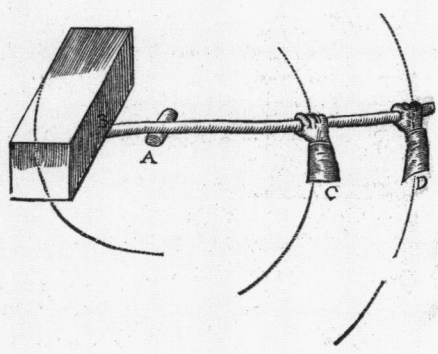

IMG041   HEBELGESETZ
           Mit einem Hebel (Design) lässt sich mit relativ geringem Kraftaufwand eine
           große Last (System) bewegen.

Was gestalten wir?

826NYC ist nicht nur eine Schule für kreatives Schreiben, sondern auch eine strategische Lösung für ein gesellschaftliches Problem. Kinder, die lernen, ihre Gefühle (mit Sprache) auszudrücken, neigen zu weniger Gewalt und haben größere Chancen, eine erfolgreiche Existenz aufzubauen und ihr Leben mit Sinn zu füllen. Aus Kindern werden Erwachsene, die wiederum ihren Kindern das vermitteln, was sie selbst erfahren haben. Hebelwirkung entsteht, wo die »Dunkle Materie« ⟲018 eines Objekts in die Gestaltung mit eingebracht wird: die hinter der Oberfläche liegenden Strukturen. Wer etwas für Bildung tun will, sollte nicht ein Schulbuch gestalten, sondern eine Schule. ▶059 Wer mehr Offenheit für Asylbewerber in der Gesellschaft erzeugen möchte, sollte keine Plakate aufhängen, sondern ein Hotel eröffnen. ▶099

Überforderung oder Strategie?

Was aber hat das mit Design zu tun? Überfordert das Gestaltung nicht hoffnungslos? Laufen wir nicht Gefahr, große Schäden anzurichten? Gibt es dafür nicht Experten, die mehr Wissen und mehr Erfahrung haben? Es gibt sicherlich viele sinnvolle und erfolgreiche Lernkonzepte, die auf der Basis von langjährigen Praxiserfahrungen von Lehrern und wissenschaftlichen Erkenntnissen aufgebaut sind. Eine »Schule der Geschichten, die eine Geschichte ist« kann aber nur von Autoren/Gestaltern entworfen werden, die ihrerseits davon leben, Geschichten zu erfinden. Es ist eine Expertise von Gestaltung, die Dinge aus Nutzersicht zu betrachten, andere Standpunkte einzunehmen und das Gewohnte zu unterbrechen.

Ein solcher erweiterter Designbegriff verändert die Rahmenbedingungen von Gestaltung selbst: »Für die drängenden Fragen des 21. Jahrhunderts, wie Bildung, Gesundheit, soziale Gerechtigkeit (...), gibt es keine Auftraggeber. Wer ist der Auftraggeber für die Bekämpfung des Klimawandels? Diese Probleme werden nicht in überschaubaren Päckchen angeliefert. ⟲040 Jede dieser Fragen stellt existierende Methoden, Ideologien, Praktiken und Strukturen infrage. (...) Ein systemorientierter Ansatz sieht ›Gesundheit‹ zum Beispiel nicht in der alleinigen Verantwortung des Gesundheitsministeriums. Gesundheit ist direkt beeinflusst von Faktoren wie Stadtplanung, Ernährung, Bildung (...), die alle außerhalb der abgesteckten Grenzen einer einzigen Abteilung liegen«, schreibt der Designer, frühere Berater der finnischen Regierung und heutige Leiter von Fabrica Dan Hill. In einer modernen Welt haben wir gar keine andere Wahl, als Experten im Dilettantismus zu werden. ⟲036

⟲**018 Dunkle Materie** / Der strategische Teil einer Gestaltungsaufgabe
▶**059 Theorie/Praxis** / Knowmads: Die anarchistische Version eines Master of Business Administration
▶**099 Nähe** / Im Hotel Cosmopolis wohnen Touristen und Asylbewerber
⟲**040 Wicked Problems** / Verzwickte, unlösbare und bösartige Probleme
⟲**036 Dilettantismus** / Wie Nicht-Können produktiv wird

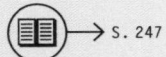 → S. 247   DARK MATTER AND TROJAN HORSES,
                         A STRATEGIC DESIGN VOCABULARY
                         DAN HILL; STRELKA PRESS 2012

Denn es gibt da noch eine geheime Tür, durch die niemand gehen darf – außer man ist ein Kind. Hinter der Tür verbirgt sich der eigentliche Zweck des Ladens: eine raffiniert aufwändig getarnte Schule für kreatives Schreiben mit dem Namen »826NYC«. Die Schule wurde vor 20 Jahren von einer Gruppe arbeitsloser Schriftsteller in Brooklyn aus einer Notsituation heraus gegründet. Da es für talentierte Autoren nicht genügend Aufträge gab, entstand die Idee, sich selbst einen Auftrag zu geben. In Brooklyn leben viele Kinder und Jugendliche, die – wie alle Kinder – viel Phantasie besitzen, aber zu wenig Möglichkeiten haben, sich auszudrücken und ihren Ideen eine konkrete Form zu geben. Das Angebot traf offensichtlich auf Nachfrage und so entstand die Schule. Und weil sich Geschichten am besten schreiben lassen, wenn man selbst Teil einer Geschichte ist, entstand der Laden mit der geheimen Identität, der geheimen Tür und der geheimen Welt dahinter.

Heute ist 826NYC eines der anerkanntesten und bekanntesten sozialen Unternehmen in New York, in dem tausende von Kindern gelernt haben, sich mit Sprache kreativ auszudrücken und persönliche Erfolge zu feiern – in Form der Bücher mit eigenen Geschichten, die wiederum vorne im Laden verkauft werden.

IMG042   PRODUKTE DES SUPERHERO SUPPLY STORE: EINE DOSE UNSTERBLICHKEIT UND EINE FLASCHE LICHTGESCHWINDIGKEIT
IMG043   GEHEIME TÜR

▶ 021 Kontroverse

Safe Cuddling

»Safe Cuddling« ist ein fiktives Produkt, das Einstellungen, Risikobewertungen sowie rationale und irrationale Ängste im Bereich des Kinderschutzes erforscht. Der Strampelanzug ermöglicht das unschuldige und unverdächtige Spielen von Erwachsenen mit Kindern. Wenn ein Kind dabei zu lange oder auf unangebrachte Weise berührt wird, wird das in den Anzug integrierte Alarmsystem aktiviert: Der Erwachsene wird zunächst dezent auf die doppeldeutige Situation hingewiesen. Bei Nichtbeachtung werden schrille audiovisuelle Signale ausgesendet, die die Aufmerksamkeit der Umstehenden auf sich ziehen. Safe Cuddling ist kein Produkt im klassischen Sinne, sondern ein kommunikatives Objekt, das den Betrachter zu einer Stellungnahme provozieren soll. Als Prototyp einer möglichen Realität macht es potenzielle Dilemmas greifbar. Es erlaubt Menschen, über komplexe und abstrakte Fragen auf der Basis eigener Erfahrungen, Gefühle und Einstellungen zu sprechen. ▶

Dinge und Things

Das Wort »Ding« stammt sprachgeschichtlich von dem nordischen Ausdruck »Thing« ab. Ein Thing war in den vorchristlichen Gesellschaften Germaniens und Skandinaviens eine Versammlung, ein Ritual oder ein Ort, an dem Auseinandersetzungen ausgetragen und politische Entscheidungen getroffen wurden – eine Art Gerichtsplatz. Diese ursprüngliche Bedeutung hat sich bis heute in Begriffen wie »Bedingung«, »unabdingbar« oder »sich ausbedingen« erhalten. Die Herkunft des Wortes macht deutlich, dass es sich bei den »Dingen« in unserer Kultur nicht nur um Sachen handelt, sondern um sozio-materielle Beziehungen, mit denen wichtige Angelegenheiten verhandelt werden können. [20]

Der Prototyp ist eine spezielle Erscheinungsform des Dings – ein Vor-Ding. Ähnlich wie das »Thing« ist der Prototyp mehr Medium als fertiges Ergebnis und dient dazu, Ideen, Standpunkte, Aussagen, Haltungen und Entwürfe zu verhandeln. Prototypen sind in erster Linie aus dem Produktdesign bekannt, können aber auch im Kommunikationsdesign nützliche Werkzeuge sein. Insbesondere dann, wenn andere Akteure an einem Entwurfsprozess beteiligt werden sollen – zum Beispiel potenzielle Nutzer oder Gestalter und Experten aus anderen Disziplinen. ⟶**076**

⟶**076 Partizipatives Design** / Benutzer als Experten der eigenen Erfahrung

☞ 022   Prototyp

Prototypen sind Vehikel, mit denen Fragen gestellt, Kontroversen ausgetragen und Dilemmas sichtbar gemacht werden können. Ein Prototyp ist ein »nicht-menschlicher Teilnehmer am Designprozess«. [21]

Früher scheitern, um schneller zum Erfolg zu gelangen

Es gibt eine Vielzahl von unterschiedlichen Prototypen, die in konkreten Projekten eingesetzt werden können, um unterschiedliche Ziele zu erreichen. Prototypen sind Vorab-Versionen von etwas, das noch nicht fertig ist. Ein offenes Objekt, das bewusst Spielräume für Interpretationen und Weiterentwicklungen lässt.

Kontroverse Dinge

Kontroverse Dinge wie der »Safe Cuddling«-Strampelanzug legen Dilemmas, Probleme und unterschiedliche Interessen offen. Wenn ein Dilemma nicht mehr nur ein Gedanke ist, sondern sich greifbar im Raum materialisiert hat, ist es im wörtlichen Sinne schwieriger zu umgehen und löst stärkere, direktere und ehrlichere Reaktionen hervor.

Design after Design

Mit einem Protoyp lässt sich ein zweiter Gestaltungsprozess anstoßen, der sich an den ersten anschließt und an dem sich weitere Akteure beteiligen können. Ein Beispiel eines solchen Protoyps ist der »Daily Dump« Recycling-Container ▶095, der explizit zur Nachahmung, Anpassung und Weiterentwicklung entworfen wurde, um so die Verbreitung des Geschäftsmodells der Gründer zu ermöglichen. Oder der »Bluetooth-Bus« in Malmö – eine öffentliche Buslinie, die als Vertriebsplattform für Musiker der lokalen Rap-Szene dient. In den Bussen lassen sich während der Fahrt Songs junger Musiker auf das Smartphone laden. Durch diese neue, erweiterte Öffentlichkeit wurde die schwierige Situation von benachteiligten Jugendlichen in der Stadt thematisiert. Aus dem Bluetooth-Bus ist später ein Musiklabel entstanden sowie ein von Jugendlichen betriebenes Unternehmen, das Führungen durch problembehaftete Stadtviertel anbietet. ✐22

Schnelle und langsame Prototypen

✋024 Fast Prototyping ist das schnelle Entwickeln greifbarer Modelle, um die Erkenntnisse aus dem Gebrauch direkt in nachfolgende Gestaltungsprozesse einfließen lassen zu können.

✋026 Slow Prototyping ist das langsame Entwickeln eines Prototyps mit dem Ziel, unterschiedliche Akteure in ein gemeinsames Projekt einzubinden. Langsame Protoypen haben den Vorteil, dass man im Projektverlauf auf sich verändernde Bedingungen reagieren kann.

▶095 Skalierung / Daily Dump – Kopierbarkeit als Schlüssel zum Erfolg

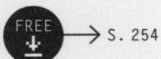

→ S. 254 PROTOTYPING AND INFRASTRUCTURING IN DESIGN
FOR SOCIAL INNOVATION
PER-ANDERS HILLGREN, ANNA SERAVALLI, ANDERS EMILSON;
MEDEA COLLABORATIVE MEDIA INITIATIVE, MALMÖ UNIVERSITY 2011
HTTP://MEDEA.MAH.SE/2011/12/PROTOTYPING-AND-INFRASTRUCTURING-IN-DE-
SIGN-FOR-SOCIAL-INNOVATION

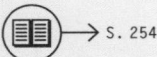

→ S. 254 DESIGN THINGS AND DESIGN THINKING:
CONTEMPORARY PARTICIPATORY DESIGN CHALLENGES
ERLING BJÖRGVINSSON, PELLE EHN, PER-ANDERS HILLGREN;
MASSACHUSETTS INSTITUTE OF TECHNOLOGY 2012

046

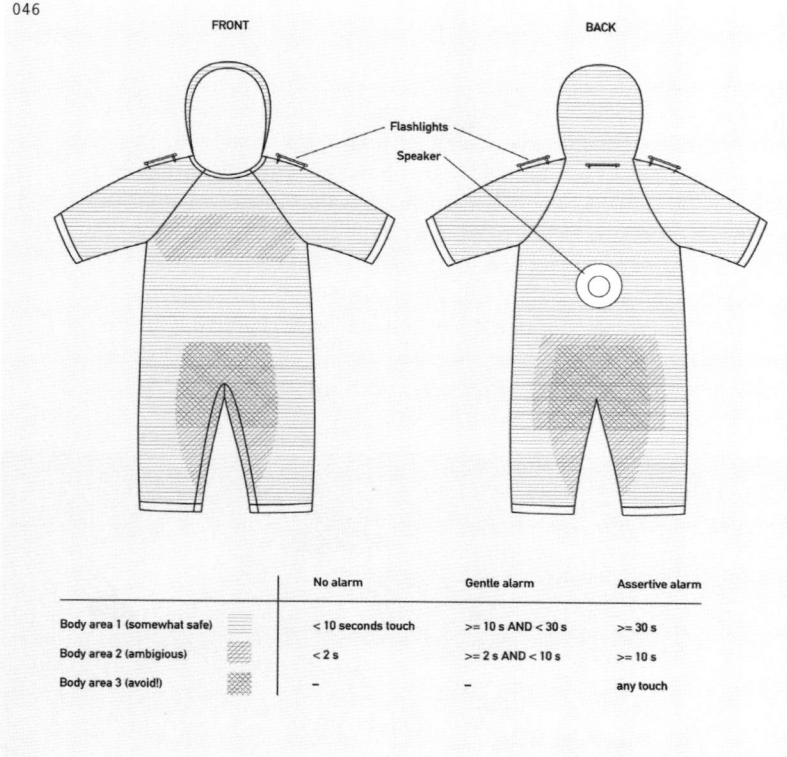

FRONT   BACK

Flashlights
Speaker

	No alarm	Gentle alarm	Assertive alarm
Body area 1 (somewhat safe)	< 10 seconds touch	>= 10 s AND < 30 s	>= 30 s
Body area 2 (ambigious)	< 2 s	>= 2 s AND < 10 s	>= 10 s
Body area 3 (avoid!)	–	–	any touch

Safe Cuddling wurde Eltern auf öffentlichen Spielplätzen präsentiert, verbunden mit der Frage, ob sie sich vorstellen könnten, einen solchen Anzug für ihr Kind zu kaufen. Die Diskussionen und Reaktionen wurden dabei auf Video aufgezeichnet. Das Konzept wurde von den meisten Eltern prinzipiell positiv aufgenommen, und es wurden spontan Möglichkeiten entwickelt, wie es sich verbessern ließe. Gleichzeitig wurde allen in diesem Moment bewusst, wie unbeschwert sie selbst aufgewachsen sind. Die Frage stand im Raum, ob man mit dem nachvollziehbaren Bedürfnis nach Sicherheit seinen Kindern nicht auch etwas wegnimmt: »Wenn mich heute – wo ich eine Mutter bin – jemand fragen würde, ob ich meinem Kind einen Chip ins Ohr setzen lassen würde, damit ich immer wüsste, wo es ist, würde ich ›Ja‹ sagen. Es ist eine furchtbare Idee – aber ich würde ›Ja‹ sagen.« In Stellungnahmen wie dieser zeigt sich die Qualität von kontroversen Objekten, die auf der einen Seite unmittelbare Reaktionen hervorrufen und andererseits aufgrund ihrer Vielschichtigkeit einen zweiten Blick zulassen, der umso differenzierter ausfällt, je länger sich die Betreffenden mit dem Anzug beschäftigen.

IMG046   FUNKTIONSSKIZZE DES ALARMSYSTEMS VON SAFE CUDDLING
          Der Anzug ist in drei Körperzonen aufgeteilt – »EINIGERMASSEN SICHER«, »ZWIESPÄLTIG« und
          »VERMEIDEN!«. Bei unterschiedlich langen Berührungen in einer dieser Zonen wird ein akusti-
          scher und/oder optischer Alarm ausgelöst, der die Aufmerksamkeit der umstehenden Erwachsenen
          auf sich zieht.

CREDITS   HELGE FISCHER, 2010

▶023 Flexibilität

Solar Kitchen Restaurant

Das »Solar Kitchen« Konzept des spanischen Designers Martí Guixé und des finnischen Kochs Antto Melasniemi ist ein Restaurant, das vollkommen vom Wetter abhängig ist: Auf mehreren Solarkochern wird das Essen zubereitet. Durch das gleichzeitige Erhitzen von allen Seiten durchlaufen die Gerichte einen besonderen Garprozess, der zu überraschend wohlschmeckenden Ergebnissen führt. Dabei folgen nicht nur das Essen, der Koch und die Kellner den Gesetzen der Natur, sondern auch die Gäste. Schon eine einzige Quellwolke verzögert den Garprozess eines Gerichtes, eine Ansammlung von Wolken bedeutet ein ernsthaftes Problem für den Koch, und bei Regen bleibt die Küche kalt. Gäste und Personal müssen lernen, sich spontan auf neue Situationen einzustellen – denn eine einzige Wolke könnte einen ganzen Business Lunch ruinieren. ▪▶

Trial, Error

Mit Hilfe von Fast Prototyping lassen sich schnell funktionierende Modelle eines Produktes, eines Dienstes oder eines Geschäftsmodells entwickeln. Reaktionen von Nutzern können so getestet und die nicht vorhersehbaren Implikationen einer Idee besser eingeordnet werden. Schnelle Prototypen können dazu dienen, eine Idee bereits in einer frühen Phase an mögliche Partner zu vermitteln, um beispielsweise eine Finanzierung zu ermöglichen oder die Markteinführung vorzubereiten.

Das Solar Kitchen Restaurant ist – neben seiner Funktion als Restaurant – auch eine Versuchsanordnung, wie sich Essen, Kochen und Gastronomie in ein neues Verhältnis zur Natur setzen lassen. Daraus lassen sich Erkenntnisse gewinnen über Veränderungen im Konsumverhalten bzw. die Flexibilität der Gäste, die Gestaltung von Nahrungsketten und die Entwicklung neuer Konzepte.

🖐 024 **Fast Prototyping**
Welche Arten von schnellen Prototypen gibt es
und wie funktionieren sie?

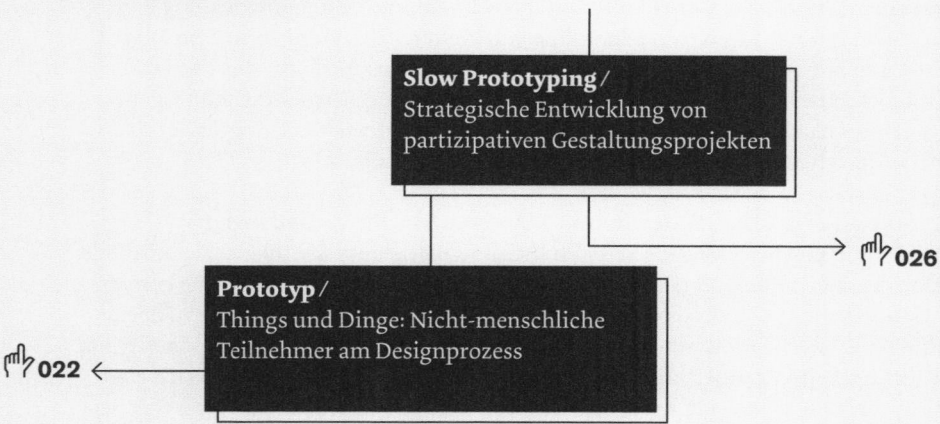

Slow Prototyping /
Strategische Entwicklung von
partizipativen Gestaltungsprojekten

🖐 026

Prototyp /
Things und Dinge: Nicht-menschliche
Teilnehmer am Designprozess

🖐 022 ←

Proof of Concept

Um zu beweisen, dass ein Konzept tatsächlich funktioniert und auch aus der Sicht
möglicher Nutzer relevant erscheint, wird ein Modell als Vorstufe eines echten
Prototyps entwickelt. Ein »Proof of Concept« ist meist Teil einer Finanzierungs-
strategie.

Pilotprojekt: Testen durch Einfrieren

Ein Pilotprojekt »friert« ein Entwicklungsmodell für eine bestimmte Zeit ein, um
dessen Wirkung testen zu können. Zur Evaluierung können bewährte und formali-
sierte Methoden eingesetzt werden, wie zum Beispiel quantitative und qualitative
Befragungen. Pilotprojekte haben allerdings den Nachteil, dass sie die gesamte Entwicklung verlangsamen und der Prototyp im schlechtesten Fall von den Entscheidungsprozessen in einem Projekt überholt wird. Außerdem schränkt das Einfrieren
die Weiterentwicklung des Modells ein und bietet so weniger Chancen, durch Variatio-
nen zu lernen.

Offener Test: Lernen durch Transparenz

Bei einem offenen Test wird der Prototyp noch während seiner Entwicklung zur
Benutzung freigegeben. Veränderungen und Weiterentwicklungen an dem Modell
lassen sich in ihrer Wirkung leicht mit früheren Versionen vergleichen. Ein nütz-
licher Nebeneffekt von offenen Tests ist der direkte Austausch mit zukünftigen
Abnehmern und Interessenten. Nutzer arbeiten mit Entwicklern zusammen und
haben gleichermaßen einen Einfluss auf das Endergebnis. ▶089

Prototypen im öffentlichen Raum: Katalysatoren für Veränderung

Mit Prototypen im öffentlichen Raum lassen sich Erkenntnisse über soziokulturelle
Motivationen und die Veränderungen in einer Gesellschaft gewinnen. Wie können
gastronomische Standards weiterentwickelt werden? Unter welchen Umständen
bringen Gäste die notwendige Flexibilität mit? Welche Motivationen sind nötig, um
Nahrungsketten natürlicher zu gestalten? Derartige Erfahrungen lassen sich auch
auf andere Restaurantkonzepte übertragen. Darüber hinaus können Prototypen wie
»Solar Kitchen« neuartige Konzepte nicht nur erforschen, sondern auch befördern,
indem sie sie kulturell attraktiv machen. ▶013

▶089 **Einfachheit** / Die E-Government-Website www.gov.uk wurde mit Hilfe von offenen Tests entwickelt
▶013 **Agenten** / Gestalter als Agenten des Wandels und Vermittler neuer Ideen

048

049

IMG048
IMG049   KOCHEN NACH WETTER — JE NACH SONNENEINSTRAHLUNG VARIIEREN GARZEITEN UND REZEPTE
CREDITS   MARTÍ GUIXÉ, ANTTO MELASNIEMI FÜR LAPIN KULTA

▶ 025 **Revolution**

Warum das »Fairphone« das echte Smartphone ist

Wer heute ein Smartphone – egal welcher Marke – kauft, erwirbt nicht nur ein Status-
symbol und den Zugang zu mobilen Kommunikationsnetzwerken. Mit dem Telefon
werden auch Bürgerkriege, Kämpfe um die Schürfrechte in Minen für seltene Erden,
Löhne unter dem Existenzminimum sowie Ausbeutung und Selbstmordwellen in den
Fabriken der Hersteller mitgeliefert und finanziert. Der niederländische Interaction-
Designer Bas van Abel hat gemeinsam mit der Waag Society deshalb 2013 mit dem
»Fairphone« das erste Mobiltelefon auf den Markt gebracht, das ohne – oder besser:
mit möglichst geringen – sozial unerwünschten Nebenwirkungen hergestellt wird.
Das Fairphone hat revolutionäres Potenzial, weil es die Art und Weise in Frage stellt,
wie wir im globalen Maßstab wirtschaften, Arbeit teilen und konsumieren. ▶

Früher hat man sich nackt vor Kasernen angekettet, um die Welt zu verändern. Heute gestaltet man ein Produkt.

IMG050   ARBEITSBEDINGUNGEN IN EINER AFRIKANISCHEN MINE
IMG051   FAIRPHONE

Langsam oder schnell?

Mit Rapid Prototyping lässt sich eine abstrakte Idee in kurzer Zeit in ein greifbares und funktionsfähiges Modell übertragen. Bei der Lösung komplexer Fragestellungen ☞040 müssen aber viele unterschiedliche Aspekte miteinander verbunden werden. Dazu sind viele Partner, Ressourcen, Expertisen und Finanzierungsquellen notwendig. ☞052 Ein »langsamer Prototyp« kann dazu dienen, diese Lücken zu schließen.

☞**040 Wicked Problems** / Verzwickte, unlösbare und bösartige Probleme
☞**052 Diversität schlägt Talent** / Warum unterschiedlich besetzte Teams die Teams der Besten schlagen

☞ 026 **Slow Prototyping**

»Langsame Prototypen« können unterschiedliche Akteure wie zum Beispiel Experten, Nutzer, Mitarbeiter, Geldgeber, Politiker etc. bereits im Vorfeld an der Entwicklung einer Lösung beteiligen. Damit wird der Erfolg eines Projekts wahrscheinlicher und der Lerneffekt des Prototyps größer. Mit einem »langsamen Prototyp« lässt sich zeigen, dass (!) etwas möglich ist. So können Standards verändert werden, anstatt singuläre Einzellösungen zu produzieren.

»Langsame Prototypen« können einen Mangel an Know-how und Ressourcen in einem Projekt ausgleichen. Die Entwicklung, Gestaltung, Konstruktion und Vermarktung des Fairphone zum Beispiel ist nur durch ein neues Geschäftsmodell möglich, das die Grenze zwischen Investor, Eigentümer und Konsument aufhebt. Durch die Konzeption als »langsamer Prototyp« konnten bereits im Vorfeld Hersteller, Minenbetreiber und Ingenieure als Projektpartner gewonnen und eine Basis von Unterstützern aufgebaut werden, die das Projekt finanzierten. Innerhalb eines Monats konnten so vier mal mehr Telefone verkauft werden als nötig waren, um die Produktion starten zu können.

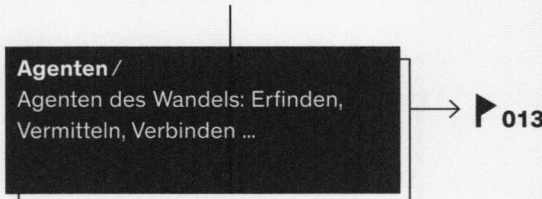

Agenten /
Agenten des Wandels: Erfinden,
Vermitteln, Verbinden …

▶ 013

Piloten und andere langsame Prototypen

»Piloten« sind Filme, mit denen neue Fernsehserien auf dem Markt eingeführt werden.
In einem Piloten wird die Vorgeschichte erzählt und die zentralen Charaktere werden
vorgestellt. So wird die Reaktion von Publikum und Rezensenten getestet, bevor die
Serie überhaupt gedreht wird. Zwischen Pilotfilm und Serienstart werden nicht selten
wichtige Bestandteile des Konzepts neu beurteilt und verändert – bis hin zur Neubeset-
zung von Rollen. Das Ziel von Pilotprojekten ist es, Systeme zu verändern und Partner
zu finden. Dementsprechend können »langsame Prototypen« als »Systempiloten«
oder »Partnership Pilots« konzipiert werden.

Systempiloten

»Systempiloten« testen die Beziehungen und Verknüpfungen der einzelnen Bestandteile einer Gestaltungslösung – im Gegensatz zu dem Test konkreter Reaktionen von
Nutzern auf einzelne Komponenten, wie es bei herkömmlichen Prototypen der Fall ist.
Die Grenzen von Systempiloten zu einem abgeschlossenen Projekt sind fließend. So
ist das Low2No-Haus in Helsinki ein Systempilot, in dem Nahrungsketten, Verkehrs-
infrastruktur und Wohnen miteinander verknüpft werden. Um diesen Test durchführen zu können, muss das Gebäude aber erst mal fertiggestellt und genutzt werden.
Die Erkenntnisse lassen sich dann in weiteren Entwicklungsprojekten nutzen. Die er-
folgreichsten Methoden können weiterentwickelt werden und schließlich einen neuen
Standard definieren. [23]

Partnership Pilots

Das Ziel von »Partnership Pilots« ist es, unterschiedliche Akteure wie Förderinstitu-
tionen, Forschungseinrichtungen, Unterstützer oder Geldgeber zusammenzubringen.
Damit können bereits vor dem eigentlichen Start eines Projekts Netzwerke geknüpft,
Strategien zur Finanzierung entwickelt und der Austausch von Wissen organisiert
werden. Die Marylebone Free School in London zum Beispiel ist die Idee einer Schule,
die kein eigenes Gebäude mehr hat, sondern unterschiedliche Institutionen in dem
Stadtviertel miteinander verbindet und zu Lernorten macht. Die Schüler gehen nicht
mehr »in die Schule«, sondern sind von der Schule umgeben. Ein solches Konzept
kann sich nur langsam entwickeln. Es muss Vertrauen aufgebaut, Menschen müssen
überzeugt, Partner gefunden und unterschiedliche Formen der Umsetzung getestet
werden. Der Weg bis zum Tag der Eröffnung ist das eigentliche Designprojekt, das im
Laufe seines Werdens viele Freunde und Unterstützer anziehen muss.

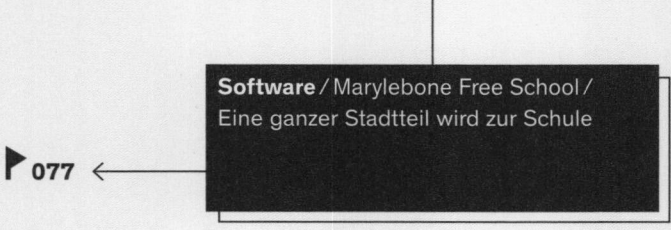

Software / Marylebone Free School /
Eine ganzer Stadtteil wird zur Schule

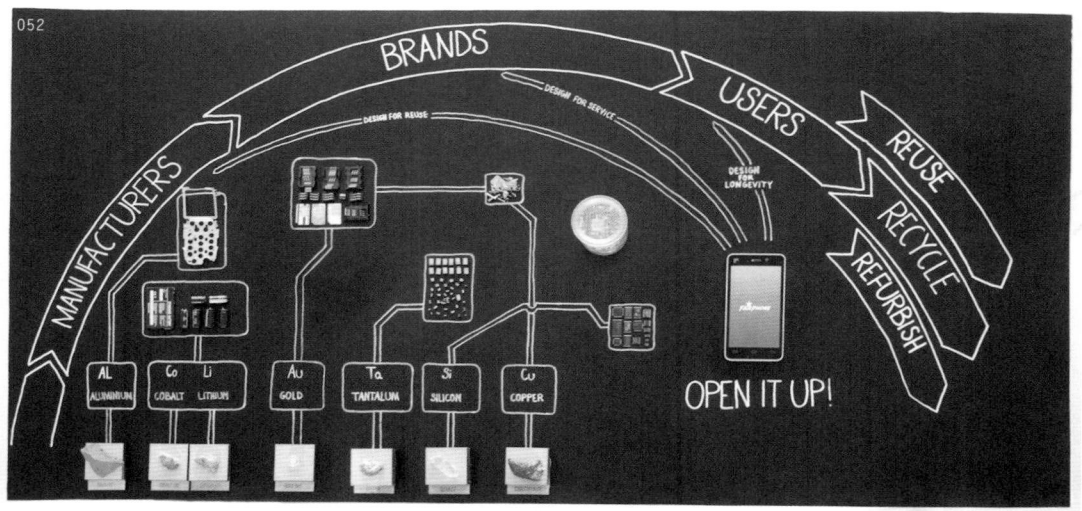

Ganz von vorne anfangen

Zur Herstellung eines Mobiltelefons werden bis zu 30 Metalle und Mineralien (z. B. Zinn, Coltan, Cobalt) benötigt. Der Abbau solcher Rohstoffe in Entwicklungsländern wird meist von lokalen Warlords kontrolliert, die mit den Einnahmen ihre Armeen und Bürgerkriege finanzieren. Um ein »fair(er)es« Mobiltelefon herstellen zu können, muss man ganz von vorne anfangen und diese Lieferkette durchbrechen. Auch wenn das Fairphone nicht alle diese Probleme mit einem Schlag lösen kann, so legt es doch den Finger in die Wunde der globalisierten Wirtschaft: Durch die weltweit organisierte Arbeitsteilung und eine immer stärkere Spezialisierung wissen wir nicht mehr, wie Dinge hergestellt werden. Dennoch haben wir kaum eine andere Wahl, als sie zu benutzen, wollen wir nicht das Leben eines Einsiedlers führen. ▶017

Langsamer Prototyp für eine andere Art zu wirtschaften

Als Designobjekt ist das Fairphone nur in zweiter Linie ein Produkt. In erster Linie ist es der Versuch, Produktionsketten und Wirtschaftsprinzipien neu zu gestalten. ⟲018 Das Fairphone zielt auf einen Hebeleffekt: Große Hersteller und Anbieter wie Samsung oder Vodafone könnten faire Produktions- und Vermarktungsprinzipien effektiver und besser umsetzen als ein vergleichsweise kleines soziales Start-up aus Amsterdam. In einer Studie der Organisation »Germanwatch« gaben aber noch im Jahr 2009 die großen Mobilfunkanbieter an, dass es aus ihrer Sicht keinen Markt für faire Mobiltelefone gäbe. ✎24 Fairphone will diese Unternehmen durch eine Mischung aus Verbraucherdruck und Inspiration zum Umdenken bewegen. Nachdem Fairphone 25.000 Telefone verkauft hat, hat Vodafone ebenfalls 5.000 Stück bestellt – mit einer Option auf mehr. ⟲020

▶017 **Transparenz** / The Toaster Project
⟲018 **Dunkle Materie** / Die unsichtbare Seite der Gestaltung
⟲020 **Hebelwirkung** / Wie Gestaltung Systeme verändern kann

▶ 027 **Globalisierung**

Global Village Construction Set

Das »Global Village Construction Set« ist eine Kollektion von 50 Maschinen, die sich – basierend auf frei im Internet verfügbaren Bauplänen – zu einem Bruchteil der üblichen Kosten im Eigenbau herstellen lassen. Das Set wird von der Organisation Open Source Ecology (OSE) entwickelt, einem Netzwerk von Bauern, Ingenieuren und Unterstützern. »Was wir hier machen, ist ein Experiment, die Zivilisation neu zu starten«, sagt Marcin Jakubowski, der Gründer von OSE und eine Art »Mad Max« des ökologischen Fortschritts. »Es geht um nachhaltiges Leben und einen offenen Zugang zu den notwendigen Informationen und Werkzeugen.«[25] ▶

053

Alle haben die Macht. Keiner hat die Kontrolle.

IMG053   ÜBERSICHT ÜBER DAS GLOBAL VILLAGE CONSTRUCTION SET
          Mit nur 50 Maschinen kann man eine ganze Zivilisation bauen.

Kollaps

»Zivilisationen sind in der Geschichte immer dann gescheitert, wenn eine Gemeinschaft von den negativen Folgen ihres eigenen Handelns abgeschnitten worden
ist.« Dieser Satz des Physiologen, Geografen, Biologen und Autors Jared Diamond
liest sich wie eine Kurzform der Geschichte der Globalisierung: Wenn heute in
China ein Sack Reis umfällt, könnten die Konsequenzen für uns in Europa größer
sein als für die Chinesen vor Ort (und umgekehrt).

S. 247 COLLAPSE – HOW SOCIETIES CHOOSE TO FAIL
OR SUCCEED
JARED DIAMOND; PENGUIN BOOKS 2011

Dagegen setzt Ezio Manzini sein Gestaltungsprinzip »SLOC«, in dem das Lokale
vernetzt wird und so eine neue Qualität bekommt.

028 SLOC

ist das Akronym für »Small – Local – Open – Connected« und steht
für ein Modell der nachhaltigen Gestaltung in einer vernetzten,
dezentralisierten Welt. Das Modell wurde von dem italienischen
Professor Ezio Manzini am Polytechnico Milano als ein Bauplan für
eine zweite, moderne und ökologische Globalisierung entwickelt.

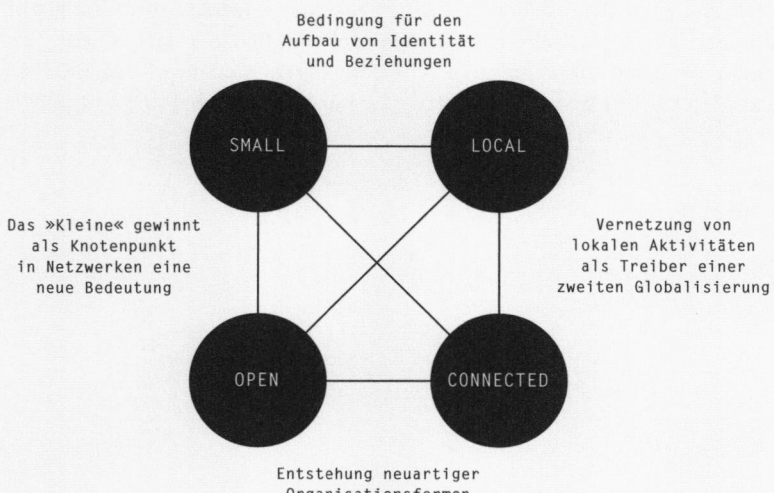

Bedingung für den
Aufbau von Identität
und Beziehungen

Das »Kleine« gewinnt
als Knotenpunkt
in Netzwerken eine
neue Bedeutung

Vernetzung von
lokalen Aktivitäten
als Treiber einer
zweiten Globalisierung

SMALL   LOCAL

OPEN   CONNECTED

Entstehung neuartiger
Organisationsformen

Klein, lokal, offen und vernetzt

sind die vier Kriterien, die nachhaltige und widerstandsfähige Gestaltungslösungen auszeichnen. »Jedes Adjektiv für sich genommen ist relativ einfach zu verstehen. Zusammen bilden sie aber eine gänzlich neue Vision für eine nachhaltige und vernetzte Gesellschaft. Hinter dem Kürzel SLOC steht die kraftvolle Idee eines sozialen Anziehungspunktes, der eine Vielzahl von Akteuren, innovativen Prozessen und Designaktivitäten miteinander verbindet.«

 → S. 257   SMALL, LOCAL, OPEN AND CONNECTED:
RESILIENT SYSTEMS AND SUSTAINABLE QUALITIES
EZIO MANZINI; DESIGNOBSERVER 2013
HTTP://CHANGEOBSERVER.DESIGNOBSERVER.COM/FEATURE/SMALL-LOCAL-OPEN-AND-
CONNECTED-RESILIENT-SYSTEMS-AND-SUSTAINABLE-QUALITIES/37670/

Der Traum von lokalen und kleinflächigen Modellen für die Gestaltung einer nachhaltigen Welt ist nicht unbedingt neu. Das Motto »Zurück zur Natur« wurde über Jahrhunderte in vielen romantisch geprägten Bewegungen als Antwort auf eine zunehmend technisierte Welt immer wieder neu aufgelegt – zuletzt in der Öko-Bewegung der 80er des 20. Jahrhunderts. Durch die Entstehung einer kollaborativen, digitalen, vernetzten und globalen Gesellschaft bekommen diese Bestrebungen aber eine neue Qualität. Der Traum vom zurückgezogenen Leben im Kleinen und Lokalen war früher nur um den Preis der kulturellen Abgeschiedenheit und des Einsiedlertums zu haben. Die Vernetzung hingegen macht die Übernahme und Anpassung lokaler Modelle möglich. Das Lokale bekommt eine globale Bedeutung. Die Organisation »Open Source Ecology« hat das Global Village Construction Set auf der Basis lokaler Erfahrungen entwickelt, um anschließend die Baupläne zur weiteren Entwicklung und Anpassung an die Bedingungen an anderen Orten freizugeben. Und die Kommunikationsdesignerin Nat Hunter verbindet in dem Projekt »We Farm«▶031 Wissen von Kaffeebauern über nachhaltige Anbaumethoden an unterschiedlichen Orten in einem offenen Netzwerk zu einer globalen Plattform.

Gestalter, die sich mit gesellschaftlichen Problemen auseinandersetzen, müssen hyperlokal ⃝ ♲042 arbeiten. War vor 40 Jahren das Kleine noch wirklich klein, ist es heute ein Knotenpunkt einer großen Bewegung, in der Erfahrungen, Modelle und Methoden ausgetauscht werden können. So bildet die vernetzte Bürgergesellschaft die Grundlage für eine zweite, nachhaltige Globalisierung.

▶031 **Plattformen** / We Farm
♲042 **Hyperlokalität** / Think small

2007 begann Jakubowski die Arbeit an einem Set von Maschinen – dem Minimum,
das man braucht, um eine moderne Zivilisation zu unterhalten: Schmelzöfen, Traktoren,
Ziegelpressen und viele andere mehr. 13 dieser Maschinen haben laut Wikipedia im Juli
2013 das Stadium von Prototypen erreicht. Alle Maschinen können nach Angaben der
Initiative mit den Prinzipien von »Cradle to Cradle«[a] hergestellt werden. Die Maschine
zum Abräumen von Baugrund beispielsweise kann den abgeräumten Schutt pulverisie-
ren und anschließend neue Ziegel daraus pressen.

»Wenn wir es schaffen, die Barrieren für den Einstieg in Landwirtschaft, Bau und industrielle Produktion abzubauen, können wir damit ungeahntes menschliches Potenzial
freisetzen«, so Jakubowski zu seinen Motiven. Geht Jakubowskis Traum in Erfüllung,
sollen nach der Fertigstellung des Global Village Construction Set Menschen auf der
ganzen Welt die Maschinen nutzen und weiter verbessern. Die Technologien und das
Wissen sollen aus den Händen weniger Unternehmen in die Hände aller gelangen.
Menschen sollen die Fähigkeit wiedererlangen können, die Dinge, die sie benötigen, vor
Ort selbst herzustellen.

Skalierung /
Wie aus losen Ideen bleibende
Phänomene werden

→ ▶ 095

IMG055   DER »LIFETRAC« IST EIN KOSTENGÜNSTIGER OPEN-SOURCE-TRAKTOR
IMG056   DER »LIBERATOR« IST EIN AUTOMATISCHE ZIEGELPRESSE
CREDITS OPEN SOURCE ECOLOGY

▶ 029 Krise

Der Duden definiert die Krise als »schwierige Situation, die den Höhe- und Wendepunkt einer gefährlichen Entwicklung darstellt«. Ob es sich bei einer solchen Situation tatsächlich um eine Krise handelt, lässt sich meist erst im Nachhinein feststellen – nachdem der Wendepunkt überschritten worden ist und eine Entwicklung zum Besseren eingesetzt hat. Findet diese Wendung nicht statt und setzt sich die negative Entwicklung dauerhaft fort, so spricht man von einer Katastrophe. Design ist so betrachtet Krisenbewältigung. Egal, ob es um die Gestaltung einer Zahnbürste geht, eines Kinderbuchs oder eines Rettungsboots – das Ziel von Design ist es, »die Kurve zu kriegen« und neue Realitäten zu ermöglichen, die wünschenswerter sind als die bestehende. Die Nuancen bestehen in der Fallhöhe: Nicht jede Krise ist eine Lebens- oder Existenzkrise.

Können Strategien aus Kunst und Gestaltung Beiträge zur Bewältigung von Krisen leisten? Design jenseits der Komfortzone... ▶

IMG057   TRANSBOARDER IMMIGRANT TOOL, ELECTRONIC DISTURBANCE THEATER 2.0, 2008
          Das Transboarder Immigrant Tool zweckentfremdet billige Mobiltelefone mit GPS-Antennen, um
          eine Notfall-Navigation für illegale Einwanderer aus Mexiko in die USA zur Verfügung zu
          stellen. Das System leitet Immigranten in Notfällen zu Wasser-Depots und sicheren Biwaks,
          die von Aktivisten in der Wüste entlang der Südgrenze der USA unterhalten werden.

Was ist zu tun, wenn nichts mehr zu machen ist?

»Nur wer weiß, was man tut, wenn nichts zu machen ist, verfügt über hinreichend effiziente weiterlaufende Lebensspiele, die ihm dabei helfen, nicht in auflösende Panik oder seelentötende Starre zu verfallen.« (Peter Sloterdijk)

 → S. 249 DAS ZEUG ZUR MACHT
PETER SLOTERDIJK, IN: »DER WELT ÜBER DIE STRASSE HELFEN«;
SCHRIFTENREIHE DER HFG KARLSRUHE; FINK 2010

Gab es schon einmal eine Zeit ohne Krise? Weltkriege, Kuba-Krise, Ölkrise, Waldsterben, Dot-com-Krise, Kreditkrise, Staatsschuldenkrise, Umweltkrise … Die Krise als Kollateralschaden der Zivilisation kennt kein Ende und keine Lösung. Wir können lediglich unterschiedliche Arten des Umgangs mit Krisen finden. Mal wird die Krise zum Lebensgefühl überhöht, mal wird sie ignoriert. Das ändert aber nichts daran, dass wir immer und ständig am Rande des Untergangs leben. Schlimmer noch: Je komplexer unsere Welt wird, desto unstabiler und anfälliger wird sie für Störungen. Warum also ist der Kollaps bislang noch nicht eingetreten?

Dass wir noch leben, haben wir unserer Fähigkeit zu verdanken, zu reagieren, wieder aufzustehen, Rückschläge hinzunehmen und uns auf die nächste Katastrophe vorzubereiten. Sicherheit ist eine Illusion. Das Postulat des »Survival of the fittest« in der Evolutionstheorie von Charles Darwin bedeutet nicht, dass der Stärkere überlebt, sondern der Weichere und Anpassungsfähigere. »Fit« ist nicht, wer besonders sportlich ist, sondern wer besonders gut passt (to fit; engl.: passen).

In der Debatte um den richtigen Weg aus der Krise ersetzt deshalb zunehmend der Begriff »Resilienz« [a] den Ausdruck »Nachhaltigkeit«. Resilienz ist die Fähigkeit, wie ein Gummi wieder in die Ausgangsform zurückzuspringen und Störungen zu tolerieren. Nachhaltigkeit ist eine ebenso unerreichbare Utopie wie Sicherheit. Resilienz hingegen ist ein Millennium-Auftrag für Designer, Unternehmer und andere Macher. Wo es bei Nachhaltigkeit um die »Mission Impossible« der Bewahrung des Status quo geht, bietet Resilienz eine geradezu überwältigende Aufgabenfülle für alle Gebiete der Gestaltung.

030 Resilienz

Was sind die Designprinzipien für eine dehnbare, leichte und flexible Welt, die immer noch eine Option in der Tasche hat und die ihre Eleganz aus der Mischung von Intelligenz und Fatalismus bezieht?

Die sechs Charaktereigenschaften der Resilienz:

Diversität
senkt das Risiko des Scheiterns, weil nicht alle Eier in einen Korb gelegt werden. Unterschiedlich strukturierte Geschäftsmodelle, Institutionen, Industrien, Medien, Nahrungsquellen, Perspektiven und Wissensquellen machen eine Gesellschaft krisenfester. ⟳052

Redundanz
Wichtige Komponenten sind in widerstandsfähigen Systemen mehrfach vorhanden (Back-up). Düsenflugzeuge beispielsweise sind so gebaut, dass sie auch mit nur einem Triebwerk noch fliegen können. Redundanzen gibt es auch in der Kommunikation: Für die Übertragung eines Mems zum Beispiel ist nicht ein einzelner, starker und zentraler Sender notwendig. Gibt es ein starkes Netz von kleinen Sendern, die Kopien und Varianten herstellen (= ausreichende Redundanz), verbreitet sich das Mem unaufhaltsam von alleine weiter. ⟳006

Modularität und Unabhängigkeit von Systemkomponenten
Voneinander unabhängige Module erhöhen die Widerstandsfähigkeit, weil im Falle einer Störung negative Einflüsse nicht von Modul zu Modul und damit auf das ganze System übertragen werden. ⟳004

Feedback-Sensitivität
Je schneller ein System Störungen aufspüren und darauf reagieren kann, desto weniger Schäden entstehen. Entsprechende Feedback-Loops können durch gut gestaltete Informationssysteme, durch räumliche Nähe oder mediale Verbindungen geschaffen werden.⟳028

IMG058 METADATA+, IMG060 CORPORATE FALLOUT DETECTOR

Adaptivität
Anpassungsfähige, weiche und pragmatische Systeme können leichter auf Veränderungen reagieren als starre und schwere Systeme, die dazu neigen, bei Belastung zu zerbrechen. ⟳002

IMG059 REGAL ZINFANDEL

Umwelt-Sensitivität
Je besser ein System in seine direkte Umwelt eingebettet ist, desto weniger anfällig ist es für negative Einflüsse und Schocks. Umwelt-Sensitivität kann dadurch entstehen, dass die Adressaten einer Gestaltungslösung direkt in den Designprozess mit einbezogen werden. ▶037 ▶041

⟳052 **Diversität schlägt Talent** / Warum divers besetzte Teams das Team der Besten schlagen
⟳006 **Mem** / Neue Kommunikationsmodelle in Netzwerken
⟳004 **Peer-to-Peer** / Warum vernetzte Strukturen widerstandsfähiger sind
⟳028 **SLOC** / Small – Local – Open – Connected: Globalisierung, Teil 2
⟳002 **Adaptives Designbüro** / OpenStructures: Resiliente Organisationsformen für Gestaltungsbüros
▶037 **Zuhören** / Hear Create Deliver: Das Designmanual von IDEO für den Rest der Welt
▶041 **Macher** / EyeWriter

058

059

060

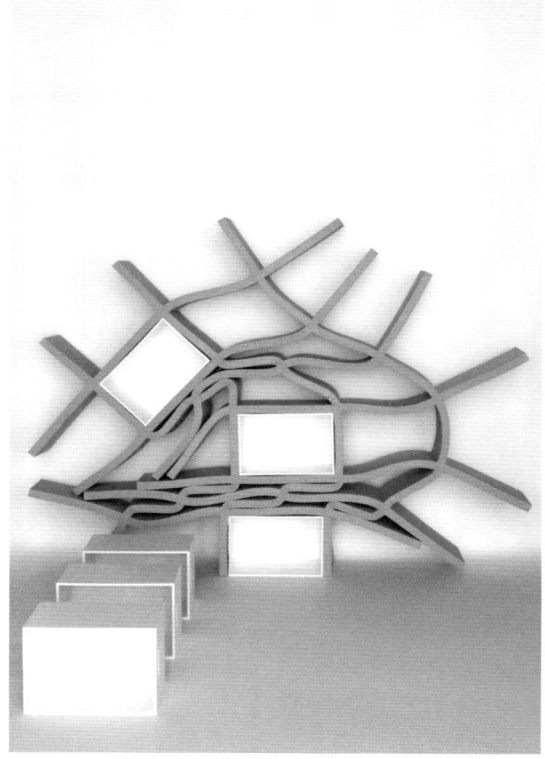

»Design löst Probleme«, ist eine modernistische Definition von Design. Wie zeitgemäß ist dieses Postulat noch? Der Anspruch, den Umgang mit und die Anpassung an Störungen zu ermöglichen, ist nicht nur bescheidener und realistischer – er ist auch vielversprechender. Resilienz, Flexibilität und Widerstandsfähigkeit sind Eckpunkte einer glaubwürdigen und interessanten Ästhetik, weil sie mehr Brüche beinhalten als die glatt polierte Oberfläche einer perfekten und nachhaltigen Welt – an die sowieso keiner glaubt.

IMG058   METADATA+, APP, JOSH BEGLEY
          Die App Metadata+ protokolliert alle Drohnen-Angriffe des US-Militärs und trägt sie auf einer
          Landkarte ein. Metadata+ nutzt dabei Daten, die von dem »Bureau of Investigative Journalism«
          veröffentlicht werden.

IMG059   REGAL ZINFANDEL, TOM PAWLOFSKY, 2010
          Ultraleichtes, mobiles Regal, das an den Stellen »kollabiert«, an denen es nicht benötigt
          wird. Die Stabilität erhält das Regal durch ein Konvolut von Transportkästen, die in den
          Fächern platziert werden und im Fall eines Umzuges als Möbelkisten dienen können.

IMG060   CORPORATE FALLOUT DETECTOR, JAMES PATTEN, 2004
          Das an einen Geigerzähler aus dem Kalten Krieg erinnernde Gerät scannt Barcodes von Produkten
          im Supermarkt ein und zeigt durch ein mehr oder weniger stark klickendes Geräusch an, wie gut
          oder schlecht die ethische Reputation der Unternehmen ist, die an der Herstellung des Produkts
          beteiligt waren.

▶ 031 **Plattformen**

We Farm

ist ein Projekt, das die britische Kommunikationsdesignerin Nat Hunter gemeinsam mit
Kaffeefarmern rund um den Globus im Auftrag der Cafédirect Producers' Foundation
entwickelt hat. Jeder Einzelne der 250.000 Mikro-Kaffeeproduzenten von Cafédirect
weiß zwar viel über nachhaltigen Anbau und tradierte Methoden zur Steigerung des Er-
trags. Die Farmer können aber nicht voneinander profitieren, weil sie an vielen hunderten Orten auf dem Globus verstreut leben und arbeiten.

Statt einer »Top-down«-Website im Sinne eines Wissensspeichers wurde ein »Bottom-
up«-Service entwickelt, der es den angeschlossenen Kaffeebauern ermöglicht, Wissen
mit Hilfe einer SMS auf der Plattform zu speichern und bei Bedarf abzurufen. Da viele
Kaffeebauern kein Smartphone besitzen und die Internetabdeckung in den ländlichen
Gebieten oft nicht ausreicht, basiert »We Farm« auf einem Peer-to-Peer Text-Messaging-
System – ähnlich der Plattform Twitter in frühen Tagen. Um den Austausch international
möglich zu machen, stellt ein Übersetzungsdienst Anfragen und Antworten in unterschiedlichen Sprachen zur Verfügung. »We Farm« ist außerdem über Computer sowie
unterschiedliche Social-Media-Plattformen erreichbar (Multi-Plattform-Konzept). ▶

Das Internet für Menschen
ohne Internet

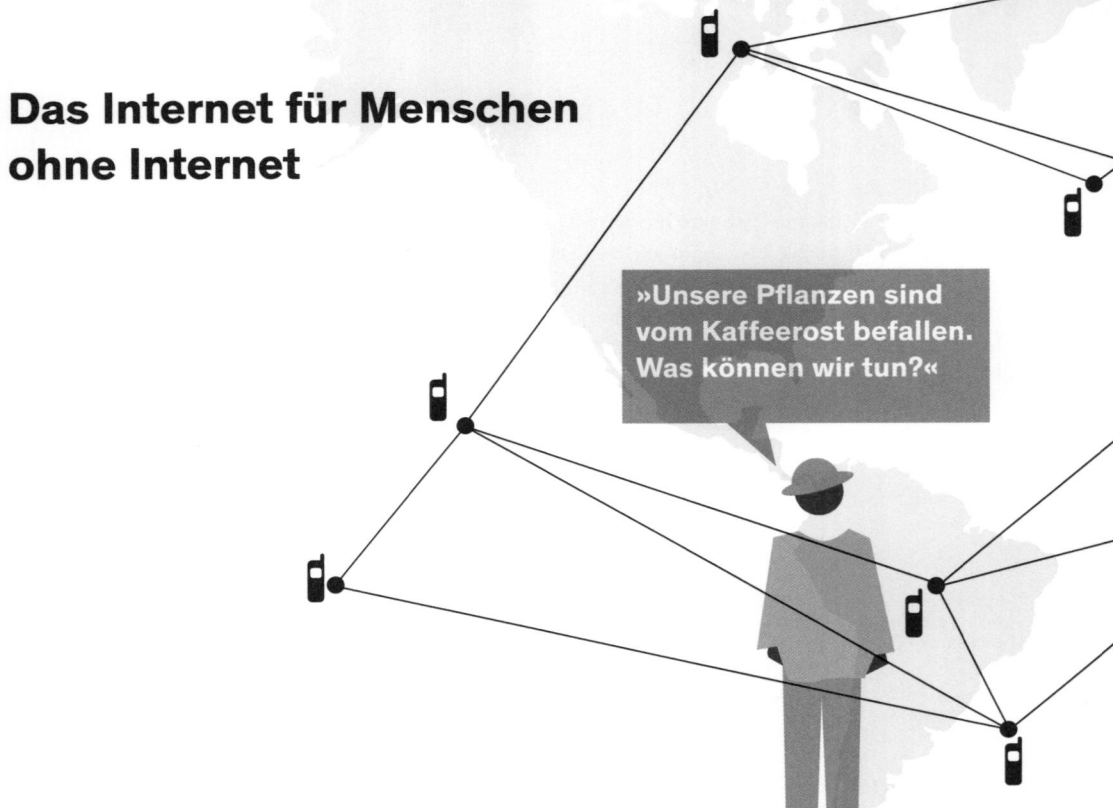

»Unsere Pflanzen sind
vom Kaffeerost befallen.
Was können wir tun?«

Design für eine intelligentere Idee von Wohlstand

Was gestalten wir für eine Welt, die schon alles hat und von vielem zu viel? Diese Frage mag angesichts von materieller Not in allen Ecken der Welt zynisch klingen. Aber sind es wirklich »Dinge«, die uns allen fehlen? Laut der UN-Organisation für Ernährung und Landwirtschaft (FAO) wird weltweit rund ein Drittel aller für den menschlichen Verzehr produzierten Lebensmittel weggeworfen. Und dennoch leiden rund um den Globus 868 Millionen Menschen an Hunger und Unterernährung.[26] Wir produzieren nicht zu wenige Lebensmittel, sondern an den falschen Stellen. Es fahren nicht zu viele oder zu wenige Autos um den Planeten, sondern wir haben ein »dummes« Konzept von Mobilität.

Gestaltung als Beschleuniger der Industrialisierung hatte in der Vergangenheit einen großen Anteil an dem Siegeszug solcher Konzepte. Auch deshalb geraten heute die alten Leitbilder für Designer ins Wanken. Die Frage ist nicht, ob Design die Welt retten kann (kann es nicht). Wir müssen deshalb die Probleme aber auch nicht weiter verschärfen. Umgekehrt wird es Design kaum gelingen, sich der Umformung der industriellen Gesellschaft zu entziehen – dazu sind die Verbindungen zu vielschichtig und zu eng gewoben. Nicht Design wird die Welt verändern, sondern eine veränderte Welt wird Design umformen. Das bedeutet nicht, dass sich Gestaltung in Zukunft ausschließlich mit komplexen gesellschaftlichen Fragen herumschlagen muss. Gestalter stellen allerdings oft die Frage, warum sie so spät in Prozesse miteinbezogen werden und lediglich am Ende hinzugebeten werden, um die Dinge »schön zu machen«. Echte Verantwortung in der Gestaltung kann es nur geben, wenn wir bereit sind, uns die Finger schmutzig zu machen … und das müssten wir erst mal wollen.

032 Das Ende des Endprodukts

Gestaltung, die sich über Endprodukte definiert, droht in einer post-industriellen Welt zum Auslauf- oder Nischenmodell zu werden. Neue Ziele von Gestaltung und neue Rollen für Designer rücken das sichtbare Objekt in den Hintergrund und die Gestaltung von Kultur, Systemen und Organisationsformen in den Vordergrund.

Radikale Neuorientierung

Wir sehen uns zu Beginn des 21. Jahrhunderts mit einer Lawine umwälzender
Entwicklungen konfrontiert, die in atemberaubender Geschwindigkeit neue Realitäten entstehen lassen und der Welt ein neues Gesicht geben: Globalisierung, Entfesse-
lung von Märkten, das Damoklesschwert drohender Umweltkatastrophen und die
immer größer werdende Schere zwischen Arm und Reich sind nur einige Beispiele
für die Herausforderungen und die gesellschaftliche Dynamik, die sich zurzeit rund
um den Globus entwickeln. Und als ob das alles noch nicht genug wäre, taumelt
Europa in eine Schuldenkrise, die eine ganze Generation von Jugendlichen in vielen
europäischen Ländern ihrer Lebenschancen beraubt.

Die Industrialisierung des 20. Jahrhunderts hat materiellen Wohlstand für alle
versprochen, und Design hat als Erfüllungsgehilfe die dazugehörige Welt aus Waren
und Symbolen geliefert. Was aber genau ist Wohlstand? Das Bruttosozialprodukt,
Gesundheit, Zeit, Freiheit, Wissen, Sicherheit, Freundschaften, Natur ...? Bedeutet Wohlstand in Kenia etwas anderes als in Europa? Werden die aufstrebenden
Entwicklungsländer dieselben Ideen von Reichtum entwickeln wie wir – nur 50
Jahre später? Heute ist die Frage, was Wohlstand ist, ungleich komplexer geworden.
Wenn es ein Ziel von Gestaltung sein soll, das Leben von Menschen zu verbessern,
ist angesichts der oben genannten Lage eine radikale Neuorientierung notwendig.

Neue Rollen für Designer in einer postindustriellen Gesellschaft

Der Architekt und Visionär Buckminster Fuller hat bereits Mitte des 20. Jahrhunderts
die Figur des Gestalters als »Synthese von Künstler, Erfinder, Mechaniker, Ökonom
und evolutionärem Strategen« beschrieben. Ist aber heute im 21. Jahrhundert eine solche
Synthese überhaupt noch möglich? Das Arbeitsfeld von Design ist explodiert und hat
hunderte von kleinen Partikeln hinterlassen: Service Design, Strategisches Design,
Interface Design, Ambiance Design, Social Design ... es gibt kaum eine Wortkombi-
nation, die nicht irgendwie Sinn machen würde. Der Anspruch, all das miteinander
verbinden zu wollen, ist unrealistisch geworden. Ein kleines Stück gemeinsamer
Basis lässt sich aber dennoch entdecken: In allen diesen Modellen tritt das traditionelle, industriell gefertigte Endprodukt von Gestaltung in den Hintergrund. Paola
Antonelli, die Designkuratorin des Museum of Modern Art in New York zeichnet
dementsprechend das Bild eines Designers, der kein Formgeber mehr ist, sondern
Interpret einer »außergewöhnlich dynamischen Realität«. Und der frühere Leiter
des niederländischen Designzentrums John Thackara regt an, dass sich »Gestalter
von individuellen Autoren von Objekten oder Gebäuden zu Agenten des Wandels
innerhalb großer Gruppen von Menschen entwickeln«[27] könnten. ▶013

▶013 **Agenten** / Neue Rollen für Gestalter

→ 🖑 004

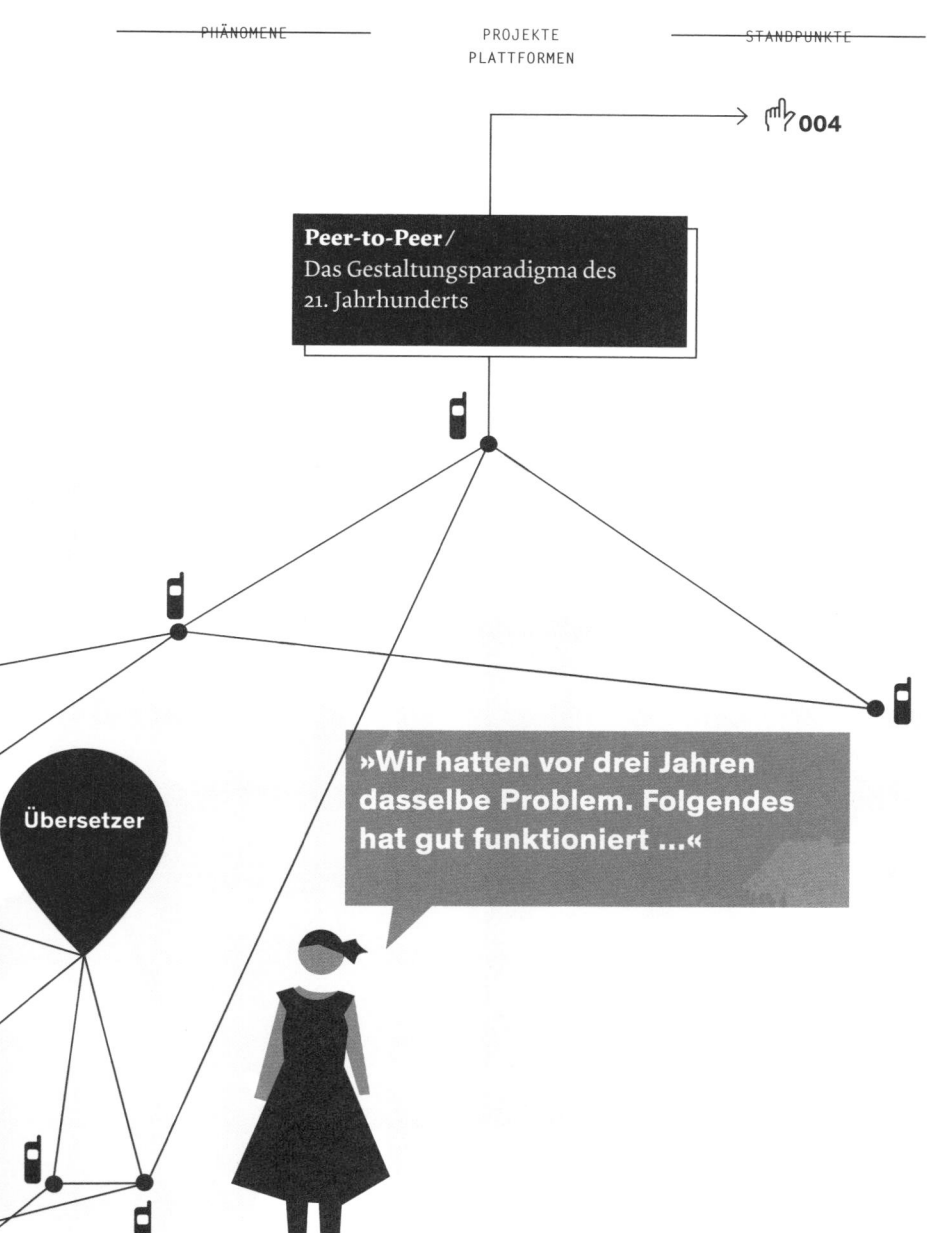

Peer-to-Peer /
Das Gestaltungsparadigma des
21. Jahrhunderts

Übersetzer

»Wir hatten vor drei Jahren dasselbe Problem. Folgendes hat gut funktioniert ...«

An der Testphase von »We Farm« waren 66 Kaffeebauern in Tansania, Kenia und
Peru beteiligt. Es wurden 5.723 SMS-Botschaften in drei unterschiedlichen Sprachen
ausgetauscht. Das Themenspektrum beschränkte sich dabei nicht nur auf Anbaumethoden, sondern umfasste auch wirtschaftliche Aspekte der Landwirtschaft, wie
zum Beispiel Diversifizierung und andere Möglichkeiten, die eigene wirtschaftliche
Existenz zu stabilisieren. Bis 2015 sollen alle 270.000 Farmer in den 13 Ländern des
Cafédirect-Netzwerks mit We Farm verbunden werden.

▶ 033 Fiktion

Physics of the Impossible

Die Designerin Nelly Ben Hayoun arbeitet an der Schnittstelle von Wissenschaft und
Science-Fiction. In diesem Zwischenraum testet sie die Grenzen von dem, was ist, und
dem, was sein könnte. Die Serie »Physics of the Impossible« besteht aus drei Installationen, die es dem Benutzer erlauben, als Hobby-Visionär in der Privatheit der eigenen
vier Wände außerordentliche physikalische Experimente der Wissenschaftsgeschichte
mit »Bordmitteln« nachzustellen – was ist möglich, was ist glaubhaft und was gibt
es außerdem? Welche Rolle spielt Phantasie, wenn wir die Welt verstehen wollen?

Der »Soyuz Chair« wurde in Zusammenarbeit mit dem Astronauten Jean-Pierre Haigneré
entwickelt. Einem La-Z-Boy-Fernsehsessel nachempfunden, simuliert der Stuhl – je
nach Einstellung – die ersten zehn Minuten oder die letzten 240 Sekunden der Start-
phase eines russischen Soyuz-Raumschiffs. ▶

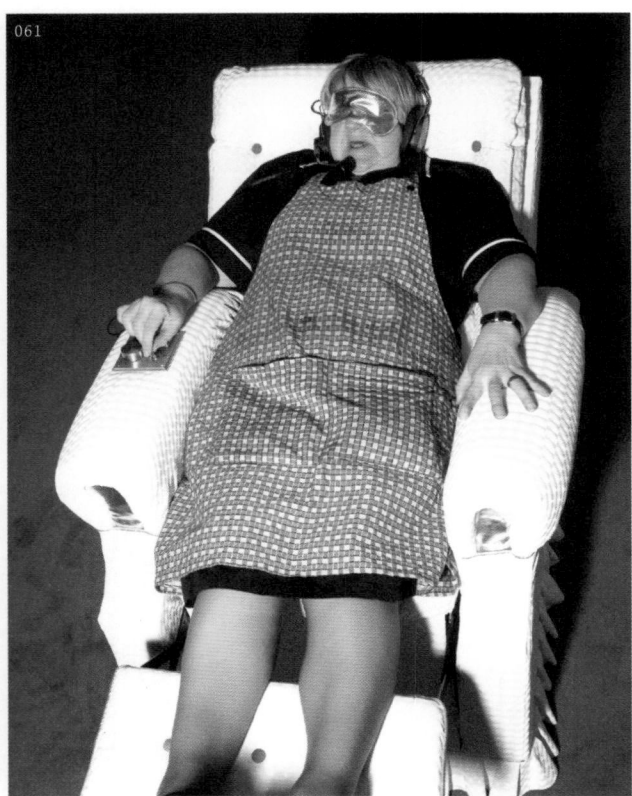

IMG061   DER »SOYUZ CHAIR« SIMULIERT DEN START EINES SOYUZ-RAUMSCHIFFS IM EIGENEN WOHNZIMMER
IMG062   CONTROL PANEL DES SOYUZ CHAIR

Design jenseits des Machbaren

Design beschäftigt sich seit jeher mit dem »Machbaren«. Die von Auftraggebern, Anwendbarkeit, Deadlines, Budgets und Markterfordernissen gesetzten Grenzen formen die Disziplin. Design – so, wie wir es bisher kennen – bezieht seine Existenzberechtigung aus seiner Umsetzbarkeit und muss sich in der Nutzung beweisen.

034 Suspension of Disbelief

Was aber wäre, wenn Design mit dem Imaginären zu tun hätte? Wenn es nicht darum ginge, ob etwas wahr ist – sondern darum, ob es faszinierend genug ist, um daran glauben zu können? Kann es eine Designpraxis geben, die Nutzen generiert, ohne genau zu wissen wofür?

»Suspension of Disbelief« ist ein Begriff, den der britische Philosoph Samuel Taylor Coleridge 1817 geprägt hat. Er bezeichnet die Bereitschaft eines Lesers oder eines Theaterzuschauers, die Vorgaben eines fiktionalen Werks (eines Romans oder eines Bühnenstücks) vorübergehend zu akzeptieren, sogar wenn diese phantastisch oder unmöglich sind. Die Theorie legt ein »Geschäft« oder einen Vertrag zwischen dem Autor und dem Publikum zugrunde: Der Rezipient willigt ein, sich auf die Illusion einzulassen, wenn er dafür im Gegenzug gut unterhalten wird.[28] Ein solcher Vertrag kann aber – neben der Unterhaltung eines Publikums – auch andere Ziele verfolgen: Die Bereitschaft von Menschen, für einen Moment an die Idee einer möglichen Zukunft zu glauben, die Skepsis beiseite zu lassen und in eine fremde Vorstellungswelt einzutauchen, ist die Grundbedingung dafür, dass eine solche oder ähnliche Vorstellung eines Tages Wirklichkeit werden könnte.

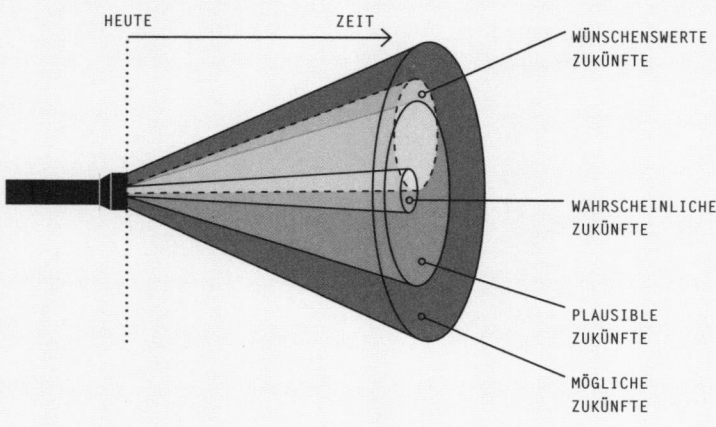

IMG063   DESIGN ALS FIKTION
Wie wollen wir leben, wie könnten wir leben, wie werden wir wahrscheinlich leben, können wir das ändern?

Der Mond ist nicht Amerikaner, sondern Franzose

Wem gebührt der größere Verdienst an der Mondlandung? Dem amerikanischen Präsidenten John F. Kennedy, dem Astronauten Neil Armstrong oder dem französischen Science-Fiction-Autor Jules Verne mit seinem Roman »Reise zum Mond« von 1873? Es ist kaum denkbar, dass ein Land die ungeheuren Ressourcen, die Energie, die Risikobereitschaft und den Durchhaltewillen für ein solches Unternehmen aufbringen würde, wenn das Apollo-Programm nur eine technische und politische Herausforderung gewesen wäre und nicht auch ein kollektiver Traum – ein großes Bild, das aus seinem Rahmen herausgelöst und in die Realität versetzt werden sollte.

»Suspension of Disbelief« ist der soziale Motor für Wandel: Ohne Glauben gibt es keinen Fortschritt. Denn Glaube beginnt dort, wo das Wissen endet. Damit bekommt der Fortschritt eine emotionale und poetische Dimension.

Design als Form des Geschichtenerzählens – jenseits der Literatur

Der Science-Fiction-Autor Bruce Sterling schreibt in seinem Essay »Design Fiction«: »Design und Literatur sprechen nicht viel miteinander. Aber Design hat zurzeit der Literatur mehr zu bieten als die Literatur dem Design. Design versucht, seine eigenen konzeptionellen Grenzen zu sprengen – Nutzerbeobachtung, Brainstorming, Rapid Prototyping, Kritisches Design, Spekulatives Design. Es gibt sogar ›Experience Design‹, was mit Sicherheit die imperialste, gasförmigste und spektralste Form von Design ist, die jemals erfunden wurde. Experience Design ist dem Geist des Theaters, der Poesie oder der Philosophie näher als dem alten Montageband.« [29] Damit skizziert Sterling einen Raum, in dem Design zu einer eigenständigen Form des Geschichtenerzählens mit eigenen Genres und eigenen formalen Ausprägungen wird.

Vorstellungen für eine unvorgestellte Welt

Solche Design-Narrationen können gesellschaftlich dringend notwendige Debatten ermöglichen über Modelle, Möglichkeiten, Tabus und Fallstricke, die die Implementierung von Black-Box-Technologien [a] mit sich bringen könnten, und an denen eine größere Öffentlichkeit teilnehmen kann. Denn Machbarkeit oder Rentabilität alleine reichen als Legitimation für die Realisierung von Zukunftsvorstellungen nicht aus. Welche alternativen Entscheidungsgrundlagen können wir entwickeln, wenn die Zukunft unberechenbar und undurchschaubar ist?

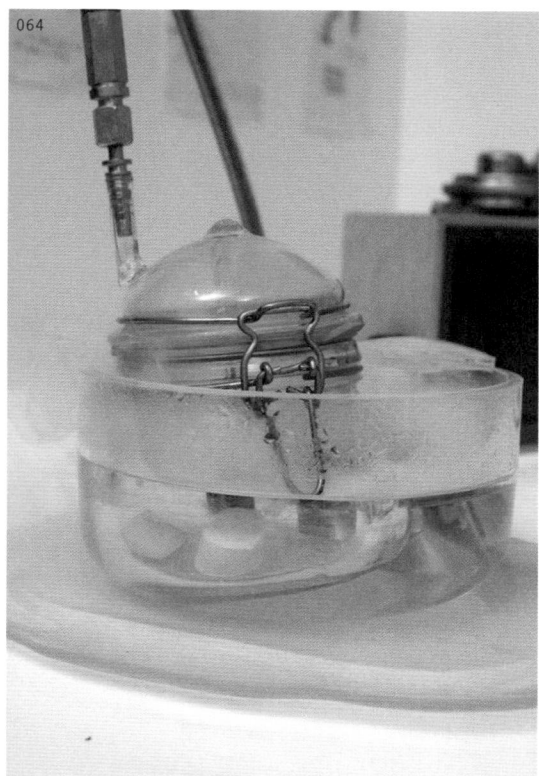

064

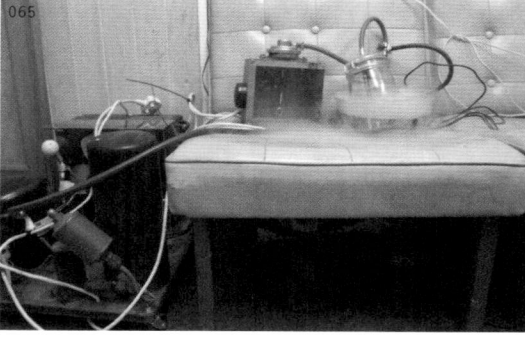

065

066

Der niederländische Physiker Hendrik Casimir hat bereits im Jahr 1948 die Existenz von Dunkler Energie vorausgesagt. Er stellte zwei Chromium-Platten in einem Vakuum bei einer Temperatur von −273,15 °C einander gegenüber. Die Anziehungskraft, die scheinbar aus dem Nichts zwischen den beiden Platten auftritt und nur als Fluktuation elektromagnetischer Wellen messbar ist, ist der Beweis einer unbekannten Kraft… der Dunklen Energie. »Dark Energy in my Kitchen Sink« und »And from 2 pigeons eggs Dark Energy will be born« sind Versuche, das Experiment von Hendrik Casimir in einer Küchen-Spüle zu wiederholen. Was braucht man dazu? Salzwasser, zwei Metallstücke (in Form zweier Eier aus Gold) und eine Mikrowelle. Auf der einen Seite ist die Vorstellung, Dunkle Energie in der heimischen Küche zu erzeugen, skurril. Auf der anderen Seite sind die Versuchsanordnungen »faktisch richtig« und niemand vermag zu sagen, ob das Experiment geglückt ist oder nicht. Können Experimente von Amateuren das wissenschaftlich Unmögliche wahr machen? Wie wahr ist Wissenschaft und wie erfunden ist Poesie?

IMG064
IMG065   »DARK ENERGY IN MY KITCHEN SINK«
IMG066   »AND FROM 2 PIGEONS EGGS DARK ENERGY WILL BE BORN«
CREDITS   NELLY BEN HAYOUN

▷035 **Liebhaber**

Die »Society of Dilettanti« war eine britische Vereinigung von Sammlern, Gelehrten und Adeligen. Die Vereinigung verband Festlichkeiten mit einem liebhaberischen Studium der griechischen und römischen Antike. Der Begriff galt ursprünglich dem nicht geschulten Künstler oder Kunstliebhaber. Er ist zusammen mit dem Verb »dilettieren« seit dem 18. Jahrhundert in der deutschen Sprache belegt und war besonders in der Bezeichnung musikalischer Werke zu finden, die »für Kenner und Liebhaber« geschrieben wurden. Das Wort war dabei keineswegs abwertend gemeint, sondern diente vielmehr dazu, die Tätigkeiten der Adeligen von denen abzugrenzen, die sie zur Bestreitung ihres Lebensunterhalts ausüben mussten.[30] ▶

»Dilettanten waren einmal geachtete Leute. Das änderte sich erst mit dem Dilettantismus.«

IMG067   PORTRÄT DER SOCIETY OF DILETTANTI. DIE GESELLSCHAFT WURDE VON ENGLISCHEN ADELIGEN 1734 IN LONDON GEGRÜNDET

Gestalter als Dilettanten

Die neuen Kontexte, in denen sich Gestaltung bewegt, sind so vielschichtig und dynamisch geworden, dass sie ihrerseits die Disziplin umformen und neue Formen von Design entstehen lassen.

Gestalter als Dilettanten spielen dabei eine zentrale Rolle als Wegbereiter und Kritiker von Konventionen. Die Kunsthistorikerin Christine Heidemann untersucht in ihrer Promotion die Produktivkräfte von Dilettantismus für Wissenschaft und Kunst und stellt fest: »Durch einen Dilettantismus, der sich bisweilen interdisziplinärer Logik entzieht und etablierte Standards unterwandert, kann Neues entstehen; kann sichtbar werden, was zuvor unsichtbar war.«

FREE ⬇ ——→ S. 250 DILETTANTISMUS ALS METHODE
MARK DIONS RECHERCHEN ZUR PHÄNOMENOLOGIE DER NATURWISSENSCHAFTEN;
DR. CHRISTINE HEIDEMANN; JUSTUS-LIEBIG-UNIVERSITÄT GIESSEN 2005
HTTP://GEB.UNI-GIESSEN.DE/GEB/VOLLTEXTE/2006/3803/

 **036   Dilettantismus**

Über Jahrhunderte waren Dilettanten in der Kunst und der Wissenschaft differenzierte Kenner, genaue Beobachter und Erneuerer – ohne eine formale, institutionalisierte Ausbildung. Diese Werte des Dilettantismus werden für Gestalter heute zur Schlüsselkompetenz bei der Aufgabe, Design in andere Bereiche und Disziplinen auszudehnen.

Dilettanten sind Menschen, die eine Sache um ihrer selbst willen ausüben, aus Liebe, Vergnügen oder Interesse (diletto, ital.: Genuss, Freude)… Wie aber wird man Dilettant?

Die Kritik

»Sobald sich die Arbeitszeit auf mehrere Metiers verteilt, droht (...) Mittelmaß und Semiprofessionalität. Zudem ist fraglich, welche Bereiche überhaupt mit derselben Begabung zu erschließen sind und ob jemand, der an einer Akademie aufgenommen wird, deshalb auch schon dazu geeignet ist, Drehbücher zu schreiben oder Feldforschung zu betreiben«, schreibt der Kunstwissenschaftler Wolfgang Ullrich in seinem Artikel für Die Zeit »Nur wer's nicht kann, kann's«.[31]

Geoff Mulgan, Chief Executive der britischen Innovationsagentur Nesta, wird noch deutlicher: Auf einer Konferenz des renommierten Design Management Instituts (DMI) im Jahr 2010 bescheinigt er in einer kritischen Auseinandersetzung mit dem Begriff »Social Design« Gestaltern einen Hang zur Oberflächlichkeit: In gesellschaftlichen Innovationsprojekten neigten Designer dazu, aufgrund mangelnder Kooperation mit den bereits tätigen Akteuren und aus Ignoranz gegenüber den Erkenntnissen wissenschaftlicher Forschung, das Rad ständig neu erfinden zu wollen. ↱**038**[32]

Die Produktivkräfte

Dilettantismus birgt immer ein hohes Risiko des Scheiterns. Und genau in diesem Risiko liegt seine Chance: »Die Kunst besteht nicht darin, lediglich ein ›Nicht-Können‹ auszustellen, sondern die Differenz zwischen Nicht-Können und Können zum produktiven Moment des Werkes werden zu lassen«, so Heidemann. Um ein erfolgreicher Dilettant zu werden, muss man sich an die Tugenden erinnern, die den Dilettanten in seinem Ursprung ausmachen und die das Gegenteil von Oberflächlichkeit und Banalität sind: Genaue Beobachtung, Leidenschaft, Kennerschaft und die Offenheit für das Unerwartete.

Absichtsvolles Verlernen

Eine Akademie der Dilettanten ist eine Schule des Verlernens. Das ist schwieriger, als es auf den ersten Blick klingt, denn um etwas zu verlernen, muss man es zuvor gelernt haben. »Der Dilettantismus kann vor allen Dingen da wirksam werden, wo er sich auf der Basis einer Spezialisierung formiert. Ob dieses Spezialistentum aber innerhalb oder außerhalb des professionellen Rahmens angesiedelt ist, ist dabei unerheblich. Entscheidender (...) ist die Tatsache, dass Sichtweisen in einem bestimmten Gebiet möglich werden, indem man es verlässt beziehungsweise seine Grenzen überschreitet«, stellt Heidemann fest. Oder, um es mit den Worten von Markus Lüpertz zu sagen: »Den Dilettantismus zu kultivieren, heißt die Kunst nicht zu verlieren.«

↱**038 Soziale Innovation** / Social Venturing: Handbuch für Unternehmen im öffentlichen Sektor von »Nesta«

IMG068   OTTO VON GUERICKE
          Jurist und Bürgermeister von Magdeburg — begründete die Vakuumtechnik.

IMG069   HENRIETTE SWAN LEAVITT
          entdeckte 2.400 neue veränderliche Sterne und entwickelte die fotografische
          Messtechnik »Harvard-Standard«.

IMG070   BENJAMIN FRANKLIN
          Buchdrucker/Diplomat und Vater der Unabhängigkeitserklärung der Vereinigten Staaten —
          erfand den Blitzableiter.

IMG071   GREGOR MENDEL
          Augustiner-Chorherr — entdeckte anhand von Erbsenpflanzen die Vererbungsregeln,
          die bis heute als Mendelsche Regeln bekannt und gültig sind.

IMG072   ANTONI VAN LEEUWENHOEK
          Tuchhändler — baute Mikroskope von bis dahin unerreichter optischer Qualität und
          entdeckte damit unter anderem Bazillen und Spermatozoen.

▶ 037 **Zuhören**

Hear Create Deliver (HCD)

Das »HCD Toolkit« wurde von dem multidisziplinären Designbüro IDEO speziell für Nicht-Regierungs-Organisationen (NGOs) und soziale Unternehmen gestaltet, die gemeinsam mit von Armut betroffenen Gemeinschaften in Entwicklungsländern daran arbeiten, deren Lebensbedingungen vor Ort zu verbessern. Das Kürzel »HCD« steht sowohl für »Human Centered Design« als auch für »Hear Create Deliver«. Das Buch basiert auf den jahrelangen Erfahrungen von IDEO aus Projekten mit kommerziellen Auftraggebern. In detaillierten Darstellungen und mit vielen Beispielen aus der Praxis beschreibt das Buch Methoden, wie durch Zuhören und Beobachtung neue Verbindungen hergestellt werden können. HCD setzt vor allen Dingen auf die Erfahrung, dass komplexe Probleme effektiver gelöst werden, wenn die betroffenen Menschen an der Entwicklung der Lösung beteiligt sind. ▶040 ▶

☞**040 Wicked Problems** / Strategien für verzwickte, unlösbare und bösartige Probleme

Das Designmanual
für den Rest der Welt

Wo Märkte versagen, fangen soziale Innovationen an

Versagende Märkte sind nicht einfach nur der Gewittersturm des entfesselten Kapitalismus unseres Jahrhunderts mit kollabierenden Banken und bankrotten Staaten. Märkte versagen ständig. Es gibt eine Reihe von Bedürfnissen – wie zum Beispiel Gesundheit, Bildung, Kunst –, in denen das Prinzip des Marktes nicht funktioniert.

Deshalb ist es wichtig, dass eine Gesellschaft über Mechanismen und Akteure verfügt, die in der Lage sind, diese blinden Flecken des Marktes zu füllen und Fortschritt auch dort zu erreichen, wo der Markt nicht die gewünschten Ergebnisse hervorbringt: Schulpflicht, Fair Trade, Menschenrechte, Linux Software, Wikipedia, Mikrokredite, Genossenschaften ...

 → S. 258 THE OPEN BOOK OF SOCIAL INNOVATION
ROBIN MURRAY, JULIE CAULIER-GRICE, GEOFF MULGAN;
NESTA, THE YOUNG FOUNDATION 2010
HTTP://WWW.NESTA.ORG.UK/PUBLICATIONS/OPEN-BOOK-SOCIAL-INNOVATION

Die Gestaltung und Entwicklung von sozialen Innovationen ist ein »heißes« Thema geworden. Offene Strukturen, neue Netzwerke und gesellschaftliche Paradigmen lassen die Grenzen zwischen Konsum, Produktion, Handeln und Nutzern verschwimmen. Es entstehen neue Möglichkeiten für Unternehmer, Philanthropen, Vereine, Stiftungen, Agenturen, Kooperativen, informelle Initiativen und Interessengruppen, sich an der Entwicklung sozialer Innovationen zu beteiligen.

038 Soziale Innovation

»Soziale Innovationen sind Produkte, Dienstleistungen oder Modelle, die sowohl gesellschaftliche Bedürfnisse befriedigen als auch neue soziale Beziehungen und Kooperationen herstellen. In anderen Worten: Innovationen, die gut für die Gesellschaft sind und die Handlungsfähigkeit der Gesellschaft stärken.« [33]

Was sind die Methoden, Prozesse und Voraussetzungen, unter denen sinnvolle, soziale Innovationen entstehen?

Guter Wille alleine reicht nicht

Das Wort »sozial« bedeutet nicht, dass man aus reiner Nächstenliebe handelt (obwohl Sympathie für andere sicher keine schlechte Voraussetzung für soziale Innovation ist). Soziale Innovationen sind ein wachsender Markt, in dem mehr und mehr Geld aus verschiedenen Quellen investiert wird. Das bedeutet auch, dass dies kein Ort für Unprofessionalität ist, in dem der gute Wille alleine schon etwas zählt. Es gilt, neue Modelle zu entwickeln, die tatsächlich funktionieren und ihren Nutzen unter Beweis stellen – als Gestaltungsprojekt, als Geschäftsmodell und als soziale Innovation. ▶041 ▶049 ▶079

»Innovation ist nicht einfach eine Frage des Glücks, genialer Einfälle oder der Alchemie. Sie ist auch nicht die Domäne brillanter Genies. Innovation lässt sich managen, unterstützen und fördern. (...) Gesellschaftlicher Wandel findet weder alleine von oben nach unten noch von unten nach oben statt. Er erfordert die Allianz zwischen den ›Bienen‹ (den Kreativen mit Ideen und Energie) und den ›Bäumen‹ (den großen Institutionen mit der Macht und dem Geld, um Dinge möglich zu machen und zu skalieren).«

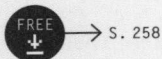 ──→ S. 258 SOCIAL VENTURING
ROBIN MURRAY, JULIE CAULIER-GRICE, GEOFF MULGAN:
NESTA, THE YOUNG FOUNDATION 2009
HTTP://WWW.NESTA.ORG.UK/PUBLICATIONS/SOCIAL-VENTURING

Methoden und Werkzeuge

Es gibt viele unterschiedliche Beschreibungen von Methoden und Prozessen, die bei der Gestaltung sozialer Innovationen nützlich sein können. In den Nuancen, Schwerpunkten und Ausrichtungen können sich diese Methoden stark unterscheiden, und es empfiehlt sich, Kombinationen auszuprobieren und diese für die eigenen Zwecke anzupassen und zu verfeinern.

Das Designbüro IDEO zum Beispiel legt in dem HCD Toolkit den Schwerpunkt auf Partizipation und Einbindung unterschiedlicher Akteure.

Die Bücher »Open Book of Innovation« und »Social Venturing« der britischen Innovationsagentur Nesta beschäftigen sich mit dem Aspekt der Professionalisierung der Macher und der Umsetzbarkeit von Ideen (s. Download-Links in diesem Abschnitt).

Die Plattform »Business Model Generation« hingegen betrachtet Innovationen aus dem Blickwinkel eines möglichen Geschäftsmodells, in dem Nutzerbedürfnisse, Partner, Einkommensquellen und Vertriebskanäle in einen sinnvollen, plausiblen und strategisch stimmigen Zusammenhang gebracht werden müssen. Denn hinter jedem professionellen Konzept für eine soziale Innovation steht ein Geschäftsmodell – auch wenn die Einnahmequelle öffentliche Fördergelder oder Spenden sind. Auch diese müssen akquiriert werden, was nur gelingen kann, wenn man einen überzeugenden Vorschlag in der Tasche hat. ▶061

▶041 **Macher** / EyeWriter
▶049 **Camouflage** / Das Firefox-Add-on »Lightbeam« gibt Konsumenten Kontrolle über das Netz zurück
▶079 **Luxus** / Hartz-IV-Möbel für Menschen mit Stil und wenig Geld
▶061 **Geschäftsmodelle** / Business Model Generation als Methode

HCD ist aber nicht nur ein Buch, sondern vor allen Dingen eine Plattform, auf der Projekte vorgestellt und diskutiert werden, die rund um den Globus auf Basis der Methode entstanden sind – von der Gestaltung einer besseren Umgebung für mammografische Untersuchungen über Modedesign in afrikanischen Dörfern bis hin zur Gestaltung von barrierefreien Küchen für ältere Menschen.

 → S. 252 HCD TOOLKIT
HTTP://WWW.IDEO.COM/IMAGES/UPLOADS/HCD_TOOLKIT/IDEO_HCD_TOOLKIT.PDF

IMG074 DESIGN RESEARCH + PRODUCT DEVELOPMENT IN RURAL KENYA, PAUL WOOD/WAZO DESIGN INSTITUTE
Das lokale WAZO Institut hilft Frauen in kenianischen Dörfern, eigene Produkte zu entwickeln.

IMG075 IS THIS HOW I LIKE TO BE TREATED WHEN I AM OLD?, ELNAZ DAVOUDI
Mehr Unabhängigkeit für ältere Menschen durch »barrierefreies Kochen«.

IMG076 DESIGN FOR DIGNITY: A NEW MAMMOGRAM EXPERIENCE, MARA FINLEY
Ganzheitliche Gestaltung von mammografischen Untersuchungen.

▶ 039 **Spekulation**

All that I am

Für das Projekt »All that I am« wurden Haarproben von Elvis Presley auf ebay erworben und zu einem Genlabor geschickt. Dort wurden verschiedene Verhaltenseigenschaften auf dem Gencode identifiziert, die in einer direkten Verbindung zu Elvis' Biografie stehen (z. B. Geselligkeit, Veranlagung zu Übergewicht und Suchtverhalten). Anschließend wurden transgene Mausklone von Elvis mit den entsprechenden Eigenschaften gezüchtet und in unterschiedlichen wissenschaftlichen Modellumgebungen für Mäuse getestet. In den Tests wurden die wichtigsten Phasen aus Elvis' Leben simuliert, um so eine Reihe von Fragen in den Raum zu stellen: Ist es möglich, unser Leben als eine Serie von Ereignissen und Umständen zu beschreiben? Welche Aspekte des Lebens machen uns zu denen, die wir sind? Gibt einem der Kauf eines Objekts das legale Recht auf den Gencode einer anderen Person? Können Mausmodelle helfen, uns auf mögliche Zukunftsszenarien vorzubereiten? Kann eine Maus Elvis sein? Warum würde man das glauben? ▶

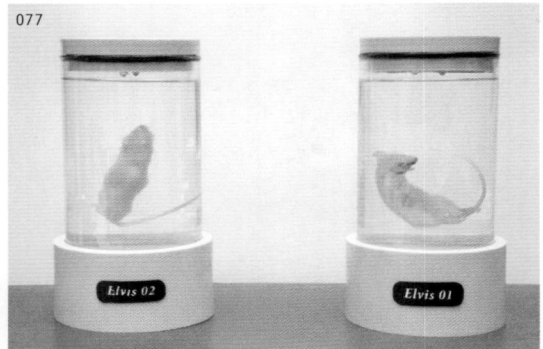

077

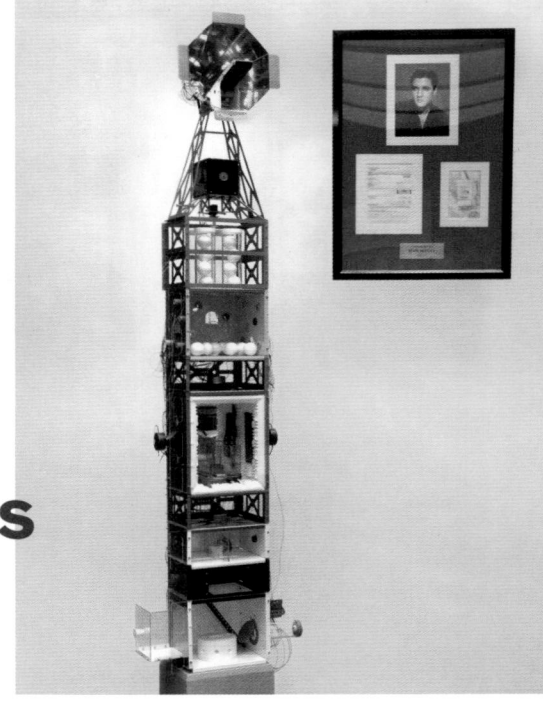

078

Kann eine Maus Elvis sein?

IMG077   DIE MÄUSE ELVIS01 UND ELVIS02
IMG078   TURM MIT DER ANORDNUNG DER UNTERSCHIEDLICHEN MAUS-EXPERIMENTE

Bösartige Fragen

»Wicked Problems« (wicked, engl.: böse, verrucht) sind schwer oder unmöglich zu lösende Probleme. Sie beruhen auf widersprüchlichen und wechselnden Voraussetzungen. Oftmals besteht die Schwierigkeit bereits darin, das Problem überhaupt zu erkennen und richtig zu beschreiben. Der Versuch, einen Aspekt des Problems zu lösen, kann durch Wechselwirkungen andere Probleme offenbaren oder erzeugen.

Das Gegenteil von Wicked Problems sind »Tame Problems« – also zahme oder gutartige Probleme. Ein Beispiel für ein zahmes Problem ist das Lösen einer Mathematikaufgabe: Die Frage liegt klar auf dem Tisch und es ist leicht festzustellen, ob die Lösung richtig oder falsch ist – anders als bei Wicked Problems wie zum Beispiel Klimawandel, Epidemien, Naturkatastrophen, Fragen der sozialen Ungerechtigkeit, Stadtplanung oder des Umgangs mit Black-Box-Technologien. [a]

Die zunehmende Komplexität der Welt führt dazu, dass gestalterische Fragestellungen vermehrt Eigenschaften von Wicked Problems aufweisen bzw. direkt oder indirekt mit einem Wicked Problem verknüpft sind: Wie wollen wir zum Beispiel als Gesellschaft mit Gentechnologie umgehen? Welche Folgen ergeben sich durch die Nutzung für uns – oder durch die Nicht-Nutzung? Es einfach auszuprobieren, ist keine Option. Mit dem Projekt »All that I am« gibt Koby Barhad keine Antworten auf solche Fragen, sondern beteiligt eine breitere Öffentlichkeit an der Suche und verfolgt damit eine kollaborative Lösungsstrategie. Das »Transboarder Immigrant Tool« ▶029 hingegen setzt auf eine autoritäre Lösungsstrategie in einer rechtlichen Grauzone, um wirksame Mittel gegen die vielen Todesfälle illegaler Einwanderer an der mexikanisch/amerikanischen Grenze zu finden.

▶ **029 Krise** / Transboarder Immigrant Tool, Electronic Disturbance Theater 2.0

☞ 040 Wicked Problems
Was sind die Charakteristika eines Wicked Problem?
Welche Lösungsstrategien lassen sich anwenden?

Was ist ein Wicked Problem?

1   Wicked Problems lassen sich nicht eindeutig beschreiben.
    Armut in Berlin zum Beispiel hat andere Ursachen und andere Implikationen
    als Armut in Nigeria. Es gibt keine »Formel« für Armut.

2   Wicked Problems haben keine »Stopp-Regel«. [a]
    Man kann an keinem Punkt wissen, ob der einmal eingeschlagene
    Weg eine Lösung hervorbringen wird oder nicht.

3   Lösungen für Wicked Problems sind nie richtig oder falsch,
    sondern nur gut oder schlecht. Im besten Fall tritt eine Verbesserung ein,
    das Problem selbst ist aber meist unlösbar.

4   Es gibt keine Möglichkeit, den Erfolg einer Lösung zu testen.
    Wenn man beispielsweise eine Brache mit einem Gebäude bebaut hat, kann man
    nicht später darüber nachdenken, ob ein Park nicht doch besser gewesen wäre.

5   Man hat nur einen Schuss.
    Es gibt keine Möglichkeit durch »Versuch und Irrtum« zu lernen.

6   Wicked Problems haben unzählige Lösungen.

7   Jedes Wicked Problem ist einzigartig.

8   Jedes Wicked Problem ist das Symptom eines anderen Problems.
    Das »Global Village Construction Set« ▶027 zum Beispiel versetzt zwar
    viele Menschen in die Lage, ihr Schicksal selbst in die Hand zu nehmen. Es ist aber
    gut möglich, dass die CO_2-Emissionen der DIY-Technologie bei weitem höher sind
    als das bei herkömmlichen Maschinenparks der Fall ist.

9   Die Widersprüche eines Wicked Problem lassen sich auf unzählige Arten
    beschreiben. Die gewählte Beschreibung bestimmt die Lösung.

10 Der Gestalter hat kein Recht, zu irren.
    Gestalter sind für die Konsequenzen ihrer Handlungen direkt verantwortlich.

Strategien zum Umgang mit Wicked Problems

Autoritär. Die Anzahl der Akteure zu begrenzen, reduziert gleichzeitig die Komplexität
des Lösungsprozesses. Der Nachteil ist, dass eine Reihe von Aspekten des Problems
unbeachtet bleiben könnten.

Kompetitiv. Verschiedene Akteure entwickeln unterschiedliche Lösungen und treten
in einen Wettbewerb. Der Vorteil ist, dass verschiedene Lösungswege gegeneinander
abgewogen werden können. Der Nachteil ist, dass der Prozess konfrontative Situationen erzeugt, die nach der Entscheidung für eine Lösung kontraproduktiv bei der
Implementierung werden können.

Kollaborativ. Alle Akteure werden an der Lösung beteiligt. Die Vorteile liegen in der
Bandbreite der Ideenfindung, dem Ausgleich von Interessen und der hohen Akzeptanz
in der Implementierung. Der Nachteil ist, dass das Formulieren eines gemeinsamen
Standpunkts und Verständnisses ein sehr zeitaufwändiger Prozess ist. ▶031

▶027 **Globalisierung** / Global Village Construction Set
▶031 **Plattformen** / We Farm

CHILDHOOD

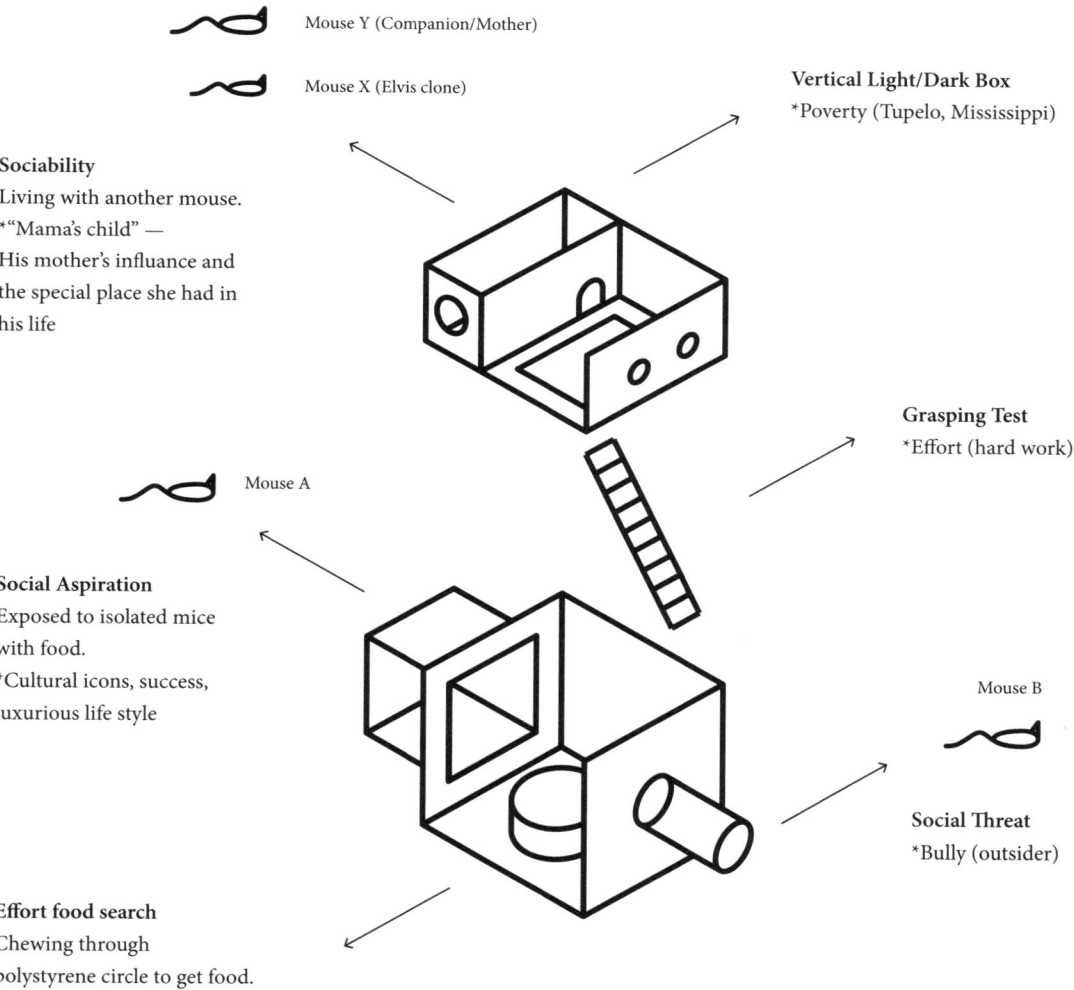

Mouse Y (Companion/Mother)

Mouse X (Elvis clone)

Vertical Light/Dark Box
*Poverty (Tupelo, Mississippi)

Sociability
Living with another mouse.
*"Mama's child" —
His mother's influance and
the special place she had in
his life

Grasping Test
*Effort (hard work)

Mouse A

Social Aspiration
Exposed to isolated mice
with food.
*Cultural icons, success,
luxurious life style

Mouse B

Social Threat
*Bully (outsider)

Effort food search
Chewing through
polystyrene circle to get food.
*Help Support his family

IMG079   SCHEMATISCHE DARSTELLUNG DES MAUS-EXPERIMENTS ZUM THEMA »KINDHEIT«
         Die Elvis-Maus lebt in dem Turm mit Maus-Experimenten typische und einprägsame Situationen
         aus Elvis' Kindheit nach. Zum Beispiel das Erlebnis von Armut (Vertical Light/Dark Box)
         im Kontrast zu anderen »reichen Mäusen« (Social Aspiration). Wie reagiert der Gen-Klon des
         King?

CREDITS   KOBY BARHAD, 2012

▶041 Macher

Im Januar 2003 wurde bei dem Graffiti-Künstler Tempt1 aus Los Angeles die Krankheit Amyotrophe Lateralsklerose (ALS) diagnostiziert. ALS ist eine degenerative Erkrankung des motorischen Nervensystems, die zu Muskellähmungen am ganzen Körper führt. Seit 2005 ist Tempt1 vollkommen gelähmt und ans Bett gefesselt. Die Hackergruppe »Graffiti Research Labs« (GRL) begann daraufhin gemeinsam mit Tempt1 und der Produktionsfirma »Ebeling Group«, eine DIY-Technologie zu entwickeln, die es ermöglicht, Graffiti mit den Augen zu schreiben. Der »EyeWriter« besteht aus einer kostengünstigen Brille und einer einfachen Eyetracking-Technologie, die die Bewegung der Augen in Bilder und Schriftzüge umsetzt. ▶

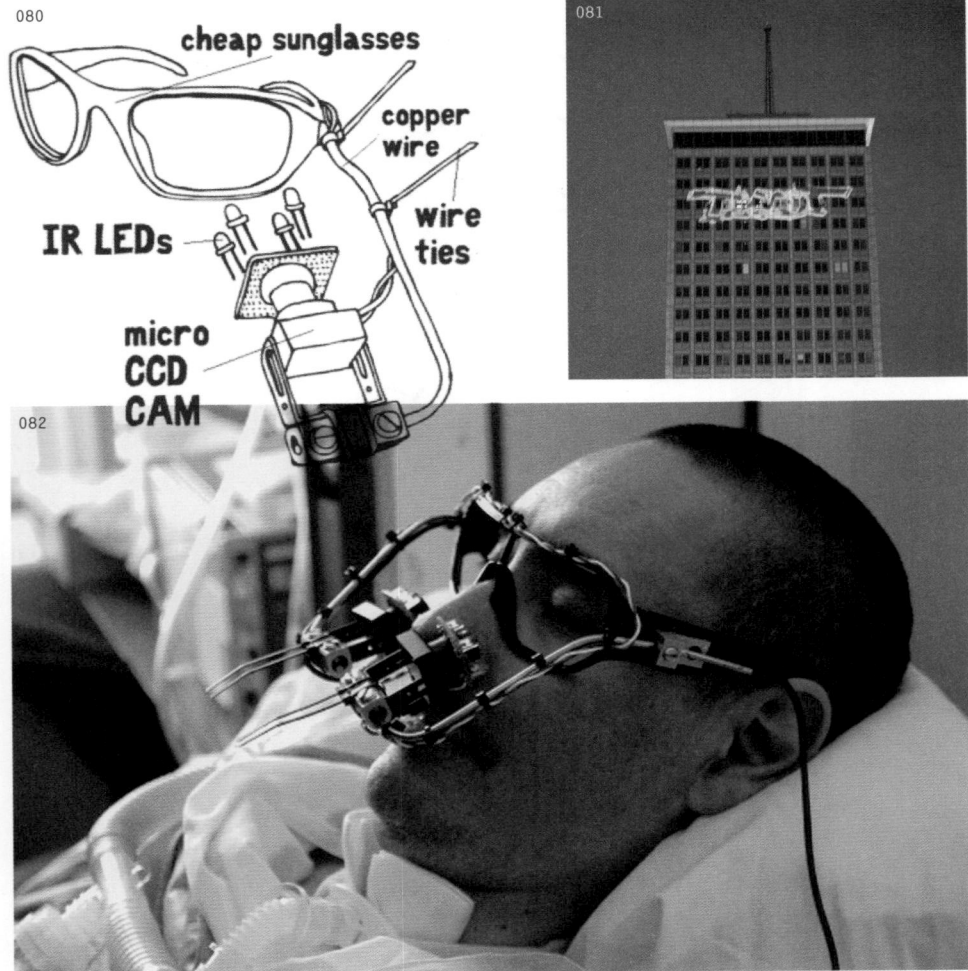

IMG080   HARDWARE PROTOTYP V1.4 SKIZZE
IMG081   AUF EINE HAUSWAND PROJIZIERTER TAG
IMG082   TEMPT1 IN SEINEM KRANKENBETT MIT DER EYEWRITER-BRILLE

Think small

Die Welt kann man nicht verändern. Es geht nicht. Sie ist einfach zu groß. Genauso gut könnte man versuchen, den Ozean zum Kochen zu bringen. Es ist zu kompliziert, zu vermessen und sinnlos. Jeder Versuch, die Welt zu verändern, erzeugt das Gegenteil: Stillstand. Die eingesetzte Energie verpufft angesichts der Größe der Aufgabe im Nichts und alles ist hinterher genauso wie vorher.

Was bleibt zu tun?

Vielleicht ist es unmöglich, *die* Welt zu verändern. *Meine* Welt zu verändern, ist aber relativ einfach. Die Wahl einer anderen Dimension macht den Unterschied aus zwischen Überforderung und Möglichkeit, zwischen Zynismus und Aktion, zwischen Weltfrieden und pragmatischen, praktischen und handhabbaren Lösungen. Die amerikanische Architektin Julie Kim stellt auf dem Blog »Core 77« das Konzept eines »Hyperlokalen Designaktivismus« vor, der vor der eigenen Haustüre beginnt und nicht versucht, gut gemeinte Rezepte in andere Kulturen zu exportieren. Stattdessen nutzt das Konzept die eigene Anschauung, ein tieferes Verständnis der eigenen Kultur und bestehende Netzwerke. [34]

🖐 042 **Hyperlokalität**

ist ein Begriff aus dem Journalismus und bezeichnet Nachrichten, die nur für eine sehr kleine und eingegrenzte Nutzergruppe relevant sind. Hyperlokal zu handeln ist die einzig sinnvolle Möglichkeit, nicht vor der Komplexität der Welt zu kapitulieren.

SLOC /
Small, Local, Open and Connected /
Klein = Groß

→ 🖐 028

In der Nähe anfangen, ein überschaubares Problem lösen und dabei grenzenlos naiv sein ... die Amateure von EyeWriter beschreiben in der Online-Zeitung »Huffington Post« das Rezept ihres Erfolgs auf der Basis eines hyperlokalen Konzepts:

»1. Fokus
Wir haben nicht versucht, das nächste große Ding zu machen. Wir hatten nicht die Idee, die Medizintechnik neu zu erfinden. Wir wollten Tempt1 helfen. Ich denke, wenn wir der Versuchung nachgegeben hätten, allen Menschen mit ALS helfen zu wollen, hätten wir unser Ziel verfehlt. Wir wären viel zu sehr abgelenkt worden. Der Fokus auf eine einzige Sache hat uns geholfen, in der Spur zu bleiben.

2. Verschenken
Ein Geschenk zu machen, kann ein sehr effektives Werkzeug sein. Wir haben bereits zu Beginn der Arbeit an EyeWriter entschieden, dass das, was wir erfinden würden, um Tempt zu helfen, Open Source sein müsste. Ich kannte den Begriff ›Open Source‹ bereits aus der Software-Entwicklung, hatte aber keine Ahnung, was man damit außerhalb dieser Welt bewirken kann.

3. Grenzenlose und wunderschöne Naivität
Nachdem unser Dokumentarfilm in Park City seine Premiere gefeiert hatte, kam eine Gruppe von Programmierern auf uns zu. Sie hatten darüber spekuliert, was der Grund für den großen Erfolg des Projekts gewesen sein könnte: ›Wenn ihr gewusst hättet, wie f***ing anstregend und aufreibend es ist, so etwas zu tun, hättet ihr es sicherlich von Anfang an sein lassen.‹ Sie hatten beschlossen, dass sie mehr so sein wollten wie wir. ›Ahnungslos?‹, fragte ich. ›Eher naiv ...‹, war die Antwort. Es scheint, als sei unsere Naivität der Schlüssel gewesen, um ein Projekt wie EyeWriter zu stemmen. Wir wussten nicht, dass wir dazu in der Lage waren. Wir wussten nicht, dass man so etwas nicht in zweieinhalb Wochen machen kann. Wir wussten nicht, dass wir nichts wussten. Und genau deshalb hat jeder im Team es geschafft. Weil wir nicht wussten, dass wir auch scheitern könnten.« [35]

083

THE QUICK
BROWN FOX JUMPS
OVER THE LAZY DOG
I WROTE THIS WITH MY EYES

084

Für den EyeWriter wurde ein spezieller Font entwickelt, der mit den Augen leicht nach-
zufahren ist und durch unterschiedliche Techniken – wie zum Beispiel einen Plotter,
Videoprojektion oder eine Paintballmaschine – in den urbanen Kontext übertragen werden kann. Im August 2009 konnte Tempt1 zum ersten Mal seit sieben Jahren wieder
Kunst in den Straßen von Los Angeles sichtbar werden lassen. Eine Reihe von Zeichnun-
gen wurden von ihm mit EyeWriter angefertigt und in Echtzeit von seinem Krankenhaus-
bett auf ein zehnstöckiges Hochhaus am Santa Monica Freeway projiziert.

IMG083   EYEWRITER FONT
IMG084   PLOTTER, DER EINEN SCHRIFTZUG VON TEMPT1 MIT EINEM ROBOTERARM ÜBERTRÄGT
CREDITS   GRAFFITI RESEARCH LAB

▶ 043 Lesbarkeit

Big Data

Die Möglichkeit, sehr große Datenmengen verarbeiten zu können, stößt die Tür auf zu einer neuen Welt, deren Existenz wir bislang nur erahnen konnten. Hinter dem Sichtbaren und Greifbaren befindet sich offenbar ein Kosmos aus Zahlen, Mustern, Abläufen und geheimnisvollen Zusammenhängen. Eine komplexe, detailreiche und vielschichtige Matrix, die den Zugang zu einem neuen Verständnis der Welt eröffnet. Diese Welt liegt nun wie ein offenes Buch vor uns. Aber können wir dieses Buch auch lesen? Daten-visualisierung und Design als Übersetzungsdienste sorgen dafür, dass nicht nur Compu-ter, sondern auch Menschen die Welt hinter der Welt begreifen können.

Die Geburt eines Wortes

Der Forscher Deb Roy am MIT in Boston hat bei der Geburt seines ersten Sohnes sein gesamtes Apartment mit einem Videosystem ausgestattet und alle Aktivitäten in der Wohnung der Familie lückenlos aufgezeichnet. In einem Jahr entstand so die größte Homevideo-Bibliothek aller Zeiten mit mehr als 240.000 Stunden Ton- und Bildauf-nahmen, die die Entwicklung von Roys kleinem Sohn lückenlos dokumentierten. Mit Hilfe von Deep-Machine-Learning-Algorithmen[a] ist es dem Forscherteam gelungen, die Muster des Spracherwerbs von Roys Sohn aus der gigantischen Datenmenge zu isolieren und auszuwerten. Jedes neu gelernte Wort wurde dabei in Zeit und Raum verortet. Von dort konnte zurückverfolgt werden, wie sich aus Babysprache Wörter und Grammatik formen. Die Entwicklung wurde in sogenannten »Wordscapes« visualisiert. Diese Wordscapes zeigen, wie die Interaktionen zwischen Bezugspersonen und Kind an verschiedenen Orten in der Wohnung das Erlernen bestimmter Wörter aus dem Kontext heraus begünstigten. ▶

085

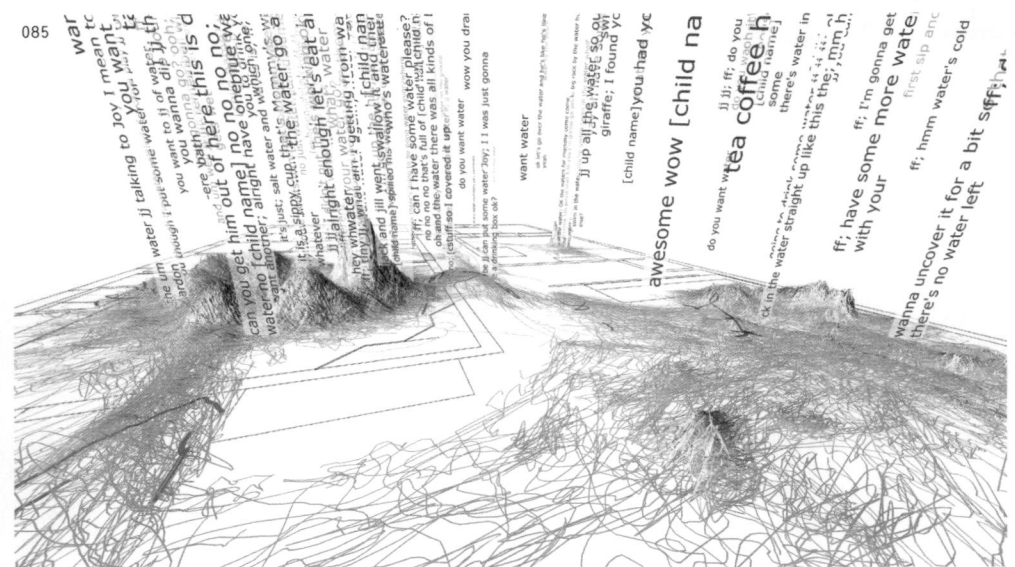

IMG085   THE BIRTH OF A WORD: WORDSCAPE DER KÜCHE IN DEB ROYS WOHNUNG, DEB ROY

Datenzugang und visueller Journalismus

Welches Land hat die niedrigste Kindersterblichkeit?
Nicaragua, Sri Lanka oder die Türkei?[A]

Welches Land hat das höchste Pro-Kopf-Einkommen?
Botswana, Ägypten oder Moldawien?[B]

In welchem Land heiraten Frauen am spätesten in ihrem Leben?
Algerien, Kanada oder auf den Philippinen?[C]

Die meisten Menschen geben auf diese Fragen die falsche Antwort, und sogar die Kollegen des Gesundheitswissenschaftlers Hans Rosling, Professor für Internationale Gesundheit am Karolinska Institut in Stockholm, erreichen nur einen Durchschnittswert von 50 % der richtigen Antworten. Die größten Barrieren bei der Entwicklung eines differenzierten Verständnisses der Welt, so Rosling, sind nicht Ignoranz oder Dummheit, sondern Vorurteile. Vorurteile wiederum basieren auf einem Mangel an Information. Deshalb hat sich Rosling zum Ziel gesetzt, die bislang unzugänglichen demografischen Datenbanken der Vereinten Nationen öffentlich und durch ein interaktives Gestaltungskonzept im Internet lesbar zu machen.

WWW.GAPMINDER.ORG
INTERAKTIVE DATENBANK, DIE DEMOGRAFISCHE ENTWICKLUNGEN UNTERSCHIEDLICHER LÄNDER VISUALISIERT UND VERGLEICHBAR MACHT

Wir haben enorme Mengen von Daten zur Verfügung. Das Mooresche Gesetz[D] besagt, dass sich alle zwei Jahre die Datenmenge auf der Erde verdoppelt. Immer intelligentere Algorithmen verknüpfen immer größere Datenmengen mit Hilfe immer größerer Rechnerleistung. Wir nutzen diese Daten aber noch nicht in dem Maße, wie wir das könnten und wie es nötig wäre. Ein Grund dafür ist, dass die meisten Daten auf der Welt nicht öffentlich und nur gegen Bezahlung verfügbar sind – wenn überhaupt. Der zweite Grund ist, dass die Daten so komplex sind, dass man sie nicht verstehen kann bzw. ihre schiere Menge die Daten entwertet: Was bitte sollen wir mit den 250.000 Cablegate-E-Mails von Wikileaks machen?

 044 Open Access
Der Zugang zu Daten ist eine Voraussetzung für die Entwicklung einer global vernetzten Zivilgesellschaft. Die Open-Data-Demokratie braucht nicht nur einen technischen Zugang zu Daten, sondern auch einen ästhetischen, der von Gestaltern geschaffen werden muss.

Visuelle Politik

Datenvisualisierung ist in der Gestaltung schon lange ein Trend, und es gibt eine
Unmenge herausragender Beispiele, wie Design komplexe Daten lesbar, analysierbar
und interpretierbar macht. Datenvisualisierung hat aber nicht nur eine formale Ebene,
sondern auch eine politische Dimension. »Wissen ist Macht«, hat der englische Philosoph der Aufklärung Francis Bacon bereits im 16. Jahrhundert festgestellt. Es hat noch
nie in der Geschichte der Menschheit so viel gespeichertes Wissen existiert wie heute.
Sind die entsprechenden Speicher aber auch zugänglich? Für wen ist das Wissen verfügbar? Wer macht es verfügbar und warum? Wer hält Wissen zurück?

Der Zugang zu Daten wird in der Zukunft für die Demokratie so bedeutsam sein, wie
die Einführung des allgemeinen Wahlrechts oder die Umsetzung der Gleichberechti-
gung. Je mehr Daten es gibt, desto größer wird die potenzielle Diskrepanz zwischen
den Daten-Reichen und den Daten-Armen. Es gibt gute Gründe, warum Daten, für deren Erhebung Steuergelder eingesetzt wurden – also nahezu alle Daten von Regierungen, Hochschulen und Verwaltungen –, öffentlich zugänglich gemacht werden sollten.
Wenn die Büchse der Pandora sich schon nicht mehr schließen lässt, bleibt vielleicht
nur, sie komplett zu öffnen.

Transparenz und Vertrauen

Dem gegenüber stehen die Bedürfnisse nach Privatsphäre und die Frage, inwiefern
Transparenz tatsächlich zu mehr Vertrauen führt: »Mehr Transparenz allein lässt keine
Kultur des Vertrauens entstehen. Mehr Transparenz macht vielmehr noch mehr Transparenz notwendig. Das ist die Logik der Transparenz. Das Vertrauen folgt einer ganz
anderen Logik«, sagt der Philosoph Byung-Chul Han und weist damit die Verantwortung für die gegenwärtige Krise der Demokratie nicht den Politikern, sondern der nach
Durchsichtigkeit gierenden (Medien-)Gesellschaft zu. ⟳**050** Wir haben es bislang noch
nicht geschafft, einen gesellschaftlichen Codex zu entwickeln, wie wir den digitalen
Raum gestalten wollen. Es ist dringend notwendig, verbindliche Rechte zu definieren
und auf der anderen Seite »gute Sitten« zu etablieren – sonst werden wir weiterhin
zwischen NSA und Facebook-Mobbing hin und her geworfen werden.

Neue Narrationen

Daten sind nie neutral oder objektiv und können deshalb auch nicht transparent sein.
Daten brauchen Interpreten und eine Agenda. Sonst bleiben sie entweder sinnlos oder
werden zu einem Fetisch, mit dem ein unmenschliches und unkritisches System der
Pseudo-Transparenz installiert wird. An der Schnittstelle des Datenvisualisierers und
des »Designers als Autor« entsteht ein neuer Berufszweig für Gestalter als visuelle
Publizisten, die nicht nur Daten »schön machen«, sondern mit Hilfe von Daten eigene
Narrationen entwickeln und damit Mehrwerte für das gesellschaftliche Wissens-
management, politischen Aktivismus, Kultur, Nachhaltigkeit und gesellschaftliche
Teilhabe erzeugen.

⟳**050 Counterveillance** / Strategien gegen Transparenz

DEMOCRACY.CITRIS-UC.ORG
FORSCHUNGSPROJEKT DER UNIVERSITY OF CALIFORNIA ZUR VERBINDUNG VON DIGITALEN MEDIEN
UND DEMOKRATISCHER PRAXIS

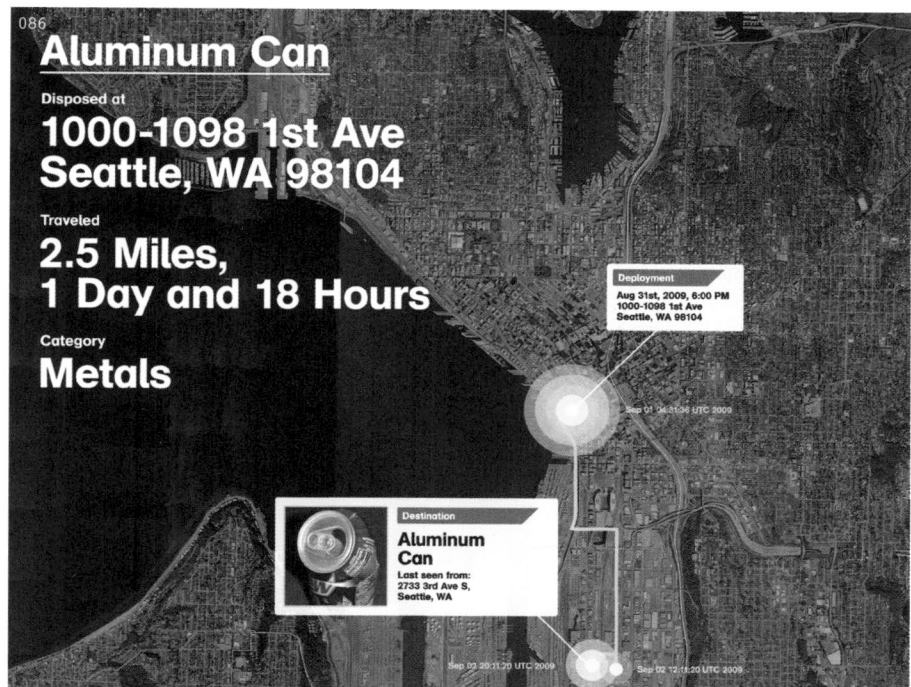

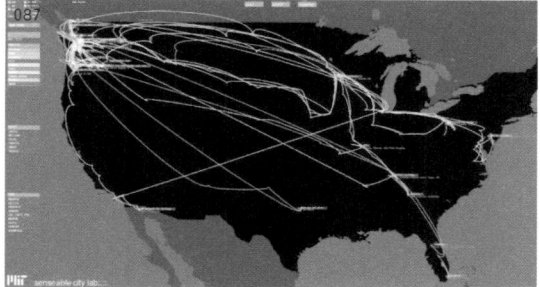

Senseable

In einem Experiment des MIT wurde der Müll von 150 Bürgerinnen und Bürgern aus Seattle (Boston und New York werden folgen) vor dem Wegwerfen mit GPS-Sendern ausgestattet und somit über Mobilfunknetz-Triangulation ortbar gemacht. Auf diese Weise konnte in der Folgezeit jedes einzelne Stück Müll erfasst und der weitere Weg des Abfalls verfolgt werden. Auf der Basis der über einen Zeitraum von zwei Monaten erhobenen Daten lassen sich Modelle entwickeln, wie Müll vermieden und effektiver recycelt bzw. weiterverarbeitet werden kann. Vor allen Dingen aber können die Visualisierungen bei Verbrauchern dazu führen, bewusster mit Ressourcen umzugehen.

IMG086
IMG087   VISUALISIERUNGEN DER WEGE EINZELNER STÜCKE MÜLLS DURCH DIE USA
          CARLO RATTI, E ROON KANG, 2009

URL   HTTP://SENSEABLE.MIT.EDU/TRASHTRACK [ABGEFRAGT AM 19.2.2014]

▶ 045 Poesie

Datenerzählungen

Daten sind in ihrem Kern keine mathematisch-rationalen Konstrukte, sondern die Spuren von Ereignissen, Begegnungen, Entscheidungen und Handlungen. Alles, was wir tun, hinterlässt solche Spuren. Daten sind wie Fäden, aus denen Geschichten und Geschichte gewoben wird. Je nach Blickwinkel und Webmuster lassen sich immer neue Sinnzusammenhänge und »Stoffe« konstruieren. So nutzen Wissenschaftler und Mathematiker Datenpools aus der Vergangenheit, um Muster aufzuspüren, mit denen sich die Zukunft vorhersagen lässt. Mit Hilfe von »Clio-Dynamik« beschreibt das Forschungsteam um Peter Turchin an der University of Connecticut zum Beispiel die immer wieder auftretenden Wellen politisch motivierter Gewalt in der amerikanischen Gesellschaft. Anhand der Muster lassen sich zukünftige Gewaltausbrüche vorhersagen und Möglichkeiten identifizieren, wie die Ausschläge im Vorfeld durch politische und soziale Maßnahmen reduziert werden könnten. ✎36 ▶

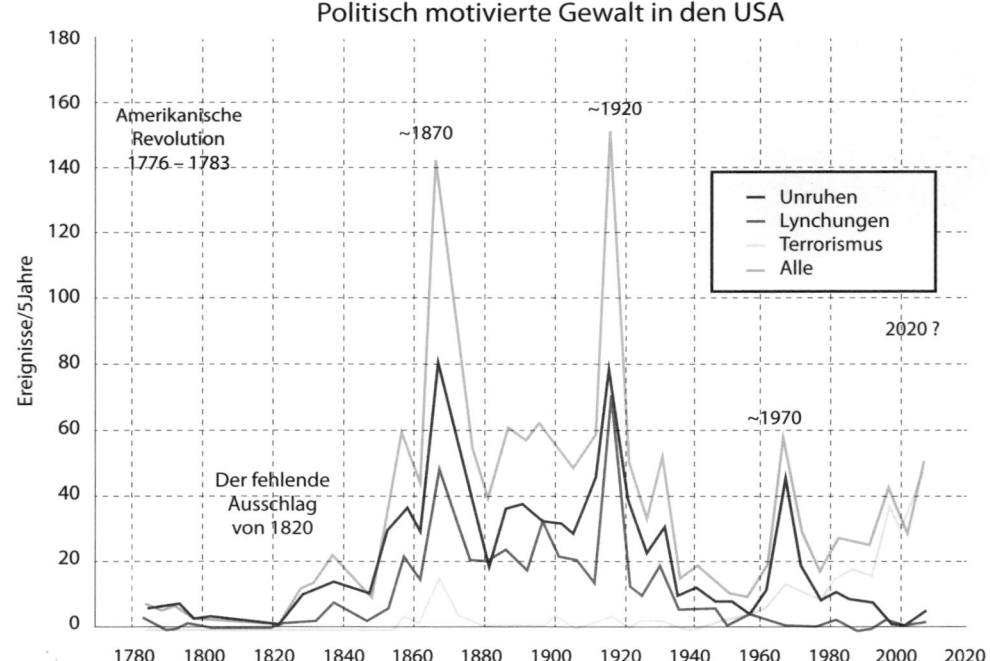

IMG088   WELLEN VON POLITISCH MOTIVIERTER GEWALT IN DER AMERIKANISCHEN GESCHICHTE
Peter Turchin, Department of Ecology and Evolutionary Biology, Department of
Mathematics, Department of Anthropology and der Universität von Connecticut.

Die persönliche Dimension von Big Data

»Nicht alles, was zählt, kann man zählen, und nicht alles, was man zählen kann, zählt.« (Albert Einstein)

Die alten Griechen glaubten, aus dem Vogelflug die Zukunft vorhersagen zu können, und die Germanen haben zu diesem Zweck in den Eingeweiden von Opfertieren »gelesen«. Heute sind solche unorthodoxen Methoden nicht mehr notwendig. Mit Hilfe von Big Data lässt sich vorhersagen, ob an einem bestimmten Ort bald ein Verbrechen geschehen [37] oder wie viel ein Flugticket nach Hawaii in einem halben Jahr kosten wird. [38] Große, vernetzte Datenpools machen es möglich, eine Versicherung für die nächsten fünf Minuten abzuschließen, [39] überführen Doping-Sünder wie Lance Armstrong [40] oder helfen, die richtige Therapie für seltene Krankheiten zu bestimmen. [41]

Bei all den Vorteilen, Möglichkeiten und neuen Welten, die sich hier auftun, lauert aber auch die Gefahr, dass wir so besessen werden von Zahlen, dass wir ihnen die Kontrolle überlassen. Zahlen erwecken den Anschein, als würden sie die Wahrheit sagen und unumstößliche Fakten repräsentieren – dieser Anschein wird noch dadurch verstärkt, dass wir nicht mehr wissen können, wie die Zahlen zustande gekommen sind. Zahlen verleiten zu binärem Denken, in dem es nur entweder/oder gibt und alle Zwischentöne, alles Vage und Ambivalente ausgeblendet wird. Die Algorithmen hinter Big Data sind so komplex, dass wir immer mehr Verantwortung an Experten abgeben müssen. Das schützt uns aber nicht vor Denkfehlern, falschen Schlussfolgerungen oder Wunschdenken.

046 **Data Identity**

Gestalterische und künstlerische Konzepte im Umgang mit Big Data können helfen, einen anderen Umgang mit Daten zu ermöglichen und diese mit menschlichen Faktoren, soziologischen Analysen und einem ethnografischen Verständnis zu verknüpfen.

Emotionale Landkarten, kollektive Identität

Die Wortlandschaften von R. Luke DuBois (s. rechte Seite) werfen einige interessante
Fragen auf: Erzeugen Daten wirklich ein schärferes Bild der Wirklichkeit? Oder sind
große Datenmengen nicht eher eine moderne, datenbankgestützte Form von Intuition?
Eine diffuse Erscheinung, die auf der Basis kollektiver und verknüpfter Lebenserfah-
rungen ein Bauchgefühl erzeugt und neue Faustregeln formuliert ...?

Das Ende der Zielgruppe

»Die Hälfte meines Werbeetats ist rausgeschmissenes Geld. Leider weiß ich nicht,
welche Hälfte ...«, ist ein bekanntes und oft zitiertes Bonmot von Henry Ford. Marketing und Werbung versuchen schon seit Jahrzehnten, ihre Zielgruppenanalysen und
Marktforschung zu verfeinern, um Kunden besser verstehen zu können. Dabei soll
die Wirkungsweise von Kommunikation rationalisiert werden, um eine besseres Verständnis in die Motivationen von Menschen zu erlangen. Dieses Vorgehen lässt allerdings außer Acht, dass menschliche Kommunikation in sich irrational ist und äußerst
komplex. Der Psychologe und Kommunikationsforscher Paul Watzlawick hat die
diffizilen und störungsanfälligen Zusammenhänge von Kommunikation bereits in den
1960er Jahren untersucht und darüber geschrieben, wie stark die jeweils eigene, konstruierte Welt die Wahrnehmung beeinflusst und das Missverständnis zum Normalfall
der Kommunikation macht. Zielgruppenanalysen und Marktforschung sagen oftmals
mehr über die Ängste in Managementetagen aus als über die Präferenzen ihrer Kunden.

One-to-Many, Many-to-One

Deshalb ist für Kommunikation die intuitive und poetische Dimension von Daten
interessanter und ergiebiger. Große Datenpools können als Spiegel von Identität
interpretiert werden, in dem ein vielschichtiges Wechselspiel von Individuum und
Gesellschaft abläuft. Daraus lassen sich intelligente Werkzeuge für die Gestaltung
von Unternehmen, Institutionen, Städten oder Regionen entwickeln. Man kann dabei
an die Mode generativer Logos denken. Interessanter aber wäre die dynamische Anpassung von Kommunikation an unterschiedliche kulturelle Kontexte, direkte Feed-
backloops zwischen Mitarbeitern und Kunden und neue Möglichkeiten, die Grenzen
zwischen Sender und Empfänger aufzulösen. 🖑**084**

Ließen sich beispielsweise über emotionale Landschaften und Wortbilder wie in den
Werken von Dubois neue Formen der Kommunikation nicht nur aus Unternehmen
heraus, sondern auch in Unternehmen hinein etablieren? Wie sähe eine datengestützte
»Many-to-One«-Kommunikation aus, im Gegensatz zu dem angestaubten »One-to-
Many« aus der zu Ende gehenden Ära der Massenmedien?

🖑**084 Social Identity** / Marken in einer pluralistischen Welt

089

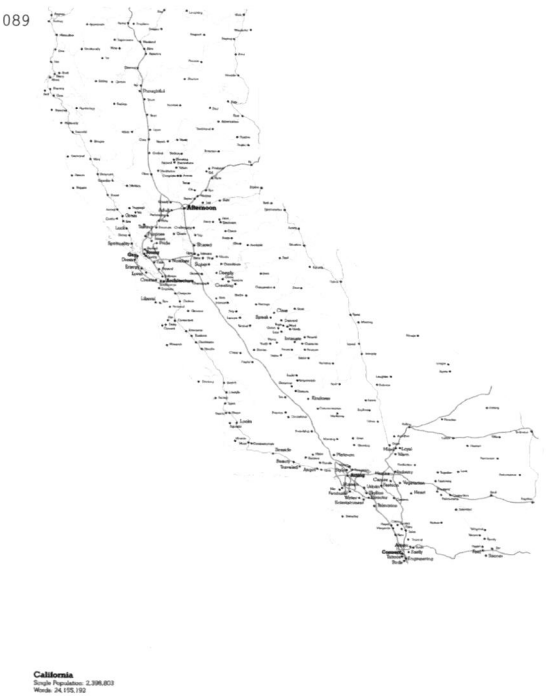

California
Single Population: 2,396,603
Words: 24,195,192

090

091

Datenkunst

Mit ähnlichen Mustern in großen Datensammlungen arbeitet der amerikanische Künstler Luke DuBois. Für sein Projekt »A More Perfect Union« hat er sich bei 21 populären Datingsites angemeldet und die anonymisierten Daten von 19 Millionen Amerikanerinnen und Amerikanern heruntergeladen. Alle Suchanzeigen wurden nach Postleitzahlen sortiert und semantisch analysiert. Auf per Hand gezeichneten Landkarten hat DuBois die Worte aus den Anzeigen anschließend verortet – je nachdem, welche Begriffe an bestimmten Orten häufiger verwendet wurden. Die Karten beschreiben so die Unterschiede und Charakteristika von Regionen und Städten. Im Gegensatz zu den üblichen Volkszählungen, die Auskunft darüber geben, wo wir wohnen, wie wir arbeiten und was wir verdienen, berichtet die Arbeit von DuBois von unserer Identität und unseren eigenen Erzählungen über uns selbst.

Das Projekt »Hindsight 20/20« untersucht die Geschichte der amerikanischen Politik durch die Metapher des Sehtests. Ein Computerprogramm wertet alle »State of the Union«-Reden amerikanischer Präsidenten vor dem Kongress aus und setzt dabei die oft verwendeten Worte größer und die seltener gebrauchten kleiner. Das Resultat ist ein Lexikon des subjektiven Wortschatzes unterschiedlicher Präsidenten in ihrem individuellen historischen Kontext.

IMG089   A MORE PERFECT UNION - STATE AND COUNTRY MAPS, LUKE DUBOIS
IMG090
IMG091   HINDSIGHT IS ALWAYS 20/20, LUKE DUBOIS
URL   WWW.THEARTOFDATA.ORG [ABGEFRAGT AM 19.2.2014]

▶ 047 Terror

Was fügt unserer Gesellschaft den größeren Schaden zu – der Terrorismus oder der Krieg gegen den Terror? Im Angesicht globaler Bedrohungen sind wir in den westlichen Gesellschaften bereit, zentrale Werte aufzugeben, die wir uns in 2.000 Jahren abend-ländischer Kulturgeschichte angeeignet haben. Wir igeln uns ein, begehen Kriegs-verbrechen, nehmen den Tod unschuldiger Menschen als Kollateralschaden in Kauf und setzen das Völkerrecht außer Kraft. Wir tun das, weil wir glauben, dass dies der Preis für unsere eigene Sicherheit ist. In vielen Fällen zahlen diesen Preis aber nicht wir, sondern andere Menschen in anderen Ländern, weit weg von uns. Der Preis, den *wir* zu zahlen bereit sind, ist die totale Überwachung. Um den Terror zu überwinden, terrorisieren wir andere und uns selbst. ⏏ 050 ▶

⏏ **050 Counterveillance** / Das panoptische Gefängnis

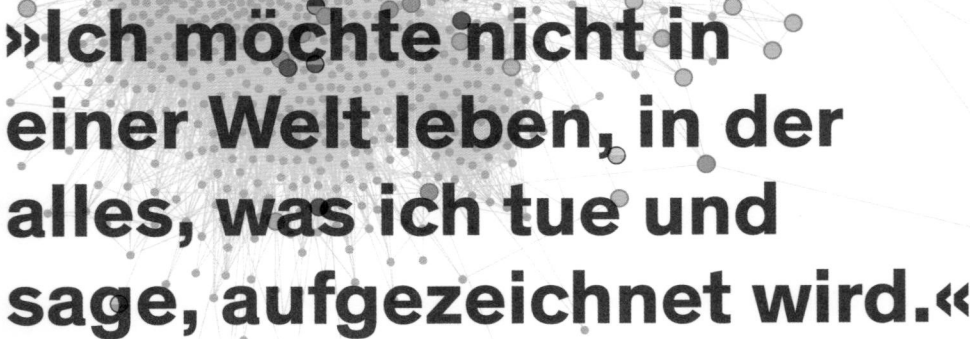

»Ich möchte nicht in einer Welt leben, in der alles, was ich tue und sage, aufgezeichnet wird.«

IMG092   WOLFRAM ALPHA FACEBOOK REPORT, FLORIAN PFEFFER
Die Suchmaschine Wolfram Alpha analysiert das Beziehungsgeflecht von Facebook-Communities. Das Programm erkennt verschiedene Gruppen, wie zum Beispiel Schul-freunde, Arbeitskollegen oder Familie. Die grafische Darstellung zeigt, welche Kontakte Brückenfunktionen einnehmen oder »Soziale Insider« sind (und deshalb wichtig für den Zusammenhalt des Netzwerks). Intelligente Algorithmen können in solchen Metadaten Muster erkennen, aus denen Wahrscheinlichkeiten und Vorhersagen über nahezu alles herausgefiltert werden können: mögliche Entscheidungen von Politikern, zukünftige Themen in einer Zeitung oder wahrscheinliche Aufenthalts-orte von Personen.
ZITAT   EDWARD SNOWDEN, 10. JUNI 2013, THE GUARDIAN

Don't like

Ziviler Ungehorsam ist eine Form politischer Partizipation. Durch einen symbolischen, aus Gewissensgründen vollzogenen und damit bewussten Verstoß gegen rechtliche Normen zielt der handelnde Staatsbürger mit einem Akt zivilen Ungehorsams auf die Beseitigung einer Unrechtssituation und betont damit sein moralisches Recht auf Partizipation. Der Ungehorsame nimmt dabei bewusst in Kauf, auf Basis der geltenden Gesetze für seine Handlungen bestraft zu werden. [42]

Am 6. Juni 2013 enthüllt der NSA-Agent Edward Snowden, dass die amerikanischen und britischen Geheimdienste in einem bislang ungekannten Ausmaß und ohne eine gesetzliche Kontrollinstanz die Kommunikationsdaten von Bürgern weltweit abschöpfen und auswerten. Dabei bedient sich die NSA der Datenbestände kommerzieller Unternehmen. Die Konzerne sind dabei mehr als nur »Helfer unter Zwang« für Regierungen rund um den Globus: Der App-Store von Apple ist ein Musterbeispiel vorauseilender Zensur. [43] Facebook löscht auf Druck der chinesischen Regierung Facebook-Seiten von Aktivisten [44] und Google weist seine Kunden darauf hin, dass Benutzer des E-Mail-Dienstes Gmail nicht mit Privatsphäre rechnen können. [45]

»Der ›Like‹-Button ist längst stärker als jedes Bundesverfassungsgerichtsurteil«, schreibt der Publizist Frank Schirrmacher in der Frankfurter Allgemeinen Sonntagszeitung. »Es ist eine Zivilisation, in der Realitäten entstehen, für deren Voraussage man vor zehn Jahren zum Therapeuten geschickt worden wäre.« [46] Die Büchse der Pandora ist längst geöffnet und wird sich nie wieder schließen lassen. Was bleibt zu tun? Die empfindliche Reaktion der USA auf die Enthüllungen von Edward Snowden legt den wunden Punkt der US-Regierung offen:

048 Ziviler Ungehorsam 2.0

Wenn Geheimdienste uns hacken können und unser Staat seine Souveränität aufgibt – ist es dann nicht legitim, wenn Bürger ihrerseits versuchen, durch Hacks, Veröffentlichungen und Gegenstrategien die Intransparenz dieses Systems zu durchbrechen?

Bietet Gestaltung Raum für derartige Hacks? Ist ziviler Ungehorsam in Zukunft vor allen Dingen eine Medienstrategie?

Elektronischer Ungehorsam

Elektronischer Ungehorsam ist eine Protestform, bei der die Teilnehmer für ihre
Aktionen elektronische Medien einsetzen. Die häufigste Form sind sogenannte
Distributed-Denial-of-Service-Attacks (DDoS Attack), bei denen eine Website durch
ein Bombardement mit Anfragen lahmgelegt oder manipuliert wird.

So haben 667 Menschen aus 28 unterschiedlichen Ländern am 15. Juli 2011 an einem
Online-Akt des zivilen Ungehorsams unter dem Titel »Border Haunt« (Grenzheim-
suchung) teilgenommen, um auf die Praktiken der »US Boarder Police« an der mexikanischen Grenze aufmerksam zu machen. Die Aktivisten haben dabei mit Hilfe eines
Computerprogramms Zugang zu einem Archiv der Tageszeitung »Arizona Daily
Star« erhalten, mit den Namen aller Flüchtlinge, die in der Vergangenheit bei illegalen
Grenzübertritten in die USA ums Leben gekommen waren. Diese Daten wurden an
eine Datenbank der Firma »BlueServo« geschickt, die im Auftrag der US-Regierung für
die Grenzsicherung zuständig ist. Folge dieser Attacke war, dass BlueServo innerhalb
weniger Minuten Meldungen über mehr als 1.000 Tote im Grenzgebiet erhielt und an
diesem Tag die Grenzüberwachung im Chaos zusammenbrach.
WWW.IANALANPAUL.COM/BORDERHAUNT-2011

Spoof

Ein Spoof ist ein Täuschungsmanöver, um in einem elektronischen Netzwerk die eigene
Identität zu verschleiern: Der Medienaktivist Ian Alan Paul hat 2012 unter der URL
WWW.DONOTKILL.NET eine Website für die von ihm erfundene »National Agency for Ethical
Drone-Human Interactions« online gestellt. Die Website war eine Reaktion auf Medien-
berichte über die mutmaßliche Existenz einer Todesliste im US-Verteidigungsminis-
terium, mit menschlichen Zielen für Drohnenangriffe. Auf der Seite können Besucher
ihren Namen in eine »Do Not Kill«-Liste eintragen. Mit dem Eintrag in die Liste ist das
»Versprechen« der US-Regierung verbunden, vor einem Drohnenangriff eine gesonder-
te Prüfung des betreffenden Namens vorzunehmen, um so »versehentliche« Tötungen
zu vermeiden. ▶011

Radikale Transparenz

Eine weitere Form des Bürgerprotests im digitalen Raum ist die Flucht nach vorne und
die radikale Transparenz. Abgesehen von der juristischen Fragestellung, worin genau
das Verbrechen von Edward Snowden besteht, hat er durch die Veröffentlichung der
Abhörpraktiken der NSA eine Debatte darüber möglich gemacht, wie wir leben wollen
und wie nicht. Genauso – wenn auch mit einem geringeren persönlichen Risiko – hat
Malte Spitz mit der Veröffentlichung seiner von der Telekom auf Vorrat gespeicherten
Daten der Öffentlichkeit plastisch vor Augen geführt, was diese Praxis konkret bedeutet. Angesichts dessen, was Unternehmen und Regierungen im Dunklen mit unseren
Daten machen, ist diese Form der »Visualisierung« möglicherweise die einzige Chance,
die uns noch bleibt.

▶011 **Identity Correction** / Erfindung falscher Tatsachen zur Schaffung wahrer Ereignisse

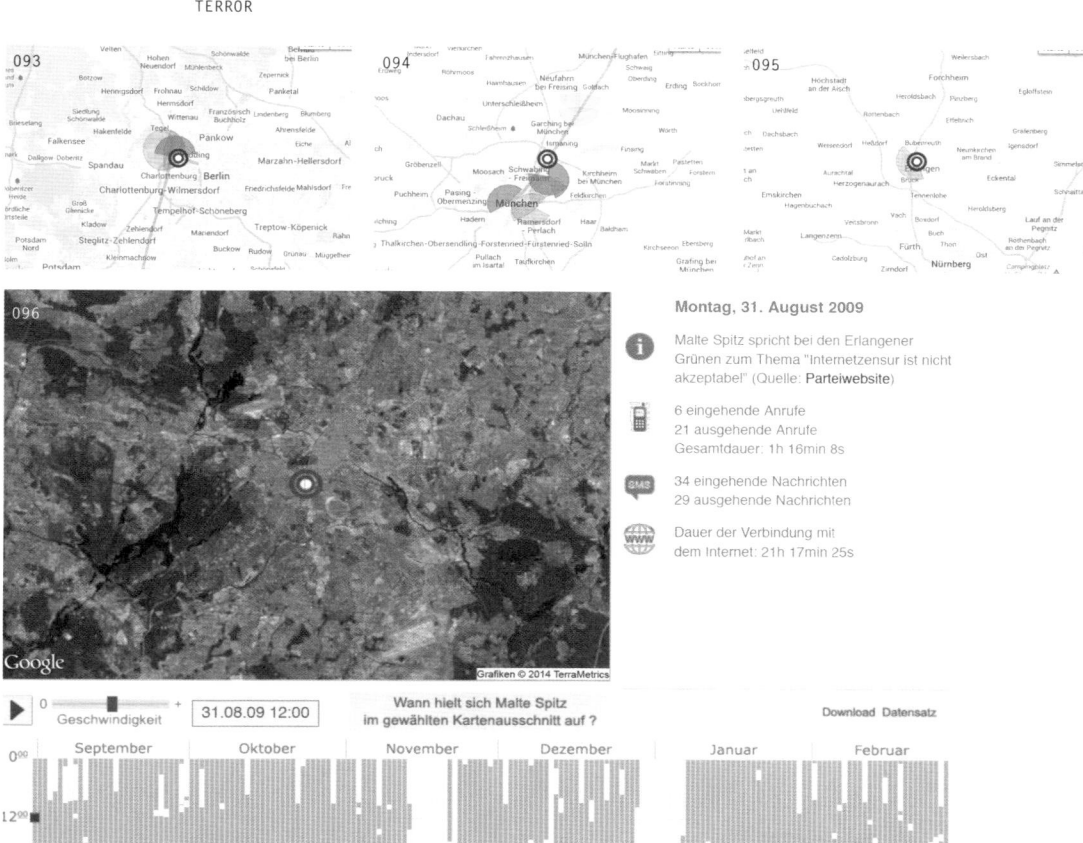

093

094

095

096

Montag, 31. August 2009

Malte Spitz spricht bei den Erlangener Grünen zum Thema "Internetzensur ist nicht akzeptabel" (Quelle: Parteiwebsite)

6 eingehende Anrufe
21 ausgehende Anrufe
Gesamtdauer: 1h 16min 8s

34 eingehende Nachrichten
29 ausgehende Nachrichten

Dauer der Verbindung mit dem Internet: 21h 17min 25s

Grafiken © 2014 TerraMetrics

▶ 0 ── + | 31.08.09 12:00 |
Geschwindigkeit

Wann hielt sich Malte Spitz
im gewählten Kartenausschnitt auf ?

Download Datensatz

September   Oktober   November   Dezember   Januar   Februar

Wo ist Malte Spitz?

Zwischen 2008 und 2010 war in Deutschland das Gesetz zur Vorratsdatenspeicherung in Kraft. Das Gesetz verpflichtete alle Telekommunikationsanbieter mit mehr als 10.000 Kunden, deren Verbindungsdaten für sechs Monate »auf Vorrat« zu speichern. Im Sommer 2009 verklagte der Grünen-Politiker Malte Spitz die Telekom auf Herausgabe seiner Daten. Im Mai 2010 schließlich hat die Telekom nach einem gerichtlichen Vergleich Spitz seine Daten auf einer CD zur Verfügung gestellt. Der Datensatz enthält die Metadaten aller Telefon- und Internetverbindungen sowie der Funkzellen, in denen sich Spitz aufgehalten hat. Aus den 35.000 Datensätzen lässt sich ein nahezu lückenloses Bewegungsprofil erstellen. Spitz entschied sich daraufhin, diese Daten zu veröffentlichen und auf der Website von »ZEIT Online« einsehbar zu machen. Dort können Besucher das Leben von Malte Spitz in einer interaktiven Anwendung an sich vorbeiziehen lassen.

IMG093
IMG094
IMG095
IMG096   WEBSITE MIT DEM BEWEGUNGSPROFIL VON MALTE SPITZ
URL   WWW.ZEIT.DE/DATENSCHUTZ/MALTE-SPITZ-VORRATSDATEN [ABGEFRAGT AM 19.2.2014]

▶049 Camouflage

Es gibt nichts Unsichtbares mehr. Erfolg und Scheitern, Geburt und Tod, Liebe und Hass, Beruf und Privatleben, Krieg und Frieden, Bedeutsames und Banalität – alles ist immer und überall sichtbar. Der Literaturnobelpreisträger Günter Grass hat in einem Online-Video begründet, warum er auf Facebook *kein* Profil hat. ✐47 Auch das Verbergen ist ein öffentlicher Akt geworden, der auf den Mikro- und Makrobühnen des digitalen Zeitalters ausgetragen wird. ◔086 Wenn Unsichtbarkeit keine Option mehr ist, ist die einzig sinnvolle Strategie gegen die allumfassende Sichtbarkeit paradoxerweise, eben diese Paradoxie sichtbar zu machen. ▶

◔**086 Self-Design** / Du kannst nicht nicht googelbar sein …

IMG097   SURVEILLANCE CAMERA PLAYERS
          Die New Yorker Theatergruppe führt vor Überwachungskameras kurze Theaterstücke auf.
          Das Publikum sind die Menschen hinter der Kamera: die Polizisten und Angestellten von
          Sicherheitsfirmen.

IMG098   LIGHTBEAM, FIREFOX ADD-ON
          Das Add-on für den populären Open Source Browser Firefox registriert Websites, die das
          Surfverhalten von Usern aufzeichnen. In Echtzeit wird eine Karte erstellt, die sichtbar
          macht, wie Daten zwischen Firmen und Trackern ausgetauscht werden. Der Benutzer kann nun
          selbst bestimmen, welche Cookies gelöscht werden sollen, um im Netz unsichtbar zu bleiben.

URL   HTTPS://ADDONS.MOZILLA.ORG/DE/FIREFOX/ADDON/LIGHTBEAM [ABGEFRAGT AM 19.2.2014]

Es gibt ein Auge, das alles sieht – auch wenn's in dunkler Nacht geschieht

In seinem Buch »Überwachen und Strafen« untersucht der französische Philosoph Michel Foucault die zunehmenden Überwachungs- und Kontrollmechanismen der westlichen Gesellschaft seit dem 18. Jahrhundert in Form von »Disziplinaranstalten« (z. B. Schule, Militär, Krankenhaus). Er beschreibt, wie die ständige Möglichkeit, beobachtet zu werden, zu einer sozialen Konformität des Einzelnen führt, sodass die tatsächliche Kontrolle nicht mehr nötig ist, um gesellschaftliche Normen aufrechtzuerhalten. Für dieses Phänomen führt er den Begriff des »Panoptismus« (»Das Alles Sehende«) ein, der wiederum an den architektonischen Entwurf eines »perfekten« Gefängnisses, des »Panopticons« von Jeremy Bentham aus dem 18. Jahrhundert angelehnt ist.

050 Counterveillance

ist ein Begriff, der auf ein soziologisches Forschungsprojekt von Foucault in den 1970er Jahren zurückgeht. Für dieses Experiment wurde in einem Gefängnis das Prinzip der ständigen Beobachtung umgekehrt: Nicht die Insassen wurden beobachtet, sondern die Wärter.

Die Idee der Counterveillance bekommt in der vernetzten Welt eine neue Bedeutung. Medienforscher, politische Berater, IT-Experten, Künstler und Designer beschäftigen sich mit der Entwicklung und Implementierung digitaler Anwendungen, die den Usern digitaler Dienste mehr Transparenz und mehr Kontrolle über ihre eigenen Daten ermöglichen sollen.

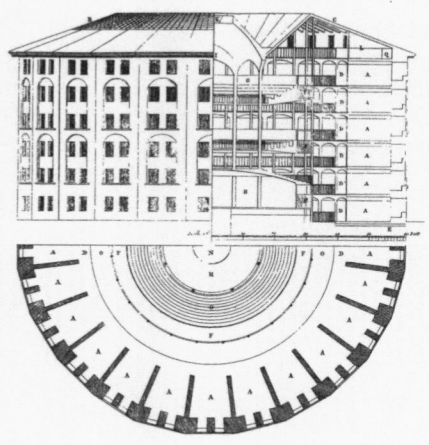

IMG099   DAS PANOPTISCHE GEFÄNGNIS VON JEREMY BENTHAM
Das Gefängnis ist so gebaut, dass jeder Insasse jederzeit von einem Wärter beobachtet werden kann. Die Insassen wissen nicht, wann sie beobachtet werden, sondern nur, dass dies jederzeit möglich ist.

Beobachter unter Beobachtung

Für seine Untersuchung hat Foucault gemeinsam mit der Groupe d'Information sur les Prisons (GIP) zwei Counterveillance-Prinzipien angewandt, um zu untersuchen, wie sich das Verhalten der Wärter verändert, wenn sie – entgegen den üblichen Gepflogenheiten – selbst im Zentrum der Beobachtung stehen. Dazu wurde in einem ersten Experiment das Gefängnis von innen nach außen gekehrt, sodass alles, was innerhalb des Gefängnisses vor sich ging, öffentlich gemacht wurde. In einem zweiten Experiment wurden die Wärter von der GIP beobachtet, um eventuelle Übergriffe oder illegale Praktiken melden zu können. ⟲**048**

Counterveillance

Counterveillance-Strategien finden schon seit langem im Militär ihre Anwendung, um feindliche Spähangriffe abwehren zu können. Unter dem Eindruck des NSA-Abhörskandals und der zunehmenden Datensammelwut von Unternehmen werden aber auch vermehrt Forschungseinrichtungen, Softwareentwickler, Aktivisten, Verbraucherschützer, NGOs und Gestalter auf diesem Gebiet tätig.

Der Direktor des MIT Instituts »CSAIL Decentralized Information Group«, Daniel J. Weitzner, betrachtet Counterveillance-Technologien nicht als Gefahr, sondern als Möglichkeit, das Machtgefüge in der Welt des Data Mining [a] neu auszubalancieren und den Konsumenten die Kontrolle über ihre Daten zumindest teilweise zurückzugeben. Je schneller und findiger Entwickler und Designer solche Anwendungen erstellen, desto wahrscheinlicher ist es, dass die großen Datensammler dieses »Armdrücken« verlieren werden, weil das Internet zu offen ist, um in einem solchen Wettlauf bestehen zu können – so Weitzner. Stattdessen sollten Unternehmen dazu übergehen, aus eigenem Antrieb mehr Transparenz für ihre Kunden herzustellen. ⟋[48]

Die Rolle von Gestaltung

Bemerkenswert bei all diesen Entwicklungen – angefangen bei den Experimenten von Foucault bis hin zu der App »Lightbeam« von Firefox – ist, dass die Visualisierung die zentrale Rolle aller Counterveillance-Strategien spielt. Transparenz entsteht nur über Bilder und Formen, die greifbar, verständlich, benutzbar und leicht zu verbreiten sind. Je mehr Überwachung durch staatliche Stellen es gibt und je gieriger Monopolisten wie Google und Facebook nach Daten greifen, desto lukrativer wird Counterveillance als Geschäftsmodell für Entwickler und Gestalter werden. ▸**061**

⟲**048 Ziviler Ungehorsam 2.0** / Radikale Transparenz und Whistleblowing als Gegengift
▸**061 Geschäftsmodelle** / Business Model Generation

100

101

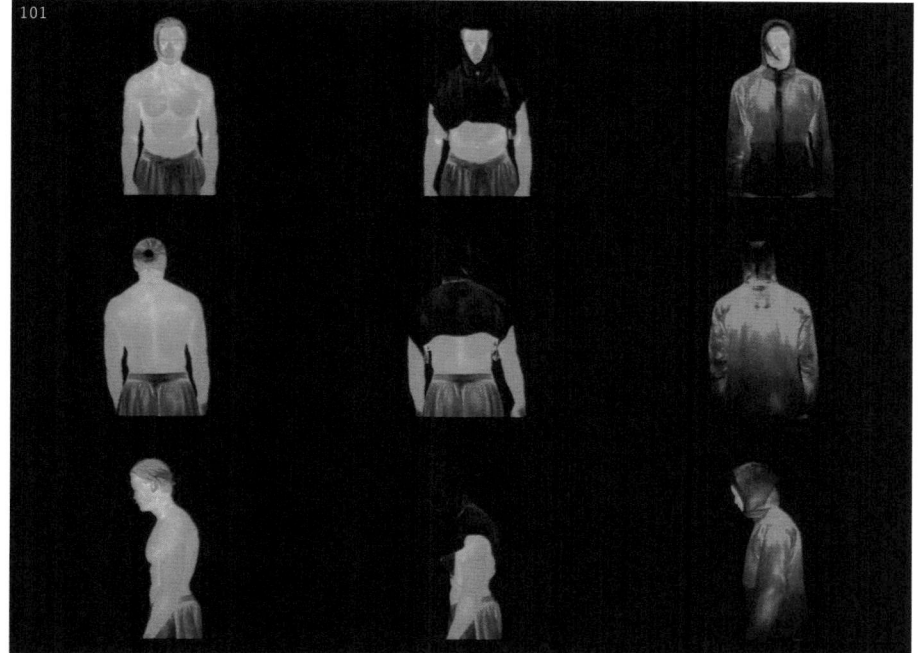

IMG100   CV DAZZLE, ADAM HARVEY
         CV Dazzle ist eine Kollektion modischer Make-Up-Masken, mit denen das eigene Gesicht
         für die automatische Gesichtserkennung von Überwachungssoftware unsichtbar gemacht werden
         kann. Die verschiedenen Muster und Verschleierungsmöglichkeiten für Männer und Frauen
         funktionieren analog und digital. Durch die »Störung« jener Stellen im Gesicht, die für die
         Identifikation ausschlaggebend sind, wird die Person für die Software »unsichtbar«.

IMG101   STEALTHWEAR, ADAM HARVEY
         In Zusammenarbeit mit der Modedesignerin Johanna Bloomfield hat Adam Harvey eine Kollektion
         von Kleidungsstücken entwickelt, die den Träger für die Wärmekameras von Drohnen unsichtbar
         machen.

URL   WWW.AHPROJECTS.COM [ABGEFRAGT AM 19.2.2014]

▶051 Leichtigkeit

In seiner Vorlesungsreihe »Six Memos for the New Millennium« beschäftigt sich der italienische Autor Italo Calvino mit sechs Werten, Qualitäten und Besonderheiten der Literatur, die ihm persönlich am Herzen liegen und die er zu Schlüsselbegriffen für die Herausforderungen des aufkommenden neuen Jahrtausends erklärt. An den Beginn der Reihe stellt Calvino das Kapitel »Leichtigkeit«, in dem er mit Hilfe der Literatur über die Veränderungen in einer sich digitalisierenden Welt spricht.

Die Memos sind 1985 verfasst worden. In diesem Jahr kam Microsoft mit dem Betriebssystem »Windows 1.0« heraus. Ein Jahr zuvor hatte Apple den ersten »Macintosh«-Computer auf den Markt gebracht. Erst 1990 wurde das Internet für die kommerzielle Nutzung freigegeben. Calvino ist also ein Mann der ersten Stunde. Die Memos heute zu lesen ist, als hätte man einen Besucher aus der Vergangenheit zu Gast, der mit Hilfe einer Zeitmaschine vorbeigekommen wäre. Man liest rückwärts auf einer Zeitleiste in die Vergangenheit hinein. Gleichzeitig stecken wir mittendrin in der Entwicklung, die Calvino beschreibt. Sind die Memos heute noch gültig? Hat sich die Entwicklung so fortgesetzt, wie von Calvino angenommen, oder ist alles ganz anders gekommen?

Das Memo über Leichtigkeit ist hellsichtig und explosiv. Die Essenz der Dinge, so Calvino vor 30 Jahren, wird in Zukunft (also heute) nicht mehr aus Material, Technik und Form bestehen, sondern aus Code, Daten und ihrer Vernetzung. Wenn das so stimmt, wird in der Gestaltung kein Stein mehr auf dem anderen bleiben … ▶

IMG102 PERSEUS ALS SINNBILD FÜR EINE NEUE MOBILITÄT VON BILDERN UND IDEEN
Als Sohn des Zeus verfügt Perseus über Sandalen mit Flügeln, die ihn mit Leichtigkeit
an jeden beliebigen Ort springen lassen.

Diversität schlägt Begabung

»Wann immer mir die Menschheit zur Schwere verdammt scheint, denke ich, dass ich wie Perseus an einen anderen Ort fliegen sollte. Ich meine nicht die Flucht in Träume oder das Irrationale. Ich meine, dass ich meine Herangehensweise ändern sollte, die Welt aus einer anderen Perspektive betrachten, mit einer anderen Logik und mit neuen Methoden der Wahrnehmung und Verifikation.«

Mit diesem Brückenschlag in die griechische Mythologie erklärt Italo Calvino in seinem Buch »Six Memos for a New Millennium« »Leichtigkeit« zu dem zentralen Begriff des neuen Jahrtausends. Die Vernetzung der Welt ermöglicht es, wie Perseus mit Leichtigkeit und auf eine nahezu magische Art die verschiedenen Enden der Welt miteinander zu verknüpfen und so neue Standpunkte einzunehmen. Dies sei die eigentliche Errungenschaft und die große Chance der Digitalisierung: Eine neue, noch nie dagewesene Mobilität von Ideen und Bildern, die das »Andere« – die andere Logik und die andere Perspektive – zugänglich macht.

Zu demselben Schluss kommt der Sozialwissenschaftler Scott E. Page von der Universität Princeton in seiner Untersuchung »Difference: How the Power of Diversity Creates Better Groups, Firms, Schools and Societies«. Mit Hilfe mathematischer Modelle weist er nach, dass »Diversität Begabung schlägt«: Teams, die verschieden zusammengesetzt sind – also einen hohen Anteil von »Anderen« aufweisen –, lösen Probleme besser und schneller als Teams mit den besten und intelligentesten Mitgliedern. Der Grund dafür ist, dass diese Teams der »Anderen« im Vergleich zu dem Team der »Besten« unterschiedlichere Lösungsansätze entwickeln, die sich ergänzen und/oder in einen konstruktiven Wettbewerb zueinander treten können.

DIFFERENCE: HOW THE POWER OF DIVERSITY CREATES BETTER GROUPS, FIRMS, SCHOOLS AND SOCIETIES
SCOTT E. PAGE; PRINCETON UNIVERSITY PRESS 2008

052 Diversität schlägt Talent

Diversität vermittelt die Fähigkeit, unterschiedliche Sichtweisen, Methoden und Talente produktiv zu machen. Für Organisationen und Unternehmen, deren Wettbewerbsfähigkeit in erster Linie in ihrer Problemlösungskompetenz liegt (z. B. Gestaltungsbüros), bietet diese Erkenntnis neue Entwicklungschancen und gleichzeitig organisatorische Herausforderungen.

Die Studie von Page

Für seine Untersuchung hat Page eine Reihe von Aufgaben definiert, die von unterschiedlich zusammengesetzten Gruppen gelöst werden sollten, um anschließend
ermitteln zu können, welche Gruppen die Aufgaben am schnellsten bzw. qualitativ am
besten gelöst hatten. Bevor es an die Lösung dieser Aufgaben ging, wurden aus 1.000
Kandidaten in einem allgemeinen Test zunächst diejenigen ermittelt, die einen Score
von 60 % erreichten – oder andersherum ausgedrückt: Es sollten die talentiertesten
40 % aller Probanden gefunden werden.

Anschließend wurde ein Gruppe zusammengestellt, in denen die Besten der Besten versammelt waren (die oberen 10 % aus dem vorhergehenden Test), und Teams, die nach
dem Zufallsprinzip geformt wurden. Das Ergebnis war, dass die zufällig zusammengestellten Gruppen die Aufgaben stets besser und schneller lösen konnten als die Gruppe
der Talentiertesten. Der Grund für dieses auf den ersten Blick überraschende Ergebnis
ist, dass die Gruppe der Talentiertesten zu homogen war und sich deren Mitglieder
bei der Lösung des Problems gegenseitig nicht herausforderten. Diese Gruppen hatten
mehr Mühe, verschiedenartige Lösungswege zu produzieren und zu evaluieren. Die
zufällig zusammengestellten Gruppen hingegen waren mit unterschiedlichen Talenten
mit unterschiedlichen Denkmustern besetzt. Durch diese Heterogenität waren deren
Mitglieder in der Lage, viele unterschiedliche Lösungsansätze zu produzieren, neue
Kombinationen herzustellen und so das gestellte Problem effektiver und origineller zu
lösen.

Mögliche Konsequenzen für Designbüros

In seiner Studie überträgt Page diese Erkenntnisse anschließend auf die Art und Weise,
wie sich große und kleine Organisationen formen, und entwickelt neue Modelle, wie
sich die Vorteile divers zusammengesetzter Gruppen nutzen lassen. In der Konzep-
tionsphase eines Projekts sollten demnach möglichst unterschiedliche Talente und
Charaktere in immer neuen, diversen Teams zusammengestellt werden können. Im
Zweifel sollte der Diversität der Vorzug vor Talent gegeben werden. In der Umsetzungs-
phase hingegen wächst der Projektsicherheit und der reibungslosen Kommunikation
eine größere Bedeutung zu.

All das stellt eine Reihe von Fragen an die traditionelle Organisationsform von Designbüros. Auf alle Fälle aber scheint – glaubt man Page und Calvino – die traditionelle Grün-
dungsgeschichte vieler Gestaltungsbüros (drei Freunde kennen sich aus dem Studium,
haben eine ähnliche Auffassung von Gestaltung und machen sich gemeinsam selbst-
ständig) nicht die ideale Form zu sein, wenn es darum geht, neue Ideen zu erzeugen
und Probleme effektiv zu lösen.

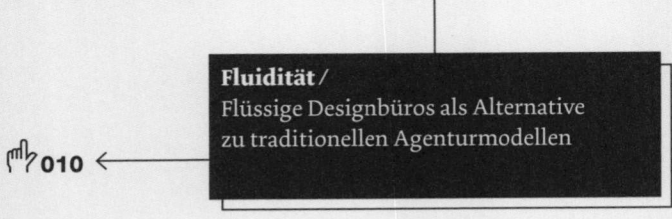

Fluidität /
Flüssige Designbüros als Alternative
zu traditionellen Agenturmodellen

Die Leichtigkeit

Am 13. Januar 2014 hat die Internet-Suchmaschine »Google« die amerikanische Firma
»Nestlab« für 3,2 Milliarden Dollar gekauft. Nestlab ist ein Hersteller von Thermostaten
für den privaten Wohnraum. Eine solche Summe erscheint absurd hoch – aber nur auf
den ersten Blick. Denn die Thermostate von Nestlab zeichnen die Lebensgewohnheiten
der Bewohner eines Hauses auf und lernen so, die Temperatur selbständig anzupassen.
Es ist viel darüber geschrieben worden, wie wünschenswert die Anwesenheit von Google
in unseren Wohnzimmern ist. Was aber bedeutet das für die Gestaltung?

»Wenn Literatur nicht ausreicht, um mich zu versichern, dass ich nicht nur einem Traum
hinterherjage, so wende ich meinen Blick auf die Wissenschaft, um meine Vision einer
Welt zu nähren, in der alles Schwere verschwindet. (...) Es stimmt, dass Software ihre
Kraft nicht ohne das Gewicht der Hardware ausüben kann. Aber es ist die Software, die
die Befehle gibt und über die Außenwelt der Maschinen herrscht. Diese sind lediglich
Funktion der Software. Sie entwickeln sich nur weiter, um immer komplexere Programme ausführen zu können. Die zweite industrielle Revolution präsentiert uns keine Bilder
von rollenden Mühlen und geschmolzenem Stahl, sondern ›Bits‹ in einem Fluss von
Information (...)«, kommentiert Calvino aus der Vergangenheit den Google/Nestlab-Deal.

Form follows Code

Leichtigkeit bedeutet nicht, dass es keine Gegenstände mehr geben wird. Aber: im
Internet der Dinge[a] werden Designer immer weniger Einfluss auf die Funktion und
die Gestaltung des eigentlichen Kerns der Objekte haben. Der damit einhergehende
Kompetenzverlust hat zur Folge, dass Design an dem nächsten Entwicklungsschritt der
Dingwelt nur noch am Rande beteiligt sein wird. Die Gegenstände werden zwar noch
eine Form brauchen und eine Benutzeroberfläche. Das Wort »Oberfläche« könnte aber
zutreffender sein als uns lieb sein wird.

Wie kann es sein, dass Calvino das alles vor 30 Jahren schon wusste und die Grundlagen
der Gestaltung heute immernoch nahezu ausschließlich aus Farbe, Typografie, Komposition, Material etc. bestehen? Kann man in Zukunft noch gestalterische Kontrolle haben,
ohne selbst Code schreiben zu können? Wir glauben anscheinend, dass Design in der
Zukunft die Fortschreibung und Verlängerung einer traditionellen gestalterischen Praxis
in eine digitale, vernetzte Welt hinein ist. Wie lässt sich das verhindern?

»Vielleicht ist es ein Zeichen unseres zu Ende gehenden Jahrtausends, dass wir uns
ständig fragen, was mit Literatur und Büchern in der sogenannten postindustriellen Ära
der Technologie geschehen wird. (...) Meine Zuversicht in die Zukunft der Literatur beruht
auf dem Wissen, dass es Dinge gibt, die uns nur die Literatur geben kann – mit den
ihr angemessenen Mitteln«, so Calvino in seiner Einleitung zu den Memos. Vertrauen in
Sprache (einschließlich Computersprachen) anstatt in Medien, ergebnisoffenes Denken
statt Nostalgie, Software statt Hardware ... Wenn wir den Kern der Dinge nicht aus
den Augen verlieren und unsere Mittel entsprechend weiterentwickeln, kann uns nichts
passieren. Das ist die gute Nachricht aus dem Jahr 1985.

→ S. 256 SIX MEMOS FOR THE NEW MILLENNIUM
ITALO CALVINO; PENGIUN CLASSICS 2009

▶053 Digitale Favelas

Die Zeitspanne, die Innovationen heute brauchen, um zu Schrott zu werden, wird stets kürzer. Wenn ein Produkt zu funktionieren beginnt, ist das ein verlässliches Signal dafür, dass es schon bald obsolet sein wird. Immer schnellere und billigere Prozessoren und die immer stärkere Vernetzung machen »Das Neue« immer billiger. In der Peer-to-Peer-Realität werden Innovationen nicht mehr von wenigen im Zentrum des Systems mit großem Kapitaleinsatz entwickelt, sondern von vielen kostenlos an den diffusen Rändern des Netzes. ⌁004

Diese Entwicklung produziert eine Umgebung voller Instabilität und Unterbrechungen. Wir werden von Neuerungen überschwemmt und zugeschüttet. Wir lieben das Neue, weil es Lösungen für aktuell existierende Probleme verspricht. Für etwas Neues muss aber immer auch etwas Altes weichen. Das ist die Natur der »disruptiven Innovation«: Sie zerstört das Existierende. Es ist bereits jetzt absehbar, dass der Personal Computer nicht mehr lange existieren wird. Im Jahr 2011 gab es 173 Millionen Blogs im Internet – so viele wie nie zuvor. ⌕49 Aber liest das auch jemand? Die verlassene Blogosphäre wird abgerissen und durch Micro-Blogging-Plattformen wie Facebook und Twitter mit zusammen beinahe 2 Milliarden Nutzern ersetzt. Twitter allerdings scheint seinerseits das Rennen bereits verloren zu haben und Facebook ... wer weiß das schon.

Wir leben auf einer digitalen Müllhalde. Wir produzieren Ruinen in atemberaubendem Tempo. Wie können wir in den Favelas der vernetzten Gesellschaft überleben? ▶

⌁**004 Peer-to-Peer** / Das Gestaltungsparadigma des 21. Jahrhunderts

IMG103   COMPUTER BEI EINER PARADE IN OST-BERLIN, 1980
          Die Zeitspanne, in der Innovationen brauchen, um zu Schrott zu werden, wird immer kürzer.

Design von unten

»Disruptive Innovation« ist ein Begriff aus der Wirtschaftsliteratur und beschreibt
Produkte oder Dienstleistungen, die ein bestehendes Geschäftsmodell auf eine völlig
unerwartete Art neu erfinden und dadurch »unterbrechen«. Der von Clayton M.
Christensen 1995 eingeführte Begriff untersucht den Einfluss von Innovationen auf
Märkte. Dabei werden »Disruptive Innovations« von »Sustaining Innovations« unterschieden. Sustaining Innovations verbessern und verfeinern bestehende Produkte.
Sie stützen gängige Marktprinzipien. Oft sind es die bestehenden Marktführer, die
von solchen Innovationen profitieren. Ein Beispiel für Sustaining Innovations sind
schnellere Prozessoren (Verbesserung) in einem Computer (bestehendes Produkt). ✒50

Disruptive Innovationen hingegen bringen vollkommen neue Aspekte hervor und
definieren neue Spielregeln. Beispiele sind Wikipedia (Unterbrechung des Geschäftsmodells lexikalischer Nachschlagewerke) und das Global Village Construction Set
▶027, bei dem die Innovation nicht in der Verfeinerung einer bestehenden Technologie
besteht, sondern genau im Gegenteil – in dem offenen und einfachen Konstruktions-
prinzip, mit dem jeder selbst Maschinen bauen kann. Durch eine billigere, einfachere und
zweckmäßigere Lösung soll der Markt für Baumaschinen »unterbrochen« werden.

▶027 Globalisierung / Das Global Village Construction Set

✌ 054 **Disruptive Innovation**
Durch disruptive Innovationen entstehen neue Märkte und neue
Vorstellungen von Wert. Vereinfachung und Überraschung dienen
dabei als Prinzipien eines »Design von unten«. Wie können Designer
die Theorien, Ideen und Konzepte von disruptiven Innovationen für
den eigenen Entwurfsprozess nutzen?

Grundsätzlich werden zwei Arten disruptiver Innovationen unterschieden: »Low-end Disruptions« und »New Market Disruptions«.

Low-end Disruptions und die soziale Dimension

Low-end Disruptions bieten eine billigere, einfachere und zweckmäßigere Alternative zu existierenden Produkten. Viele disruptive Innovationen finden ihren Einstieg in den Markt nicht weil sie perfekt sind, sondern weil sie *gut genug* sind. Durch ihre Einfachheit bieten sie mehr Menschen die Möglichkeit, zu Nutzern zu werden. Die existierenden Markt-teilnehmer, die einen Wettbewerb um das obere Ende des Marktes austragen, bemerken diese neue Konkurrenz oft zu spät. Beispiele für erfolgreiche Low-end Disruptions sind das Geschäftsmodell von Amazon oder das von Online-Druckereien. Aber auch die Idee des Mikrokredits der Grameen Bank von Muhammad Yunus ist eine Low-end Disruption im Verhältnis zu traditionellen Bankenkrediten und traditionellen Formen der Entwick-lungshilfe. ▶003

Geringere Kosten und weniger Performance bieten Chancen für mehr gesellschaftliche Beteiligung, neue Einflussmöglichkeiten für Konsumenten und die Gründung neu-artiger Unternehmen. ⟲088 Gestaltung aber hat in vielen Fällen »Sustaining Innovation« zum Ziel: Produkte und Dienstleistungen werden am oberen Ende der Qualitätsskala ver-bessert – dadurch werden sie teurer. Die Hartz-IV-Möbel von Van Bo Le-Mentzel hingegen sind ein typisches Beispiel dafür, was passiert, wenn die Idee der Low-end Disruptions in die Gestaltung übertragen wird. ▶079

New Market Disruptions: Der Wert des Eigenartigen

New Market Disruptions hingegen beziehen ihren Charme nicht aus einem niedrigen Preis oder einer einfachen Lösung, sondern aus einer überraschenden und unvorher-gesehenen Art, ein existierendes Bedürfnis zu befriedigen. New Market Disruptions können zu Beginn vielen Menschen krude und zu radikal erscheinen. So waren frühe Mobiltelefone schwere Kästen, die man in einem Rucksack mit sich herumtragen musste (von der Netzabdeckung wollen wir hier gar nicht sprechen).

New Market Disruptions zeigen, dass es sich für Gestalter lohnen kann, sich nicht (!) in erster Linie an den Bedürfnissen von Märkten zu orientieren. Viel wichtiger ist es, neu-artige Zugänge zu alten Problemen zu eröffnen. Dadurch werden neue Botschaften, neue Werte und neue Bedeutungen geschaffen, die zuvor nicht für möglich gehalten worden sind. ✎51 Zum Beispiel: Massive Open Online Courses (MOOC)🅐 und informelle Lernplatt-formen bieten einen einfacheren Zugang zu Wissen und mehr Flexibilität als traditionelle Bildungseinrichtungen. Die Qualität solcher Kurse mag (noch) nicht vergleichbar sein mit dem, was traditionelle Universitäten zu bieten haben. Für viele Zwecke ist MOOC allerdings gut genug, und es wäre eine interessante Aufgabe für Gestalter, nach Wegen zu suchen, um MOOCs zu einer reicheren, tieferen und wertvolleren Bildungserfahrung zu machen.

▶003 **Netz/Stern** / Das Designprinzip der Grameen Bank
⟲088 **Informelle Ökonomie** / Was Gestalter von der Zwischenwirtschaft lernen können
▶079 **Luxus** / Hartz-IV-Möbel

Neu ist nicht gut, sondern einfach nur neu
Nicht alles, was neu ist, ist notwendigerweise gut und schon gar nicht dazu da, die
Welt besser zu machen. Das Internet macht Tageszeitungen kaputt, Musik, Bücher ...
die Liste ist lang. All diese Dinge bzw. die dazugehörigen Geschäftsmodelle werden
sicherlich durch etwas anderes ersetzt werden. Aber wird dieses andere auch besser
sein? Unabhängige Tageszeitungen zum Beispiel sind wichtig für unsere Demokratie.
So unterhaltsam der hyperlokale Bürgerjournalismus sein mag – er wird nicht eine
schlagkräftige investigative Recherche-Redaktion ersetzen. Man muss sich die Frage
stellen, warum beispielsweise diejenigen, die das Urheberrecht abschaffen wollen, weil
sie behaupten, dass in der Kostenlos-Kultur des Internets gerechtere und innovativere
Geschäftsmodelle schlummern, nicht schon längst Millionäre sind. Möglicherweise gibt
es diese Geschäftsmodelle nicht. Einfach nur etwas zu zerstören und dann weiterzu-
gehen, ist keine Option.

Andererseits: Anzuerkennen, dass all das geschieht, ist der erste Schritt, um resilientere
Systeme zu gestalten, die besser auf die demokratisierten/offenen und gleichzeitig
subversiv/desktruktiven Bedingungen der vernetzten Gesellschaft reagieren können.
Es steht zu viel auf dem Spiel. Was könnten geeignete Gestaltungsprinzipien für den
Umgang mit disruptiven Innovationen sein?

Dekonstruktion/Konstruktion
Etwas kaputt zu machen ist in Ordnung, wenn man es sich vorher angeeignet hat. Daraus
entsteht eine Verpflichtung gegenüber dem, was man zerstört. Aus dieser Verpflichtung
heraus muss das Neue geformt werden. Disruptive Innovationen müssen nicht cool sein
– sie müssen mit einer ethischen Ernsthaftigkeit entwickelt werden. Diese Ernsthaftigkeit beruht auf dem Wissen darüber, was man zerstört. Man kann nicht Müll durch Müll
ersetzen.

Haftbarkeit
Ein Prototyp muss zu einem nächsten Schritt führen. Design als Disziplin steht schon
länger vor der Herausforderung, sich stärker in gesellschaftliche Prozesse einzumischen
und aus der relativen Verantwortungslosigkeit eines reinen Dienstleisters herauszu-
treten. Dazu muss man aber bereit sein, sich die Finger schmutzig zu machen, und sich
in eine Position begeben, in der man echten Schaden anrichten kann. Das ist der Preis
der Verantwortung. Die Worte »Experiment« und »Spekulation« können für Gestaltung
eine Sackgasse werden, weil niemand diese Dinge ernst nehmen muss. Es genügt nicht,
zu experimentieren. Man muss auch wissen, wie man Experimente erfolgreich implementieren und skalieren kann. Gestaltung muss haftbar gemacht werden können.

Systeme statt Objekte
Gerade in einer vernetzten Welt hängt alles mit allem zusammen. Ein Entwurf, der auf
einem 3D-Drucker gedruckt werden kann, ist kein Einzelstück mehr, weil er von jedem
anderen abgeändert und vervielfältigt werden kann. Ein DIY-Schnellfeuergewehr ist
keine Waffe, sondern ein System, mit dem eine ganze Bevölkerung bewaffnet werden
kann. Wir müssen uns darüber Gedanken machen, was die systemischen Folgen unserer
Entwürfe sind, und wir müssen darüber reden, ob wir diese Folgen wollen.

▶ 055 **Wissenschaft**

OSSI – Die Open Source Satellite Initiative

Am 19. April 2013 um 09:00 UTC hat der koreanische Medienkünstler Song Hojun in Baikonur, Kasachstan, einen Open-Source-Satelliten an Bord einer russischen Soyuz-Rakete in eine Umlaufbahn gebracht. Das Motto von Songs privatem Raumfahrtprogramm lautet »Science is Fantasy« ... ▶

OPEN SOURCE SATELLITE INITIATIVE, 2008 | HTTP://OPENSAT.CC | @OPENSAT

104

105

»Raumfahrtprogramme waren bislang immer militärische Projekte. Es ist Zeit, eine private Verbindung zwischen uns und dem Universum herzustellen. So können wir besser über unsere Existenz nachdenken.«

IMG104   KURZ VOR DEM START DER TRÄGERRAKETE IN BAIKONUR MIT DEM OPEN-SOURCE-SATELLITEN ALS NUTZLAST AN BORD
IMG105   DER OPEN-SOURCE-MIKROSATELLIT
ZITAT   SONG HOJUN

I have a dream ...

Die Vorstellung, dass Globalisierung und Vernetzung nicht nur dazu gut sein könnten, Waren und Geld in einem immer schnelleren Wettlauf um den Globus fließen
zu lassen, elektrisiert eine bunte Allianz aus Hackern, Bastlern, Künstlern, Aktivisten, Wissenschaftlern, Autoren, Journalisten und Designern schon seit den frühen
Tagen des Internets.

Der Traum eines neuen, offenen, transparenten, freien und demokratischen Raums,
in dem sich eine vernetzte, globale Bürgergesellschaft entwickeln kann, ist in der
Geschichte des Netzes bereits zweimal geplatzt: Zum ersten Mal in der Börsenhyste-
rie der Dot-com-Blase und nun zum zweiten Mal in dem Meer aus Likes und Shares
der großen sozialen Netzwerke, die als monopolisierte Surrogate von Partizipation das
genaue Gegenteil von Teilhabe sind. Das könnte sich nun ändern ...

☞ 056 El Dorado

Es war noch nie so einfach wie heute,
einen eigenen Satelliten ins All zu schießen.
Oder Mobilfunkhersteller zu werden.☞026
Oder eine eigene Schule zu gründen.▸059
Oder _ _ _ _.▸_ _ _

Es war noch nie so einfach wie heute, die Dinge in die Hand zu
nehmen und selbst zu machen. Gestaltung, Entwurf und Machen
werden zu einem neuen gesellschaftlichen Leitbild.

☞**026 Slow Prototyping** / Fairphone
▸**059 Theorie/Praxis** / Knowmads Business School

Fig. 6

WWW = Wild, Wild, West

Als zu Beginn der 1990er Jahre das öffentlich zugängliche Internet Formen annahm, war es bei Weitem noch nicht das kommerzialisierte und monopolisierte Massenmedium von heute, sondern glich eher der unheimlichen Weite des Wilden Westens mit politisierten Nerds, visionären Wissenschaftlern und HTML-Träumern als ersten Pionieren und Siedlern. Das Netz war ein ebenso offener wie – verglichen mit heute – leerer Raum ohne Inhaltsverzeichnis. Eine digitale und gesetzlose Servicewüste, die viel Phantasie forderte, aber auch die Verheißung der Freiheit in sich trug. Dieser »Wilde Westen« wurde jedoch schneller zivilisiert, als viele sich das gewünscht hatten. Mit der Freiheit des Netzes war es jedenfalls schnell vorbei.

Kinderkrankheiten und Pubertät

Es gibt aber keinen Grund, heute mit Pessimismus und Wehmut auf das Netz zu blicken. Im Gegenteil: Wenn wir Glück haben, war die Dot-com-Krise einfach eine Kinderkrankheit und Facebook ist nun die Pubertät – Phasen, die man durchleben muss, um erwachsen zu werden. Jedenfalls lassen sich heute neben dem Kommerz und den großen Monopolen eine Reihe neuer Entwicklungen beobachten, die im Gegensatz zu Dot.com und Facebook nicht originär im Netz stattfinden, sondern in einem hybriden Raum, der durch das Netz möglich gemacht wird.

Open Source Society

Open Source ist eine Bewegung, die den Dilettantismus als Kult feiert und die Grenzen zwischen Konsument und Produzent sowie zwischen Designer, Auftraggeber und Nutzer aufhebt. ▸067 Wenn ich nicht mehr darauf angewiesen bin, Angebote so zu akzeptieren, wie sie von großen Unternehmen, Plattenfirmen und Institutionen gemacht werden, entstehen Freiräume. Plattformen wie WWW.KICKSTARTER.COM oder WWW.THINGIVERSE.COM bieten die Infrastruktur für neue Formen der Beteiligung. Heute kann Gestaltung, Hacken und Machen zu einem Motor für mehr Teilhabe, soziale Durchlässigkeit und Demokratie werden. Allerdings: diese neue, vernetzte Bürgergesellschaft gibt es nicht umsonst. Sie muss gegen Facebook, NSA und Google erkämpft werden.

Die neue Freiheit

Der Wilde Westen ist zurück: Wir können uns heute mit Hilfe eines 3D-Druckers in unserem Wohnzimmer eine Handfeuerwaffe ausdrucken. ✐52 Oder wir können auf Kickstarter eine journalistische Medienplattform finanzieren, die Gewalttaten von Warlords gegenüber Minderheiten im Sudan öffentlich macht. ✐53 Wir können selbst sinnvolle (und sinnlose) Dinge entwickeln und umsetzen ... Wir haben die Wahl. Ob wir es wollen oder nicht. Es war noch nie so einfach wie heute, etwas zu verändern. Und deshalb war es noch nie so verantwortungslos wie heute, es nicht zu tun.

▸067 Projekt / Design in Zeiten der Unsicherheit und Instabilität

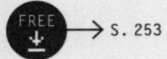 → S. 253 OPEN DESIGN NOW – WHY DESIGN CANNOT REMAIN
EXCLUSIVE
BAS VAN ABEL, LUCAS EVERS, ROEL KLAASEN, PETER TROXLER;
BIS PUBLISHERS 2011
DIE INHALTE DES BUCHES SIND DOWNLOADBAR UNTER WWW.OPENDESIGNNOW.ORG

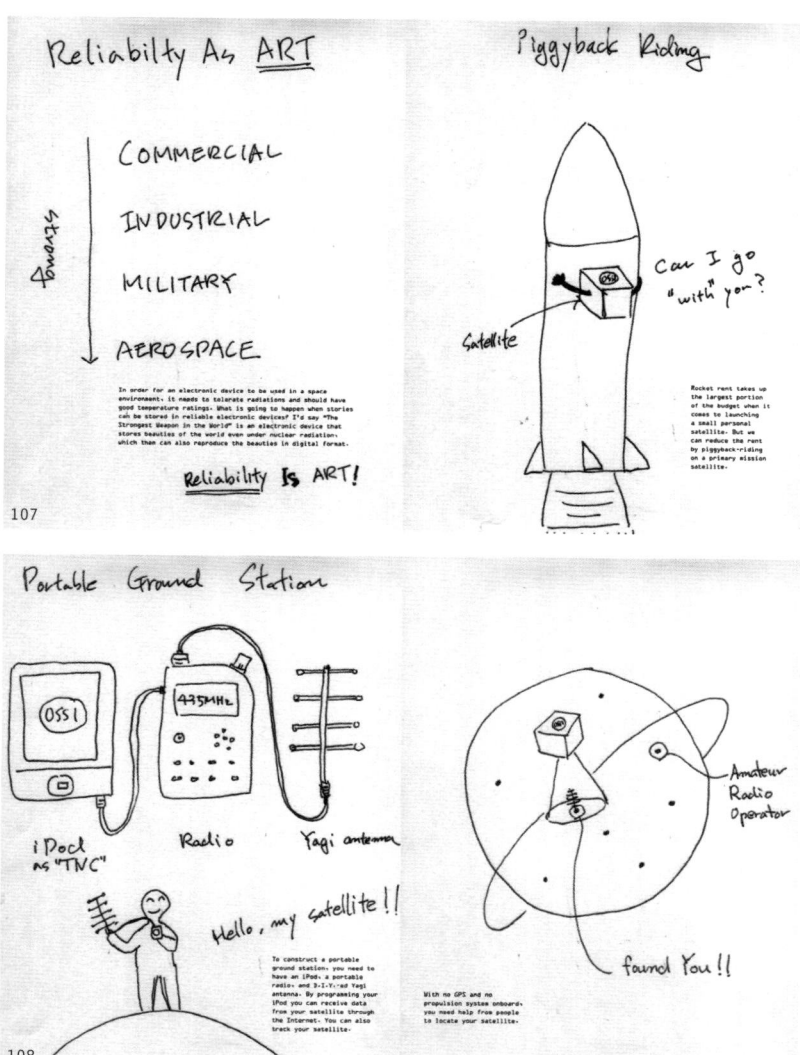

Der Satellit mit der Bezeichnung GOD (Global Orbiting Device) ist ein privat entwickelter und finanzierter Kommunikationssatellit. Der Satellit selbst kostet um die 500 US-Dollar und besteht aus einer Solarzelle, einer Lithium-Ionen-Batterie, einem Arduino-Board und vier LEDs, die stark genug sind, um den Satelliten von der Erde aus beobachten zu können. Auf der Website www.opensat.cc lässt sich ein PDF herunterladen, in dem Konstruktionspläne, technische Spezifikationen und Instruktionen in liebevollen Handzeichnungen dokumentiert sind. Das kostspieligste an dem Unternehmen war der Transport in den Orbit, den das kommerzielle Raketenunternehmen NovaNano für ca. 100.000 US-Dollar übernahm.

IMG107
IMG108   OSSI MANUAL

CREDITS   SONG HOJUN

URL   WWW.OPENSAT.CC [ABGEFRAGT AM 19.2.2014]

▶ 057 **Play**

Noch vor wenigen Jahren war die Entwicklung eines Computerspiels mit riesigen Investitionen verbunden. Heute kann jeder für einen Bruchteil der Kosten ein Spiel entwickeln und veröffentlichen. Während die großen Hersteller vor der Frage stehen, wie sie das Spielen mit ihren Konsolen monopolisieren und kommerzialisieren können, finden die interessanten Entwicklungen am anderen Ende des Spektrums statt: Die Independent-Game-Szene⎙ entwickelt Alternativen zum Mainstream der Unterhaltungsindustrie und lotet die inhaltlichen und ästhetischen Grenzen des Mediums aus. Spiele sind Kommunikationsmedien geworden und transportieren Inhalte, Ideen und Bedeutungen. Sie können ein politisches Medium sein, ein Forschungs- und Arbeitsmittel, Propaganda oder Aufklärung, Nachrichtenkanal, medizinische Therapie... es gibt nichts mehr, was man nicht auch als Spiel denken könnte. ▶

Freude
und Funktion.

1378
(km)

109

IMG109   1378(KM) SERIOUS GAME, JENS M. STOBER
         In dem Serious Game 1378(km) wird der Spieler an die innerdeutsche Grenze zwischen BRD und DDR im Jahr
         1976 versetzt. Dabei kann man entweder die Rolle eines Grenzsoldaten der DDR einnehmen oder die eines
         Republikflüchtlings, der über den Grenzzaun zu fliehen versucht. Als Adaption eines Ego-Shooters muss
         nun der Soldat den Flüchtling aufspüren und stoppen. Gewinnen kann man das Spiel allerdings nur, wenn
         man nicht schießt. Tut man es in der Rolle des Grenzsoldaten doch, findet man sich in einem Gerichts-
         saal wieder, wo man in einem Mauerschützenprozess zur Verantwortung gezogen wird. Das Spiel hat bei
         seiner Veröffentlichung große Wellen geschlagen und einen Proteststurm von Opferverbänden und in der
         BILD-Zeitung hervorgerufen.

URL   WWW.1378KM.DE [ABGEFRAGT AM 19.2.2014]

Wie kommt das Neue in die Welt?

»Neue Dinge entstehen immer dann, wenn es eine Diskrepanz gibt zwischen dem, was existierende Institutionen und Strukturen zur Verfügung stellen (können), und dem, was aktuell gebraucht wird«, stellt der Politikberater Geoff Mulgan fest. Das ist der Moment, in dem sich die Kräfte verschieben. Know-how, Energie und Geld fließen aus dem Zentrum ab und verlagern sich an die Peripherie – an die Ränder oder an die Grenzbereiche zwischen unterschiedlichen Disziplinen und Professionen.

Die Computerspiel-Industrie ist ein hervorragendes Beispiel dafür: Es gibt im Gaming heute mehr Innovation im Bereich der Wissenschaft, mehr Innovation im Bereich der Politik und der Bildung, mehr Innovation im öffentlichen Raum und im Bereich der Kunst als im klassischen Bereich der Unterhaltung. Dieses Geschäftsfeld mag zwar groß sein, aber es steckt auch in einer tiefen Krise, die durch einen Mangel an neuen Impulsen ausgelöst worden ist.

☞ 058 Ränder versus Nischen

In den verfestigten Strukturen der traditionellen Disziplinen sind es nicht die immer kleiner werdenden Nischen, an denen noch Neues stattfindet. Die überraschendsten Entwicklungen mit disruptivem Potenzial finden sich dort, wo sich die Grenzen auflösen – an den diffusen Rändern einer explodierenden Profession.

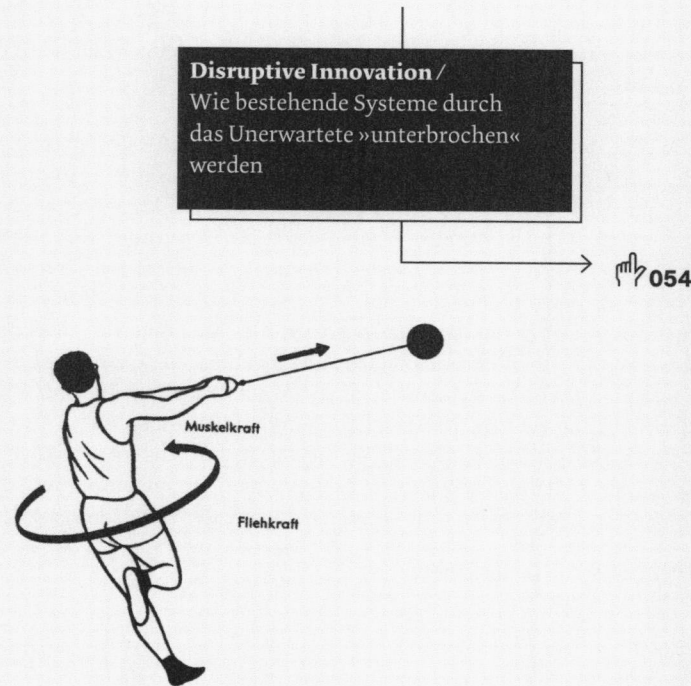

Disruptive Innovation /
Wie bestehende Systeme durch das Unerwartete »unterbrochen« werden

☞ 054

Muskelkraft

Fliehkraft

Vom Mainstream in die Nische

Design verliert an Ansehen. Werbung hat bereits vor Jahren die Fähigkeit eingebüßt, kulturelle Impulse zu setzen. Heute sind Corporate Design und Branding hinzugekommen – bzw. die Unternehmenswelt als Ganzes. Sei es durch die wirtschaftliche Dauerkrise oder die Unfähigkeit der Wirtschaft, zukunftsweisende Gestaltungskonzepte umzusetzen, wie der Produktgestalter Stefan Diez bei der »Deutschen Designdebatte« in einem Rückblick auf die vergangenen zehn Jahre ernüchtert feststellte. [54]

Was aber bleibt? Wenn wir kontinuierlich abziehen, aber nichts Neues dazuaddieren – nicht viel. Der Mainstream ist tot. Also bewegen wir uns in die Nische. Im Kommunikationsdesign hat es in den vergangenen Jahren eine Explosion von Self-Publishing-Initiativen gegeben, die symptomatisch ist: Um Magazine und Bücher im Eigenverlag mit wenigen 100 Exemplaren Auflage ist eine komplette Infrastruktur und Subkultur entstanden, mit eigenen Kongressen, Messen, Ausstellungen, Lesungen, Magazin-Launches etc. Aber ist das wirklich die Zukunft von Design? Eine hochästhetisierter Autismus? Oder anders gefragt: Kann es sein, dass nur noch in der Nische von Kunst und Kultur interessante Dinge entstehen und alles andere in der Banalität versinken muss?

Ränder statt Nischen

Der Chemieprofessor und Erfinder des Designprinzips »Cradle to Cradle« [a] Michael Braungart schildert in einem Interview für dieses Buch die Situation 1986 nach einem Chemieunfall, der den Rhein von Basel bis Köln rot färbte, wie folgt: »Niemand wollte mehr Chemiker werden, weil niemand mehr mit solchen Sauereien zu tun haben wollte. Dadurch sind dem Fach Chemie die besten Talente abhandengekommen. Diese Talente wären aber bitter notwendig gewesen, um eine intelligentere Industrie zu formen.«

Die Welt steht in Flammen. Wir schlittern von einer Krise in die nächste. Globalisierung, digitale Vernetzung, ökologische Umformung und das Ringen um soziale Balance sind die aktuellen Treiber von gesellschaftlicher Dynamik und Veränderung. Aber auch neue Technologien wie zum Beispiel Biotechnologie oder die Verbindung von Wissenschaft mit Kultur, Gesellschaft und Design präsentieren uns einen ganzen Berg von Fragen, die vielen Menschen und der gesamten Gesellschaft heute unter den Nägeln brennen. Nischen tendieren dazu, sich von diesen Fragen abzuwenden und innerhalb des Designs selbstreferenziell kleine, abgeschlossene Räume zu bilden. Die Ränder der Disziplin hingegen wenden sich diesen Fragen zu und dehnen den Wirkungskreis von Gestaltung so weit aus wie möglich. Ränder formulieren neue Antworten und fordern bestehende Strukturen heraus. Wo Gestalter, statt sich in eine Nische zurückzuziehen, die Grenzen der Disziplin überschreiten und Themen adoptieren, die »heiß« sind – ob mit Auftraggeber oder ohne –, entsteht heute die neue Relevanz für Design. ▶067

▶**067 Projekt** / Design ohne Projekt

111

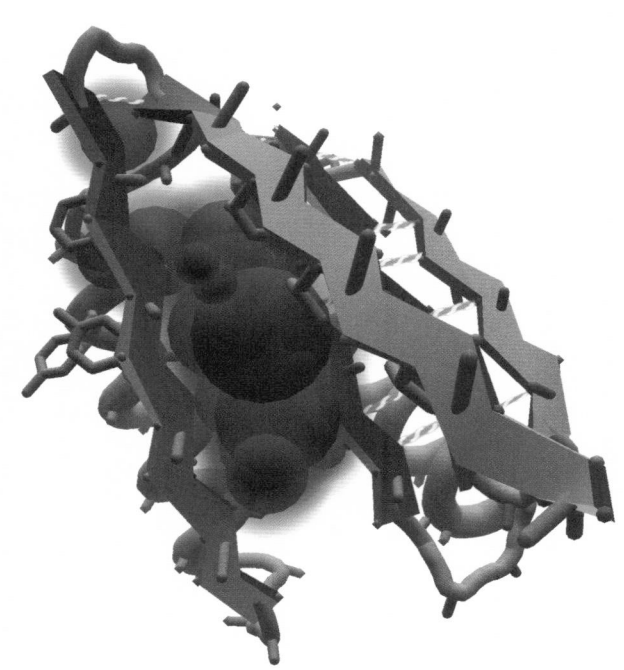

112

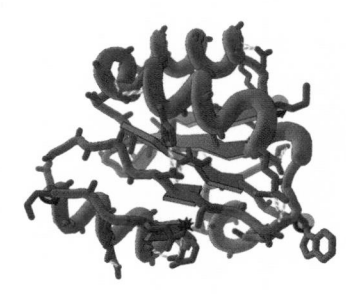

IMG111
IMG112   WWW.FOLD.IT > GAMIFICATION🏠: CITIZEN SCIENCE🏠 – SPIELEN FÜR DIE WISSENSCHAFT, CENTER FOR
         GAME SCIENCE, UNIVERSITY OF WASHINGTON (IN KOOPERATION MIT DEM DEPARTMENT OF BIOCHEMISTRY)
         Um neue Medikamente entwickeln zu können, müssen Forscher exakt verstehen, wie sich im
         menschlichen Körper Aminosäureketten zu Proteinen zusammenfalten. Weil die Anzahl möglicher
         Varianten aber astronomisch hoch ist, wurde das Online-Spiel »Fold it« entwickelt. Die
         Spieler müssen Muster von Aminosäuren falten und dabei Varianten mit höheren oder niedrige-
         ren Wertungen erzeugen – je nachdem, wie plausibel die Faltung für bestimmte Proteine ist.
         Je mehr Menschen mitspielen, desto besser wird die Datenbasis, um in Zukunft die Faltmuster
         von Aminosäureketten vorhersagen und so wirkungsvollere Medikamente gegen HIV, Krebs oder
         Alzheimer entwickeln zu können.

IMG113   RE:ACTIVISM > WWW.PETLAB.PARSONS.EDU/PROJECT/REACTIVISM, PARSONS PETLAB
         ist ein Spiel für Smartphones und Tablets, das die Geschichte des politischen Aktivismus
         im öffentlichen Raum lokalisiert. Die Spieler bewegen sich durch ihre Stadt und lassen an
         historischen Orten die Aktionen zivilen Ungehorsams neu entstehen, indem diese Aktionen vor
         Ort nachgestellt werden. Re:Activism konzentriert sich auf die Mittel und Praktiken des Pro-
         tests, um nicht nur zu zeigen, was wo und wann geschehen ist, sondern auch *wie* protestiert
         wurde. Dabei geraten die Spieler in interessante Begegnungen und auch in Konflikte mit der
         Öffentlichkeit.

▶ 059 Theorie/Praxis

Knowmads Business School

Die »Knowmads Business School« ist die anarchistische Ausgabe eines »Master of Business Administration« und wurde 2009 von Pieter Spinder in Amsterdam gegründet. Um die Geschichte der Schule richtig zu erzählen, muss man allerdings zwei Jahre früher beginnen: Pieter Spinder hatte bereits eine Karriere als Verkäufer von Kopiergeräten, Marketingberater und Internetunternehmer hinter sich, als er begann, an der »Amsterdam University of Applied Arts« Marketing zu unterrichten. Die Universität hatte ihm dazu ein Lehrbuch und eine Sammlung von Overheadfolien zur Verfügung gestellt sowie einen detaillierten Plan, welche Folie in welcher Stunde besprochen werden sollte. »Für mich war das eine der seltsamsten Erfahrungen in meinem Leben und ich habe die Folien vom ersten Tag an ignoriert.« Die Folge war, dass die Universität Spinder nach einem Semester entlassen musste, weil die Prüfungsergebnisse der Studenten die schlechtesten in der Geschichte der Institution waren. Nach drei Monaten bekam Spinder allerdings erneut einen Anruf von der Hochschule mit der Bitte um ein Gespräch. Bei den jährlichen Evaluationen von Kursen durch die Studenten hatte die Marketing-Vorlesung von Spinder die höchste Bewertung in der Geschichte der Hochschule erreicht … und nun gab es ein paar Fragen. ▶

114

Lernen für
Win-win-win-Situationen

Schulen, andere Schulen und keine Schulen

Wer heute eine Designausbildung beginnt, wird für einen Job ausgebildet, den es am Tag der Aufnahmeprüfung noch gar nicht gibt. Ein Teil der im Studium erlernten Fähigkeiten wird bis zum Tag der Abschlussprüfung obsolet geworden sein. Die Welt verändert sich so schnell, dass Gestaltungshochschulen dieses Rennen nur verlieren können. Wo die Frage lauten müsste: »Was sollen wir heute lernen?«, dauert es im Bologna-System mehrere Jahre, Studiengänge zu planen und zu akkreditieren... viele solcher Programme sind schon überholt, bevor sie überhaupt begonnen haben.

Aber es kommt noch dicker: »In der kommenden Dekade werden die interessantesten Entwicklungen im Bildungsbereich außerhalb der traditionellen Institutionen statt-finden. Diese Institutionen stehen vor einem Dilemma: Wie können die von unten herein-brechenden Entwicklungen mit der Hierarchie traditioneller Institutionen verbunden werden?« – so beginnt der Report »2020 Forecast – Creating the Future of Learning« einer Forschungsgruppe des »Institute for the Future« in Palo Alto, USA. Neue, infor-melle und selbstgesteuerte Lernplattformen fordern die traditionellen und etablierten Modelle heraus. Ad-hoc-Lernplattformen sind nicht nur Experimente mit den neuen Möglichkeiten der digitalen Vernetzung, sondern auch eine Kritik am Status quo. ☞**072** Diese neuen Formen der Bildung auf akademischem Niveau zwingen die Hochschulen, neu zu erklären, was der Wert eines Studiums ist.

 FREE ⭳   2020 FORECAST — CREATING THE FUTURE OF LEARNING
KNOWLEDGE WORKS FOUNDATION, INSTITUTE FOR THE FUTURE

Nun sind Vorhersagen immer eine schwierige Angelegenheit, vor allen Dingen, wenn sie die Zukunft betreffen. Aber war Bildung nicht schon immer eine Wette auf die Zukunft (der Studierenden)?

☞**072 Education Hacking** / Sampeln, Mixen, Studieren

☞ 060 **Lernen gestalten**

Wenn Studenten mehr wissen als Professoren (zumindest auf manchen, sich schnell entwickelnden Gebieten), Abschlüsse ihren Wert verlieren, weil ihr »Verfallsdatum« stets kürzer wird, und sich die interessanten Entwicklungen am Rand des formalen Systems abspielen, müssen wir uns fragen, wie wir in Zukunft Design lernen können.

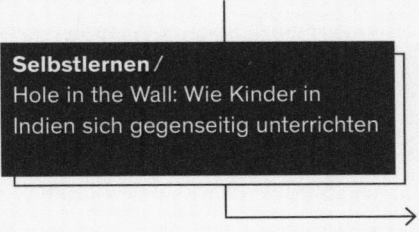

Selbstlernen /
Hole in the Wall: Wie Kinder in
Indien sich gegenseitig unterrichten

▶ 071

Amplified Superheroes

Die Ressourcen und Zugänge zu Wissen waren noch nie so offen wie heute. In den vergangenen Jahren hat es einen regelrechten Boom von Workshops, Konferenzen, Tutorials, Vorlesungen und »Mikro-Schulen« gegeben, die von Designbüros, Initiativen, Privatpersonen oder Studenten selbst organisiert sind. Der britische Designer und Senior Tutor am Royal College of Art Adrian Shaughnessy schreibt dazu: »Der praktische Wert eines MBA (Master of Business Administration) wird mehr und mehr in Frage gestellt. Wer heute wissen will, was in der Wirtschaft gedacht wird, geht zu YouTube, sieht sich TED Talks an und nutzt andere freie Quellen von Ad-hoc-Information.«[55]

Die Forscher des »Institute for the Future« haben diesem Phänomen den klingenden Namen »Amplified Superheroes« gegeben – eine neue Kraft im Bildungssystem: Bestens vernetzte Individuen, egal ob aus der Praxis oder der Lehre, die neue kooperative Technologien nutzen, um alternative Prototypen des Lernens zu entwickeln (online und offline) und damit Innovationen provozieren.

Das Problem liegt auf dem Tisch: Den Studenten von vor zehn Jahren gibt es nicht mehr. Heute ist jeder Student. Warum kann ich nicht immer lernen? Und wie kann ich das machen, ohne mein Büro aufgeben zu müssen und meine Familie in Armut zu stürzen, weil ich für zwei Jahre einen Master belegt habe? Wenn Hochschulen darauf keine Antworten entwickeln, werden sich diese hochbegabten, bestens informierten »Studenten« mit Lebens- und Praxiserfahrung andere Lernorte suchen und diese zur Not selbst bauen … die Werkzeuge dafür werden zurzeit an jeder Ecke des Internets entwickelt und getestet.▶063

Nicht in Form sein für die Praxis, sondern der Praxis eine Form geben

Warum also noch studieren? Der vielleicht wichtigste Grund für ein institutionelles, akademisches Studium ist die »Filter Bubble«[a], die aus Suchmaschinen und sozialen Netzwerken bekannt ist: Je mehr Suchanfragen ich stelle, desto stärker werden die Ergebnisse auf meine (vorgeblichen) Interessen angepasst. Je mehr ich also wissen will, desto kleiner wird paradoxerweise meine Welt. Im Rückblick auf das eigene Studium sind es aber oft die Inhalte, deren Sinn und Bedeutung man im ersten Moment nicht verstanden hat, die sich später als besonders wertvoll herausstellen. Was Hochschulen bieten können, ist eine »Unterbrechung« von Vorstellungen und Modellen und eine konfrontative Herausforderung des Bestehenden.

Eine überstrapazierte Berufstauglichkeit des Studiums ist dabei hinderlich. Sicherlich sind Handwerk, Praxisbezug und Software-Kenntnisse wichtig. Eine Hochschulausbildung muss aber einen höheren Anspruch haben. Studenten so formen zu wollen, dass sie möglichst gut in die Praxis/Wirtschaft passen, erreicht paradoxerweise meist genau das Gegenteil. Bis die Studenten »in Form« für eine bestimmte Praxis sind, hat diese sich meist schon wieder gewandelt. Sinnvoller ist es, Studenten auszubilden, die ihrerseits der Praxis eine Form geben können. Das können Hochschulen aber nur dann, wenn sie selbst beginnen mit neuen Formen der Offenheit zu experimentieren.↪092

▶063 Update / Who am I: Integriertes Lernen und der kognitive Bruch
↪092 Praxis / Education by Infection – Kunst lernen = Leben lernen

Die Studiengangsleiterin wollte von Spinder wissen, wie genau sein Kurs ausgesehen hatte. Spinder sagte, anstatt das Buch zu lesen, sei er mit den Studenten in Unternehmen gegangen, und sie hätten dort Marketing gemacht, anstatt nur darüber zu reden. Die Amsterdam University of Applied Arts stellte Spinder daraufhin wieder ein, mit dem Auftrag, »neue Sachen zu machen« – und das war der Anfang von Knowmads.

Mittlerweile wird die Schule von Spinder privat betrieben, außerhalb etablierter Institutionen. Im ersten Jahr haben sich zwölf Studenten eingeschrieben, die aus einem Bewerbungsworkshop mit Interessenten aus den USA, Kanada, Brasilien, Südkorea, der Schweiz, Deutschland und den Niederlanden hervorgegangen waren. Zu Hause hatten die zwölf erzählt, sie würden in Amsterdam in eine »Schule« gehen. Für die 4.500 Euro Studiengebühren gab es im Gegenzug keinen Abschluss, sondern ein Tattoo. »Wir nennen diese Gruppe die ›Knowmads-Pioniere‹. Sie wollten sich und die Welt herausfordern. Sie wollten die Spielregeln verändern – und das haben sie gemacht.«

Knowmads basiert auf einem radikalen Prinzip des Peer-to-Peer-Lernens, was bedeutet, dass die Inhalte des Studiums und die Aufgaben von allen Beteiligten gemeinsam festgelegt werden. ☞004 Zusätzlich zu den vier Aufträgen, die die Partnerunternehmen und die Lehrer von Knowmads an die Studenten vergeben, bringen die Studenten eigene Aufgaben in die Schule hinein. Allein im ersten Jahr haben die Studenten 50 selbst akquirierte Aufträge bearbeitet und fünf Firmen gegründet. Die Lehrer coachen die Studierenden – und die Studierenden coachen sich untereinander und die Lehrer.

»Aus unserer Perspektive bringt das gegenwärtige Ausbildungssystem nicht genug junge Leute hervor, die Wandel erzeugen können. Es finden gewaltige ökologische, soziale und ökonomische Umformungen statt, und in der Ausbildung haben wir noch stets die alten Konzepte aus der Zeit der Industrialisierung. So werden wir den notwendigen gesellschaftlichen Wandel und den Weg aus der Krise nicht schaffen«, sagt Spinder. »Umformung beginnt mit einer Veränderung der eigenen Person.«

Für die Partnerfirmen ist Knowmads eine ebenso große Herausforderung wie für die Studenten selbst. Dafür findet der Kontakt auf Augenhöhe statt und bietet den Unternehmen die Chance, ihre gewohnten Muster zu unterbrechen und andere Perspektiven einzunehmen: »Wir entwickeln beispielsweise gemeinsam mit Shell ein Programm, das es Mitarbeitern ermöglichen soll, Fehler zuzugeben.« Was auf den ersten Blick nach einer subversiven Strategie und Sand im Getriebe klingt, könnte eine Win-win-win-Situation sein: für Shell (eine offene, ehrliche und transparente Unternehmenskultur sowie besseres Desaster-Management), für Knowmads (Erfolgserlebnis mit einem mutigen Konzept) und vor allen Dingen für uns alle – ein Ölkonzern, der über seine Fehler nachdenkt, kann nur ein Gewinn sein.

☞004 **Peer-to-Peer** / Das Gestaltungsparadigma des 21. Jahrhunderts

061 Geschäftsmodelle

Business Model Generation

»Business Model Generation« ist ein Buch und eine Methode, mit der sich Geschäftsmodelle gestalten lassen – ohne tiefere betriebswirtschaftliche Kenntnisse haben zu müssen. Die Methode wurde in einem kollaborativen Prozess von mehr als 470 Autoren erarbeitet und ist – neben dem gedruckten Buch – eine Plattform für Ideenentwicklung. Herzstück des Buches ist der »Business Model Canvas«, der kostenlos als PDF verfügbar ist. Die Methode Business Model Generation macht die Zusammenhänge und Abhängigkeiten zwischen den unterschiedlichen Bestandteilen und Faktoren der Geschäftsidee deutlich, sodass ein ganzheitlicher Blick auf den Businessplan möglich wird. Die einzelnen Bestandteile, wie Partner, notwendige Ressourcen, Einnahmequellen, Vertriebskanäle, Kommunikation etc., werden so lange modelliert, bis alles zusammenpasst.

→ S. 246 BUSINESS MODEL GENERATION
ALEXANDER OSTERWALDER, YVES PIGNEUR; CAMPUS VERLAG 2010

IMG115 DIE KOMPONENTEN DES BUSINESS-GENERATION-MODELLS – ALLES HÄNGT MITEINANDER ZUSAMMEN

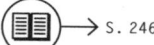

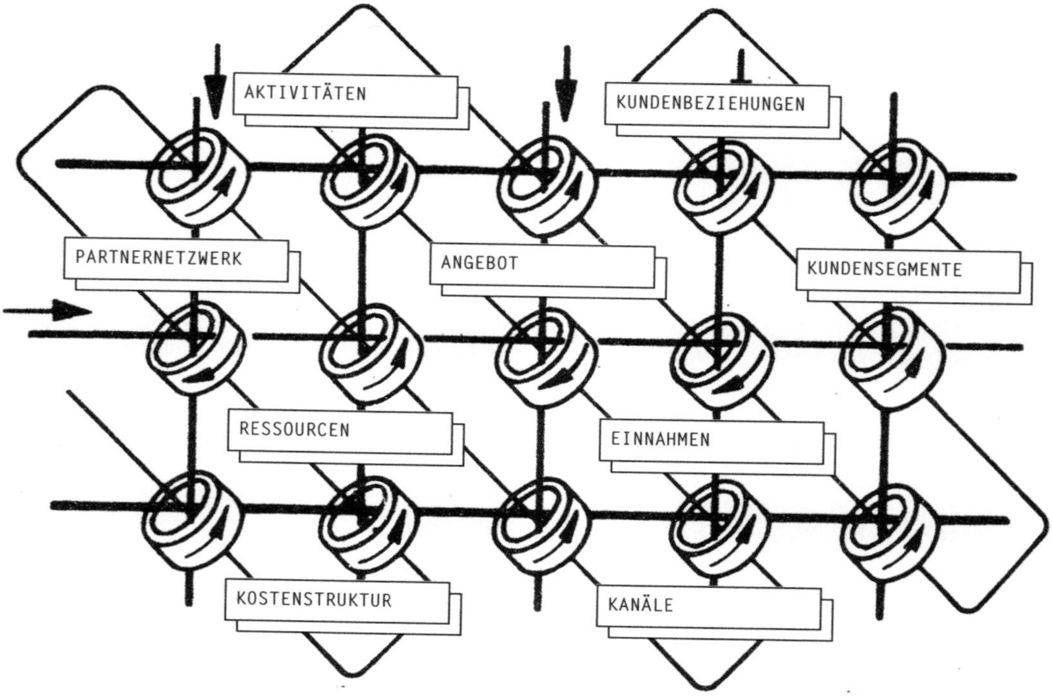

Design jenseits der Serviceindustrie

Viele Menschen wissen, dass Konrad Adenauer der erste Kanzler der Bundesrepublik Deutschland war. Was wenige Menschen wissen ist, dass Adenauer auch Erfinder war – und zwar erfand er eine Sojawurst (Kölner Wurst) und ein von innen beleuchtetes Stopfei.

Wie wäre es Adenauer damals ergangen, wäre er nicht als Erfinder gescheitert und stattdessen Bundeskanzler geworden? Mit viel Glück hätte er eine Firma gefunden, die sich sein Stopfei angeschaut hätte. Nachdem fünf Gremien das Ei billiger gemacht und das Marketingteam noch letzte Hand angelegt hätte, wäre das Stopfei vielleicht tatsächlich in den Regalen des Wirtschaftswunders gelandet – stark »verbessert« und nicht wiederzuerkennen.

Heute wäre das möglicherweise anders. Adenauer hätte auf Kickstarter das Stopfei mit Hilfe der internationalen Handarbeits-Community finanziert und in die Produktion gebracht. Was für Bundeskanzler gilt, gilt für Designer erst recht ... es gibt viele unterschiedliche Wege, aus Talent eine Profession zu machen.

062 Realität gestalten

Geschäftsmodelle sind mehr als Konzepte auf Papier zur Abschätzung von Risiken und Beruhigung der Hausbank. Die Entwicklung von Geschäftsmodellen ist eine Methode, um neue Ideen so zu formen, dass sie anwendbar werden: (Soziale) Innovationen jenseits der Utopie.

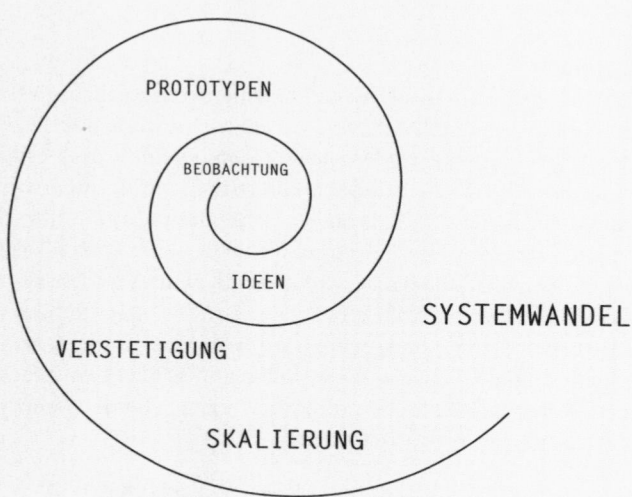

IMG116   VERSTETIGEN
Die kritische Phase bei der Umsetzung einer Idee ist die »Verstetigung«: Wie wird eine Idee zum Zündfunken für ein Feuer, das tatsächlich brennt und nicht sofort wieder erlischt? Das ist der Moment, in dem sich herausstellt, ob das Geschäftsmodell hinter der Idee funktioniert und diese Idee skaliert, weiterverbreitet werden und schließlich zu einem Systemwandel führen kann.

Ein neues Paradigma

Dennis Paul, Interaction Designer und Professor an der Hochschule für Künste Bremen, stellt nicht nur die klassischen Verdienmodelle von Design in Frage, sondern grosso modo den Inhalt dessen, was Design ist oder sein kann: »Meine letzte und vielleicht wichtigste Erleuchtung ist die: Design ist nicht (nur) eine Serviceindustrie. Lange Zeit wurde uns beigebracht, dass das ›Designer-arbeiten-für-Kunden-Modell‹ das einzige realistische Geschäftsmodell sei. Auch wenn dieses Modell bewiesen hat, dass es funktioniert, gibt es doch viele andere Arten, als Gestalter in der Praxis zu arbeiten. Wir alle sollten mit anderen Modellen experimentieren und dadurch neue Definitionen des Designers entwickeln.« [56]

Die Lizenz zu ... whatever

Design an sich stellt noch keinen Wert dar. Es braucht immer einen Bezugspunkt – und sei es Design selbst. Wer als Gestalter ein zweites, drittes oder viertes Talent entwickelt, bringt sich in die luxuriöse Position, Auftragnehmer (erstes Talent) und Auftraggeber (zweites, drittes... Talent) in einer Person zu werden. Der niederländische Designer Peter van der Jagt zum Beispiel hatte die Idee, eine Küche aus Kacheln zu entwerfen, die mit unterschiedlichen Funktionalitäten belegt sind. Weil aber keiner die Kacheln herstellen konnte, musste van der Jagt zum Experten für die Herstellung außergewöhnlich geformter Kacheln und in der logischen Folge stolzer Besitzer einer Kachelfabrik werden. **036** WWW.DTILE.NL

Der britische Designer Adrian Shaughnessy schreibt auf WWW.DESIGNOBSERVER.COM über die prekäre Situation, in der sich viele Designer befinden: »Niemand weiß, wie Designer in Zukunft Geld verdienen werden. Eine Ausbildung zum Designer wird etwas sein wie ein Führerschein: Viele Menschen fahren, aber nur wenige verdienen ihr Geld damit. Auf lange Sicht werden die Fähigkeiten eines Designers eine Lizenz sein, ein Art Reisepass, um andere Dinge zu tun. In der Zwischenzeit wird das Überleben von der eigenen Anpassungsfähigkeit abhängen.« **030** [57]

Design-Unternehmer

Es wird oftmals bemängelt, dass Designer nicht genug wirtschaftliches Verständnis hätten und an Hochschulen mehr BWL-Basiswissen gelehrt werden sollte. Es fehlt aber nicht das Wirtschaftsverständnis, sondern das Selbstverständnis des Designers als Entrepreneur (Enterprise, engl.: die Unternehmungslust). Die Methode von »Business Model Generation« zeigt, welche Stellschrauben es für Designer gibt, über die Rolle des Dienstleisters hinauszuwachsen. Der niederländische Designer Peter Bil'ak beispielsweise hat unter der Überschrift. Social Distribution ein neues Vertriebssystem für sein Magazin »Works that Work« erdacht, bei dem Leser zu Mit-Unternehmern werden können. **097** Neue Vertriebswege können der Beginn überraschender Geschäftsmodelle sein, weil sie traditionelle Abläufe in Frage stellen und so die gewohnten Spielregeln verändern können. Wer sagt, dass die Akquise von Auftraggebern der einzige Weg ist, Abnehmer für gestalterisches Talent zu finden?

036 Dilettantismus / Die Differenz von Nicht-Können und Können produktiv machen
030 Resilienz / Nicht der Stärkste überlebt, sondern der Flexibelste
097 Social Distribution / Leser werden zu Distributeuren

117

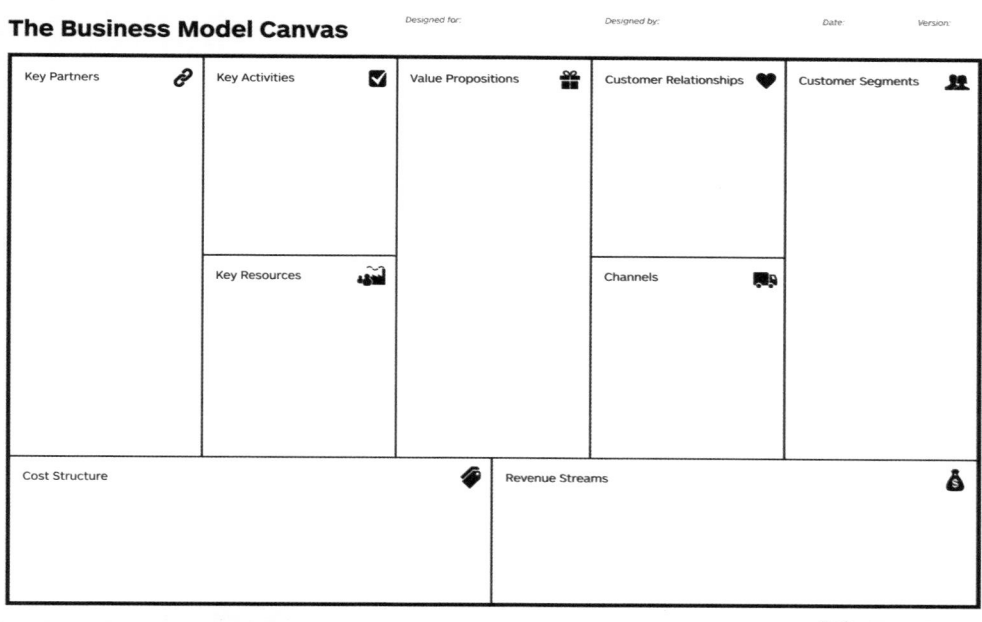

Businessmodelle als Gestaltungsprozess

Der Entwicklungsprozess von Business Model Generation gleicht dem eines Entwurfs: von der Recherche über Ideenentwicklung, Visualisierung und Prototypen bis hin zu konkreten Szenarien. Dabei kann man auf bereits bestehende Muster zurückgreifen. Es lassen sich aber auch ganz neue, eigene Muster auf dem »Canvas« skizzieren und so die Zusammenhänge, Implikationen und offenen Fragen unterschiedlicher Modelle sichtbar machen.

BUSINESS MODEL CANVAS
WWW.BUSINESSMODELGENERATION.COM/CANVAS

Gestaltungsprozess als Businessmodell

Design spielt in der Wertschöpfungskette eines Produkts oder einer Dienstleistung eine vergleichsweise kleine Rolle. Nur ein Bruchteil der notwendigen Gesamtkosten, um eine gute Idee erfolgreich am Markt zu platzieren, fließt in Gestaltung. Ein weitaus größerer Teil wird für die Produktion, Management, Personal, Medien, Vertrieb etc. aufgewendet. Auf der anderen Seite ist Gestaltung einer der wichtigsten Bestandteile eines Geschäftsmodells, weil Design Produkte und Dienstleistungen plausibel, einzigartig, eigensinnig, persönlich, liebenswert und/oder intelligent macht. Dieses Missverhältnis lässt sich nur auflösen, wenn Designer selbst größere Teile der Wertschöpfungskette an sich ziehen – über die Formgebung und die Kommunikation hinaus.

▶ **063** **Update**

www.whoami.it
ist Design-Schule und Online-Spiel, Festival und Community. Die Teilnehmer können
in unterschiedlichen »Räumen« auf Facebook in einer Mischung aus On- und Offline-
Aktivitäten gemeinsam Konzepte entwickeln und Entwürfe erstellen. Dabei werden
Elemente aus der Welt des Spiels eingesetzt: Regeln, Aufgaben, Bewertungen… Das
Experiment bricht die traditionellen Wege, Wissen zu vermitteln, auf und erforscht
die Möglichkeiten, die existierenden Formen der Designausbildung durch Integriertes
Lernen ⒜ um Online-Kanäle zu ergänzen. ➡

Ruhm auf Facebook ist wie Reichtum in Monopoly

Bauhaus und kognitive Brüche

Seit nunmehr 100 Jahren werden Grundlagen für Gestalter auf der Basis der Prinzipien des Bauhauses gelehrt: Farbe, Form, Linie, Quadrat, Komposition und Materialstudien in »Vorwerkstätten« ... Die Welt hat sich aber verändert und die Dinge, die heute Form bekommen sollen, verändern sich in einem rasanten Tempo mit – angefangen damit, dass es oftmals gar keine »Dinge« mehr sind.

Das Studium des Bauhauses baut auf einer bestimmten Art auf, die Welt zu betrachten. Nur wenn man das Grundsätzliche verstanden hat, das große Bild und das Abstrakte, kann man zu den eigentlichen Dingen vorstoßen. Man muss die Karte von Europa kennen, um zu verstehen, wo Paris liegt. Die Welt des Wissens ist heute aber so offen und unkontrollierbar geworden, dass viele Menschen keine Karte mehr kaufen, sondern einfach irgendwo hingehen – ohne genau zu wissen, wo sie sind – um dann herauszufinden, dass es Paris ist ... oder Oslo.

Stefano Mirti, Architekt und früherer Direktor der renommierten Designakademie NABA in Mailand beschreibt dieses Phänomen als »kognitiven Bruch« – ein abrupter kultureller Wandel von einem deduktiven System (vom großen Ganzen zum Detail) hin zu einem induktiven System (genau andersherum): »Als ich ein Kind war, war mein Denken geprägt von Strukturen und Rastern von Information. Wir hatten lineare Märchen und eine Kinderenzyklopädie. Wir hatten kein YouTube (eine phantastische Kollektion unorganisierter Fragmente), kein Twitter, kein Facebook und kein Instagram.«[58]

🖐 064 Grundlagen

Höchste Zeit, über eine neue Designausbildung und neue Grundlagen nachzudenken. Denn Grundlagen sollen einen festen Grund bilden für ... ja, wofür eigentlich?

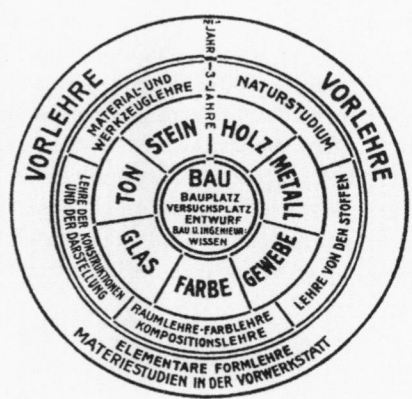

IMG119 DAS STUDIENMODELL DES BAUHAUSES
Am Beginn steht die elementare Formlehre. Schritt für Schritt nähert man sich dem Konkreten und Eigentlichen im Zentrum an: dem Bauplatz.

Es gibt keinen festen Grund mehr

In der Vergangenheit war die Welt vergleichsweise stabil: »Die Arbeit eines Architekten war in den vergangenen 300 Jahren im Wesentlichen die gleiche. Heute gibt es
den traditionellen Architekten nicht mehr – und wenn es ihn doch gibt, dann hat er
keinen Job.« Diese Beobachtung von Mirti ließe sich mit Sicherheit auch auf viele andere gestalterische Berufe übertragen. Wobei wir hier über eine Entwicklung reden, die
gerade am Anfang steht. Wie stark die digitale Vernetzung und der soziale Wandel den
Beruf des Gestalters umformen werden, steht noch in den Sternen. Das Einzige, was
man heute sagen kann, ist, *dass* es geschieht.

Für die Grundausbildung bedeutet das, dass ihr das Ziel abhandenkommt – der Grund,
im wahrsten Sinne des Wortes. Es ist unklar, ob die Fähigkeiten, die heute in der
Ausbildung an einer Designhochschule erlernt werden, in fünf bis zehn Jahren noch
relevant sein werden – Was nun?

Das Ultimative 10.000-US-Dollar-Killer-Designstudium

»Don't go to art school!«, ruft der Künstler Noah Bradley in einem Rant[a] auf der Plattform WWW.MEDIUM.COM allen zukünftigen Kunst- und Designstudenten zu. [59] Er rechnet
vor, dass ein vierjähriges Studium an der renommierten Rhode Island School of Design
in den USA mittlerweile 245.816 US-Dollar kostet – eine in seinen Augen unmoralisch
hohe Summe, die die Studenten in ihrem Leben wahrscheinlich nie werden zurück-
zahlen können. Als Alternative stellt Bradley das »Ultimative 10.000-US-Dollar-Killer-
Designstudium« vor: Eine heterogene und sehr persönliche Sammlung von Online-
Ressourcen, Büchern, Vorlesungen in PDF-Form, Zeichenkursen, Vorbildern, kosten-
losen Studienangeboten, Museumsbesuchen, Foren, Communities und Materialien –
analog und virtuell.

Barcelona oder Madrid – egal: Hauptsache Italien

Ohne die Qualität und den tatsächlichen Wert des 10.000-US-Dollar-Studiums an
dieser Stelle kommentieren zu wollen, hat Bradley mit seiner Liste dennoch eine Blaupause für ein neues Grundlagenstudium erstellt, das kein vorgezeichnetes »Ende«
im Blick hat, sondern einen neuen Umgang mit den Atomen und Partikeln in einer
Welt, die sich nur noch induktiv verstehen lässt: Wo früher eine Hochschule eine
»Landkarte« für das Erlernen von Gestaltung zur Verfügung gestellt hat, muss ein
Grundlagenstudium heute die Fähigkeit vermitteln, eigene Karten zu erstellen, zu
testen und mit anderen zu tauschen. Um das Bild vom Anfang nochmals aufzugreifen:
In der neuen Realität ist es kein Problem, nicht zu wissen, ob man in Paris ist oder in
Oslo. Keinen Reiseführer zu haben ist die beste Voraussetzung dafür, selbst einen zu
schreiben. Hochschulen hingegen sollten aufhören zu suggerieren, dass sie im Besitz
der Karte wären (Studiengebühren von 245.816 US-Dollar lassen sich nur so interpretieren). Stattdessen könnten sie zu einem Verlag für gute Reiseliteratur werden.

AURORA
RAPALINO

STEFANO
MIRTI

ANNE-SOPHIE
GAUVIN

AIMONE
MALTESE

ALICA
HORVATHOVA

ENRICA
PONZO

Auf der Plattform www.whoami.it werden Studenten durch unterschiedliche Aufgaben
und Herausforderungen in Spieler verwandelt. Die Teilnehmer erlernen sowohl soziale
Kompetenzen, indem sie mit anderen Spielern interagieren, als auch gestalterische
Fähigkeiten, indem sie Aufträge bearbeiten und an physischen Workshops teilnehmen.
Durch das Spielen im »Advanced Modus« können die Studenten außerdem bestimmte
Aspekte ihrer eigenen Persönlichkeit besser kennenlernen: Der humoristische WhoAmI-
Algorithmus errechnet für jeden Spieler Werte für »Stärke«, »Weisheit«, »Charisma«
und »Geselligkeit«.

Kontrapunkt zu den Aktivitäten in den Facebook-Räumen ist die Teilnahme an einem
Workshop in Mailand oder Catania, wo sich die Studierenden direkt über ihre Arbeiten
und Erfahrungen austauschen können. Die Ergebnisse der Beta-Phase (Januar bis April
2013) wurden auf der Triennale in Mailand im April 2013 ausgestellt und sind in der
»Wunderkammer« der Website zu sehen.

▶ 065 **Umformen**

Imagine

ist die Fortsetzung des Projekts »Palas por Pistolas« des mexikanischen Künstlers Pedro Reyes, für das 1.527 Waffen eingeschmolzen und in Schaufeln umgeschmiedet wurden, um damit ebenso viele Bäume zu pflanzen. Nachdem die mexikanische Regierung von diesem Projekt erfahren hatte, stellte sie Reyes 6.700 weitere Waffen zur Verfügung, die zuvor zersägt worden waren. Aus diesen Waffen hat Reyes gemeinsam mit Musikern 50 Instrumente gefertigt, die bei einer öffentlichen Konzertreihe zu Einsatz kamen. »Es ist schwierig zu erklären – aber die Transformation war mehr als nur ein physischer Akt. Es ist wichtig, sich zu erinnern, wie viele Leben durch diese Waffen zerstört wurden. Es war wie ein Exorzismus – mit Musik die Dämonen auszutreiben und gleichzeitig ein Requiem für die verlorenen Leben abzuhalten«, lautet das Fazit von Reyes.[60] ▶

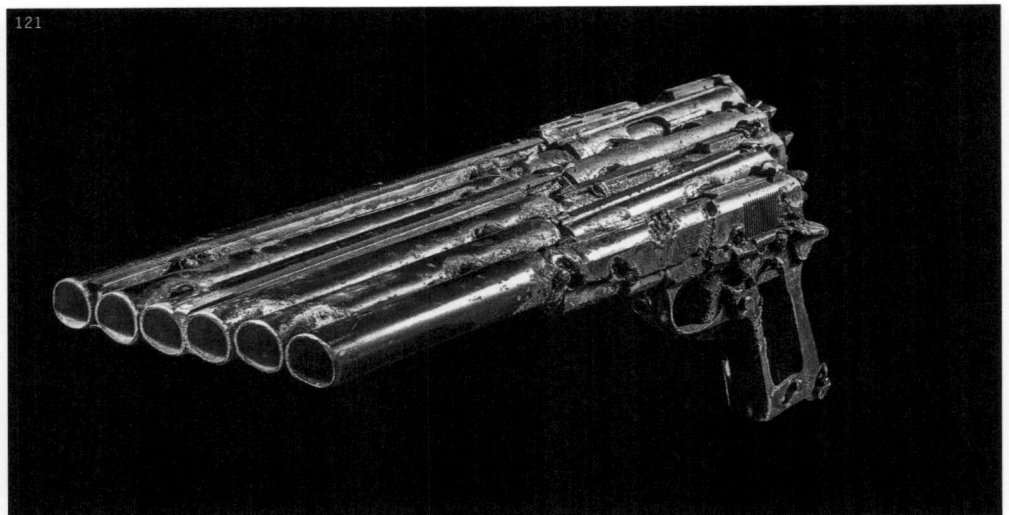

IMG121   IMAGINE: PANFLÖTE AUS PISTOLEN
IMG122   IMAGINE: KONZERT MIT DEN AUS WAFFEN GEBAUTEN INSTRUMENTEN

Was kommt dabei rum? Wie gut funktioniert das? Was ist das wert?
Gestalter sind Optimisten, weil sie glauben, dass die Welt veränderbar ist. Gestaltung bedeutet deshalb immer, Verantwortung zu übernehmen – denn die Welt kann man so oder so gestalten. Verantwortung aber ist ein schwieriger und dehnbarer Begriff. Verantwortung wird überraschend schnell und gerne übernommen – am liebsten in der Öffentlichkeit. Das klingt nach Ethik, Elite und moralischer Stärke. Aber kann man das wirklich tun, und was bedeutet das genau? Lässt sich Verantwortung in einer unübersichtlichen Welt noch zuweisen? Wer ist schon verantwortlich für Klimawandel, Kinderarmut oder die Bankenkrise? Alle und keiner.

In der gestalterischen Praxis ist Verantwortung ein doppelt problematischer Begriff. Die Verantwortung des Gestalters wird oft beschworen – die tatsächlichen Handlungsmöglichkeiten sind aber oft beschränkt. Dass man machtvolle Werkzeuge beherrscht, bedeutet noch lange nicht, dass man tatsächlich Macht ausübt. Etwas nicht zu tun und einen Auftrag abzulehnen ist im Ernstfall die einzige Option einer freien und autonomen Entscheidung ... Aber ist das wirklich richtig oder zeugt der steinige Weg des Kompromisses und der Überzeugungsarbeit nicht von größerer Bereitschaft, Verantwortung zu übernehmen?

»Verantwortung ist das Recht zu handeln«, beginnt der Eintrag zum Thema Verantwortung auf Wikipedia. Der Gestalter hat kein Recht zu irren, heißt das zehnte Axiom der Wicked Problems. ☝040 Wer sich mit der Welt einlässt, hat das Recht zu handeln, aber kein Recht zu irren. Das Wollen allein reicht nicht aus.

Fakten, Fakten, Fakten
In einem derart verminten Gelände hilft nur das Greifbare und Konkrete. Verantwortung ist eine Praxis – keine Theorie. Verantwortung ist eine Handlung, keine Aussage. Am besten ist es, wenn sie nicht übernommen, sondern gezeigt wird. Das Zeigen wiederum ist eine gestalterische Dimension.

☝**040 Wicked Problems** / Gutartige und bösartige Probleme

☝ 066 Verantwortung
Wie kann man als Designer Verantwortung »zeigen«? Was könnte ein Fragenkatalog für Verantwortung in der Gestaltung sein, der mehr ist als ein Appell oder ein Allgemeinplatz?

Wo Gestaltung in den gesellschaftlichen Raum vordringt, reichen guter Wille, Wohltätigkeit oder vage Behauptungen nicht aus. Wer neue Realitäten mit den Mitteln des Entwurfs gestaltet, muss sich rechtfertigen können und gute Gründe haben. Wie aber können solche Entwürfe konkret aussehen und was sind mögliche Kriterien? Hier eine unvollständige Checkliste für Konzepte und Prototypen:

1 Relevant
Trifft das Konzept die Bedürfnisse der involvierten Schlüsselpersonen?
Wie lässt sich das belegen? Wie wurde recherchiert? Welche Methoden wurden entwickelt, um zuzuhören und Informationen zu sammeln? Wurden die aus der Recherche gezogenen Schlüsse getestet? Wurden Feedback-Loops implementiert?
▶037

2 Richtig
Hat der Prototyp die geeignete Dimension?
Spiegelt der Mikrokosmos des Prototyps das Ganze wider?
Berücksichtigt der Prototyp bestehendes Wissen und aktuelle Forschung?

3 Revolutionär
Ist der Prototyp in der Lage, das System zu verändern? Setzt der Entwurf an den systemischen Wurzeln des Problems an? Ist der Entwurf mehr als eine Einzellösung? Welche anderen/größeren Prozesse kann der Prototyp in Gang setzen? ⟳018

4 Schnell
Ist der Prototyp schnell umsetzbar?

5 Grob
Kann man den Prototyp in einem kleinen Maßstab umsetzen? ⟳020
Lässt der Prototyp Lernprozesse zu und kann sich weiterentwickeln?

6 Effektiv
Wie lässt sich der Erfolg messen und welche Konsequenzen werden daraus gezogen?
Nutzt das Konzept existierende Netzwerke und Kompetenzen? ⟳028
Geht das Konzept sparsam mit Ressourcen um? ▶041

7 Replizierbar
Lässt sich der Prototyp skalieren? Lässt sich die Idee leicht wiederholen, kopieren, weiterentwickeln, adaptieren und auch von anderen umsetzen? ▶013

▶037 **Zuhören** / Hear Create Deliver: Das Designmanual für den Rest der Welt von IDEO
⟳018 **Dunkle Materie** / Systeme durch Design verändern
⟳020 **Hebelwirkung** / Brooklyn Superhero Supply Store
⟳028 **SLOC** / Small, Open, Local, Connected
▶041 **Macher** / EyeWriter
▶013 **Agenten** / Wie Einzelne die Welt verändern können

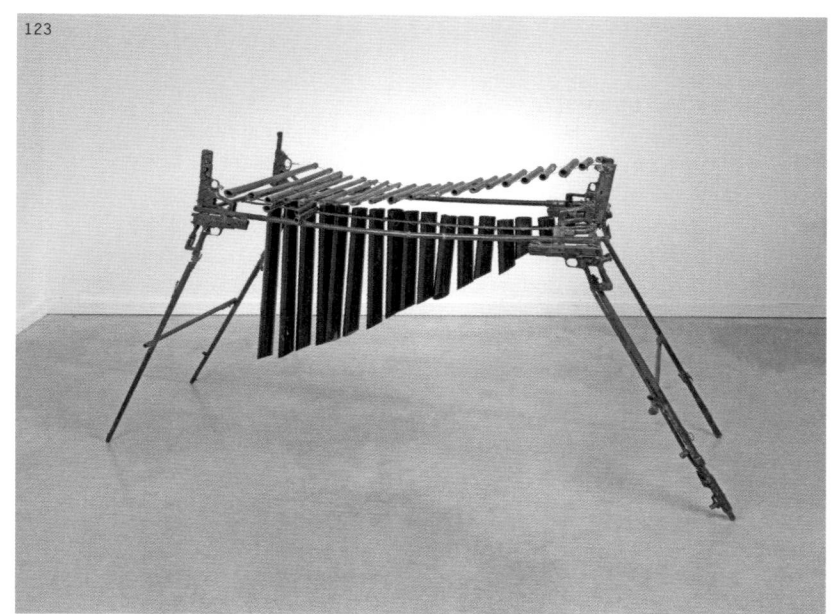

IMG123
IMG124   IMAGINE: AUS WAFFEN ERSCHAFFENE MUSIKINSTRUMENTE — UMFORMUNG ALS »EXORZISTISCHER AKT«
CREDITS   PEDRO REYES

▶ 067 **Projekt**

Design in Zeiten der Unsicherheit und der Instabilität

»Design without Project, das unbeholfene Manifest« von Octavi Rofes ist eine lose Sammlung von Standpunkten, Notizen und Fragmenten, die eine neue Realität für Design beschreiben zwischen Prekariat und Chaos, Auflösung und Aufbruch: Willkommen im Zeitalter des Post-Design! Das Manifest stellt radikal die Bedingungen in Frage, unter denen Design bislang praktiziert wurde. Was, wenn der Rahmen des Projekts, des Auftrags, des Auftraggebers, der Deadline, des Budgets, der Zielvorgaben und des Publikums wegfällt... – ist das das Ende von Design oder eine neuer Anfang? ▶

DESIGN WITHOUT PROJECT

An Awkward Manifesto about Social Change and the Present State of Affairs (First Notes)

79. A world with the idea of a better future might not be a better world to live in.

122. the Modern was ruled by the idea of perfectibility, but nowadays it has become an unsustainable premise for social action.

98. Perfectibility burns the future, the technoculture of sustainability sits in the cold waiting room.

100. the Design Project (DP) was to coexistence what Design without Project (DwP) has become for survival.

149. DP used to talk the language of filiation (conception, development) but DwP talks the language of alliance (transversatility, contamination, epidemics).

OCTAVI ROFES

110. DP identity was a noun related to »what you are«. DwP is an action related to »who you are in the process of becoming«.

80. DP was ruled and transmitted by international agents. DwP bends in the cool breeze.

94. Authority was always the origin of old design projects (DP). DwP has no authors just predators.

71. DP processes ended up with new forms, while DwP sets up cognitive traps.

208. The common use of »target« and »strategy« on DP evidences a direct relationship with the imaginary of War. DwP talks the language of trickery and diplomacy (»double agency«, »hidden agendas«, »Trojan Horses«)

Fragen anstelle von Antworten

»Es gibt bekannte Bekannte – Dinge, von denen wir wissen, dass wir sie wissen. Wir wissen auch, dass es bekannte Unbekannte gibt – wir wissen von Dingen, die wir nicht wissen. Aber es gibt auch unbekannte Unbekannte – Dinge, von denen wir nicht wissen, dass wir sie nicht wissen.«[61]

Diese Antwort auf die Frage eines Journalisten, ob es im Irak Massenvernichtungswaffen gäbe, ist der wohl berühmteste Ausspruch des ehemaligen amerikanischen Verteidigungsministers Donald Rumsfeld. Dabei sind die »Unkown Unknowns« die gefährlichsten, weil wir nicht einmal deren Möglichkeit in Betracht ziehen.

Bei aller berechtigten Kritik an der sprachlichen Verschleierungstaktik Rumsfelds, beschreibt dieser Satz in genialer Präzision eine Welt, in der Information und Wissen als Basis für den Glauben an Machbarkeit zu einer Illusion geworden sind. In seinem Manifest »Design without Project« kritisiert Octavi Rofes die Idee von Gestaltung als Strategie zur Lösung von Problemen. Denn »Das Projekt« beschränkt Gestaltung auf den abgesteckten und limitierenden Rahmen einer bekannten Fragestellung (Known Unknowns) ... Was aber, wenn die Fragen zwar bekannt, aber falsch sind? Was, wenn wir die richtigen Fragen gar nicht kennen? Welche Lösungen produzieren wir dann?

068 Unknown Unknowns

Wie lässt sich das unbekannte Unbekannte gestalten?
Ist Design ohne einen Auftrag denkbar?
Gibt es auch Design ohne ein Projekt?

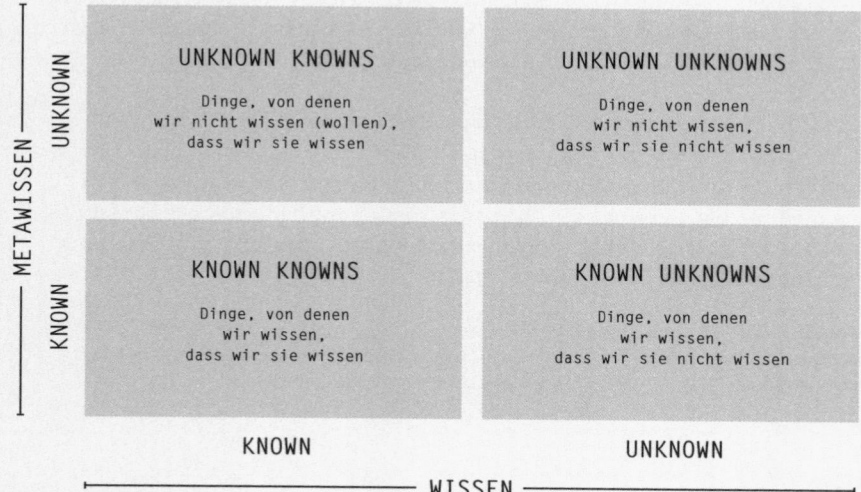

Deadline: Das Ende des Projekts

Ein Projekt ist ein »Vorhaben, das im Wesentlichen durch die Einmaligkeit der Bedingungen in ihrer Gesamtheit gekennzeichnet ist, wie z.B. Zielvorgabe, zeitliche, finanzielle, personelle und andere Begrenzungen«, so lautet die Definition des Begriffs »Projekt« des Deutschen Instituts für Normung e.V. (DIN 69901). Diese Definition macht deutlich, dass das »Projekt« den Rahmen absteckt, in dem sich Design bewegt: Problemstellungen, Zielvorgaben, Ressourcen, Zeit, Geld … Wer aber sagt, dass das der einzige Blickwinkel ist, aus dem sich gestalterische Fragestellungen betrachten lassen?

In den Artikeln »The Science of Muddling Through« (1959) und »Still Muddling, Not yet through« (1979) hat der Yale-Professor Charles Edward Lindblom das Durchlavieren zur gestalterischen Königsdisziplin erklärt. Die Realität scheint ihm recht zu geben: Fukushima, die Finanzkrise, die Reform der Reform der Gesundheitsreform … – in einer komplexen Welt neigen die Dinge dazu, vor sich hin zu schwelen, und zeigen sich immun gegen Befreiungsschläge oder Klartext. Octavi Rofes schreibt dazu: »A world with the idea of a better future might not be a better world.« Was bedeutet das für Design und den Anspruch, eine Disziplin zu sein, die »Probleme löst«? Der von vielen als Krise empfundene Zustand von Design ist nicht nur eine Frage sinkender Honorare, sondern auch eine Krise der Glaubwürdigkeit: Wer verspricht, muss liefern.

Gesucht: Eine neue Box

»Wir brauchen kein ›Out of the Box‹-Denken (…). Wir brauchen ein komplett neues Verständnis der Box selbst«, sagt Bruce Sterling in Bezug auf die zukünftigen Potenziale von Design, oder besser: von gestalterischem Denken. Dan Hill macht es noch konkreter: »Design beschäftigt sich für gewöhnlich mit ›Known Knowns‹ und ›Known Unknowns‹: das benutzerfreundliche Interface, die lebenswerte Stadt, die nachhaltige Produktion … Was aber, wenn schon der Rahmen, das Projekt, das Ziel und die Frage falsch definiert waren?«[62] In der Welt der Unknown Unknowns wächst Design eine neue Aufgabe zu: Statt Projekte zu verfolgen, die Ziele definieren, und damit einen linearen Weg zu einer Lösung zu beschreiben, kann Design durch Prototypen, Versuch und Irrtum, Piloten ⟳026 und Mutmaßungen auf der Basis von beschränktem Wissen ⟳096 viele Wege skizzieren, die einen Raum von Möglichkeiten beschreiben.

Mit dem Anspruch, »die Box zu gestalten« und anstelle vermeintlicher Lösungen neue Kontexte hervorzubringen, ist der Designer in der Welt der Politik, der Gestaltung von gesellschaftlichen Realitäten, Kultur und Entscheidungsprozessen angekommen. Es gibt sicher nicht wenige Designer, die sagen, dass Gestaltung dann aufhört, Gestaltung zu sein – und etwas anderes wird. Es gibt aber auch einige, die sagen, dass Gestaltung an diesem Punkt überhaupt erst beginnt. ⟳074

⟳026 **Slow Prototyping** / Piloten und andere langsame Prototypen
⟳096 **Faustregeln** / Die Kunst, Lösungen hervorzubringen, ohne über ausreichende Informationen zu verfügen
⟳074 **Kontext gestalten** / Design jenseits der gesicherten Methoden, Regeln und Prozesse

73. DP battled against uncertainty,
DwP expands only in volatile
environments.

158. DP managed the programmed
obsolescence of modernity through
rehabilitations and restyling but in the
here and now DwP dis-habilitates
anticipated obselence.

90. DP political acts were based on
matters of fact. DwP politics are about
matters of concern.

138. DP was a weapon to control the
proletarian workforce, DwP is a device for
the re-appropriation of the stolen creati-
vity of the cognitariat.

76. DP aimed to transform the
world, DwP wishes to be entirely
transformed by it.

IMG125   DESIGN WITHOUT PROJECT, OCTAVI ROFES, 2013
         Das Manifest skizziert eine Designpraxis, die von den Einschränkungen des »Projekts« befreit ist.
         Das »Design without Project« (DwP) wird dem »Design Project« (DP) als Antithese gegenübergestellt.
         Design without Project beschreibt gleichzeitig die prekäre Realität von Design vor dem
         Hintergrund der Finanzkrise und der sozialen Folgen der Austeritäts-Politik in Europa.

▶069 Zweck

Dinge, die keinen Zweck haben, gelten in unserer Kultur als unmoralisch. Sie sind zu nichts gut – also schlecht. Sie stellen eine Verschwendung von Zeit, Ressourcen und Intelligenz dar. Dinge ohne Zweck sind beunruhigend, weil sie sich der Beurteilung entziehen und damit unkontrollierbar werden. In einer Welt, in der Effizienz alles ist, hat das Zwecklose keinen Platz. Gestaltung ist der größte Protagonist des Zwecks. Allerdings tut sich hier ein Dilemma auf: Wir brauchen zum Überleben auch zweckfreie Räume – und auch die müssen gestaltet werden. ▶

Ich kann mir beinahe vorstellen, das zu benutzen ...

Die Kunst des beinahe Nutzlosen

»Chindogu« ist das japanische Wort für die Kunst, beinahe nutzlose Dinge herzustellen. Dinge, die die kleinen Probleme des Alltags beseitigen – und dabei auf ganzer Linie scheitern. Wobei das Problem selbst tatsächlich gelöst wird. Allerdings bringt ein Chindogu so viele Komplikationen und Peinlichkeiten in Form sozialer Blamagen mit sich, dass die Anwendung eines Chindogus zu einer Übung in gesellschaftlicher Ausgrenzung wird.

Chindogus gehen auf den japanischen Amateur-Erfinder Kenji Kawakami zurück, der herausfand, dass beinahe nutzlose Erfindungen dennoch zu etwas gut sein können, wenn man einen Prototyp baut und dabei zusieht, wie er kollabiert: »Chindogus können dem Leben eine andere Richtung geben. Sie verändern die Wahrnehmung«, so beschreibt Kawakami die magische Wirkung des beinahe Nutzlosen.

Ist die »Veränderung von Wahrnehmung« – wie von Kawakami beschrieben – nicht die eigentliche Essenz von Design? Chindogus sind mehr als nur ein kleiner Spaß. Chindogus bieten die Möglichkeit, über das Leben, Gestaltung und den tieferen Sinn bzw. Unsinn einer über-funktionalisierten Welt nachzudenken.

070   Form follows what?

Nützliche Dinge zu gestalten ist leicht.
Noch einfacher ist es, nutzlose Dinge zu erfinden.

Dinge aber, die die Niederungen des Nützlichen und auch des Nutzlosen überwinden, um in den Olymp des beinahe Nutzlosen aufzusteigen, sind die Königsdisziplin.

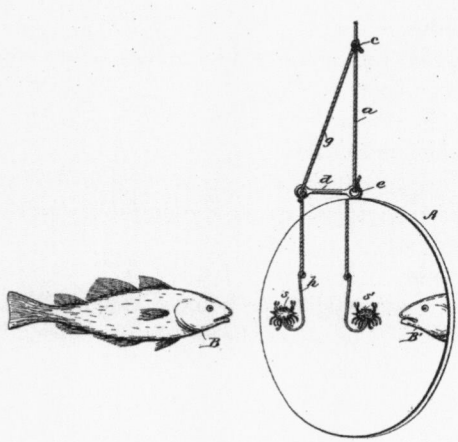

IMG128   FISHING APPARATUS VON WILLIAM R. LAMB, 1894
Der Spiegel (A) lässt den Fisch (B) annehmen, dass er einen Konkurrenten (B') um die Beute (S) hat. Deshalb wird der Fisch schneller zubeißen, um dem Wettbewerber zuvorzukommen.

Die 10 Grundsätze der Chindogu Society
Welche Kriterien muss ein Objekt erfüllen, um beinahe nutzlos zu sein?

1 Ein Chindogu kann nicht für den Gebrauch bestimmt sein
Für den Geist des Chindogus ist es fundamental, dass es von einem praktischen Standpunkt aus (beinahe) vollkommen nutzlos ist.

2 Ein Chindogu muss existieren
Man kann Chindogus nicht benutzen – aber sie müssen »gemacht« sein. Man muss sie in der Hand halten können und denken: »Ich kann mir beinahe vorstellen, das zu benutzen.«

3 Chindogus sind anarchisch
Chindogus sind von Menschen gemachte Objekte, die die Ketten des Nutzens gesprengt haben. Sie repräsentieren die Freiheit der Gedanken und der Aktion.

4 Chindogus sind Werkzeuge für den Alltag
Chindogus sind eine Form der non-verbalen Kommunikation, die von jedem verstanden werden kann.

5 Chindogus dürfen nicht verkauft werden.
Chindogus sind keine Handelsgüter.
Wenn du Geld für ein Chindogu annimmst, gibst du seine Reinheit auf.

6 Ein Chindogu darf nicht nur aus einer Laune heraus entstehen
Humor ist nur das Nebenprodukt einer unkonventionellen Lösung eines Problems, das nie nach einer Lösung gefragt hat.

7 Chindogus sind keine Propaganda, sondern unschuldig
Chindogus sind dazu da, benutzt zu werden – auch wenn sie nicht benutzt werden können. Sie sollten nie für andere Zwecke gebraucht werden als ihren eigentlichen.

8 Chindogus verletzen keine Tabus
Billige sexuelle Provokation, vulgärer Humor und grausame Witze, die die Würde von Lebewesen herabsetzen, sind nicht erlaubt.

9 Chindogus können nicht patentiert werden
Chindogus sind ein großzügiges Angebot an den Rest der Welt. Deshalb können sie nicht mit Copyrights versehen, patentiert, gesammelt oder besessen werden.

10 Chindogus sind ohne Vorurteile
Chindogus bevorzugen keine Rasse oder Religion. Jung und alt, männlich und weiblich, reich und arm … alle sollten die gleiche Chance haben, sich an einem Chindogu zu erfreuen.

129

130

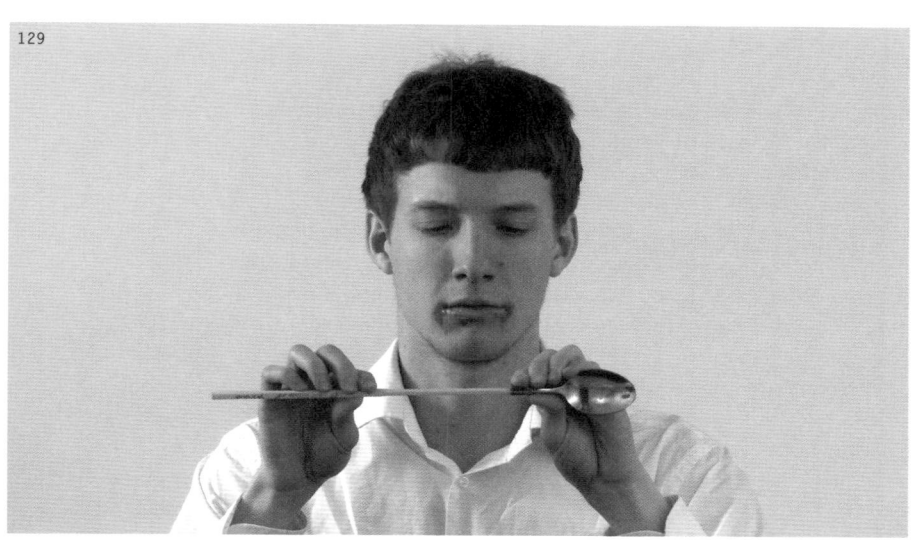

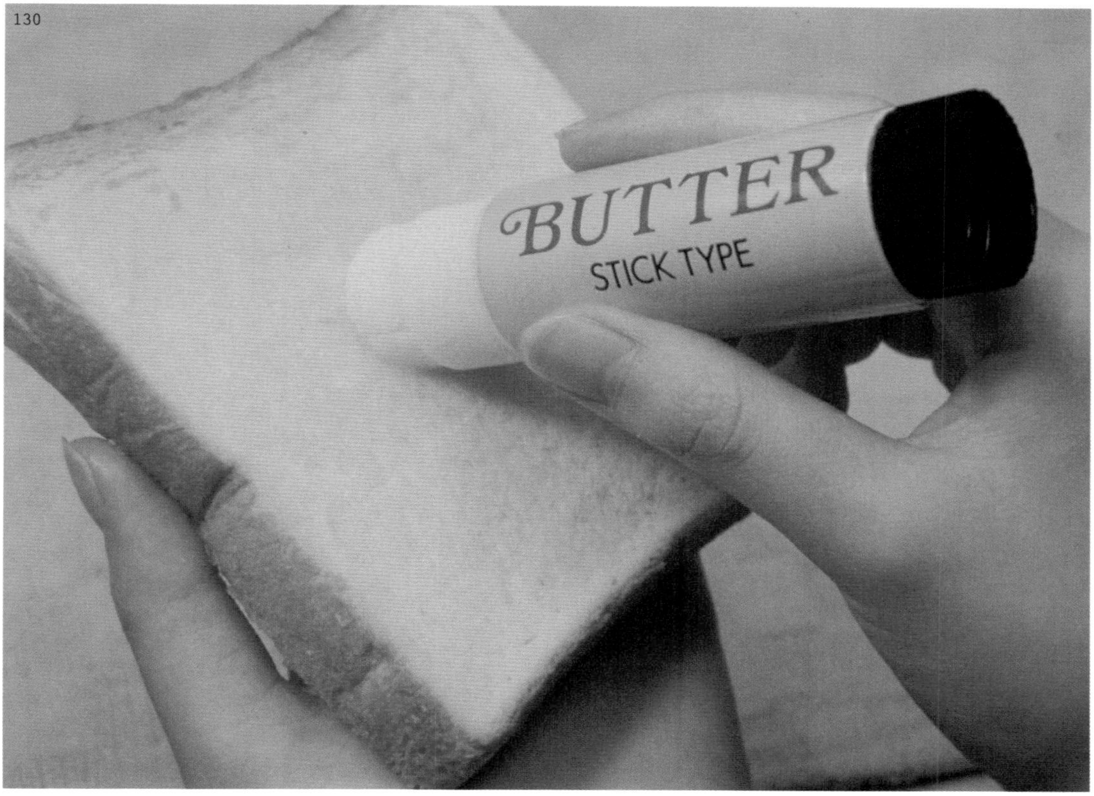

IMG129 CHOPSTICK-ADAPTER, JÜRGEN FOERST, HFG KARLSRUHE 2011

IMG130 BUTTER-STICK

▶071 Selbstlernen

Hole in the Wall – Wie sich Kinder in Indien selbständig Computerkenntnisse, Englisch und Mikrobiologie beibringen

In den 1990er Jahren unterrichtete Sugata Mitra Informatik an einer Schule in Neu-Delhi. Mitra fragte sich, wie wohl die Kinder in dem Slum neben der Schule jemals lernen könnten, das Internet zu benutzen, geschweige denn Computerprogramme zu schreiben. Daraufhin schlug er ein Loch in die Mauer seines Büros und stellte einen Computer hinein. Mitra wollte sehen, was passieren würde, wenn Kinder, die kein Englisch können und keinen Computer haben, plötzlich online gehen könnten. Eine halbe Stunde später waren bereits die ersten Nutzer da – Jungen zwischen sechs und zwölf Jahren – und durchstöberten das Netz. Später kamen auch Mädchen und ältere Kinder hinzu. Dieses Erlebnis ermutigte Mitra, einen weiteren Computer in einem abgelegenen Dorf aufzustellen. Als er nach einigen Monaten wieder zurückkehrte, empfingen die Kinder des Dorfes Mitra mit den Worten: »Wir wollen einen schnelleren Prozessor und eine bessere Maus.« Auf die Frage, woher sie das alles wüssten, lautete die Antwort: »Du hast uns einen Apparat gegeben, der nur auf Englisch arbeitet. Also haben wir uns selbst Englisch beigebracht, damit wir ihn benutzen können.« ✎63 ▶

131

Lernen in der Granny-Cloud

Die Löcher im System nutzen

Während Hochschulen in Europa im Rahmen des Bologna-Prozesses eine Phase der Bürokratisierung durchlaufen, finden an anderen Stellen aufregende Experimente statt mit revolutionärem Potenzial. Selbstorganisiertes Lernen, wie in dem Projekt »Hole in the Wall«, ist nur eine kleine Facette dieser neuen Bildungswelt.

Viele dieser neuen Formen mögen noch unreif sein und manche ein Hype, der wieder verschwinden wird. Auch die starke Fokussierung auf Technologien bedarf eines kritischen Blicks: In vielen Fällen wird ein Medium mit einer Methode verwechselt. Lernen wird im Grundsatz immer eine persönliche Angelegenheit zwischen Student und Lehrer sein – wie auch immer diese Rollen in Zukunft ausgefüllt und neu definiert werden. Das ist alles richtig, trifft aber den Kern dieser neuen Entwicklung nicht: Es geht um mehr Selbstbestimmung, Offenheit und Alternativen.

Die fundamentale Kritik an etablierten Bildungsinstitutionen, die der Erfolg dieser Modelle zum Ausdruck bringt, kommt nicht aus dem Nichts. ☞**064**

☞**064 Grundlagen** / Don't go to Art School: Das ultimative 10.000-US-Dollar-Killer-Design-Studium

☞ **072 Education Hacking**
Edupunk, Open Learning, MOOC und Peer-to-Peer-Schulen…
Können wir von Kindern in Indien für die Designausbildung
in Europa lernen?

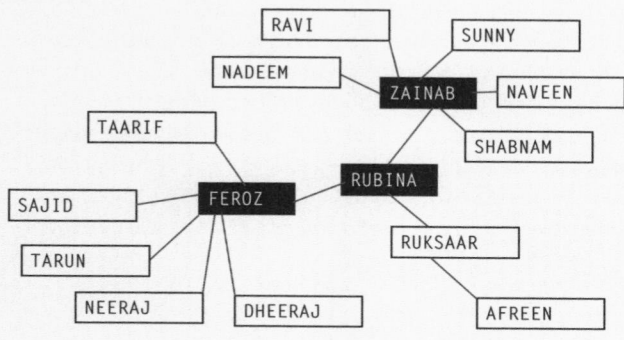

IMG132 ■ KONNEKTOREN UND □ REGULÄRE SCHÜLER IN DEM HOLE-IN-THE-WALL-EXPERIMENT
Das Lernen der Kinder funktioniert nach einem ▶004 Peer-to-Peer-Prinzip:
Sogenannte Konnektoren — meist handelt es sich um Mädchen — bringen neue Schüler
in das System, von denen manche wiederum zu Konnektoren werden.

Do It Yourself Education

»Offenes Lernen« ist nicht neu. Maria Montessori hat bereits Anfang des 20. Jahrhunderts das Kind als »Baumeister seiner selbst« definiert und Formen des offenen, selbstgesteuerten Lernens entwickelt. Dieselben Fragen, die heute auf dem Tisch liegen, wurden schon vor einem Jahrhundert verhandelt.

Neu ist allerdings, dass durch Online-Medien neue Zugänge zu Wissen entstehen und neue Möglichkeiten, sich zu verbinden. Jeder, der etwas Bestimmtes lernen will, kann heute eine Community, Gleichgesinnte und Mitstreiter finden, die ein ähnliches Interesse haben, sich gegenseitig herausfordern und unterschiedliche Hintergründe mitbringen. Jeder kann – wenn er das will – eine eigene Schule gründen, temporär und für einen bestimmten Zweck. Die Qualität dieser Schulen hängt in erster Linie von der Motivation der Schüler bzw. Studenten selbst ab (aber auch das ist nichts Neues). Der Erfolg von Massive Open Online Courses (MOOC) 🔖 zum Beispiel hängt deshalb in erster Linie davon ab, wie gut Studenten in dem System untereinander kommunizieren können. Dass ein solches Peer-to-Peer-Lernen erfolgreich sein kann, zeigt nicht nur »Hole in the Wall«, sondern auch die Erfahrung aus vielen anderen traditionellen und analogen Formen des Lernens aus der Vergangenheit. ▶063

Ausbildung mixen, kombinieren und sampeln

Was gibt es hier für die Designausbildung zu gewinnen? Mit Sicherheit keine Kurse oder Vorlesungen, an denen 100.000 Studenten teilnehmen. Aber: Wo neue Verbindungen hergestellt werden, können alte und neue Welten auf produktive Art kollidieren. Lernen bedeutet, bestehende Bilder und Kategorien zu erschüttern, Denkweisen herauszufordern und die Komfortzone des sicheren Terrains zu verlassen. Hochschulen neigen dazu, geschlossene Systeme zu bilden, die im schlimmsten Fall so stimmig, stark und plausibel sind, dass sie die Studierenden konform machen.

Durch die Vernetzung erreichen Qualität, Reichweite, Dynamik und auch Kontrollverlust des offenen Lernens neue Dimensionen. »Education Hacking« ist der Oberbegriff einer Bewegung in den USA, in der sich Studierende ihr Studium »sampeln«. Die Website WWW.ATLAS.EDUPUNKSGUIDE.ORG bietet Zugang zu mehr als hundert verschiedenen MOOCs, Ressourcen, Plattformen, Mentoringprogammen, Hochschulangeboten, Initiativen usw. Diese können, mit steigender Tendenz in Quantität und Qualität, je nach Interessenlage zu einem individuellen DIY-Studium kombiniert werden. Vor diesem Hintergrund wäre es für Hochschulen spannend, mit ihren bestehenden Angeboten und Formaten zu experimentieren und neue Möglichkeiten zu entdecken. Allerdings: Wie immer, wenn eine »Revolution« ausgerufen wird, spitzt sich die Situation zu, und es entsteht digitales Entweder-oder-Denken: Entweder Untergang des Abendlandes oder Heilsversprechen.

▶063 **Update** / whoami.it

Selbst Lernen

Zehn Jahre und einige hundert Computer später hat Mitra schließlich ein Unternehmen gegründet, das in Indien flächendeckend Lernkioske installiert und die Ergebnisse wissenschaftlich auswertet. Kinder können laut Mitra innerhalb von neun Monaten selbständig grundlegende Computer- und Englischkenntnisse erwerben, wenn sie die Möglichkeit dazu bekommen. Dazu bilden sie eigenständig Gruppen, in denen sogenannte »Konnektoren« für die Verbreitung des Wissens sorgen – meistens sind das Mädchen, die ihre Brüder, Verwandten oder Freunde mitbringen. Erwachsene übernehmen dabei lediglich die Rolle des »freundlichen Begleiters«, der die Kinder emotional unterstützt und durch Fragen zum Weitermachen anregt. Dazu wurde die »Granny-Cloud« entwickelt – Großmütter aus Großbritannien, die sich über Skype einschalten, »wenn ein Kind in Indien in der Tinte sitzt«. Die Großmütter versuchen zu helfen, indem sie tun, was Großmütter eben so tun: Sie schauen den Kindern über die Schulter und sagen Dinge, wie: »Wow, wie habt ihr das gemacht? Was steht auf der nächsten Seite? Als ich in eurem Alter war, hätte ich das nie geschafft.« Mittlerweile gibt es mehrere hundert »Hole in the Wall«-Computer in Indien und in weiteren Ländern in Asien und Afrika.

Skalierung, Grenzen und ein Wunsch nach Wandel

Obwohl »Hole in the Wall« mittlerweile mehr als zehn Jahre läuft, gibt das Projekt nicht nur Antworten, sondern wirft auch Fragen auf: Lässt sich ein solcher Ansatz wirklich skalieren? Unter bestimmten Bedingungen können Computerspiele das Lernen überlagern und ältere Kinder die jüngeren von den Computern verdrängen. Vandalismus kann ein Problem sein und es könnte sein, dass ein Computer in einem abgelegenen Dorf in Indien eine außergewöhnliche Motivation darstellt, die sich abnutzt, sodass sich die Methode an anderen Orten nicht auf dieselbe Weise wiederholen lässt.

Dennoch gibt es für uns von den Kindern in Indien einiges zu lernen: Die Bedeutung von Motivation, Vertrauen und Freiheit für die Bildung. Es gibt gerade in den hoch entwickelten Ländern eine ausgeprägte Sehnsucht nach einem Wandel des Lernens – nach mehr Autonomie, Flexibilität und Offenheit. Diese Sehnsucht wird in der Zukunft zu fundamental verändernden Gegenentwürfen von Hochschulen führen.

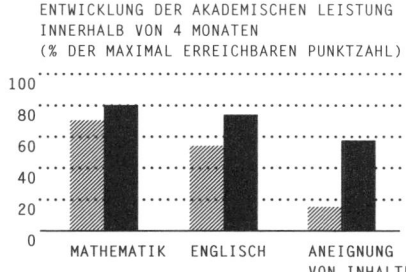

ENTWICKLUNG DER AKADEMISCHEN LEISTUNG
INNERHALB VON 4 MONATEN
(% DER MAXIMAL ERREICHBAREN PUNKTZAHL)

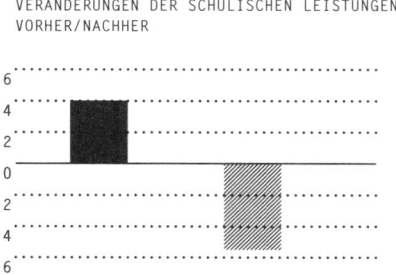

VERÄNDERUNGEN DER SCHULISCHEN LEISTUNGEN
VORHER/NACHHER

UNTERSUCHUNGSERGEBNISSE IM RAHMEN DES EXPERIMENTS »HOLE IN THE WALL«
■ HOLE IN THE WALL ▨ KONTROLLGRUPPE (OHNE HOLE-IN-THE-WALL-COMPUTER)

IMG133   BEI DER ANEIGNUNG VON INHALTEN IST DER UNTERSCHIED BESONDERS AUFFÄLLIG
IMG134   BEI DEN KINDERN DER KONTROLLGRUPPE WURDEN DIE SCHULISCHEN LEISTUNGEN SOGAR SCHLECHTER

▶ 073 **Teilen**

Shared Spaces

Hans Monderman bekam in den 1980er Jahren den Auftrag, eine stark befahrene Durchgangsstraße in dem kleinen Dorf Oudekaste in der niederländischen Provinz Friesland sicherer zu machen. Jeden Tag fuhren 6.000 Autos und 2.500 Radfahrer über diese Straße, und oft kamen sie sich dabei in die Quere. Die Autos fuhren zu schnell und für einen Fahrradweg gab es keinen Platz. Anstelle von Bodenwellen und Blumenkübeln ließ Monderman die Straße in rotem Klinker pflastern, damit sie dörflicher wirkt. Außerdem schränkte er den Blick auf zentrale Kreuzungen ein. Der Effekt: Die Durchschnittsgeschwindigkeit sank von 58 auf 37 Kilometer pro Stunde.

»Es hat mehr als fünf Jahre gedauert, bis ich verstanden habe, warum das so war. Es war anders als alles, was ich je gelernt hatte. Die neue Erfahrung war, dass sich das Verhalten der Menschen ändert, wenn man ihnen einen anderen Kontext gibt, auf den sie sich bezogen fühlen«, so Mondermann. ✎64 ▶

Das kürzeste Designmanual der Welt: Es gibt keine Regel

135

Warum statt Wie

»Als Student wünsche ich mir einen Ort, an dem ich fragen kann ›Warum‹ –
wie in ›Warum sollen wir Dinge gestalten?‹ … nicht ›Wie?‹.«

Diese Aussage, des Design-Studenten Giovanni Pezzato auf dem Symposium »Reinventing School from A to Z33« des italienischen Magazins »abitare« in Mailand
macht deutlich, wie ein kleines Wort einen ganzen Entwurf verändern kann. ✐65 Das
»Wie« steht für traditionelles Design, welches Formen, Materialien, Strategien und
Prozesse in den Mittelpunkt stellt. Es geht der Frage nach, *wie* sich ein gegebenes Problem lösen lässt. Das »Warum« hingegen steht für eine Auffassung von Design, das
selbst den Kontext bestimmt, um den es geht. ⟜**062**

Jede Sache, jede Handlung und jede menschliche Äußerung kann nur in ihrer Beziehung zu anderen Dingen, Handlungen und Äußerungen verstanden werden. Ändern
sich diese Beziehungen, so ändern sich die Dinge selbst. Was wäre, wenn Menschen
nur noch 50 cm groß wären? ▸**081**

⟜**062 Realität gestalten** / Design jenseits der Serviceindustrie
▸**081 Nachhaltigkeit** / The Incredible Shrinking Man

✍ 074 Kontext gestalten

Zusammenhänge zu verändern, ist ein gestalterisches Werkzeug,
das ungeheure Kräfte entwickeln kann. Die Idee von »Design als
Kontext« verlässt allerdings auch das gewohnte Terrain scheinbar
gesicherter Methoden, Regeln, wiederholbarer Prozesse und
erprobter Werkzeuge.

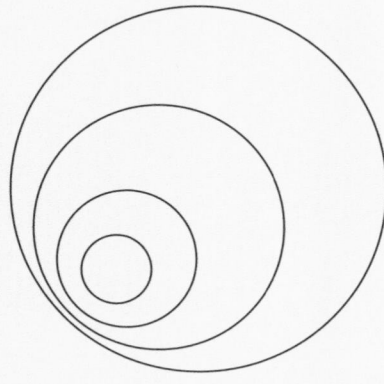

IMG136 DESIGN UND KONTEXT
»Gestalte ein Ding immer in seinem nächstgrößeren Kontext: einen Stuhl in einem Raum,
einen Raum in einem Haus, ein Haus in einer Viertel, ein Viertel in einer Stadt.«
(Eliel Saarinen)

Kontexte gestalten Methoden

»Eine kodifizierte, wiederverwendbare Methode kann nichts Neues hervorbringen. Denn Neues kann nur entstehen, wenn man die schwierige Arbeit auf sich nimmt, den Status quo einer Organisation herauszufordern«, schreibt die Designjournalistin Helen Walters. »Manager suchen verständlicherweise nach netten und überschaubaren Wegen, innovativ zu sein – sie sollten aber einsehen, dass es solche Wege nicht gibt.« [66]

Damit sind viele der Konflikte, die Designer mit ihren Auftraggebern haben, auf einen Nenner gebracht. Veränderung ist immer mit einem Schuss Chaos verbunden. Chaos birgt Risiken und Unsicherheit ... und das ist es genau, was viele Unternehmen nicht mögen und talentierte Designer besonders gut können: grundsätzliche Fragen stellen.

Dabei ist auch Gestaltung nicht immun gegen den schädlichen Einfluss von Methoden, Standards und definierten Prozessen. Wenn man sich in der Welt des Brandings umschaut, kann man feststellen, wie die Professionalisierung der letzten 30 Jahre zu einer Wüste austauschbarer Unternehmenswerte, glatter Logos und hochprofessioneller, aber toter Bildwelten geführt hat. Design droht an seinem eigenen Erfolg zu ersticken. Was bedeutet Eigenständigkeit noch in einer Welt, in der Differenzierung zum Standard geworden ist und es genau beschriebene Wege gibt, wie man dorthin kommt?

Kontext gestalten

»Ich glaube, dass sich Design immer dem Kontext seines jeweiligen Gegenstandes anpassen muss«, sagt der Gestalter Ruedi Baur in einem Gespräch für dieses Buch. Es gibt keine Methode für verschiedene Aufgaben, sondern der Gestalter muss für jede Aufgabe eine eigene Methode entwickeln, die in der Lage ist, den Zusammenhang zu verändern. Zum Beispiel: Das »Fairphone« ⏂026 gestaltet die globale Arbeitsteilung neu – mit Hilfe eines Telefons. »Climate Name Change« ▶015 macht Politik mit Hilfe eines Namensfindungsprozesses. Die »Marylebone Free School« ▶077 entwirft anstelle von Gebäuden, in denen man lernen kann, eine Lernarchitektur.

⏂026 **Slow Prototyping** / Fairphone
▶015 **Aktivismus** / Sturmtiefs nach »klimafeindlichen« Politikern benennen
▶077 **Software** / Marylebone Free School

Schau mir in die Augen

Aus diesem überraschenden Experiment entwickelte Monderman in der Zeit danach
sein Konzept der »Shared Spaces« – lange vor der Zeit von Social Media. Die Idee klingt
simpel und gefährlich. Fußgänger, Radfahrer und Autos können gemeinsam denselben
Verkehrsraum benutzen, wenn die Verkehrsregeln abgeschafft und Schilder abgebaut
werden. Denn nur dann beginnen die Menschen aufeinander zu achten.

In der Welt von Monderman gibt es ganze zwei Verkehrsregeln: »Rechts fahren« und
»Rechts vor links« – das genügt. Der Ansatz ist radikal und widerspricht diametral allen
gelernten Vorstellungen: Mach' Straßen gefährlich und sie werden sicherer. Auf den von
Monderman gestalteten Kreuzungen fließt der Verkehr wie von Zauberhand gesteuert:
Autos werden langsamer, Fahrräder weichen aus und Fußgänger finden blind ihren Weg
durch ein Gewimmel, das wie Chaos aussieht – und das Gegenteil davon ist.

Wo es keine Regeln gibt, kann man sich auf nichts verlassen. Also versuchen die Ver-
kehrsteilnehmer, sich in die Augen zu sehen, wenn sich ihre Wege kreuzen. Erst wenn
der Augenkontakt hergestellt ist, fühlen sich alle Beteiligten sicher genug, um weiter
ihres Weges zu fahren, zu gehen oder zu radeln. Die Gestaltungsregel »Less is more«
bekommt auf den Shared-Space-Straßen eine ganz neue Dimension.

Die Sprache der Zahlen

Die Idee hat seither eine Reise um die Welt angetreten. Der Ansatz hat Nachahmer
gefunden in Österreich, Dänemark, Frankreich, Deutschland, Spanien, England und den
USA. Das Transport Research Laboratory in Großbritannien hat in einer Studie ermittelt,
dass die Entfernung eines Mittelstreifens zu einer Reduktion der Unfallzahlen um 35 %
führt. [67] Überhaupt ist Geschwindigkeit in der Verkehrsplanung überschätzt. Eine Untersuchung in den Niederlanden hat ergeben, dass der Ausbau mehrspuriger Autobah-
nen Staus in vielen Fällen nicht verkürzt, sondern im Gegenteil verlängert: Auf breiten
Straßen kommen die Fahrer einfach nur schneller an die neuralgischen Punkte – zum
Beispiel ein Autobahnkreuz – und stehen so früher mit mehr Autos in einem längeren
Stau.

Eine moderne Auffassung von Verwaltung und Steuerung

»Shared Space« ist ein Gestaltungsmodell, das an Menschen glaubt, Vertrauen belohnt
und durch Anschauung beweist, dass es funktioniert. Die Reduktion von Regeln ersetzt
nicht die Verwaltung – denn auch wenige Regeln brauchen eine Instanz, die solche Regeln einführt. Weniger Komplexität ersetzt die Idee eines passiven durch einen aktiven
Bürger, indem es ihm weniger Entscheidungen abnimmt. Shared Space zeigt, dass
es möglich ist, ein System zu gestalten, in dem nicht die einzelnen Akteure versuchen,
einen maximalen Gewinn für sich selbst zu generieren, sondern in dem der Einzelne
den Kontext verstehen und so positive Effekte für sich selbst und andere erzeugen kann.

▶ 075 **Aktion**

OASIS Game

Das »OASIS Game« ist ein Werkzeug für partizipative Architektur. Das Spiel wurde von der Architektenorganisation ELOS in Brasilien entwickelt. Ziel von OASIS ist es, Gemeinschaften »wachzuküssen« und zu schnellen Aktionen mit großer Wirkung zu animieren. Im Lauf des Spiels definieren, initiieren und implementieren die Spieler gemeinsam ein anspruchsvolles Projekt – zum Beispiel einen Park, einen Platz, einen Kindergarten oder ein Kulturzentrum. Der Begriff »Nachbarschaft« ist dabei absichtlich weit gefasst und kann NGOs, Kommunalverwaltungen oder lokale Institutionen mit einschließen.

Das Spiel umfasst sechs Phasen: Sehen, Zuneigung, Traum, Machen, Wunder und Feier. Die Spieler bekommen Rollen zugewiesen und werden zu Charakteren in dem Spiel. Durch die Rollen werden unterschiedliche Aufgaben in den verschiedenen Phasen des Spiels ausgefüllt. Dazu bekommt jeder Teilnehmer eine Karte, ein symbolisches Objekt und eine Beschreibung seines Charakters. OASIS stimuliert Gruppen zu kooperieren und unternehmerisch zu denken. Das Spiel erzeugt konkrete Lösungen für kritische Probleme in einer Gesellschaft und macht allen Beteiligten klar, dass es möglich ist, die Welt zu verändern. ▶

Sim City für soziale Räume

Facilitator

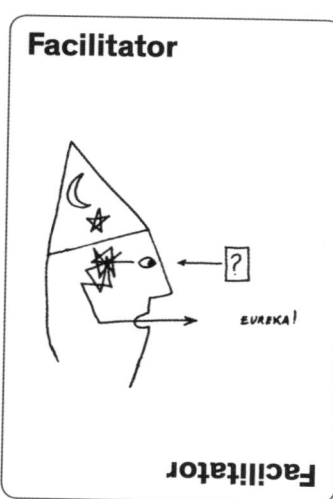

Orakel

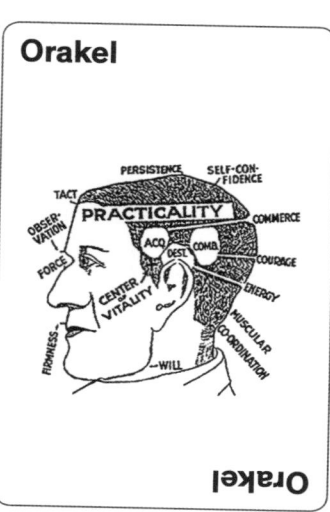

Little Winds

Der Facilitator leitet das Spiel. Er spielt keine Hauptrolle in dem Spiel — ist aber wichtig, um die Qualität zu gewährleisten.

Orakel sind die Schlüsselpersonen für ein besseres Verständnis. Sie wissen Bescheid — über die Geschichte(n) des Viertels und Beziehungen. Sie sind die Weisen der Gemeinschaft.

Little Winds sind Kinder aus der Nachbarschaft. Sie sind die Ersten, die sich treffen, und helfen den anderen in der Gruppe.

Experten des eigenen Lebens

Partizipatives Design bedeutet nicht – wie von Designern oft angenommen –, dass jeder zum Designer wird. Partizipatives Design bedeutet, dass jeder Experte seines eigenen Lebens ist und aus dieser Position heraus wichtige Beiträge zu einem Designprozess leisten kann.

Partizipatives Design geht zurück auf das sogenannte »Kollektive Systemdesign«, das während der 1970er Jahre in Schweden entwickelt wurde, um Arbeitnehmern mehr Mitgestaltungsmöglichkeiten in Bezug auf ihren Arbeitsplatz zu geben. Heute findet partizipatives Design nicht mehr nur im Produktdesign Anwendung, sondern auch in der Architektur und im Kommunikationsdesign – vor allem dann, wenn ein tieferes Verständnis kultureller Zusammenhänge nötig ist, der Zugang zu stillem Wissen[a] geschaffen und die spätere Akzeptanz einer Lösung bereits im Designprozess angelegt werden soll.

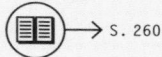 → S. 260 WER GESTALTET DIE GESTALTUNG?
PRAXIS, THEORIE UND GESCHICHTE DES PARTIZIPATORISCHEN DESIGNS;
CLAUDIA MAREIS, MATTHIAS HELD, GESCHE JOOST (HG.); TRANSSCRIPT 2011

Durch Digitalisierung, sozialen Wandel, Consumer-Hacking und Open Design erlebt partizipatives Design eine Renaissance. ⬆098 Dabei spielt auch die politische Dimension eine Rolle. Partizipatives Design ermöglicht die Transparenz von Produktionsketten, kann traditionelle Medienkanäle kurzschließen und prinzipiell die Gesellschaft offener und demokratischer machen – so die Hoffnung. ⬆006

Was bedeutet partizipatives Design vor dem Hintergrund der Entwicklung einer vernetzten Gesellschaft? Sind die Methoden von partizipativem Design noch aktuell? Werden Benutzer tatsächlich beteiligt oder ist partizipatives Design ein romantisches Surrogat? Wann ist partizipatives Design sinnvoll und wo endet es?

⬆**098 Open Design** / Jenseits des Autorendesigns
⬆**006 Mem** / Ad-hoc-Medienkanäle durch Codes und Jokes aufbauen

🖐 076 Partizipatives Design

Unter welchen Bedingungen können konzeptionell und formal überzeugende Lösungen entstehen, die herausfordernd, schlagkräftig und sinnvoll sind, weil potenzielle Nutzer und Amateure daran mitgearbeitet haben? Fragen an das partizipative Design ...

Kritisches Denken

Es gibt eine Tendenz in partizipativen Projekten, dass von der Gemeinschaft getroffene Entscheidungen nicht mehr hinterfragt werden, weil das gegen die Grundidee der Beteiligung verstoßen würde: Das Kollektiv hat immer recht. Demokratie ist aber in erster Linie eine Frage der bestmöglichen Legitimation einer Entscheidung und nicht der bestmöglichen Lösung eines Problems. Durch diese Unschärfe können partizipative Designprojekte auf falschen Prämissen aufgebaut werden.

Kompetenzmangel an allen Fronten

Jeder hat heute Zugang zu den Werkzeugen eines Designers. Aber nicht jeder verfügt über die Erfahrung eines Gestalters, die über lange Jahre aufgebaut wurde und zu einer differenzierten Arbeitsweise, Sensibilität im Umgang mit Materialien sowie einer eigenen, individuellen Methodik geführt hat. Designer hingegen verfügen oftmals nicht über die moderierenden Werkzeuge und Methoden, mit denen sie die Erfahrungen der Nutzer als »Experten des eigenen Lebens« produktiv machen können. Diese Situation kann zu einem Kompetenzwirrwarr und vielfältigen Konflikten führen.

Skalierung und Blockaden

Viele partizipative Ansätze im Bereich des »Social Design« artikulieren zwar ein gesellschaftliches Bedürfnis, haben aber – je nach Anwendung – nur einen begrenzten Wirkungskreis und sind entsprechend schwer zu skalieren. Der Grund dafür liegt in einer meist ideologisch geprägten Form solcher Projekte, die sich nicht Zielen, sondern romantischen Idealen und einer expertise-kritischen Haltung verschreiben: Dementsprechend marginal sind viele Ergebnisse. Gemeinsam eine Hauswand zu bemalen ist sicherlich ein Erlebnis, das die Nachbarschaft stärkt – an den echten, oft verdeckten Problemen in einem Stadtviertel ändert das aber wenig.

Rollen für Designer

Der Begriff »Partizipatives Design« trifft eine klare Aussage über die Rolle des Nutzers – er soll beteiligt werden. Was aber ist die Rolle des Designers?

Können Designer in einem partizipativen Designprozess die Rolle eines Korrektivs übernehmen und durch die Erfindung von Geschichten, Bildern und Modellen Alternativen zu der Mehrheitsansicht erzeugen, um so kritisches Denken in einer Gruppe von Nutzern zu provozieren? ▶033

Können Designer zu professionellen Gestaltern des Rahmens von partizipativem Design werden, bestehende Praktiken verfeinern und neue Methoden entwickeln? WWW.SERVICEDESIGNTOOLS.ORG

Können Designer durch Prototypen Konflikte sichtbar machen und dadurch einen Designprozess ermöglichen, der diesen Namen verdient? ⟲022

▶033 **Fiktion** / Das Mögliche, das Wünschenswerte, das Plausible und das Wahrscheinliche
⟲022 **Prototyp** / Dilemmas und kontroverse Objekte

Storyteller

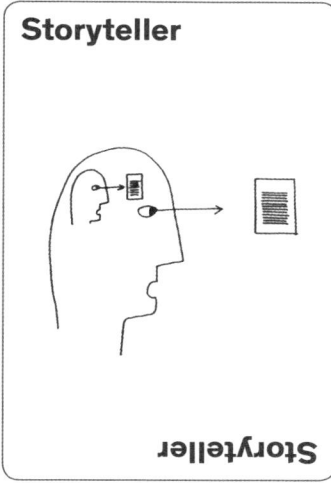

Storyteller

Der Storyteller dokumentiert das
Spiel, verbreitet es in der Nach-
barschaft und arbeitet mit dem
Cybernauten zusammen.

Cybernaut

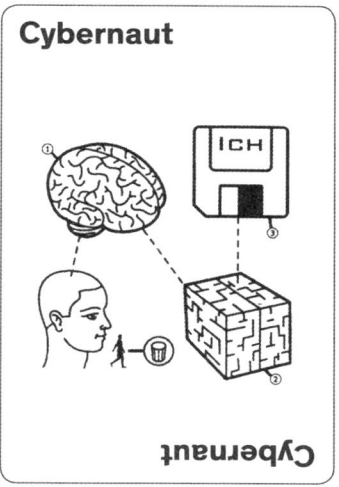

Cybernaut

Der Cybernaut liebt Technologien
und ist in sozialen Medien zu Hause.
Er postet alle Informationen über
das OASIS-Spiel im Internet.

Time Keeper

Time Keeper

Der Time Keeper hat einen Blick
auf die Uhr und beherrscht die
Gleichung: Zeit x Aktion x Qualität.
Er trägt die Verantwortung für den
Rhythmus der Gruppe und sorgt dafür,
dass die gemeinsamen Beschlüsse
auch tatsächlich umgesetzt werden.

Lighthouse

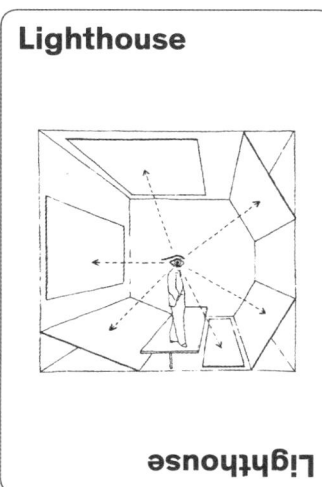

Lighthouse

Der Leuchtturm kann Talente und
Träume in der Gemeinschaft entdecken und in eine Beziehung setzen.
Er hat gute Ideen und heitert alle
auf, wenn es nicht so gut läuft.

Ninja

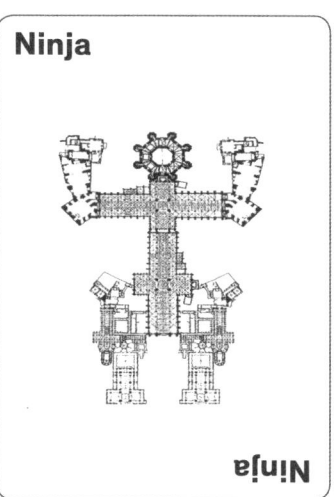

Ninja

Ninjas operieren im Geheimen. Sie
lösen Probleme, überblicken das
Ganze und formulieren Aktionen. Die
Charaktereigenschaften des Ninjas
sind Exzellenz und Kreativität.

Keeper

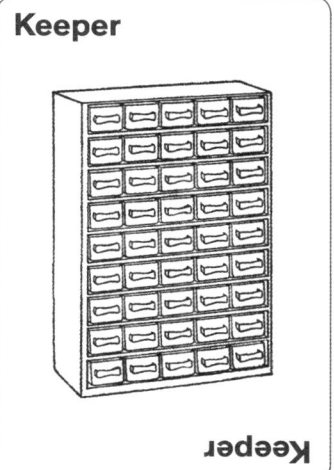

Keeper

Der Keeper sorgt dafür, dass alle
mit Materialien versorgt sind
und alles gut organisiert ist. Er
bringt Verantwortung, Organisation
und Empathie in das Spiel.

▶ 077 Software

Marylebone Free School, London

Die »Marylebone Free School« ist ein Entwurf des Architekturbüros »00:/« und einer Elterninitiative auf der Suche nach neuen Lernkonzepten für das 21. Jahrhundert: An die Stelle eines Gebäudes tritt ein Kommunikationssystem und Netzwerk, in dem unterschiedliche Ressourcen und bestehende Gebäude des Londoner Stadtviertels Marylebone miteinander verbunden werden: Unternehmen, Institutionen, öffentliche Gebäude, Gemeinderäume, Kinos, traditionelle Bildungseinrichtungen ... eine Vielzahl von Akteuren und Orten in der Gemeinde werden in die Schule integriert. Ein zentrales Schulgebäude gibt es nicht mehr − nur noch ein kleines Verwaltungsgebäude als Drehkreuz für den Austausch. Die Schularchitektur wird durch eine Lernarchitektur ersetzt, in der mobile Kommunikation, Lowtech-Transportmittel, Traditionen, die Geschichte des Ortes und eine neue Art des Lernens zusammenfließen. Architektur als Bildungsrevolution ... ▶

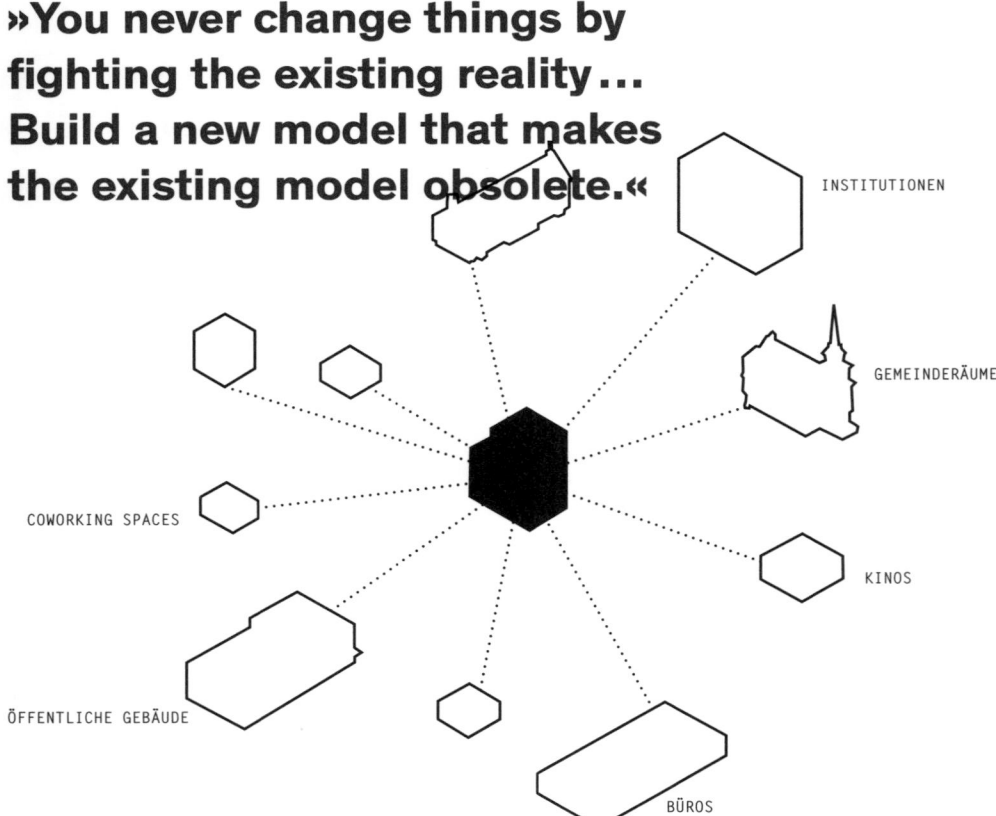

»You never change things by fighting the existing reality ... Build a new model that makes the existing model obsolete.«

INSTITUTIONEN

GEMEINDERÄUME

COWORKING SPACES

KINOS

ÖFFENTLICHE GEBÄUDE

BÜROS

IMG138   ARCHITEKTURPRINZIP: MARYLEBONE FREE SCHOOL
ZITAT   BUCKMINSTER FULLER

Freiheit, Gleichheit, Brüderlichkeit, Vernetzung

Die Idee des »Bürgers« war schon immer eine Do-it-yourself-Idee. In einem Raum, in dem ich mich selbst erfinden kann, wird der feste Platz im sozialen Gefüge in Frage gestellt und die Karten werden neu gemischt. Während die letzte Bürgergesellschaft vor ca. 200 Jahren aus den neuen Möglichkeiten eines individuellen wirtschaftlichen Aufstiegs hervorgegangen ist, entsteht heute am Schmelzpunkt von Technologie und Demokratie eine neue, vernetzte Zivilgesellschaft.

Diese vernetzte Bürgergesellschaft »ist eine Idee, wie durch Technologie und einen tiefgreifenden Demokratisierungsprozess der Weg frei gemacht wird, damit sich Menschen selbst lokal organisieren können und schließlich Institutionen und Organisationen gründen, die einen fundamentalen zivilgesellschaftlichen Nutzen stiften. Diese Organisationen können kommerziell sein oder nicht – das macht keinen Unterschied. Es ist eine zivile Methode, Mikro-Aktionen zu organisieren, die neue soziale, ökologische und wirtschaftliche Kreisläufe anstoßen«, schreibt der Architekt der Marylebone Free School Indy Johar aus London. [68]

☞ 078 Vernetzte Bürgergesellschaft

Design kann bei der Entwicklung der vernetzten Bürgergesellschaft eine zentrale Rolle spielen. Diese neue Rolle hat aber mit dem Designer des 20. Jahrhunderts nicht mehr viel zu tun.

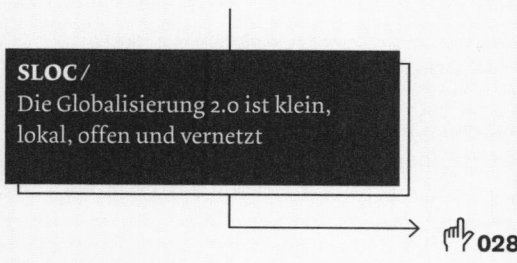

SLOC/
Die Globalisierung 2.0 ist klein, lokal, offen und vernetzt

☞ 028

Aktionsräume gestalten

Die Aktionsräume der vernetzten Bürgergesellschaft sind potenziell viel größer als
das heute noch den Anschein hat. Es geht um mehr als nur um Protest (Stuttgart 21)
oder das gemeinsame Anlegen eines Dachgartens.

Die Freie Schule in Marylebone macht diesen Aktionsraum sichtbar: Auf der einen
Seite die traditionelle Architektur als gebautes Symbol und Fetisch von Material und
Konstruktion. Auf der anderen Seite die neue Architektur des digital/anlog verwobe-
nen Raums, in dem viele kleine Aktivitäten zu größeren Sinneinheiten verschmelzen.
Durch diesen Wandel entstehen neue Verknüpfungen, innerhalb derer ein Unternehmen, ein Kino, ein Museum oder ein Amt Teil einer Schule werden – und umgekehrt eine Schule zum Teil eines Unternehmens, eines Kinos … etc. Lernen wird aus
dem geschlossenen Ort herausgelöst und zu einem vernetzten, transparenten und
integrierten Bestandteil des Stadtviertels und damit zu einer Aufgabe für alle.

Solche Konzepte sind mehr als nur eine aus der Not des Platzmangels geborene, singuläre Idee. Die Schule als Organisationsform ist mittlerweile mehr als 200 Jahre alt.
Was im 19. Jahrhundert eine soziale Innovation war (Schulpflicht), wird heute mehr
und mehr reformbedürftig. Wir müssen nicht mehr nur wissen, sondern Informationen
finden, ergänzen und zu wieder neuem Wissen verknüpfen. Wenn die Vernetzung dazu
führt, dass sich Studenten aus einem Meer an verfügbaren Quellen ein eigenes Studium sampeln, bekommt der Bau einer Schule eine neue Dimension. ☝072 Die »Akademie« als Hort und Speicher des Wissens kann dann nicht mehr (alleine) ein Gebäude
aus Stein und Mörtel sein, sondern ein Wiki ▣ aus Orten, Datenflüssen, Netzwerken
und dezentral verbundenen Infrastrukturen.

Hybride Gestaltungsallianzen

Ein hybrides Bündnis aus Designern, Architekten, Journalisten, Programmierern ist
dabei, diese neuen Aktionsräume zu gestalten und die Zusammenhänge zu erstellen, in
denen die vernetzte Bürgergesellschaft entstehen kann. Gestaltung wird aber ebenfalls
seinen Kontext verändern und neue Inhalte, neue Werkzeuge und neue Paradigmen
entwickeln – zusätzlich zu denen, die schon da sind. Die Nischen des traditionellen
Designs werden kleiner und marginaler werden. Vor uns liegt eine Jahrhundertaufgabe
– die Gestaltung der globalen, vernetzten Bürgergesellschaft.

☝072 **Education Hacking** / Sampeln, Mixen, Studieren

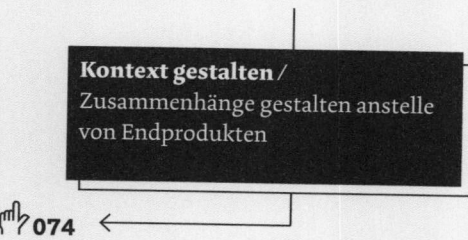

Kontext gestalten /
Zusammenhänge gestalten anstelle
von Endprodukten

LERNEN AUF DEN KOPF GESTELLT:
VON ...

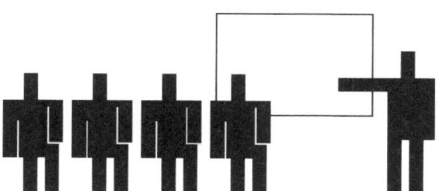

ZUHÖREN: SCHULE   ÜBEN: ZUHAUSE

... ZU

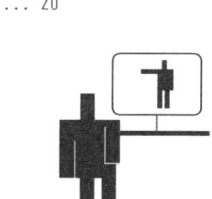

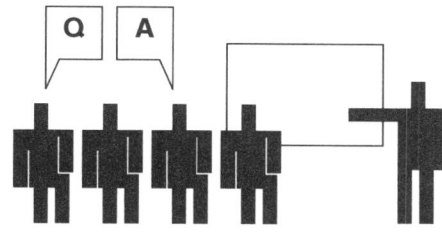

ZUHÖREN: ZUHAUSE   ÜBEN: SCHULE

Mikro- und Makronetzwerke

Die Marylebone Free School klinkt sich in den weltweit vernetzten Austausch von Wissen, Informationen und Inhalten ein. Gleichzeitig bekommt die Umgebung vor Ort eine weitaus größere Bedeutung als das bei traditionellen Schulen der Fall ist: Die London Business School, die Sylvia Young Theatre School und die Royal Academy of Music sind nur zehn Minuten entfernt und Teil des neuen Lernkonzeptes. Das analoge Gewebe des Stadtviertels und seiner unterschiedlichen Institutionen wird kombiniert mit der globalen Struktur des World Wide Web.

Resilient, anpassungsfähig und dezentral

Durch die Verteilung von Orten, Quellen und Inhalten entsteht eine Konstruktion, die sich schneller und flexibler an neue Gegebenheiten anpassen kann – steigende oder sinkende Schülerzahlen, neue Lehrpläne, Kompensation von Ausfallzeiten... viele der Probleme, mit denen Schulen heute zu kämpfen haben, könnten durch die eine solches Schulmodell neue Lösungsmöglichkeiten erhalten.

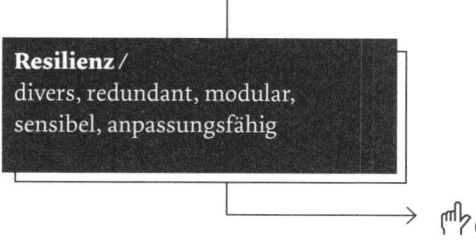

Resilienz /
divers, redundant, modular,
sensibel, anpassungsfähig

🖒 030

▶ 079 **Luxus**

Hartz-IV-Möbel

Mit dem Hartz-IV-Möbel-Buch kann sich jeder seinen eigenen Designklassiker bauen. Die Entwürfe greifen bekannte Klassiker wie den Lounge Chair von Charles Eames (24-Euro-Chair) oder den Ulmer Hocker von Max Bill (Berliner Hocker) auf und formen sie in eine grobe DIY-Variante um, deren Charme in der Kantigkeit und Einfachheit besteht – und in dem Gedanken dahinter: »Es gibt leider mehr Menschen mit gutem Geschmack als Menschen mit gutem Einkommen«, sagt der Architekt und Gestalter der Hartz-IV-Möbel Van Bo Le-Mentzel. Mittlerweile gibt es eine Möbel-Kollektion, mit der man problemlos ein ganzes Haus einrichten kann: Regalsysteme, Betten, Sofas, Kleiderschränke, Lampen und vieles mehr. Die Baupläne kann man sich von der Website WWW.HARTZIVMOEBEL.DE herunterladen, und nach einem kurzen und günstigen Besuch im Baumarkt (die Möbel kosten um die 20–30 Euro) kann es losgehen. ▶

140

10 Euro,
10 Schrauben,
10 Minuten

IMG140   KREUZBERG 36 CHAIR

Kooperation, Austausch und Gefälligkeiten als neue Währung
Soziales Kapital entsteht durch die Bereitschaft von Bürgern, miteinander zu kooperieren. Es wird durch die vielen kleinen alltäglichen Aktionen und Handlungen gebildet, aus denen sich Zusammenarbeit und gegenseitige Unterstützung entwickeln können.

Soziales Kapital bietet Zugang zu den Ressourcen des sozialen und gesellschaftlichen Lebens: Unterstützung, Hilfeleistung, Anerkennung und Wissen bis hin zum Finden von Arbeits- und Ausbildungsplätzen. Die Währung des sozialen Kapitals ist das Tauschgeschäft, die Gefälligkeit, der Besuch usw. Soziales Kapital hat eine große volkswirtschaftliche Bedeutung, da es die Kosten für staatliche Regulation und die sozialen Leistungen einer Gesellschaft senkt. Wo Hilfeleistungen, Pflege, Unterstützung und Förderung von einer funktionierenden Gemeinschaft erbracht werden, müssen sie nicht mehr durch Institutionen gedeckt werden. Menschen, die einander vertrauen, lösen Konflikte bereits im Vorfeld durch Kooperation und Kommunikation – und nicht durch staatliche Sanktionen. ☞69

☞ 080 **Soziales Kapital**
Soziales Kapital im Sinne eines »Reichtums an Beziehungen« hat für Design eine zentrale Bedeutung, weil es in einer direkten Verbindung mit der Qualität von Kommunikation in einer Gesellschaft steht: Eine Gesellschaft mit geringem sozialen Kapital bietet wenig Chancen für sinnvolle Gestaltungskonzepte – egal wie reich sie ökonomisch betrachtet ist. Eine Gesellschaft mit hohem sozialen Kapital hingegen kann dennoch eine fruchtbare Umgebung für Gestaltung sein, auch wenn die Menschen über weniger Geld verfügen. ☞090

Wie entsteht soziales Kapital und wie kann man es vermehren?

☞**090 Frugales Design** / Wenn »less« wirklich »less« ist

```
ÖKONOMISCHES KAPITAL  >     GELD
SOZIALES KAPITAL      >     BEZIEHUNGEN
KULTURELLES KAPITAL   >     BILDUNG
SYMBOLISCHES KAPITAL  >     PRESTIGE
+

=                           REICHTUM EINER GESELLSCHAFT
```

150 Strategien der Yale University zur Vermehrung sozialen Kapitals (Auszug)
Das Saguaro Seminar an der Yale Universität erforscht Möglichkeiten, soziales Kapital
in einer Gesellschaft messbar zu machen und die Faktoren zu analysieren, wie soziales
Kapital vor dem Hintergrund eines dynamischen gesellschaftlichen Wandels mit unterschiedlichen Subkulturen, Glaubensrichtungen, Arbeitswelten und einer wachsenden sozialen Ungerechtigkeit dennoch vermehrt werden kann.
WWW.BETTERTOGETHER.ORG/150WAYS.HTM

1	Organisiere eine Willkommensfeier für einen neuen Nachbarn
8	Werde Mentor für jemanden aus einer anderen Kultur oder Religion
10	Lass deine Eltern ihre frühesten Kindheitserinnerungen auf Tonband aufnehmen auf und spiele sie deinen Kindern vor
12	Vermeide Klatsch und Gerüchte
18	Nimm an den Sportveranstaltungen und Aufführungen deiner Kinder teil
19	Lerne die Lehrer deiner Kinder besser kennen
28	Baue ein wetterfestes Schachbrett für den Park in der Nähe
36	Nimm an Umfragen teil
49	Für Arbeitgeber: Gib deinen Angestellten Zeit, um an sozialen Projekten mitzuarbeiten
52	Lies deinen Kindern vor
53	Bewirb dich um öffentliche Ämter
59	Gehe in die Kirche, die Synagoge oder die Moschee ... oder gehe davor spazieren und erkläre deinen Kindern, warum das wichtig ist
81	Rufe einen alten Freund an
93	Hilf dabei, einen Newsletter für deine Nachbarschaft einzurichten
98	Veranstalte eine Lesestunde für Kinder in der Stadtbibliothek
103	Hilf jemandem, etwas Schweres zu tragen
108	Repariere etwas – auch wenn du es nicht kaputt gemacht hast
111	Gehe mit Freunden oder Kollegen ins Stadion (und schrei' dir für dein Team die Seele aus dem Leib)
113	Heuere junge Leute an für eigenartige Jobs
121	Kaufe dir eine große Badewanne
125	Sammle Geld für die kaputte Uhr am Rathaus oder für die neue Bibliothek
133	Lerne Schuhblattler oder Walzer
134	Hilf den Kindern in der Straße einen Limonadenstand aufzubauen
138	Biete den Nachbarn an, auf ihre Wohnung aufzupassen, wenn sie verreisen
143	Frage jemanden, ob er dir seine Familienfotos zeigt.
	...

142

SIWO SOFA
Version 2.0
(c) 2010, Le Van Bo
www.hartzIVmoebel.de
prime@web.de

Page 2/2

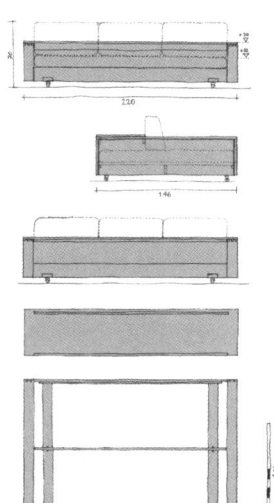

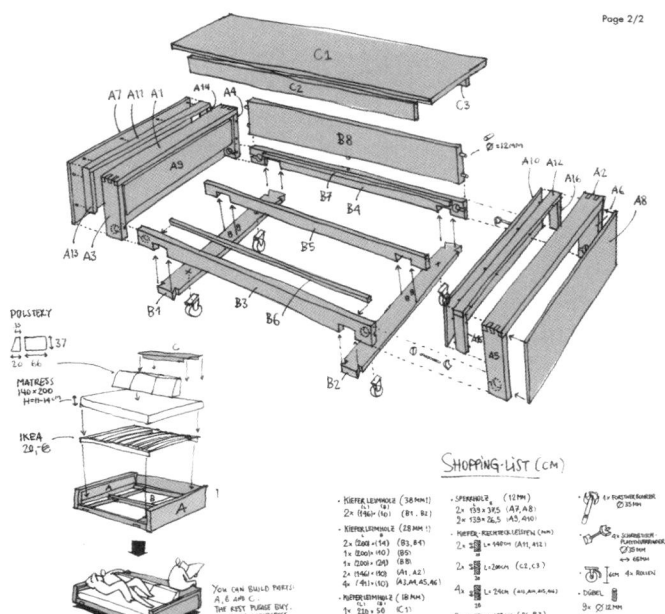

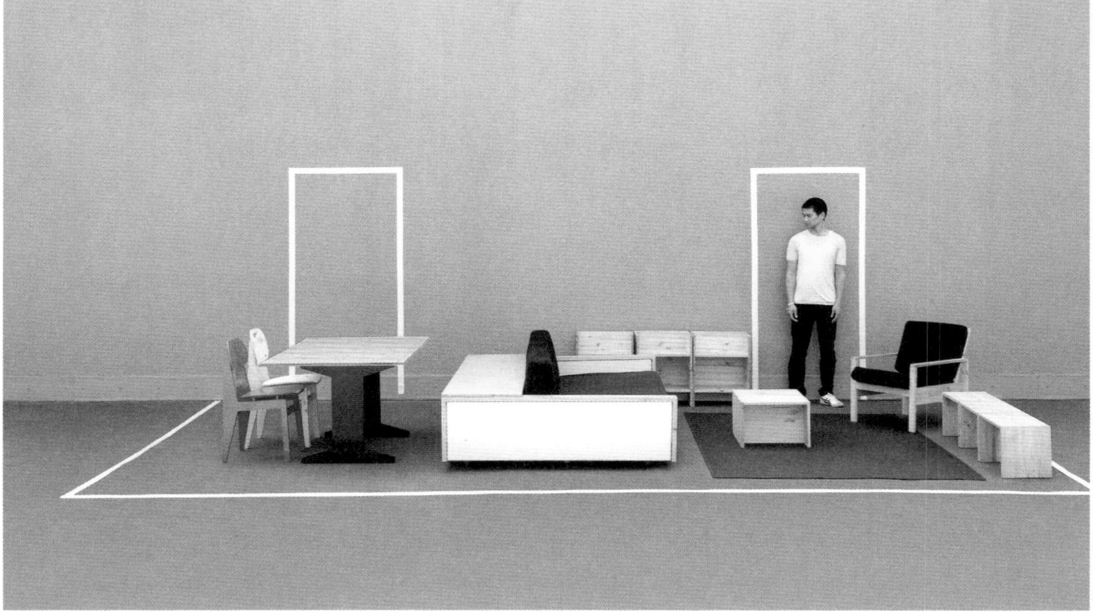

IMG142   HARTZ-IV-MÖBEL-BAUANLEITUNG

IMG143   HARTZ-IV-MÖBEL-KOLLEKTION

CREDITS   VAN BO LE-MENTZEL

▶081 Nachhaltigkeit

Nachhaltigkeit ist nicht schön. Sie kennt nur zwei ästhetische Formen – und beide sind hässlich. Auf der einen Seite steht eine Melange aus Verzicht und Apokalypse. Natur und Mensch sind in einem unversöhnlichen Kampf mit einem sicheren Verlierer verstrickt: Der Mensch kann ohne die Natur nicht existieren – die Natur hingegen ohne den Menschen schon. Deshalb kann es nur einen logischen Ausweg geben: Wir müssen zurück in einen früheren, paradiesischen Zustand, in dem der Mensch angeblich im Einklang mit der Natur gelebt hat. Auf der anderen Seite steht das Prinzip der Camouflage: Begrünte Fassaden, appellative Kampagnen und Biolabel verstellen den Blick auf die dahinter liegenden Fragen. Sie gaukeln vor, dass wir nur das Richtige kaufen müssen, um das eigentliche Problem zu beseitigen. Wer will das noch glauben? Es ist höchste Zeit für eine dritte Erzählung … ▶

144

50 cm

www.the-incredible-shrinking-man.net

IMG144   THE INCREDIBLE SHRINKING MAN
          Wenn Wachstum das Problem in einer Welt mit endlichen Ressourcen ist, dann könnte Schrumpfen eine
          Lösung sein. Um ein Objekt 10 % größer zu machen, braucht man 33 % mehr Material. Der Designer
          Arne Hendriks hat deshalb eine Hypothese aufgestellt, um die herum er ein spekulatives Recherche-
          projekt entwickelt hat: Was wäre, wenn man den Menschen mit Hilfe von gegenwärtig verfügbaren
          technologischen Möglichkeiten auf eine Größe von ungefähr 50 cm verkleinern könnte? Unser Verbrauch
          an Nahrung, Energie und Lebensraum würde massiv sinken. Wir würden deutlich weniger Umweltschäden
          verursachen, weil wir weniger Emissionen ausstoßen würden. Eine ganze Menge Probleme müssten nicht
          mehr gelöst werden, weil sie nicht mehr existieren würden.

CREDITS ARNE HENDRIKS

Das Urgroßvater-Prinzip

Der Begriff »Nachhaltigkeit« ist seinerzeit vielversprechend gestartet. Seitdem ist allerdings einiges schiefgelaufen. Denn die Diskussion um Nachhaltigkeit dreht sich in erster Linie um Verzicht, Reduktion und ein »Zurück« zur Natur – wo immer dieses Paradies sein soll. Aber einfach weniger von dem Falschen zu tun, ist noch immer falsch. Es ist sogar doppelt falsch: Es beseitigt nicht das Problem – es macht es im besten Fall ein bisschen kleiner. Und es richtet einen neuen Schaden an, weil es den Status quo nicht in Frage stellt. Es fügt nichts Besseres hinzu.

Der Science-Fiction-Autor Bruce Sterling erklärt es folgendermaßen: »Ich sage, dass ich etwas moralisch Wertvolles tun will, etwas, auf das ich stolz sein kann. Aber: Ist mein toter Urgroßvater darin nicht viel besser als ich? Zum Beispiel Wasser (...) Ich will Wasser sparen, weil ich erfahren habe, dass das eine gute Sache ist. Aber mein toter Urgroßvater spart viel mehr Wasser als ich. Ich kann unmöglich mehr Wasser sparen als jemand, der tot ist. In dieser Hinsicht ist er ›grüner‹ als ich. Elektrischer Strom: Ich will weniger Strom verbrauchen. Strom ist schlecht. Ich will einen kleineren CO_2-Fußabdruck hinterlassen. Mein Urgroßvater verbraucht aber überhaupt keinen Strom. Damit kann ich nicht mithalten.« [70] Aber auch bei einem Umzug in eine kleinere Wohnung und beim Recycling ist der Urgroßvater nicht zu schlagen – denn in kleineren Verhältnissen als unter der Erde lässt sich kaum wohnen. Und die Wiederverwertung liegt in der Natur der Sache. Den Wettlauf mit dem Urgroßvater können wir nur verlieren. Wir nähern uns lediglich immer weiter dem Tod an. Was aber können wir tun, solange wir am Leben sind?

☞ 082 **Total Beauty**

Wenn also Nachhaltigkeit nichts taugt – was dann?
Um die Rettung des Planeten kommen wir nicht herum,
weil wir zurzeit nur einen haben.
Welche Strategien gibt es?
Welche Rolle spielt dabei Design?

Das Minimum

»Nachhaltigkeit ist das Minimum. Es bedeutet einfach nur, dass wir unser Ökosystem erhalten. Wir würden aber heute noch auf Bäumen sitzen und uns mit primitiven Instrumenten die Schädel einschlagen, wenn wir nur nachhaltig wären. Da ist nichts an Kreativität, Wissen und Freude dabei. Ich würde dem Begriff der ›Nachhaltigkeit‹ den Begriff von ›Total Beauty‹ entgegensetzen: Etwas ist nicht schön, wenn es anderen Menschen keine Freude macht und wenn seine Herstellung krank macht«, sagt der Chemiker und Erfinder des Gestaltungsprinzips »Cradle to Cradle«◫ Michael Braungart in einem Gespräch für dieses Buch.

Was aber ist mit Kommunikationsdesignern? Sind wir fein raus, weil wir bekanntlich keine Dinge gestalten, sondern immaterielle Güter, die keinen bzw. vergleichsweise wenig Müll produzieren? Sind wir dafür zuständig, die neuen, umweltfreundlichen Produkte zu vermarkten oder die Veränderung von kollektiven Verhaltensweisen zu befördern? Oder sollen wir den Produktionsprozess von Design selbst nachhaltiger gestalten, indem wir lange Transportwege vermeiden, Information komprimieren und umweltfreundliche Materialien verwenden? Sollen wir keine Bücher mehr machen, weil deren Herstellung zu viele Bäume verschlingt? Oder sollen wir gerade Bücher machen, weil Server-Farmen und Tablet-PCs noch viel umweltschädlicher sind?

Das Maximum

All das ist nicht verkehrt. Es ist aber auch nicht richtig. Es ist nicht radikal genug. Das Paradigma »Weniger« stellt nicht die richtigen Fragen. Es fordert nichts heraus, fügt nichts hinzu, sondern ist »so tot wie mein toter Urgroßvater«. Weniger zu verbrauchen ist schlicht das untere Ende des Konsums …, hat aber immer noch Konsum im Blick. Nachhaltigkeit bedeutet auch nicht, dass Dinge länger halten sollten – es gibt eine Vielzahl von Dingen, die besser schnell verschwinden sollten. Wir müssen nicht umkehren, sondern eine ganz neue Richtung einschlagen. »Alles muss neu gestaltet werden«, ist das Diktum von Michael Braungart … einschließlich der Gestaltung selbst.

Moderne Gestaltung in der ökologischen Revolution – sei es Produktdesign, Architektur oder Kommunikationsdesign – muss den Status quo in Frage stellen, einschließlich des eigenen Status. Die Strategien dazu reichen von lokalem Aktivismus ▶099, Nutzung (neuer) Technologien ▶029 bis hin zur Gestaltung gesellschaftlicher Realitäten. ▶091

Es gibt aber eine Qualität, die die entscheidende Grundlage für den möglichen Erfolg all dieser gestalterischen Ansätze ist: Ästhetik oder »Total Beauty« als die gesamte Palette von Eigenschaften, die darüber entscheiden, wie Menschen Gegenstände wahrnehmen. Gesucht ist nicht eine Ästhetik, die mangelnde Radikalität durch Gestaltung überdeckt, und auch keine Ästhetik, die sich selbst misstraut und Echtheit mit gestalterischem Desinteresse verwechselt. Gesucht ist eine neue Avantgarde, die antritt, die Welt zu verändern, indem sie Wahrnehmung und Empfindung mit radikalen Ideen verknüpft.

▶099 Nähe / Hotel Cosmopolis: Eine soziale Plastik im »Kaff der Guten Hoffnung«
▶029 Krise / Transboarder Immigrant Tool
▶091 Realität / Disarming Design from Palestine: Merchandising aus der Kriegszone

145

Der dritte Weg: Resilienz

»Nehmen Sie an, (... Sie seien ein Mensch der Vorzeit und ...) die Sintflut fällt unter Blitz und Donner vom Himmel auf Ihr Blätterdach, dann können Sie, wenn sich das Unwetter überhaupt überstehen lässt, es besser überstehen, wenn Sie ein Lied für den Wettergott rezitieren. Es ist nicht wichtig, dass Sie selbst Wetter machen können – auch die modernen Techniken reichen noch nicht ganz bis dorthin –, sondern dass Sie eine Technik kennen, bei schlechtem Wetter in Form zu bleiben; es muss in Ihrer Kompetenz liegen, auch dann etwas zu tun, wenn man ansonsten nichts tun kann«, schreibt der Philosoph Peter Sloterdijk. ☞**030**

→ S. 249 DAS ZEUG ZUR MACHT
PETER SLOTERDIJK, IN: »DER WELT ÜBER DIE STRASSE HELFEN«;
SCHRIFTENREIHE DER HFG KARLSRUHE; FINK 2010

Sloterdijk führt das Lied als Form einer dritten Erzählung ein, die nicht vor oder zurück will – sondern in eine ganz andere Richtung. Es liegt auf der Hand, dass das Verfassen eines Liedes in die Domäne des Designs fällt. Gestaltung von Techniken, um auch in ausweglosen Situationen handeln zu können ... das klingt auf den ersten Blick absurd. Andererseits – wie könnte ein solches Lied klingen? Wahrscheinlich humorvoll, denn Humor ist der einzig sinnvolle Weg, mit der Apokalypse umzugehen. Den Untergang nicht ernst zu nehmen, ist der erste Schritt, die eigene Handlungsfähigkeit wiederzugewinnen und nicht in Apathie zu versinken. Wenn, wie Susan Sontag schreibt, die Flut an schockierenden Bildern stumpf und passiv macht, müssen wir uns als Gestalter dann nicht auf die Suche nach einer Ästhetik machen, die den Einzelnen in die Lage versetzt, selbst aktiv zu werden? ☞**100**

☞**030 Resilienz** / Die Gestaltung einer Welt, die immer noch eine Option in der Tasche hat
☞**100 Echtes Leben** / Eine Kommunikation der Aktion

IMG145 THE INCREDIBLE SHRINKING MAN
Was wäre, wenn wir uns schrumpfen könnten – würde sich dann unser Ressourcen-Problem von selbst lösen? Ein Forschungsprojekt des Designers Arne Hendriks.

▶083 Branding

Identität in einer komplexen Welt – Best Practice

Die Idee von Erscheinungsbildern als strategisch gesteuerter Identität in einer globalisierten Welt reicht weiter zurück, als man sich gemeinhin vorstellt. Die Römer beispielsweise standen in der Blütezeit ihrer Zivilisation vor der Herausforderung, über Jahrhunderte hinweg ein Weltreich zusammenhalten zu müssen, das nicht nur aus Römern, sondern auch aus den unterworfenen Völkern der Germanen, Gallier, Juden, Griechen, Nordafrikanern, Türken etc. bestand. Unsere heutigen Gesellschaften würden vor einer solchen Integrationsaufgabe innerhalb kürzester Zeit kapitulieren und implodieren.

Die globalisierten Unternehmen von heute stehen vor derselben Aufgabe und versuchen sie zu meistern, indem sie kulturelle Unterschiede nivellieren und weltweit gültige Standards implementieren. Je weiter die Globalisierung voranschreitet, desto problematischer wird diese Strategie allerdings. Denn durch die Digitalisierung und die beschleunigten Verschiebungen in der Tektonik der weltweiten Wirtschaft wird die langfristige Aufrechterhaltung einer konsistenten Identität zur Sisyphusarbeit und damit zur »Mission Impossible«. ☞**008** Die Römer hingegen hatten da eine ganz andere Idee … ▶

☞**008 Offene Marken** / Marken, die sich verändern, statt an der Realität zu zerbrechen

»Wer sonst bietet noch Orientierung, wo bleiben wir mit unserer kindlichen Religiosität? Die Kirchen sind tot, der Staat zieht sich zurück, die großen Ideologien haben ihre Macht verloren. Was bleibt, sind die Unternehmen, sie werden die Sinnstifter der Zukunft sein.«

IMG146   LEBEN IN EINER MARKE
Panasonic plant in Fujisawa (Japan) den Bau einer CO_2-freien Stadt mit 1.000 Wohneinheiten. Fujisawa ist Ausdruck und Symbol des Strebens von Panasonic, Weltmarktführer bei CO_2-neutralen Elektronik-Geräten zu werden.

ZITAT   GUNTER HENN, VW-ARCHITEKT, DIE ZEIT, 28.9.2005

Der öffentliche Raum als Marke

Branding hat in den vergangenen Jahren das Reich der Wirtschaft verlassen. Waren Marken bisher eine Kategorie der Ökonomie, hat Branding in den vergangenen Jahrzehnten in alle Lebensbereiche Einzug gehalten: Politik(er), Wissenschaft, Städte und Gemeinden branden sich ... selbst das »Ich« ist Gegenstand von Branding-Techniken geworden, wie sich an unzähligen Seminaren für Self-Design beobachten lässt. ☞086

Dabei stellt sich die Frage, ob Macher, Gestalter und Berater ebenso wie Auftraggeber von Branding in dieser Dynamik noch die richtigen Werkzeuge in den Händen halten. Viel wichtiger als die moralische Bewertung der Anwendung von Branding-Methoden auf das öffentliche Leben ist die Frage, ob wir für diese Ausdehnung auch eine neue Ethik, neue Methoden und neue Rahmenbedingungen entwickelt haben oder ob die Prinzipien der Ökonomie nicht allzu naiv und kritiklos auf den politischen, gesellschaftlichen und privaten Bereich übertragen worden sind.

Ausgangspunkt von Branding-Aktivitäten sind in erster Linie immer wirtschaftliche Überlegungen. Länder, Regionen und Städte stehen im Wettbewerb um Ressourcen und Absatzmärkte für den Export, um Übernachtungszahlen und talentierte Köpfe. Es gibt aber kein nationales Markenentwicklungsprojekt, keine Gemeinde oder Region, die Branding als einen sozialen und politischen Prozess begreifen würde. Dabei gäbe es gute Gründe dafür, in einer öffentlichen Marke mehr als nur Tourismus-Förderung zu sehen.

☞**086 Self-Design** / Die Pflicht zur Öffentlichkeit

☞ 084 Social Identity

Wir brauchen eine Evolution des Branding-Begriffs für den sozialen, urbanen, öffentlichen und demokratischen Raum. Branding ist bislang kaum hinterfragt worden – mit dem Ziel, Alternativen zu entwickeln, die weniger limitierend sind, weniger autokratisch und weniger patronisierend. Zwischen religiöser Gläubigkeit und kulturpessimistischer Verdammung gähnt ein großes, leeres Loch.

Pluralistisch und demokratisch

Marken- und Gestaltungskonzepte sollten stärker an dem pluralistischen, demokratischen und globalisierten Charakter unserer Gesellschaften ausgerichtet werden. Die Aufgabe für Designer besteht in einem solchen Prozess nicht mehr darin, Erfinder eines Markenbildes zu sein, das in seinen Werten und den dazugehörigen visuellen Ausdrucksformen fest definiert ist. Die visuellen Systeme und Zeichen, die aus einem solchen Prozess entstehen, wären offener für die Interpretation, Aneignung und Nutzung durch unterschiedliche Interessengruppen einer Gesellschaft. Wie würde beispielsweise ein Erscheinungsbild aussehen, das bewusst zur Manipulation freigegeben ist – aber dennoch selbstähnlich genug ist, um als Identitätsträger zu funktionieren? ⇗**046**

Gestaltung symbolischer Handlungen

Eine weiterer Ansatzpunkt könnte sein, Kommunikationsdesign um die Konzeption symbolischer Handlungen zu erweitern – zusätzlich zu der Gestaltung von Formen und Bildern. Ein bestehendes Image ändert sich nicht durch das, was eine Organisation von sich sagt, sondern durch das, was sie tut. Diese Aktionen müssen dabei ein wichtiges Kriterium erfüllen: Sie müssen beweisen, dass das vermittelte Bild glaubwürdig ist. Sie müssen einen hohen Symbolcharakter besitzen und sich inhaltlich in eine Gesamtstrategie einfügen, wie beispielsweise die spektakulären Aktionen von Greenpeace. Gestalter könnten Bürgern und Interessengruppen helfen, zu Aktivisten ihrer eigenen Agenda zu werden, indem die Konzeption und Ausgestaltung solcher Aktionen in den Aufbau einer gemeinsamen Identität integriert wird. ⇗**020**

Neue Realitäten

Die Gestaltung moderner Identitäten wird weder in Top-down- noch in Bottom-up-Prozessen vonstatten gehen. Stattdessen bilden sich neue und stets wechselnde Allianzen aus Bürgern, NGOs, Regierungen, Lobbyisten, Designern, Unternehmen, Kultur- und Bildungseinrichtungen, Initiativen etc.: ein Miteinander von Parteien mit scheinbar gegensätzlichen Interessen, in dem – befeuert durch neue Technologien – althergebrachte Machtzentren und Deutungshoheiten aufgelöst werden. Eine Identität, die diese neuen Realitäten ignoriert, wird ins Leere laufen, viel Geld kosten und schließlich verpuffen. Ein Gestaltungsansatz aber, der sich dieses im Entstehen begriffene dynamische Gesellschaftsbild zunutze macht, wird neue Lösungen hervorbringen, die nicht nur den Designbegriff weiterentwickeln werden, sondern auch unsere zivile Gesellschaft als Ganzes. ⇗**078**

⇗**046 Data Identity** / Many-to-One-Kommunikation
⇗**020 Hebelwirkung** / Schüler schreiben ihre eigene Zukunft
⇗**078 Vernetzte Bürgergesellschaft** / Technologie trifft Demokratie

Pragmatisch und flexibel

Die Römer hielten ihr Weltreich zusammen, indem sie die Götter unterworfener Völker nicht unterdrückten, sondern sie in den eigenen Glauben integrierten. Die fremden Götter wurden entweder der römischen Mythologie hinzugefügt oder durch »exoratio« (eine Art Hinwegbitte) »abgeworben«. Der eigene Glauben wurde zu einem offenen Template, das andere Kulturen und Religionen einfach in sich aufnahm. Das ging so weit, dass man irgendwann den Überblick verlor und begann sich Sorgen zu machen, ob man nicht den Zorn des ein oder anderen Gottes auf sich ziehen könnte, der sich durch mangelnde Anbetung vernachlässigt fühlen könnte. Die Lösung war ein Tempel, der allen Göttern geweiht war – das Pantheon. Man kann das opportunistisch finden, über-pragmatisch oder wertevergessen ... aber es war ein Konzept, das über mehrere Jahrhunderte funktionierte. Es zeigt, dass die alten ehernen Regeln einer globalisierten Corporate Identity nicht in Stein gemeißelt sind.

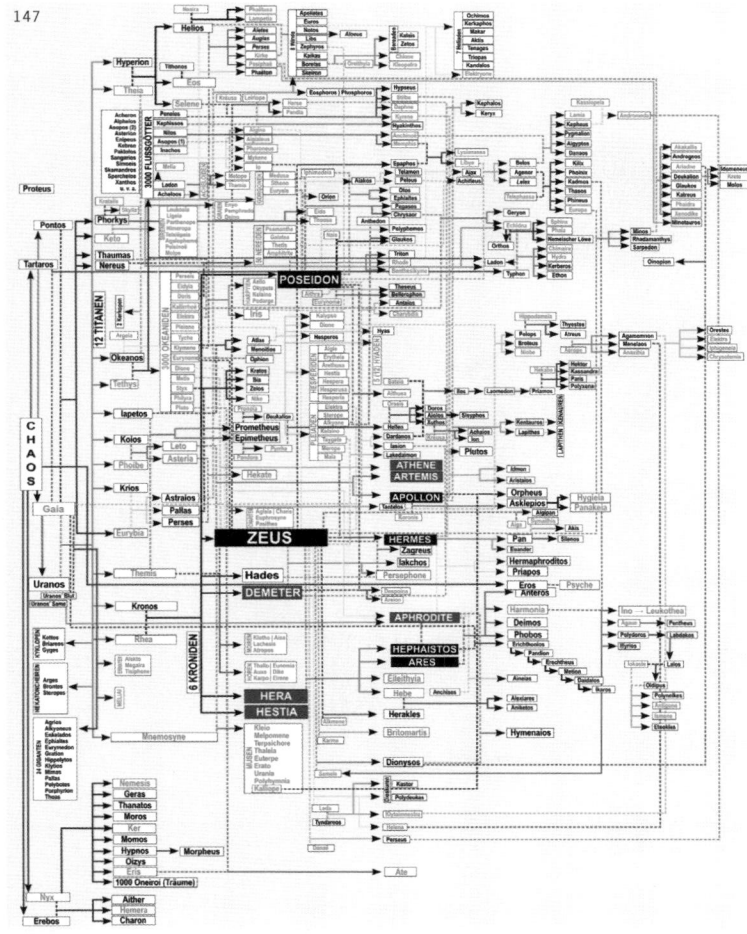

147

IMG147   DIE GÖTTERWELT DER GRIECHEN IM »ÜBERBLICK«
Der Stammbaum der Götter der Griechen war eine Blaupause für die Römischen Götterwelt.
Ab dem 5. Jahrhundert v. Chr. begannen die Römer unter dem vermittelnden Einfluss der
Etrusker die Götterwelt der Griechen zu importieren.

▶ 085 **Sichtbarkeit**

Bilderstrategien der totalen Sichtbarkeit

Wo ein Medium ist, ist auch eine Botschaft. Je mehr Kanäle wir haben, um uns selbst zu zeigen, desto größer wird der Wunsch, genau das zu tun. Jeder ist ein Designer, und es ist atemberaubend, dabei zuzusehen, wie alle Beteiligten ihre Werkzeuge, Methoden, individuellen Fähigkeiten und Techniken immer weiter perfektionieren und professionalisieren. ▶

148

Sei einzigartig.
Wie alle anderen auch.

IMG148 »HIGH GLITZ« PORTRÄTSERIE ÜBER KINDER-BEAUTY-CONTESTS
SAVANAH, AGE 2, NASHVILLE, TENNESSEE 2008, SUSAN ANDERSON, 2011

Jeder ist sein eigenes Kunstwerk

»Heute ist jeder einer ästhetischen Evaluation unterworfen. Jeder ist gezwungen, Verantwortung für sein Bild in der Welt, für sein Selbst-Design zu übernehmen. (...) Der virtuelle Raum des Internets ist in erster Linie eine Arena, in der ich ständig meine Facebook-Seite gestalte und auf YouTube präsentiere. (...) Man könnte sagen, dass Selbst-Design eine Praxis ist, die Künstler und Publikum in der radikalsten Weise vereint: Obwohl nicht jeder Kunstwerke produziert, ist doch jeder ein Kunstwerk.« [71]

Diese Feststellung des Philosophen Boris Groys zeigt auf, wie das Diktum von Joseph Beuys, dass jeder ein Künstler sei, durch den Siegeszug des Internets auf den Kopf gestellt wird: Bei Beuys hatte jeder das Recht, ein Künstler zu sein. Heute haben wir die Pflicht, nicht nur Künstler, sondern auch unser eigenes Kunstwerk zu sein.

Wir pflegen unseren Facebook-Account, twittern, schreiben Kommentare in Blogs oder stellen Filme von uns auf YouTube. Die Medien sind voll von Akteuren und Darstellern, die noch vor wenigen Jahren nur als »Zuschauer« geduldet waren. Wir betätigen uns als Bürger-Reporter für große Tageszeitungen oder sind Teil von Reality-Formaten. Parteien tauchen aus dem Nichts auf und machen normale Menschen über Nacht zu Spitzenpolitikern. Es gibt Berater, die Menschen dabei unterstützen, ihre Person wie eine Marke zu führen und das Selbstbild mit dem Fremdbild in Einklang zu bringen. »Reputation Manager« wiederum begleiten das Redesign für neue Lebensphasen: Zuverlässig werden unerwünschte Informationen aus dem Web gelöscht... zum Beispiel wilde Partyfotos, die einer Job-Bewerbung im Weg stehen könnten. Man muss all das nicht tun, aber man kann sich der Mechanik nicht entziehen. Man kann nicht nicht kommunizieren: Nicht »googelbar« zu sein, ist auch eine Botschaft.

086 Self-Design

Aus den 15 Minuten Ruhm, die Andy Warhol jedem von uns prophezeite, sind längst mehrere Stunden geworden. Das hat Folgen für die Ausbildung von Designern ebenso wie für Design als Disziplin.

Öffentlich scheitern

Alles ist öffentlich. Alles ist besprechbar. Alles ist kritisierbar. Alles ist entweder gut oder schlecht. Noch vor wenigen Jahren war es vergleichsweise schwierig, herauszufinden, was an Design-Hochschulen vor sich geht. Hochschulen waren geschlossene Räume, in denen Projekte liefen, die in Jahresausstellungen und Publikationen gezeigt wurden. Diese Formen der Öffentlichkeit waren aber vergleichsweise schwer zugänglich. Das hat sich grundlegend geändert. Das Innere der Hochschule ist heute nach außen gekehrt – wie in dem 3D-Print des Babys im Mutterleib sind heute alle Phasen der Ausbildung eines Gestalters öffentlich nachvollziehbar und für jeden einsehbar.

Die treibende Kraft dahinter sind nicht die Hochschulen. Als Projekt-Archiv sind die meisten Websites von Hochschulen immer noch unzureichend. Zu groß sind die organisatorischen Hürden, der Mangel an entsprechenden Ressourcen und der institutionelle Filter des akademischen Betriebs. Es sind die Studenten, die diese Sichtbarkeit selbst herstellen: Es gibt kaum einen Studenten, der nicht bereits im zweiten Semester eine Website, einen Tumblr, Blog oder eine Facebook-Seite hätte, auf denen die eigenen Arbeiten gezeigt werden. Alles liegt auf dem Tisch und ist vergleichbar.

Das ist auf der einen Seite gut. Gerade aus den Hochschulen kommen oftmals kritische und reflektierende Arbeiten, die andere Fragen aufwerfen, als die durch Auftraggeber und Projekte eingerahmte Praxis es zu tun vermag. ☞**062** Auch für die Entwicklung der Hochschullandschaft und die Verbreitung akademischer Inhalte ist diese Transparenz förderlich. Aber nutzt das auch den Studenten?

Lernen braucht Vertrauen. Man muss die Chance bekommen, Fehler zu machen. Was aber, wenn das Scheitern ein öffentlich aufgeführtes Theaterstück wird? Scheitern ist auf Facebook keine Option. Das Self-Design für Gestalter und Studenten ist ein Kreislauf aus formaler Reproduktion, Wiederholung, Kopie und Style-Dropping. Arbeiten werden nicht mehr angefertigt, um zu experimentieren und zu forschen … das wäre zu riskant. Sie werden angefertigt, um zu kommunizieren und klarzumachen, welchem Club man angehört: der konformistischen Welt des »Hot Shit Circle«, in dem eine vermeintlich angesagte Form zur Währung gegenseitiger Anerkennung wird. Das aber ist das Ende von neuen Ideen und lediglich eine andere Form von Angepasstheit – auf hohem ästhetischen Niveau und unter virtuosem Einsatz komplexer visueller Codes.

☞**062 Realität gestalten** / Design jenseits der Serviceindustrie

149

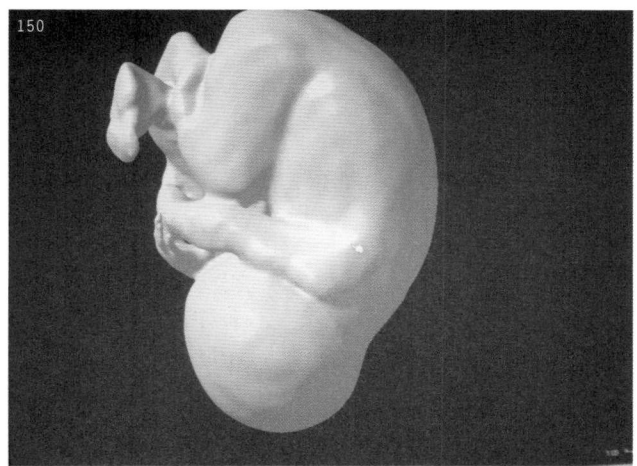

150

IMG149
IMG150   DIE TOTALE SICHTBARKEIT: DIE JAPANISCHE FIRMA FASOTEC FERTIGT MIT HILFE EINES 3D-DRUCKERS
         PLASTISCHE PORTRÄTS VON UNGEBORENEN KINDERN IM MUTTERLEIB
         Ein 3D-Ausdruck eines Ultraschallbildes kostet 500 US-Dollar für Eltern, die eine besondere
         Erinnerung an die Zeit der Schwangerschaft haben wollen. Die Firma hat auch Nachbildungen
         des ganzen Fötus im Angebot, die in eine Replik des Uterus aus transparentem Harz eingebet-
         tet sind. Diese Ausdrucke gibt es in verschiedenen Größen — zum Beispiel als Anhänger für
         einen Schlüsselbund oder ein Mobiltelefon. Mit der Technik lassen sich außerdem 3D-Modelle
         von inneren Organen anfertigen, die Chirurgen helfen können, Operationen vorzubereiten.

▶087 **Alternativen**

»Shanzhai« ist der chinesische Ausdruck für »Bergdorf« und bezeichnet die abgelegenen Verstecke und Rückzugsgebiete regionaler Banditen im chinesischen Hinterland.
Shanzhai ist außerdem das Synonym für die chinesische Kultur des Kopierens von Mar-
kenprodukten und Technologien. Diese Kultur beginnt sich langsam zu verändern. Ein
übersättigter Markt und der Zwang zur Differenzierung führen dazu, dass die illegalen
Unternehmen erfolgreiche Produkte nicht einfach nur kopieren, sondern verbessern.
Typische Shanzhai-Mobiltelefone beispielsweise haben zwei Slots für unterschiedliche
Sim-Karten, können Falschgeld erkennen oder sind sogar mit einem Elektro-Taser zur
Selbstverteidigung ausgestattet. Im Windschatten der Illegalität sind Shanzhai-Firmen
im Gegensatz zu Apple oder Nokia in der Lage, auch auf noch so ausgefallene Kundenwünsche schnell zu reagieren. Shanzhai umfasst mittlerweile alle Lebensbereiche – es
gibt nichts, von dem es keine Shanzhai-Version gäbe: Shanzhai-Filme, Shanzhai-Nobel-
preise und Shanzhai-Abgeordnete. Damit wird Shanzhai zu einem sozialen, kommunikativen und politischen Phänomen. Shanzhai ist ein Medium der Gesellschaftskritik und
markiert den Beginn einer postmodernen Protestbewegung gegen teure Luxuswaren
und gegen den Ausschluss großer Mehrheiten aus dem sozialen Leben der neuen chinesischen Mittelklasse. ▶

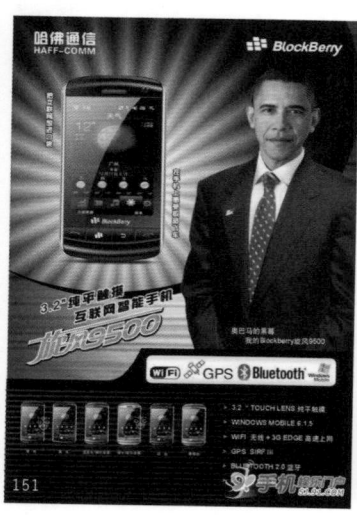

IMG151 FLEXIBILITÄT UND SCHNELLE REAKTION AUF KUNDENWÜNSCHE
Das Shanzhai-Blackberry-Telefon »Obama« wurde von chinesischen Firmen während der Präsidentschafts-
kampagne von Barack Obama 2008 in Kenia verkauft — dem Herkunftsland der Familie des US-Präsidenten.

IMG152 HUAXI
Das Dorf Huaxi ist bekannt für seinen Reichtum an Shanzhai-Gebäuden. Es gibt dort ein »Sydney Opera
House«, ein »United States Capitol« und einen »Pariser Triumphbogen«. Das Shanzhai macht aber auch
vor dem eigenen Kulturgut nicht halt. In Huaxi kann man eine Kopie der »Chinesischen Mauer« und einen
»Platz des Himmlischen Friedens« besuchen.

Piraten, Copycats und Designer

Die informelle Wirtschaft ist die Summe aller unternehmerischen Aktivitäten, die nicht offiziell von der Statistik des Bruttosozialprodukts erfasst sind. Ungefähr 80 % aller Arbeitnehmer in Entwicklungsländern sind in diesem Sektor beschäftigt. Die informelle Ökonomie erwirtschaftet derzeit 10 Billionen US-Dollar im Jahr und ist der am schnellsten wachsende Wirtschaftszweig weltweit – auch in den entwickelten Industrieländern.

Der informelle Sektor schließt sehr unterschiedliche Formen des »Wirtschaftens« mit ein – von somalischen Piraten und mafiösen Strukturen über Schwarzarbeit bis hin zu Tauschnetzwerken, alternativen Währungen und DIY-Initiativen. In der Vergangenheit wurde die informelle Wirtschaft entweder als eine Vorstufe zu »richtigen« Unternehmen betrachtet oder als ein illegaler Raum, den man bekämpfen muss. Heute setzt sich mehr und mehr die Ansicht durch, dass informelle Wirtschaftsformen nicht länger nur kriminalisiert, marginalisiert oder als ein typisches Phänomen von Entwicklungsländern betrachtet werden können. Die informelle Ökonomie ist mit der formellen Ökonomie eng verbunden, sie ist überall sichtbar und wir alle sind Teil davon.

☞ 088 **Informelle Ökonomie**

Mikrostrukturen, Instabilität, prekäre Lebensverhältnisse, Ungewissheit: Viele gestalterische Berufe tragen heute Kennzeichen der informellen Ökonomie. Ist dieser Bereich nur die Vorstufe zu einer »richtigen« Wirtschaft? Oder können wir von der informellen Ökonomie lernen?

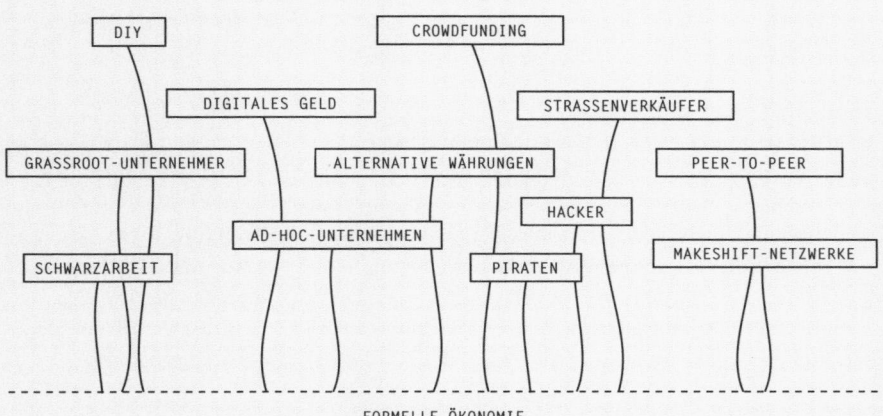

IMG153 DIE INFORMELLE ÖKONOMIE WÄCHST AUF DEM BODEN DER FORMELLEN ÖKONOMIE
Viele Unternehmen der formellen Ökonomie haben als informelle Unternehmen begonnen — Garagenfirmen, Copycats oder Hobbys, die zu groß geworden sind. Es gibt aber viele informelle Aktivitäten und Initiativen, die diesen Status explizit beibehalten wollen, wie zum Beispiel alternative Währungssysteme oder Tauschnetzwerke.

Die Rahmenbedingungen

Man kann die kleinteiligen, fragilen und ungewissen Strukturen der informellen Ökonomie als Schwäche betrachten. Für viele Designer, die in solchen Strukturen arbeiten,
stellen sie tatsächlich auch ein Problem dar. Zum Beispiel wird einem großen Designbüro mit 50 Mitarbeiter/innen in der Regel mehr Vertrauen entgegengebracht als einem
Ein-Mann-/Frau-Büro.

Setzt man die Qualitäten der informellen Ökonomie aber in einen neuen Kontext, können
daraus Stärken erwachsen: Zum Beispiel bringen instabile Organisationsstrukturen
eine größere Anpassungsfähigkeit und Agilität mit sich. Ungewissheit als Lebensmo-
dell erzeugt Angst und ist nicht produktiv. In einer Welt, die selbst im Fluss ist und in
der in rasantem Tempo neue Bedürfnisse und Märkte entstehen, kann Ungewissheit
aber zu einem nützlichen Gestaltungsparameter werden. Wir können heute beobachten, wie unsere formellen Institutionen in einem atemberaubenden Tempo in immer
tiefere Krisen rutschen und nur noch mit Mühe zu erhalten sind. Diese Globalisierung
des Kontrollverlustes hat auch Auswirkungen auf Gestaltung. Wenn Marken beispielsweise eine immer größere Reichweite erzeugen können, müssen sie gleichzeitig lokaler
und anpassungsfähiger werden. Das Phänomen des Shanzhai zeigt, wie kulturelle
Unterschiede mit der Reichweite zunehmen und eigene, lokalisierte Formen erzeugen.
Informalität ist eine effektive Art, mit Komplexität umzugehen. ⌐042

Chancen für Gestaltung

Was bedeutet das konkret? In den Industrieländern wenden sich viele Menschen von
etablierten Marken ab und Alternativen zu, die ihre Bedürfnisse besser erfüllen – vor
allen Dingen in der digitalen Welt. Es entstehen neue Möglichkeiten in wirtschaftlichen
Grauzonen. ⌐054 Unternehmen beginnen, diese Chancen zu erkennen, stehen aber oftmals vor dem Dilemma, dass sie mit ihren traditionellen Mitteln die falschen Ansätze
verfolgen. Denn Wirtschaften im informellen Sektor ist nicht nur eine kommerzielle
Aktivität, sondern auch eine soziale Praxis. Die Frage, wie sich aus der informellen
Ökonomie neue Geschäftsmodelle ableiten lassen, greift zu kurz, wenn diese Modelle
nicht mit gesellschaftlicher Entwicklung und Lernprozessen verbunden werden. ⌐72

Wir sind alle Entwicklungsländer

Ist Design beweglich genug für die informelle Ökonomie ...? Die Modelle, Arbeitsweisen und Projekte von Design sind so eng mit der formellen Wirtschaft verknüpft, dass
dieser Wandel eine enorme kulturelle Herausforderung darstellt. Wir haben gar keine
andere Wahl, als uns zu verändern. Wer heute glaubt, kein »Entwicklungsland« sein zu
müssen, hat schon verloren. Selbst im Klimaschutz gibt es erste Anzeichen dafür, dass
China zu einem Überholmanöver ansetzen und an Europa vorbeiziehen könnte. Das
Shanzhai-Phänomen zeigt, dass sich alte Gewissheiten und Vorurteile schnell auflösen
können und dass diese Auflösungsprozesse neue Felder für Gestaltung eröffnen.

⌐042 **Hyperlokalität** / Nähe als Stärke
⌐054 **Disruptive Innovation** / »Lowtech« als Gestaltungsprinzip

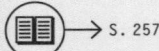 → S. 257 STEALTH OF NATIONS:
                     THE GLOBAL RISE OF THE INFORMAL ECONOMY
                     ROBERT NEUWIRTH; ANCHOR 2011

Im Shanzhai wird, so schreibt der Philosoph Byung-Chul Han, die Auflösung der Idee der Marke sichtbar. Bei vielen Shanzhai-Produkten ist es vollkommen offensichtlich, dass es sich nicht um ein Original handelt. Das Shanzhai wird nicht gekauft, um Wohlstand und Status zu simulieren, wie es bei den billigen – aber auf den ersten Blick täuschend echten – Rolex-Uhren und Prada-Handtaschen der Fall ist, die man in Italien auf der Straße kaufen kann. Die Shanzhai-Produkte der zweiten Generation beziehen ihre Anziehungskraft aus dem kreativen Spiel mit Zeichen und aus ihrer Anpassungsfähigkeit. So erschien zehn Tage vor dem offiziellen Erscheinungsdatum von Joanne K. Rowlings »Harry Potter and the Deathly Hallows« eine chinesische Version des Buchs mit demselben Titel – aber komplett anderem Inhalt. ⟋73 Käufer dieses Shanzhais waren sich dieser Tatsache vollkommen bewusst. Mehr noch: Es ist gerade die Fälschung, Abwandlung und Regionalisierung des westlichen Vorbilds, die den Reiz ausmachen.

 → S. 255 SHANZHAI: DEKONSTRUKTION AUF CHINESISCH
BYUNG-CHUL HAN; MERVE 2011

Diese Auflösung ist aber nicht nur ein chinesisches Phänomen. In dem westlich geprägten Kult um das Original fällt es Marken schwer, sich ständig zu wandeln und neu zu erfinden. Die Digitalisierung und die Öffnung von Produktionsprozessen stellt aber immer mehr Alternativen zur Verfügung, bei denen nicht mehr Marken Lebensstile definieren, sondern (Sub-)Kulturen vermehrt eigene Ökonomien hervorbringen. Hinzu kommt, dass Europa die Erfahrung erst noch bevorsteht, dass Stile nicht mehr exportiert, sondern importiert und anschließend regionalisiert werden. Das nächste Shanzhai kommt möglicherweise nicht aus dem Pearl River Delta, sondern aus dem Odenwald.

Selbstlernen /
Hole in the Wall / Wie Kinder in
Indien sich gegenseitig unterrichten → ▶ 071

Wissenschaft /
Open Source Satellite Initiative /
Das erste informelle Raumfahrt-
programm → ▶ 055

Realität /
Disarming Design from
Palestine / Merchandising aus der
Kriegszone → ▶ 091

Macher /
EyeWriter / DIY-Hightech-Prothese
für einen gelähmten Graffiti-
Künstler → ▶ 041

▶089 Einfachheit

Wie Entwicklungsländer den Westen entwickeln

»Less is more«, lautet das Credo der Moderne. Viele Produkte, die in der Vergangenheit unter diesem Motto entwickelt wurden, beziehen das »Weniger« allerdings allein auf die Form und das »Mehr« auf die Komplexität (und auf den Preis). »Less is really less« hingegen ist das Credo in den Entwicklungsabteilungen von Unternehmen in den aufstrebenden Industrieländern wie Indien, China und Brasilien. Während frugale Innovationen in den vergangenen Jahren vor allen Dingen für den jeweils heimischen Markt produziert wurden, finden Tabletcomputer für 35 US-Dollar, EKG-Geräte für 800 US-Dollar und Autos für 2.500 US-Dollar auch in den Mittelschichten des Westens immer mehr Freunde – sofern sie dort überhaupt erhältlich sind. »Die besten Köpfe arbeiten dort, wo sie keiner braucht – an den Problemen der Reichen. Der große Wandel in Indien besteht darin, diese Köpfe dort zu platzieren, wo sie an den Problemen der Armen arbeiten.« Damit trifft Sam Pitroda, der Vorsitzende des National Innovation Council India, in die Mitte eines der großen Glaubwürdigkeitsprobleme moderner Gestaltung. ▶

Less is less

IMG154   NOKIA 1100
Das Ende 2003 erschienene und bewusst einfach gehaltene Handy war vor allem für den Markt in Entwicklungsländern konzipiert und ist mit über 200 Millionen verkauften Exemplaren das erfolgreichste Handy aller Zeiten. Im Jahr 2007 war es vor iPod und Playstation das meistverkaufte elektronische Gerät überhaupt mit Verkaufszahlen von etwa 1 Million Exemplaren pro Woche. Mit dem Nokia 1100 kann man nur telefonieren – es verfügt aber über einige besondere Extras, wie mehrere Telefonbücher (weil es meist von mehreren Benutzern gebraucht wurde), eine Taschenlampe (wegen der häufigen Stromausfälle) und ein staubsicheres Gehäuse.

Schlicht ist gut

Frugale – oder »schlichte« – Innovationen sind eine Reaktion auf die begrenzten finanziellen, materiellen oder institutionellen Ressourcen in Entwicklungsländern und nutzen eine Reihe von Methoden, um diese Nachteile in Vorteile umzuwandeln. Frugale Innovationen sind nicht nur günstiger, sondern funktionieren manchmal auch besser als die zur Verfügung stehenden Alternativen.

Im Mittelpunkt steht die Reduzierung der Komplexität und der Kosten. Um westliche Produkte für »übersehene Konsumenten« in den Märkten von Entwicklungsländern zugänglich machen zu können, wurden früher alle Funktionen, die nicht absolut notwendig waren, weggelassen. So konnten Produkte billiger gemacht werden. Heute erkennen viele Unternehmen, dass in diesem Reduktionsprozess ein großes gestalterisches und innovatives Potenzial für neue Produkte steckt. Denn »frugale« Produkte dürfen nicht von geringerer Qualität sein – sonst finden sie keine Abnehmer. Sie müssen allerdings günstiger sein. Das macht sie einfacher und leichter zu benutzen.

Eine solche Anforderung wirft Fragen auf: Die Adobe Software »Acrobat« zum Beispiel hatte bei ihrer Veröffentlichung 1993 eine Größe von 1,3 MB. Die aktuelle Version verbraucht 893 MB Speicher – ein Plus von 68.700 %. Dabei macht das Programm in seinem Kern noch genau dasselbe wie vor 20 Jahren – es ermöglicht den Austausch von Bildern und Texten. Warum haben wir Software, von der die meisten Nutzer nur einen Bruchteil der Funktionen nutzen? Wohin ist das Drei-Liter-Auto verschwunden? Warum erschöpfen sich so viele Gestaltungslösungen in einem Manierismus, in dem Einfachheit ein Stil und eine Form ist – aber keine Charaktereigenschaft?

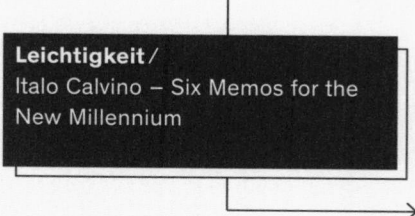 **090 Frugales Design**

Dinge zu machen, die einfach aussehen, ist leicht.
Dinge zu machen, die einfach sind, ist schwer.
Wie geht frugales Design?

> **Leichtigkeit /**
> Italo Calvino – Six Memos for the
> New Millennium

▶ **051**

Die Gestalter der preisgekrönten Regierungs-Website www.gov.uk haben auf der Seite ihre Designprinzipien veröffentlicht. Anstelle von Layoutprinzipien werden Eckpunkte eines Designprozesses beschrieben, der zu einfachen und zugänglichen Lösungen führt:

1 Beginne mit Bedürfnissen
Am Anfang steht die Aufgabe, die echten Nutzerbedürfnisse zu erkennen und zu beschreiben. Interne Beschränkungen oder Politik dürfen sich dabei nicht vor die Nutzer schieben.

2 Mache weniger
Die Regierung soll nur das tun, was nur die Regierung tun kann.

3 Gestalte mit Daten
Gestaltung basiert auf einem analytischen Verständnis von Nutzerverhalten, das sich mit Hilfe von Daten ermitteln lässt.

4 Mach's dir schwer: Mach' es leicht
Dinge einfach zu machen, ist harte Arbeit.

5 Wiederhole. Wiederhole nochmal.
Gute Lösungen entstehen durch Versuch, Irrtum, Lernen und Anpassung. Digitale Trampelpfade lassen sich durch Tests erkennen.

6 Gestalte für Inklusion
Wer eine Website für ein ganzes Land gestaltet, sollte keine Angst vor dem Offensichtlichen haben.

7 Verstehe den Kontext
Menschen nutzen Websites überall. Manche Menschen kennen das Web nicht mehr, sondern nur noch Facebook. Der Kontext, in dem eine Website genutzt wird, verändert sich ständig.

8 Gestalte digitale Dienstleistungen – nicht Websites
Eine digitale Dienstleistung ist nicht auf das Internet beschränkt. Sie kann bei einer Suchmaschine beginnen und in einem Postamt enden.

9 Sei konsistent – nicht uniform
Nutzer sollen intuitiv verstehen, was sie von unserer Seite erwarten können.

10 Mache die Dinge offen – es funktioniert besser
Wir teilen alles, was wir machen, mit allen ...

GOV.UK/DESIGNPRINCIPLES
DESIGNPRINZIPIEN DER E-GOVERNMENT-WEBSITE DER BRITISCHEN REGIERUNG

Die 70-Millionen-Pfund-Website

Frugale Designstrategien sind nicht nur etwas für Entwicklungsländer. 2012 hat die
britische Regierung alle öffentlichen Dienstleistungen auf einer Website zusammenge-
führt. Das Ergebnis ist eine Seite, die an formaler Schlichtheit nicht mehr zu überbieten
ist. 2013 wurde die Seite dennoch mit dem begehrten »Design of the Year«-Preis des
Design-Museum London ausgezeichnet – auch wenn Kritiker bemerkt haben, dass man
das »Design« mit der Lupe suchen müsse. Das ist aber genau der falsche Blick auf
Gestaltung, denn in der Seite steckt mehr Intelligenz, als man auf den ersten Blick annehmen möchte. »WWW.GOV.UK war fett und haarig. Wir haben die Seite beweglich und agil
gemacht«, so Jamie Arnold, einer der Entwickler der Seite. Es wurde alles entfernt, was
im Weg war, um die Seite so lesbar und intuitiv wie möglich zu machen. Dazu wurde der
Designprozess konsequent durch ständige Nutzertests begleitet. Innerhalb von nur zwölf
Wochen war eine erste Version der Seite online, die anschließend Schritt für Schritt verbessert wurde. Ergebnis: Nutzer können Dienstleistungen nun 40 % schneller abfragen
und die Seite hat bereits im ersten Jahr 70 Millionen Britische Pfund eingespart.

▶ 091 Realität

Disarming Design from Palestine

ist eine Kollektion von nützlichen Objekten, die die Lebenswirklichkeit in Palästina re-
flektieren. Lokale Handwerker arbeiten mit Künstlern und Designern zusammen, um mit
Mitteln, die vor Ort vorhanden sind, neue Produkte zu entwickeln. Die Produkte werden
durch das neue Design-Label »Disarming Design from Palestine« in einem mobilen Store
und einem Webshop vertrieben.

Disarming Design from Palestine ist ein Projekt des Bureau DEVET in Kooperation mit
der International Academy of Arts Palestine. Das Wort »Praxis« bekommt in der Realität
Palästinas allerdings eine vollkommen neue Bedeutung. Das Leben dort oszilliert
zwischen Destruktion, Mangel und menschlichen Katastrophen auf der einen Seite und
dem Wunsch nach Normalität, Heimat und Hoffnung auf der anderen. Die Kollision euro-
päischer Lebenswelten mit dem Alltag in einem überbevölkerten, von Gewalt geprägten
und eingemauerten Streifen Land stellt nicht nur unsere Maßstäbe von Menschlichkeit
auf eine harte Probe, sondern verformt Design zu einer neuen Disziplin, die eine indiffe-
rente Haltung unmöglich macht: »Deal with it« als kürzeste Form des Briefings – Praxis
als Infektion. ▶

156

Education by infection

In seinem Essay »Education by infection« beschreibt Boris Groys eine Kunst- und Designausbildung, die auf das »echte Leben« vorbereitet, indem sie das genaue Gegenteil von dem tut, was man gemeinhin unter einer solchen Vorbereitung versteht:

»Die Ausbildung in einer Kunsthochschule hat heute kein definiertes Ziel, keine Methode und keinen bestimmten Inhalt mehr, der unterrichtet werden könnte. (...) Weil sie unspezifisch ist, existiert sie mehr als Idee einer Ausbildung denn als eine Ausbildung selbst. Es gibt aber ein Charakteristikum traditioneller Ausbildung, das durch die Geschichte und die kulturelle Revolution der Moderne hindurch unverändert geblieben ist. Mehr als je zuvor werden Studenten durch die Ausbildung in eine Umgebung versetzt, die sie an einem reinen Ort des Lernens, der Analyse und des Experiments isoliert – jenseits der Zwänge der äußeren Welt. Paradoxerweise ist das Ziel der Ausbildung aber genau dieses: Studenten auf das Leben außerhalb der Schule vorzubereiten, auf das ›echte Leben‹. Dieses Paradoxon ist vielleicht das praktischste Element von Kunsthochschulen überhaupt: Ausbildung ohne Regeln. Denn das sogenannte ›echte Leben‹ setzt uns einer endlosen Reihe von Improvisationen, Suggestionen, Konfusionen und Katastrophen aus – es ist ebenfalls ohne Regeln. In letzter Konsequenz bedeutet Kunst zu unterrichten, das Leben zu unterrichten.«

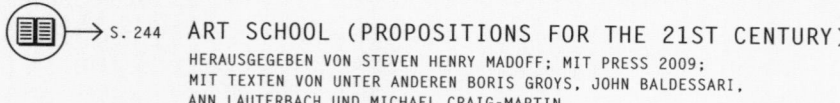

S. 244 ART SCHOOL (PROPOSITIONS FOR THE 21ST CENTURY)
HERAUSGEGEBEN VON STEVEN HENRY MADOFF; MIT PRESS 2009;
MIT TEXTEN VON UNTER ANDEREN BORIS GROYS, JOHN BALDESSARI,
ANN LAUTERBACH UND MICHAEL CRAIG-MARTIN

In dem gegenwärtigen Klima ist es keine Überraschung, dass die Designausbildung mit der Forderung nach mehr »Praxis« konfrontiert wird. Es gibt heute aber keine Praxis der Gestaltung mehr. Es gibt hunderte von »Praxen« – und für die wenigsten gibt es eine Jobbeschreibung.

092 Praxis
Was genau ist das?

Post-Design

Viele Absolventen von Hochschulen machen sich heute Sorgen darüber, was ihnen ihre Ausbildung bringt und ob sie nach dem Studium in dem Beruf arbeiten können, den sie gelernt haben. Was in der Kunst schon immer harte Realität war, ist mittlerweile auch in der Gestaltung Wirklichkeit geworden. In einer Studie des Bundes der Deutschen Grafikdesigner (BDG) gibt rund ein Drittel der Befragten an, nicht oder nur schlecht von ihrem Einkommen leben zu können. Jeder siebte selbständige Designer erzielt ein jährliches Einkommen von weniger als 10.000 Euro. [74] In Deutschland gilt man als arm, wenn man etwa 11.280 Euro oder weniger im Jahr zur Verfügung hat. [75]

Das Versprechen, dass eine gute Ausbildung auch ein entsprechendes Einkommen generiert, hat sich in Luft aufgelöst. Diese neue Realität ist aber nur das Symptom einer Berufswirklichkeit, in der Gestaltung zu einer austauschbaren Massenware geworden ist. Adrian Shaughnessy, Designer und Professor am Royal College of Art in London, spricht bereits von einer Ära des Post-Design, [76] in der viele (auch ohne Ausbildung) Design machen und eine Designausbildung zu vielem (anderen) befähigt.

Schwimmen im Trockendock

Eine Ausbildung, die versucht, auf die Praxis vorzubereiten, indem sie sie simuliert, ist wie die Idee eines Schwimmkurses in einem Trockendock: Realität kann man nicht studieren – man kann sich ihr nur aussetzen. Ansonsten laufen wir Gefahr, eindimensionale und limitierende Vorstellungen davon zu produzieren, was einen Designer ausmacht. Wenn Design am oberen Ende in Zukunft, wie von Shaughnessy prognostiziert, vieles und anderes sein wird, werden formale und handwerkliche Fähigkeiten höchstens eine Voraussetzung für Gestalter sein – aber keine ausreichende Qualifikation. **064**

Empathie, Identifikation und offenes Denken

Was aber können oder müssen wir dann lernen? Praxisbezug in der Ausbildung kann nur eine Kollision sein mit den Improvisationen, Suggestionen, Konfusionen und Katastrophen, von denen Groys spricht. Die neuen Fächer heißen nicht mehr Typografie oder Komposition, sondern Empathie, Identifikation und offenes Denken. »Es geht um die innere Verbindung mit den Dingen, die man macht. Bei Projekten wie ›Disarming Design from Palestine‹ spreche ich über Engagement im eigentlichen Wortsinne: Man steht in einer direkten Beziehung zu dem, was man sagt, zu den Menschen, mit denen man zusammenarbeitet, und zu dem Kontext, in dem man operiert«, sagt Annelys de Vet, Leiterin des Studiengangs Design am Sandberg Instituut in Amsterdam. Die Menschen in Gaza führen ein Leben, das sich sehr von dem eines typischen Studierenden an einer renommierten europäischen Designakademie unterscheidet. Die Auseinandersetzung mit diesem Unterschied und die Notwendigkeit, sich auf eine Realität einzulassen, die weit weg ist von den kulturellen Codes und den Rahmenbedingungen, mit denen sich Design für gewöhnlich befasst, ist der größtmögliche Praxisbezug, den man sich vorstellen kann.

157

IMG157   FUSSBALL AUS STÜCKEN DER MAUER, DIE DEN GAZA-STREIFEN UMGIBT, KHALED JARRAR

IMG158   KEFFIYEH (TURBAN/KOPFTUCH) FÜR DAS FRAUENFUSSBALLTEAM, HANNES BERNARD UND AWATEF ROMEYEH

IMG159   SANDUHR MIT ZEMENT AUS DER TRENNUNGSMAUER, MAJD ABDEL HAMID

▶ 093 Hardware

General Motors Street Car Conspiracy

Die »General Motors Streetcar Conspiracy« ist ein Skandal, der in den 70er Jahren des 20. Jahrhunderts aufgedeckt wurde. General Motors hatte zwischen 1936 und 1950 gemeinsam mit einer Lobby aus großen Ölfirmen und Reifenherstellern systematisch Straßenbahnnetze in großen amerikanischen Städten aufgekauft und stillgelegt. Los Angeles zum Beispiel verfügte bis 1945 über eines der größten Straßenbahnnetze weltweit, mit 20 Linien und 1.250 Wagen. Die von der Autolobby finanzierten Kartelle »National City Lines« und »Pacific City Lines« kauften über 100 Straßenbahnnetze in mehr als 45 Städten, um sie anschließend in Buslinien umzuwandeln – unter anderem in Baltimore, Newark, Los Angeles, New York City, Oakland und San Diego. Der Niedergang des öffentlichen Personennahverkehrs in amerikanischen Städten hat viele verschiedene Ursachen. Während in vielen anderen Großstädten aber U-Bahnen anstelle der unrentablen Straßenbahnen gebaut wurden, kamen in den USA auf Druck von General Motors hauptsächlich Busse zum Einsatz – mit dem Effekt, dass es in den USA kaum mehr eine große Stadt mit einem nennenswerten Nahverkehrssystem gibt. ▶

160

Technologie ist die Antwort.
Aber was war noch gleich die Frage?

IMG160   VON GENERAL MOTORS STILLGELEGTE STRASSENBAHNEN AUF EINEM SCHROTTPLATZ, 1956

Dumme Nutzer, dumme Dinge

»Als Benutzer von undurchschauter Technologie ist der moderne Kunde ein ins Alltägliche abgesunkener Scharlatan – ein Illuminator mit Kippschalter und Dimmer, ein
Telepathiekünstler mit dem Faxgerät, ein kinetischer Gaukler am Steuer eines Wagens,
ein Levitationsmeister im Linienflugzeug. Und insofern all diese dunklen technischen
Objekte ohne den Beitrag von Designern nicht wären, wie sie sind, kann man den Beruf
des Designers als den eines Scharlatan-Ausstatters bezeichnen – er liefert Alltags-
scharlatanen wie mir und Ihnen und jedermann das Zubehör für ihre fortlaufenden
Souveränitäts-Simulationen«, schreibt der Philosoph Peter Sloterdijk über unser
Verhältnis zu Dingen und Technologien. ✐77

Dieses magische Versprechen der Dinge, uns immer weiter über uns selbst hinaus zu
erweitern, bleibt nicht ohne Folgen: Weltweit wird alle vier Minuten ein neues Produkt
auf den Markt gebracht. Dabei reden wir nicht über ein Objekt alle vier Minuten,
sondern über ganze Serien mit möglicherweise hunderttausenden von einzelnen Arte-
fakten – alle vier Minuten.

Heute steht »das Ding« vor einer weiteren Revolution und ist dabei, sein Versprechen
zu erneuern. Die Magie des greifbaren Objekts wird ersetzt durch die Magie der Software. In wenigen Jahren wird es kein Ding mehr geben, das nicht auch ein Computer
wäre. Interaction Designer und Softwareingenieure sind dabei, für das Internet der
Dinge [a] eine ganz neue Generation von Produkten zu gestalten, die nicht um Technologie herum gebaut, sondern von Technologie durchdrungen sind, untereinander
vernetzt und angeschlossen an die großen Datenpools von Big Data. Diese Dinge sollen
die Welt smarter, effizienter und intelligenter machen.

ᶆ 094 Smart Cities, Smart Citizens

Vielleicht sollten wir aber einen Moment zurückschauen: Wir sind
heute noch damit beschäftigt, die Folgen der »autogerechten Stadt« [a]
der 1950er Jahre zu beseitigen. Mit Smart Cities bauen wir aufs Neue
die Stadt um eine Technologie und ihre Infrastruktur herum.

IT bringt uns die »Smart City«.
Was aber ist ein »Smart Citizen«?

IT als Treiber von Smart Cities und dem Internet der Dinge

Genauso wie der Niedergang des öffentlichen Personennahverkehrs in den USA durch
die Lobby von General Motors und der großen Ölkonzerne hervorgerufen oder zmin-
dest befördert wurde, steht heute die Idee von Smart Cities und des Internets der Dinge
ganz oben auf der Agenda großer IT-Firmen, Netzbetreiber und Technologieunter-
nehmen. Das Problem dabei ist, dass solche Unternehmen in erster Linie ein Interesse
am Aufbau großer Infrastrukturen haben, auf deren Basis in Zukunft Produkte und
Dienstleistungen verkauft werden können. Denn je mehr Datenverkehr es gibt, desto
größer ist der potenzielle Gewinn. An diesem Interesse ist nichts verkehrt – außer, dass
dies nicht die Leitlinie bei der weiteren Entwicklung von urbanen Räumen, Produkt-
konzepten und der vernetzten Bürgergesellschaft sein kann.

Gestaltung und Kultur als Treiber von Smart Cities und dem Internet der Dinge

»Anstatt über ›Smart Cities‹ (Infrastruktur) nachzudenken, sollten wir zunächst
einmal die Frage stellen, was ein ›Smart Citizen‹ (Kultur) ist«, fordert Dan Hill, der
CEO des Benetton-Thinktanks »Fabrica«: »Ein 14-jähriges Mädchen, das die Straße
hinunterläuft und dabei ihren Facebook-Account aktualisiert, ist nicht wirklich ›IT‹.
Was wir früher ›IT‹ genannt haben, ist zu wichtig geworden, um es dem ›IT‹-Depart-
ment zu überlassen.« ✐78 Bei der Gestaltung der neuen, schlauen Dinge und Dienstleistungen sollten in erster Linie die Beziehungen und Lebensmuster zwischen Menschen,
Städten, Verwaltungen, Freizeit, Konsum und Kultur neu überdacht werden. Wie können Bürger und Politik besser zusammenarbeiten? Können mobile Vernetzung und
soziale Medien helfen, aus dem polaren Denken von Bottom-up (Stuttgart 21) und Top-
down (Bürokratie) auszubrechen und neue Muster einer demokratischen Stadtplanung
zu entwickeln?

Die finnische Innovationsagentur Sitra zum Beispiel hat – aufbauend auf dem Vorbild
von »Kickstarter« – den Prototyp einer neuartigen Stadtentwicklungsplattform mit
dem Namen WWW.BRICKSTARTER.COM entwickelt. Mit »Brickstarter« soll ein Prozess organisiert werden, in dem Bürger aktiv Stadtentwicklungsprojekte initiieren und finanzieren können. In der niederländischen Stadt Almere hingegen wird das Projekt »Almere
Smart Society« von einem Konsortium aus Cisco, Philips, IBM, Liander (Stromnetz-
betreiber) und Living PlanIT gesteuert ...

In den Schuhen anderer

Eine starke und gleichzeitig unterschätzte strategische Fähigkeit von Gestaltern ist Empathie: Die Fähigkeit »mitzuleiden« und sich in andere Menschen hineinzuversetzen.
Dabei ist es genau diese Begabung, die Gestalter auf dem Weg zur schlauen Stadt so wertvoll macht. Würden Designer Empathie verkaufen statt Form, würden ihre Einkommen
mit Sicherheit sprunghaft ansteigen. Sie wären konkurrenzlos ... Denn auch wenn
IT-Firmen behaupten, dass ihre Lösungen von den Nutzern ausgehen, so ist das wenig
glaubwürdig. Was, wenn die Zusammenarbeit mit Bürgern ergibt, dass IT überhaupt
nicht das Problem, geschweige denn die Lösung ist? Wer einen Hammer zu verkaufen
hat, sieht in allem einen Nagel. Es ließe sich wohl viel Geld sparen, wenn Design weiter
vorne in den Entscheidungs- und Gestaltungsprozessen der schlauen Stadt angesiedelt
wäre.

161

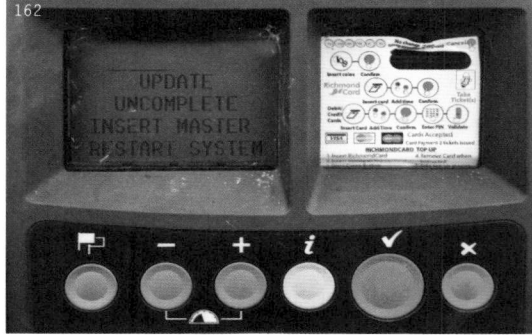

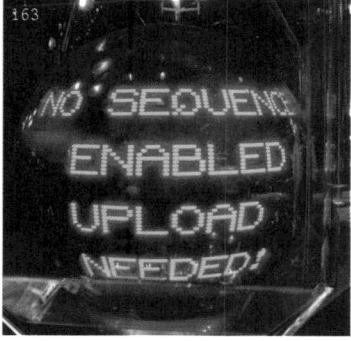

Heute überlassen wir unsere Städte der Lobby des 21. Jahrhunderts: Den großen IT-Firmen, die versprechen, unsere Städte intelligenter zu machen. Was aber, wenn die »Smart City« eine große Ansammlung von Bugs, Abstürzen und Systemfehlern ist?

IMG161
IMG162
IMG163   THE PUBLIC COMPUTER ERRORS POOL: EINE FOTOSAMMLUNG VON ABGESTÜRZTEN INTERFACES IM
          ÖFFENTLICHEN RAUM AUF FLICKR

095 Skalierung

Daily Dump
Die Designerin Poonam Bir Kasturi in Bangalore hat ein Unternehmen gegründet, das unter der Marke »Daily Dump« Produkte und Dienstleistungen anbietet, die den Bürgern in indischen Städten eine Alternative zur städtischen Müllabfuhr bietet. Müll wird in Bangalore zwar von der Stadt zentral beseitigt – das System ist aber schon allein wegen der Größe und der Komplexität der Stadt äußerst störungsanfällig. In manchen Stadtvierteln wird der Müll überhaupt nicht abgeholt.

Im Zentrum von Daily Dump steht ein Kompostierbehälter aus Terracotta. Der Behälter ist bewusst unter Einsatz lokaler Ressourcen und Produktionstechniken hergestellt, sodass ihn jeder Handwerker in Indien möglichst einfach nachbauen und kopieren kann. Ziel von Daily Dump ist es, so viele »illegale« Franchisenehmer wie möglich zu generieren und so das System landesweit zu verbreiten. Dadurch gehen Daily Dump zwar Marktanteile verloren. Auf der anderen Seite hat die schnelle Verbreitung durch Nachahmer den Erfolg überhaupt erst möglich gemacht, ohne dass die Gründerinnen über nennenswertes Startkapital verfügt hätten. ☞006 ➡

☞**006 Mem** / Kopieren und Variieren

164

165

IMG164 ERSTER PROTOTYP
Weil die auf dem Markt verfügbaren Lösungen zu teuer waren, haben die Designer von Daily Dump nach Lösungen gesucht, die lokal umsetzbar und leicht nachzubauen sind.

IMG165 DER ERSTE PROTOTYP DES KOMPOSTERS AUS TERRACOTTA
Produkte aus Ton und Terracotta sind in Indien weit verbreitet, und es gibt in jedem kleineren Ort lokale Handwerker, die einen »Daily Dump«-Komposter herstellen können.

Intuition und Analyse: Design als Disziplin zwischen allen Stühlen

Intuition ist die Fähigkeit von Menschen, Muster zu erkennen und instinktiv Beziehungen herzustellen.▶045 Nur deshalb können wir in einer Welt überleben, die zu vielschichtig ist, um sie zu beherrschen. Wir können nicht wissen, ob hinter dem nächsten Busch ein Bär auf uns lauert. Wir können nicht wissen, ob es einen Parkplatz gibt, der noch näher an unserer Wohnung liegt. Wir können nicht wissen, ob es richtig ist zu heiraten oder Kinder zu bekommen. Und dennoch müssen wir täglich Entscheidungen von kleiner oder großer Tragweite treffen.

Je mehr man recherchiert und über ein bestimmtes Problem weiß, desto stärker treten die Lücken im eigenen Wissen hervor. Das ist der Moment, in dem das Sammeln von Daten, Fakten, Einsichten und Phänomenen so überwältigend werden kann, dass es unmöglich wird, den nächsten Schritt zu setzen. Der »Entwurf« – also die intuitive und testweise Visualisierung bzw. Materialisierung eines Gedankens – ist dann der einzig mögliche Ausweg.

▶045 **Poesie** / Kunst mit Daten

 096 Faustregeln

Faustregeln sind die Kunst, Lösungen hervorzubringen, ohne über ausreichende Informationen zu verfügen. Da das eigentlich immer der Fall ist und wir nie genügend wissen, sind Intuition, Versuch und Irrtum sowie Such- und Stopp-Regeln [a] sinnvolle Gestaltungsmethoden für eine unübersichtliche und komplexe Welt.

Gestaltung ist eine Universal- oder Metadisziplin. Mit Hilfe des »Entwurfs« können Erkenntnisse über nahezu alle Facetten des menschlichen Lebens gewonnen werden.

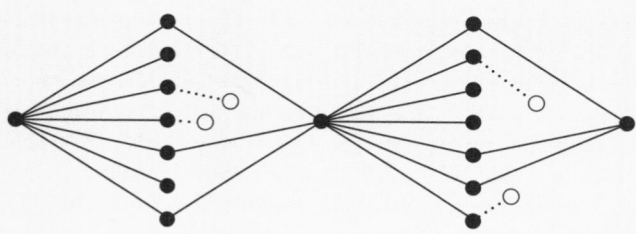

IMG166   ITERATIVER ENTWURFSPROZESS
         Phasen der intuitiven Expansion (z.B. Brainstorming, Recherche, Entwurfsoptionen) wechseln
         sich ab mit Phasen der analytischen Kontraktion (Auswahl, Evaluation, Entscheidung).

Warum es manchmal effektiver ist, weniger zu wissen

In einem Versuch an der Universität von Chicago treten ein deutsches und ein amerikanisches Team gegeneinander an. Die Frage lautet: Welche Stadt ist größer – San Diego oder San Antonio? Zwei Drittel der amerikanischen Befragten geben die richtige Antwort. Für die Deutschen hingegen stehen die Chancen in diesem Wettbewerb auf den ersten Blick eher schlecht: über San Diego wissen sie wenig und von San Antonio haben viele noch nie gehört. Dennoch haben 100 % aller Befragten die korrekte Antwort gegeben: San Diego. Wie kann das sein? Der Grund ist, dass die Deutschen – ohne sich dessen bewusst zu sein – eine Heuristik benutzt haben: Wenn der Name einer Stadt bekannter ist bzw. mehr Assoziationen hervorruft, kann ich daraus schließen, dass diese Stadt größer ist. Es ist also nicht immer von Vorteil, ein Experte auf einem bestimmten Gebiet zu sein. [79]

Eine dritte Kultur

Ein Entwurfsprozess besteht in der Regel aus zwei Phasen: In der Phase der intuitiven Expansion werden Ideen entwickelt, Lösungen vorgeschlagen und mögliche Modelle sichtbar gemacht. In der anschließenden Phase der analytischen Kontraktion werden die Entwürfe evaluiert, Auswahlen getroffen und Entscheidungen gefällt. Die meisten Menschen haben einen Hang zu der einen oder der anderen Seite. IMG166

→ S. 253   IN STUDIO: RECIPES OF SYSTEMIC CHANGE
BRYAN BOYER, JUSTIN W. COOK & MARCO STEINBERG; HELSINKI DESIGNLAB 2012
WWW.HELSINKIDESIGNLAB.ORG/INSTUDIO

In ihrem Buch »Recipes for Systemic Change« beschreiben die Designer des Helsinki Design Lab Gestaltung als eine »dritte Kultur«, ähnlich einem Kind, das im Ausland aufwächst und eine hybride Brückenkultur zwischen der Heimat der Eltern und dem Lebensmittelpunkt entwickelt – zwischen Intuition und Analyse, Künstler und Ingenieur, Wissenschaft und Praxis. Design ist eine expansive Disziplin, die in ihrer Geschichte schon mehrfach Phasen des radikalen Wandels erlebt hat: Ausgehend vom Kunsthandwerk über industriell gefertigte Produkte und Marken bis hin zu Dienstleistungen und Interaktionen.

Heute beobachten wir den Beginn einer neuen Phase des Wandels: Als Gestalter von Strategien und Systemen beschäftigen sich Designer nicht nur mit Fragen der Müllabfuhr, sondern auch mit dem Gesundheitswesen, Schulsystem, Energieverbrauch, der alternden Gesellschaft und dem Wohnungsbau – um nur einige Gebiete zu nennen.

Warum sollte man so etwas tun – es gibt doch bereits Gesundheitsexperten, Bildungsexperten und Abfallwirtschaftsexperten? Die Antwort ist die dritte Kultur. Indem Gestaltung in dem Zwischenraum von Analyse und Synthese operiert, kann sie neue Impulse, neue Herangehensweisen und neue, überraschende Lösungen hervorbringen. Folgt man den Designberatern der finnischen Regierung im Helsinki Design Lab, so wird dieses strategische Design die nächste Transformation von Design werden. Nur wenn wir diese dritte Kultur weiterentwickeln, bleibt Design gesellschaftlich relevant und als Geschäftsmodell tauglich.

167

168

IMG167   DAILY DUMP ORGANISIERT EDUKATIVE PROGRAMME IN SCHULEN UND GEMEINDEN

IMG168   DIE PRODUKTPALETTE VON DAILY DUMP
          umfasst mittlerweile eine Reihe unterschiedlicher Produkte zum Kompostieren und Recyceln
          sowie Kommunikationsmittel, mit denen die Franchisenehmer und »Unternehmensklone« mit
          potenziellen Kunden kommunizieren können.

▶ 097 **Social Distribution**

Works that Work

ist ein internationales Magazin, das von dem slowakischen Designer Peter Bil'ak gegründet wurde. Das Magazin beschäftigt sich mit »unerwarteter Kreativität«. Damit sind
Gestaltungslösungen gemeint, die nicht unbedingt von Designern entwickelt wurden,
aber dennoch Alltagsprobleme auf eine überraschende und effektive Weise beseitigen.
Dieses Versprechen wird nicht nur durch die Artikel und Themen in dem Heft eingelöst,
sondern materialisiert sich auch in der Art und Weise des Vertriebs. Die Distribution von
Presseprodukten wird für gewöhnlich von professionellen Agenten und Logistikunter-
nehmen im Auftrag eines Verlags übernommen. Für vergleichsweise kleine Publikationen wie »Works that Work« mit einer internationalen Leserschaft fallen dabei Kosten von
50 – 80 % des Ladenverkaufspreises an. Dadurch wird die Marge für den Verleger so
klein, dass sich die Publikation nicht mehr lohnt und nur durch Idealismus und Selbst-
ausbeutung aufrechterhalten werden kann. Bei der Idee der »Social Distribution« übernehmen die Leserinnen und Leser den Vertrieb selbst. ▶

  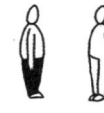  

PUBLISHER   READER   PUBLISHER   READER

SOCIAL DISTRIBUTION

THE HAGUE .NL
BERLIN .DE
NEW YORK .US
LONDON . UK

50%

IMG169   SOCIAL DISTRIBUTION
Traditionellerweise gibt es eine Reihe von Zwischenhändlern, die dafuur sorgen, dass die Publikation
beim Leser landet. Von dem Geld, das der Leser bezahlt, kommt so nur ein vergleichsweise kleiner Teil
wieder beim Verleger an. Für »Works that Work« übernehmen die Leser den Vertrieb. Leser erhalten
einen Rabatt von 50% auf den Ladenpreis, wenn sie das Magazin an einen Buchladen verkaufen. Der Leser
kann die Magazine in einem Magazin-Hub abholen und verkauft sie für 60—75% des Ladenpreises. Der
Leser macht so einen Gewinn von 10—25%. »Works that Work« wiederum macht auf seiner Website Werbung
für den Buchladen — und so haben alle etwas davon.

Der Tod des Autors

Menschen sind von Natur aus offene Wesen. Teilen und Kooperation sind Voraussetzungen für die moderne menschliche Zivilisation. Der Autor hingegen ist eine vergleichsweise neue Erfindung. In der Vormoderne war es nicht notwendig, eine Beziehung zwischen einem Text/Objekt und seinem Urheber herzustellen, um ein Werk zu legitimieren. Anonymität war kein Problem, da das Werk seine Autorität aus seinem echten oder zugeschriebenen Alter bezog. [80] Der Künstler – und später auch der Designer – als Autor ist ein später hinzugefügtes kulturelles Konstrukt und Ausdruck eines Kultes um das Individuum in den modernen westlichen Gesellschaften.

Allerdings ist dieses Konstrukt nicht mehr unumstritten. Mit seinem Text »Der Tod des Autors« hat der französische Philosoph Roland Barthes bereits 1968 eine Debatte darüber eingeleitet, ob die zeitgenössische Literatur die Figur eines Autors noch brauche oder ob nicht längst der Leser als Interpret und Baumeister seiner eigenen Wirklichkeit das Ruder übernommen habe. [81] Michel Foucault hat diese These in seinem Text »Was ist ein Autor?« weiter ausdifferenziert und ausgedehnt. Foucault erweitert die Kritik am Autor auf alle relevanten Kulturbereiche und greift die individualistische europäische Lebensweise im Allgemeinen an, weil sie mit dem Autor eine limitierende und autoritäre Figur geschaffen habe, die der freien und offenen Produktion von Kultur im Wege stehe.

FREE ⬇ ⟶ S. 253 OPEN DESIGN NOW — WHY DESIGN CANNOT REMAIN
EXCLUSIVE
BAS VAN ABEL, LUCAS EVERS, ROEL KLAASSEN, PETER TROXLER;
BIS PUBLISHERS 2011
DIE INHALTE DES BUCHES SIND DOWNLOADBAR UNTER WWW.OPENDESIGNNOW.ORG

 098 ### Open Design

Mit der These vom Tod des Autors sind Barthes und Foucault die geistigen Wegbereiter moderner gestalterischer Konzepte wie Open Design und Open Source. Sie nehmen die heutige Debatte um Urheberrechte ebenso vorweg wie den Einfluss der Netzwerkgesellschaft und digitaler Technologien auf Gestaltung.

Als Nesthäkchen der kulturellen Entwicklung hat Design den Autor erst vor kurzem für sich entdeckt, um nun Vorreiter bei seiner Abschaffung zu werden und die Grenzen zwischen Urheber, Produzent und Nutzer einzureißen. Konzepte wie Social Distribution sind die Experimentierfelder einer gestalterischen Avantgarde, die eine pluralistische Vielfalt von widersprüchlichen Positionen für Designer hervorbringt.

Der Autor als kulturelle Spaßbremse

Foucault kritisiert den Autor »als Funktionsprinzip, (...) mit dem man die freie Zirku-
lation, die freie Handhabung, die freie Komposition, Dekomposition und Rekomposi-
tion von Fiktion behindert.« Damit nimmt er die aktuelle Debatte um das Urheberrecht in einer vernetzten Gesellschaft vorweg und stellt die Frage, ob die Figur des
Autors als Urheber und Inhaber von Rechten nicht mehr schadet, als dass sie Nutzen
hervorbringen würde. Andererseits warnt er vor einem »Romantizismus, sich eine
Kultur vorzustellen, in der das Fiktive in einem absolut freien Zustand operieren könnte,
in der Fiktion jedermann zur Verfügung stünde und sich entwickelte, ohne so etwas
wie eine notwendige oder einschränkende Figur zu durchlaufen«. Dieses System könne
aber nicht mehr der Autor sein, »sondern eines, das noch festgelegt werden muss oder
vielleicht erfahren«. Es ist – und auch das ist eine aktuelle Debatte – eben nicht genug,
den einen Autor (Profi) durch einen anderen (Amateur) zu ersetzen. Gestaltung nach
dem Tod des Autors bedeutet nicht, dass nun jeder Design macht, sondern dass Design
anders gemacht wird und neue Rollen verteilt werden müssen.

Das Bild des Designers als geniale Persönlichkeit und Superstar, der alles aus sich selbst
heraus schöpft, wird in diesem Szenario zur Bremse, die einer konstruktiven Weiterentwicklung des Designbegriffs im Wege steht, weil sie im Künstlertum des 18. und
19. Jahrhunderts zurückbleibt. »You don't personalize Mozart«, lautet der Einwand
eines bekannten Produktgestalters gegen das Gestaltungskonzept von Open Design[a].
Allerdings ist eine solche Haltung nicht mehr Teil der heutigen gestalterischen
und kulturellen Avantgarde, die eine neue Definition der Beziehung von Produzent
und Konsument sucht und damit neue Vertriebsmodelle wie Social Distribution,
3D-Drucker oder Open Source in den Raum stellt.

Produktiver Streit

In der heutigen Netzwerkgesellschaft erfährt das Bild des Autors in der Gestaltung eine
weitere Transformation und vollzieht »einen Bruch vom Urheber zum ›Meta-Autor‹
als Operator der Kopien (statt der Originale), Zitate (statt Aussagen), Simulationen
(statt Darstellungen) und Pluralitäten (statt Individualitäten), und mit der wachsenden
Bedeutung von Medialität und Intermedialität wird der Autor/Künstler zum Sammler,
Spurensucher bzw. (...) Auswerter und Anwender von Datenströmen«.[82]

Seit Barthes und Foucault ist ein heftiger Streit über die Figur des Autors entbrannt,
der Autor ist seither mehrfach gestorben und in verschiedenen Formen wieder auf-
erstanden, gesampelt, gemixt und neu zusammengesetzt worden. Der große Gewinn,
den heutige Gestalter-Generationen aus diesem Streit ziehen können, ist der enorme
Grad an Freiheit, den die neuen Muster zur Verfügung stellen. Diese Freiheit erlaubt es,
die eigene Rolle selbst zu bestimmen – ohne Rücksicht auf Traditionen. Diese Emanzipation wiederum ist die einzige Chance, einen Ausweg aus dem Dilemma der »Post-
Design-Ära« zu finden, in der traditionelle Gestaltung zu einer alltäglichen Tätigkeit
geworden ist, die jeder ausüben kann – und die deshalb dringend neue Geschäftsmodelle braucht.

Leser als Distributeure

Mit Social Distribution wollen Bil'ak und seine Mitstreiter aber nicht nur das Geschäftsmodell der Zwischenhändler unterlaufen, sondern auch eine größere Nähe zu ihren Lesern aufbauen. Das Vertriebsmodell stellt eine langfristige und emotionale Beziehung zwischen dem Magazin und seinem Publikum her. Viele Leser übernehmen nicht nur die Funktion des Zwischenhandels, sondern verkaufen das Magazin selbst an Freunde und Kollegen – ohne den Umweg über den Buchhandel. Peter Bil'ak beschreibt dieses Phänomen mit einem Augenzwinkern: »Die größte Inspiration für Social Distribution beziehen wir aus der Art, wie Drogenhandel funktioniert. Wir nutzen die Mini-Netzwerke der Leser, geben ihnen kostenlose Probehefte, damit sie anderen zeigen können, wie gut es ist. Dann kommen sie zurück und wollen mehr Hefte...«[83] Damit wird der Designer nicht nur zum Autor und Verleger, sondern gewinnt als Design-Unternehmer Kontrolle über die gesamte Wertschöpfungskette.

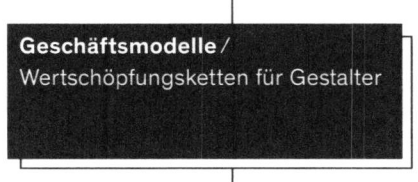

Geschäftsmodelle /
Wertschöpfungsketten für Gestalter

▶ 099 Nähe

Grandhotel Cosmopolis

Im Augsburger »Grandhotel Cosmopolis« sind zwei Sorten von Reisenden zu Gast:
Normale Hotelgäste auf der einen Seite und Asylbewerber auf der anderen. Alle wohnen
unter einem Dach. Während die zahlenden Gäste ganz normal ein Zimmer auf der Website des Hotels buchen, kommen die Asylbewerber aus den Krisenregionen der Welt.
Die Touristen zahlen den Preis für Übernachtung und Essen, den sie für richtig halten,
während die Asylbewerber die üblichen Gutscheine für Essen und Kleidung erhalten.
Die Einrichtung der Zimmer in dem von einer lokalen Künstlergruppe betriebenen Hotel
stammt aus Wohnungsauflösungen. Dieses Hotel ist so anders, so menschlich und so
widersprüchlich, dass es sich das »Grand« im Namen redlich verdient hat. ▶

IMG173
IMG174 JEDES ZIMMER IM GRANDHOTEL COSMOPOLIS IN AUGSBURG HAT EIN ANDERES EINRICHTUNGSKONZEPT
URL   WWW.GRANDHOTEL-COSMOPOLIS.ORG [ABGEFRAGT AM 19.2.2014]

Für eine Kommunikation der Aktion

Am 7. Oktober 2013 kenterte vor der italienischen Insel Lampedusa ein Boot mit Flüchtlingen. 390 Menschen sind dabei ertrunken. Ein überlebender Vater berichtete dem
italienischen Journalisten Fabrizio Gatti, wie er im Wasser schwimmend seine kleine
Tochter auf seinen Bauch setzte, um sie zu retten. Sein anderes Kind musste er loslas-
sen, er konnte nicht beide retten. [84] Obwohl die Küste vor Italien eines der am besten
überwachten Seegebiete der Welt ist und sich diese Tragödie nur wenige hundert Me-
ter vor dem Festland abspielte, hat die europäische Grenzsicherungsbehörde »Frontex«
niemanden gerettet. Lediglich die Küstenwache und einheimische Fischerboote haben
155 Menschen aus dem Wasser gezogen – und das, obwohl ein italienisches Gesetz
jedem Strafe androht, der Flüchtlingen bei einem illegalen Grenzübertritt hilft.

Die Bilder des Dramas und Geschichten wie die von Fabrizio Gatti gingen anschließend
um die Welt und lösten einen Schock aus. Allerdings nur einen sehr kurzen Schock.
Bereits am nächsten Tag forderte der damalige deutsche Innenminister Hans-Peter
Friedrich, mit mehr Härte gegen illegale Einwanderer vorzugehen. [85]

Wie ist so etwas möglich?
Wie können wir in einem Moment Zeuge einer Tragödie werden, die jedem Menschen,
der eigene Kinder hat – und allen anderen auch – das Herz bricht? Und wie können wir
im nächsten Moment all das vergessen und in Passivität und Zynismus versinken?

Die Fotografin Susan Sontag schreibt in ihrem Essay »Regarding the Pain of Others«,
dass Bilder die Tendenz haben, »Sympathie zu schrumpfen. (...) Die Bilderflut senkt
die Aufmerksamkeit, zerstreut sie und macht stumpf gegenüber ihrem Inhalt. Mit-
gefühl ist eine unstabile Emotion ... sie muss in Aktion übersetzt werden – oder sie
verschwindet. (...) Es ist die Passivität, die unser Gefühl ermüdet.« [86] Wir glauben,
in der medialisierten Welt durch die Bilder näher an Ereignisse heranzurücken. Aber
das Gegenteil ist der Fall: Wir haben Medien wie einen Panzer zwischen uns und die
Realität geschoben.

100 Echtes Leben
Medien stehen zwischen uns und echten Erfahrungen.

Visualisierungen von Fakten, schockierende Bilder, Plakate für noble
Zwecke und Awareness-Kampagnen verpuffen, weil sie uns passiv
machen. Wie sieht Kommunikation aus, die zu Aktionen führt?

Folgenlos berührt

Wäre Hans-Peter Friedrich in der Lage, ein härteres Vorgehen gegenüber Flüchtlingen zu fordern, wenn er dem Vater des toten Kindes aus der Reportage von Fabrizio Gatti Auge in Auge gegenübersitzen würde? Wäre der italienische Staatsanwalt auf einem der Fischerboote gewesen und hätte selbst so lange Menschen aus dem Wasser geborgen, bis die Schreie immer leiser wurden und schließlich ganz verstummten – könnte dieser Staatsanwalt heute ein Ermittlungsverfahren gegen die Überlebenden einleiten? [87]

Hoffentlich nicht.

Es ist das Abgeschnittensein, der Mangel an direktem Austausch und die Abwesenheit von realen, sinnlichen Erfahrungen, die es uns ermöglichen, folgenlos berührt zu sein. Wir können einhundert »Mut zur Wut«-Plakataktionen [88] und Nachwuchswettbewerbe zu allen erdenklichen sozialen Themen veranstalten, wir können Aufklärungskampagnen auflegen, Bilder und Wissen verbreiten … all das wird nichts nutzen und die Passivität weiter erhöhen. Im Zweifelsfall nutzen solche Aktionen nur den Designern selbst, die sich des Beifalls ihrer Kollegen erfreuen können. Im sozialen Raum stößt traditionelles Kommunikationsdesign an seine Grenzen.

Kennen lernen

Welche Aktionen aber nutzen etwas? Traditionelles Design macht menschliche Kommunikation medientauglich und holt sie aus der vermeintlichen Isolation des direkten Gesprächs heraus in der Absicht, mehr Menschen zu erreichen und damit mehr Wirkung zu erzielen. Was aber, wenn diese Annahme ein Trugschluss ist?

Folgt man Susan Sontag, so sind Aktionen anstelle von Medien notwendig, ein Gefühl der Verbundenheit und direkter Austausch. Gelegenheiten, die Ort und Zeit miteinander verschmelzen, statt sie voneinander zu entkoppeln. Lässt sich Kommunikationsdesign als Gestaltung einer Hier-und-jetzt-Realität denken und nicht als Gestaltung von Medien, die die selbst geschaffenen Lücken nur notdürftig überbrücken?

Seine eigentliche Wirkung erzeugt das Grandhotel Cosmopolis nicht durch das große Medienecho. Das ist allenfalls eine Voraussetzung – aber kein Ziel. Tourismus und Flucht sind die denkbar extremsten Aggregatzustände des Reisens. Die Wirkung des Hotels entsteht dort, wo sich Reisende aus vollkommen unterschiedlichen Welten über den Weg laufen. Aus dieser Kollision entsteht überhaupt erst die Kommunikation – von ganz alleine, ohne Designer. Gemeinsam fremd zu sein verbindet – egal wie unterschiedlich die Motive sein mögen.

Realität /
Disarming Design from Palestine:
Handwerk trifft auf Design

Jedes Zimmer in dem Hotel – einem ehemaligen Pflegeheim der Diakonie – ist anders gestaltet: Eines ist fast ausschließlich in Weiß gehalten – inklusive hunderter Papiertüten, die von der Decke hängen. In einem anderen läuft ein Mann durch die Wand.

Das Hotel ist aber nicht nur ein temporäres Zuhause, sondern auch eine in der gesamten Stadt sichtbare Aktionsplattform gegen die aktuelle europäische Flüchtlingspolitik. Laut dem europäischen »Dublin«-Abkommen dürfen sich Asylbewerber nur in dem Land des Schengen-Raums aufhalten, das sie als Erstes betreten haben. Damit machen es sich Länder wie Deutschland, die keine EU-Außengrenzen haben, leicht. In Deutschland kann im Grunde genommen nur Asyl beantragen, wer mit dem Flugzeug einreist. Aber welcher Asylbewerber tut das schon? Und Reisende ohne Papiere werden meist im Transitbereich des Flughafens abgefangen und wieder zurückgeschickt. Die Folge ist, dass in den überfüllten Auffanglagern in Italien, Spanien und Griechenland unmenschliche Zustände herrschen. Diese Lager gleichen eher einem Gefängnis und sind mit Sicherheit kein geeigneter Ort für traumatisierte Menschen aus Bürgerkriegsgebieten.

Das Grandhotel Cosmopolis ist das Gegenmodell zu dem um sich greifenden Populismus und Nationalismus. Es skizziert ein anderes Europa, das sich auf seine Werte besinnt, anstatt in der Krise Freiheit und Humanismus einfach über Bord zu werfen. Und es macht Augsburg zum »Kaff der guten Hoffnung«, wie es Reinhard Gammel, einer der Grandhotel-Künstler ausdrückt.

Bücher und Texte
Kommentierte Literaturliste

Begriffe und Definitionen
Glossar

Bücher und Texte
Kommentierte Literaturliste

Art School (Propositions for the 21st Century)

Steven Henry Madoff (Hg.); MIT Press 2009;
mit Texten von u.a. Boris Groys,
John Baldessari, Ann Lauterbach und
Michael Craig-Martin; ISBN 978-0262134934

Wie können wir wissen, was eine Kunsthochschule ist, was ihren Charakter und Kern ausmacht, wenn wir nicht einmal wissen, was ein Künstler ist. Seit Duchamp die Möglichkeit eröffnet hat, dass jedes Objekt ein Zeichen für eine Idee sein kann, sind die Grenzen zwischen Genres, Materialien, Disziplinen und Fertigkeiten aufgelöst. »Jeder ist ein Künstler«, sagt Joseph Beuys. Wir sind nicht nur alle Künstler, sondern jeder ist sein eigenes Kunstwerk, sagt Boris Groys. »Es ist zum Allgemeinplatz geworden, dass heute alles ein Kunstwerk sein kann – ein Parade, ein Gericht, ein Gemälde, eine Diskussion. Und es ist offensichtlich, dass es neuer Methoden bedarf, um junge Künstler in diesem Umfeld unendlich elastischer Produktion auszubilden. Die Verhandlungen über diese Methoden haben bereits begonnen ...«, schreibt Steven Henry Madoff im Vorwort zu seinem Buch.

Es gehört zu der Wesensart von Kunst und Design, die Wirklichkeit stets neu erfinden zu wollen (oder müssen). Mit jedem neuen Kunstwerk wird deshalb aber auch die Kunst selbst immer wieder neu erfunden. Vor diesem Hintergrund ist das Modell einer »Schule«, in der man Kunst oder Design unterrichten und lernen könnte, eigentlich undenkbar. Dass es trotzdem immer wieder – auch mit Erfolg – versucht wird, ist eine interessante Paradoxie. Nicht nur die Dinge, Medien und Ideen müssten einem ständigen Gestaltungsprozess unterworfen sein, sondern auch die Hochschulen selbst. In einer Zeit, in der es – dank des Bologna-Prozesses [a] – Jahre dauert, einen neuen Studiengang zu akkreditieren, ist dieser Veränderungsdruck eine große Herausforderung. Dabei muss nicht alles neu gemacht werden. Es geht eher darum, wie das Bestehende fortgeschrieben werden kann. Welche Prinzipien bleiben bestehen und welche ändern sich?

»Art School (Propositions for the 21st Century)« versammelt Künstler, Philosophen, Lehrer und Gestalter verschiedenster Herkunft und unterschiedlicher Generationen, um über diese Frage nachzudenken: Wie sieht eine Kunstausbildung im 21. Jahrhundert aus? Wie lässt sich etwas unterrichten, das nicht »unterrichtbar« ist? Das kann nur über Umwege gehen. Boris Groys legt in seinem Essay »Education by Infection« dar, dass es keinen Unterschied zwischen Kunst, Schule und Leben gibt. Er plädiert allerdings dafür, dass die Schule ein eigenständiger Ort sein muss, der seine eigenen Realitäten erzeugen kann – und nicht der Außenwelt unterworfen sein darf.

John Baldessari und Michael Craig-Martin führen eine Konversation darüber, wie eine solche eigene Realität gestaltet werden kann. Die wichtigste Rolle eines Lehrers, sei nicht zu »lehren«, sondern eine produktive Atmosphäre des Vertrauens aufzubauen. Man müsse als Professor wie Amor agieren und die richtigen Menschen miteinander und mit fremden Ideen verkuppeln.

Interessanterweise sind diese Ideen nicht neu (Craig-Martin und Baldessari und sind über 70 bzw. 80 Jahre alt und schwelgen in Erinnerungen über ihre Zeit an den Kunsthochschulen »CalArts« ins Los Angeles und das »Goldsmith College« in London in den 1960er Jahren). Aber sie sind in ihrer Offenheit dazu geeignet, ein Programm für eine ständige Erneuerung zu erzeugen.

Die allgemeine Entwicklung geht heute allerdings in eine andere Richtung. Viele Hochschullehrer führen den Begriff der Klasse wieder ein und das Bologna-System versucht alles zu nivellieren, wo es doch eigentlich bei Kunst und Design um die Produktion von Unterschieden geht. Gerade deshalb ist dieses Buch eine interessante Sammlung von Debatten und eine Gegenposition zu der um sich greifenden Regulierung: »Dieses Paradoxon ist vielleicht das praktischste Element von Kunsthochschulen überhaupt: Ausbildung ohne Regeln. Denn das sogenannte ›echte Leben‹ setzt uns einer endlosen Reihe von Improvisationen, Suggestionen, Konfusionen und Katastrophen aus – es ist ebenfalls ohne Regeln. In letzter Konsequenz bedeutet Kunst zu unterrichten, das Leben zu unterrichten«, sagt Boris Groys.

Aspekte der Führung und der strategischen Entwicklung von Professional Service Firms

Bernd Bürger; Deutscher Universitätsverlag 2005; ISBN 978-3835000971

Über Erik Spiekermann existiert die Anekdote, dass er in den frühen Tagen von »Meta Design« Auftraggeber zu Besuch hatte, die mit ihm ständig über ein geheimnisvolles »Unternehmen« sprechen wollten. Spiekermann war nicht klar, welches Unternehmen sie meinten – von sich selbst sprachen die Auftraggeber jedenfalls nicht. Bis ihm irgendwann dämmerte, dass von »seinem« Unternehmen, von Meta Design, die Rede war. Er hatte Meta Design bis zu diesem Tag einfach nie als »Unternehmen« betrachtet.

Wenn Gestalter sich selbständig machen – ob alleine, mit Freunden aus dem Studium oder anderen Partnern – werden sie Unternehmer. Den meisten Designern ist das nicht bewusst, denn sie denken, dass sie Designer sind (und dass das etwas anderes ist als »Unternehmer«). Erst wenn ein Büro mehr Kunden anzieht, der Umsatz steigt und Mitarbeiter eingestellt werden, ändert sich diese Einstellung. Dabei ist es egal, ob ein Unternehmen aus einer Person besteht oder 100 Mitarbeiter hat, ob es für kulturelle Einrichtungen arbeitet, für Non-Profit-Organisationen oder für große Konzerne – wer eine Rechnung schreibt, ist ein Unternehmer. Die wenigsten Designer machen sich bei der Gründung ihres Büros Gedanken darüber, wie sie ihr Unternehmen formen wollen: Will ich klein bleiben oder groß werden, wo will ich arbeiten, mit wem will ich was tun, was muss ich dazu lernen, was mache ich selbst, was können andere besser, wie kann ich das erreichen? All diese Fragen betreffen die Strategie und die professionelle Entwicklung des eigenen Unternehmens. Wer auf diese Fragen keine Antworten hat (und sei es unausgesprochen und intuitiv), läuft Gefahr, niemals sein Ziel zu erreichen, ganz woanders zu landen oder im schlimmsten Fall zu scheitern.

»Professional Service Firms« sind Dienstleistungsunternehmen, die ihre Leistungen Unternehmen und öffentlichen Institutionen anbieten (unternehmensorientiert), wissensintensiv sind

(Expertenwissen vermarkten) und überwiegend Mitarbeiter mit einer hohen Qualifikation (Hochschulstudium, Facharbeiter) einsetzen. Designbüros und Kommunikationsdienstleister fallen unter diese Definition.

Bernd Bürger beschäftigt sich mit der Frage, wie Wissen und Beziehungskompetenz für die professionelle Entwicklung von Professional Service Firms wirksam eingesetzt werden können. Sprich: welche Rolle spielen das Management von Wissen, die Einbindung von Experten sowie die Entwicklung von internen und externen Ressourcen für den Erfolg eines Designbüros.

Nun muss man kein Wirtschaftswissenschaftler werden, um ein Designbüro zu führen. Bürger stellt aber eine Reihe interessanter Fragen darüber, wie Designbüros organisiert sind. Die traditionellen Organisationsmuster werden heute durch Co-Working, Netzwerke, lose Zusammenschlüsse und temporäre Kooperationen ergänzt (oder ersetzt?). Immer mehr hochspezialisierte Experten müssen in immer komplexeren Projekten miteinander verknüpft werden ... Wie ist das Designbüro von morgen organisiert? Für diese Frage hat natürlich auch Bürger kein Patentrezept parat – es finden sich in seinem Buch aber viele Anhaltspunkte und interessante Denkmodelle, die in die Praxis übertragen und angepasst werden können.

🖑 **010 Fluidität**

📖 Business Model Generation
Ein Handbuch für Visionäre, Spielveränderer und Herausforderer
Alexander Osterwalder, Yves Pigneur; Campus Verlag 2010; ISBN 978-3593394749

»Ein Handbuch für Visionäre, Spielveränderer und Herausforderer, die überkommenen Geschäftsmodellen die Stirn bieten und die Unternehmen von morgen formen wollen«, so der Text auf dem Titel. Das Buch wurde von dem Unternehmensberater Alexander Osterwalder gemeinsam mit dem Professor für Management Information Systems, Yves Pigneur, und 470 Co-Autoren aus 45 Ländern geschrieben. Es schließt eine Lücke für Gestalter, weil es auf der einen Seite Geschäftsmodelle zum

Gegenstand von Gestaltung macht und auf der anderen Seite Gestaltern die Möglichkeit gibt, eigene neue Geschäftsmodelle für Design zu entwickeln. Anstelle von Marketing-Weisheiten oder volkswirtschaftlichen Theorien, bietet das Buch eine konkrete Methode an, Ideen so zu gestalten, dass sie in der Wirklichkeit eines Marktes funktionieren können.

Das Buch besteht aus fünf Teilen: *Canvas*, *Patterns*, *Design*, *Strategy* und *Process*. Der erste Teil erläutert die grundsätzliche Methode und die Basisbegriffe. *Canvas* ist eine Art Leinwand, die alle wichtigen Teile eines Geschäftsmodells umfasst und in eine Beziehung zueinander setzt. Sie ist gleichzeitig Arbeitsmittel und Gestaltungsfläche, auf der man seine Idee skizzieren kann. *Patterns* stellt beispielhaft die typischen Grundmuster von Geschäftsmodellen vor, und das Kapitel *Design* beschreibt die einzelnen Schritte des Gestaltungsprozesses. In *Strategy* geht es darum, bestehende Strategien neu zu interpretieren und zu evaluieren. *Process* schließlich bringt alle Teile zusammen und beschreibt den übergeordneten, organisatorischen Prozess zur Implementierung.

Geschäftsmodelle werden zu oft allein aus dem Blickwinkel von Zahlen betrachtet. Die ganzheitliche Perspektive von Osterwalder und Pigneur stellt aber die Zusammenhänge zwischen den einzelnen Teilen her, statt nur mögliche Ergebnisse aufzulisten. Mit der Methode wird sehr schnell klar, was zusammenpasst, was passiert, wenn Dinge verändert werden, wo etwas fehlt und was gut funktionieren kann. Noch wichtiger aber ist, dass die Methode die Phantasie anregt, den Status quo zu hinterfragen: Ist die Art und Weise, wie Gestalter heute aus ihren Fähigkeiten ein Einkommen machen, der einzige Weg oder gibt es noch eine Welt jenseits des »kreativen Dienstleisters«?

▶ **061 Geschäftsmodelle**

📖 Collapse

How Societies Choose to Fail or
Succeed: Revised Edition
Jared Diamond; Penguin Books 2011;
ISBN 978-0143117001

Jared Diamond ist ein amerikanischer
Evolutionsbiologe, Physiologe und Professor für
Geografie an der University of California in Los
Angeles. In seinem Buch »Collapse« betrachtet
Diamond beispielhaft eine Reihe historischer
Gesellschaften, die an einem bestimmten Punkt
ihrer Geschichte kollabiert sind, und untersucht
die Gründe für diesen Zusammenbruch. Dabei
beschränkt sich Diamond nicht auf die weit zu-
rückliegende Geschichte, in der man das Scheitern
aus sicherem Abstand von mehreren Jahrhun-
derten betrachten könnte, wie zum Beispiel den
Untergang der Polynesier auf den Osterinseln
oder der Wikinger Grönlands. Auch heute gibt
es Gesellschaften, die sich in einer gefährlichen
Lage befinden. So ist zum Beispiel der Energiemix
in Australien fast ausschließlich auf Kohle und
Bergbau ausgerichtet – mit desaströsen Folgen für
die Umwelt. Wohingegen in Ruanda ein Völker-
mord das Land für lange Zeit in Chaos und Elend
gestürzt hat.

Es gibt laut Diamond fünf Gründe, warum
Gesellschaften scheitern: Umweltschäden, Klima-
schwankungen, feindliche Nachbarn und der Weg-
fall von Handelspartnern. Der fünfte Grund ist
im Titel des Buches bereits enthalten: die falsche
Reaktion der Gesellschaft auf Veränderung – »How
Societies *choose* to fail or succeed«. Der Kollaps ist
nicht unabänderlich. Die Art und Weise, wie eine
Gesellschaft mit Problemen umgeht, entscheidet
über das Wohl und Wehe: »Zivilisationen sind in
der Geschichte immer dann gescheitert, wenn
eine Gemeinschaft von den negativen Folgen ihres
eigenen Handelns abgeschnitten worden ist.« Es
sind nicht Klimawandel oder Energiekrisen allein,
sondern vor allen Dingen unsere Reaktionen darauf, die darüber entscheiden werden, ob sich zukünftige Generationen die Ruinen von Manhattan
so betrachten werden, wie wir heute die Tempel
von Angkor Wat.

Damit wird der Klimawandel zu einem gestalterischen Problem – denn es sind die politischen,
sozialen und ökonomischen Rahmenbedingungen,
die wir schaffen, die den Unterschied ausmachen.
Diamond führt das niederländische Poldermodell
der 1980er und 90er Jahre ins Feld, als positives Beispiel dafür, wie Kommunikation, Ausgleich und
Offenheit zwischen den sozialen Schichten eine
Gesellschaft krisenfester und anpassungsfähiger
machen kann. Dass die Niederlande das Poldermodell zurzeit demontieren, muss an dieser Stelle
eine Randnotiz bleiben und verheißt für die weitere Entwicklung des Landes nichts Gutes.

Nun ist es nicht so, dass Design die Welt retten und Gesellschaften vor dem Kollaps bewahren
kann. Es ist umgekehrt so, dass Diamond Leitlinien für Gestaltung beschreibt, die einen Beitrag
zu der gesamtgesellschaftlichen Reaktion auf
die Herausforderungen einer globalisierten Kultur
leisten will. So können soziale Innovationen zu
mehr Kooperation in einer Gesellschaft führen.
↪ **038** Die Einbeziehung von Nutzern in die Gestaltung durch partizipatives Design kann den sozialen Ausgleich in einer Gesellschaft befördern. ↪ **076**
Und die Prinzipien der Resilienz können bewirken,
dass wir uns mit den Folgen unseres Handelns
verbinden, statt uns von ihnen abzukapseln. ↪ **030**

↪ **028 SLOC**
↪ **038 Soziale Innovation**
↪ **076 Partizipatives Design**
↪ **030 Resilienz**

📖 Dark Matter and Trojan Horses

A Strategic Design Vocabulary
Dan Hill; Strelka Press 2012;
E-Book; ASIN B0085KEVO8

Krise. Dieses Wort ist der Ausgangspunkt
für die Überlegungen von Dan Hill zu einem neuen
Designbegriff, der mehr will als mit vereinzelten
Produkten und Lösungen punktuelle Verbesserun-
gen zu erzeugen. Das Vokabular des »Strategischen
Design« ist eine Sammlung von Werkzeugen und
Methoden, die nichts weniger als das Große und
Ganze verändern wollen. Hill geht es um das strate-
gische Potenzial von Gestaltung, Systeme zu ver-
ändern und Lösungen zu skalieren.

Die Krise, von der Dan Hill zu Beginn seines Buches spricht, ist die große Vertrauenskrise unserer Institutionen. Sei es die Schuldenkrise, die das Vertrauen in unsere Finanzsysteme erschüttert. Sei es die Tatsache, dass mittlerweile mehr als 30 % der Jugendlichen in Südeuropa und Frankreich ohne Job und ohne Perspektive dastehen – der BBC-Moderator Paul Mason spricht in diesem Zusammenhang von »Graduates without Future«. Sei es die Unfähigkeit der Staatengemeinschaft, wirkungsvolle und konkrete Maßnahmen gegen den drohenden Klimawandel zu entwickeln … – das Vertrauen in die Systeme, auf denen die westlichen Demokratien aufbauen, bröckelt. Die Folgen sind populistische Strömungen, nationalistische Tendenzen und schwache Regierungen, die sich aus Koalitionen von Splitterparteien zusammensetzen. Die gesamte bisherige politische Praxis, Entscheidungen herbeizuführen und zu legitimieren, steht unter Druck.

Vor diesem Hintergrund entwickelt Hill die Idee von Strategischem Design, das zum Ziel hat, »die Kultur von Entscheidungsprozessen auf einem individuellen und institutionellen Level neu zu gestalten und auf die großen Herausforderungen des 21. Jahrhunderts zuzuschneiden: Gesundheitswesen, Bildung, Klimawandel, Nachhaltigkeit, Resilienz, wirtschaftliche Entwicklung, soziale Gerechtigkeit, soziale Mobilität«, um nur einige zu nennen. Das klingt nicht nur absolut theoretisch, sondern auch absolut vermessen.

Aber trotz der Fallhöhe, die das Buch aufbaut, gelingt es Hill, eine optimistische Skizze anzufertigen, die nicht vorgibt, Antworten auf die oben genannten Fragen zu liefern, sondern gesellschaftliche Prozesse in Gang setzen möchte, die zu Antworten und zu Alternativen für den Status quo führen können. Dieser Optimismus zeigt sich vor allen Dingen in den Beschreibungen der Projekte (Matter) des Helsinki Design Lab und der dahinter liegenden Methoden (Meta). Hill plaudert aus dem Nähkästchen und stellt jeweils einzelne Fallstudien sogenannten Spielzügen (Plays) gegenüber – strategische Winkelzüge wie aus einem Lehrbuch über Fußball, die je nach Spielsituation abgeändert und angepasst werden können.

So fügt Hill beispielsweise die Idee des »MacGuffin« in sein Wörterbuch ein. Ein MacGuffin ist ein von Alfred Hitchcock geprägter Begriff für ein mehr oder weniger beliebiges Objekt in einem Film, das die Handlung auslöst oder vorantreibt, ohne selbst von besonderem Interesse zu sein – zum Beispiel der geheimnisvoll scheinende Koffer in »Pulp Fiction« oder der Umschlag mit Geld in »Psycho«. [89] Im Strategischen Design bezeichnet ein MacGuffin die Gestaltung eines Objekts, das so starke Motivationen bei den Entscheidungsträgern in einer Organisation auslöst, dass die bislang gültigen Regeln verändert werden. Im Fall des Helsinki Design Lab hat das Konzept des CO_2-freien Low2No-Hauses (MacGuffin) zu einer Anpassung der Bauvorschriften in Finnland geführt, die den Bau energiesparender Häuser in ganz Finnland einfacher macht.

Weitere »Plays« beschäftigen sich mit unterschiedlichen Methoden, mit klingenden Namen wie »Trojanisches Pferd«, »Plattform«, »Schichten«, »Dunkle Materie« und »Kontext«. All diese praktischen Werkzeuge sind in anschauliche, konkrete und erfolgreiche Beispiele eingebettet, die den Beweis antreten, dass die Fallhöhe für Design zu Recht hoch sein und Gestaltung mehr wagen sollte.

Der Gedanke, dass Designer Politik und Systeme formen, ist nicht unproblematisch. Politik in demokratischen Systemen lebt nicht in erster Linie von ihrer Effizienz, sondern von ihrer Legitimation. Dan Hill plädiert deshalb nicht dafür, dass Design als Heilsbringer von oben die »besseren« Lösungen für eine Gesellschaft zur Verfügung stellen und damit den demokratischen Prozess kurzschließen sollte. Design kann aber in dem demokratischen Streit um die beste Lösung eine wichtigere Rolle einnehmen, als das bisher der Fall war, und Wege aufzeigen, wie besser legitimierte Lösungen gefunden werden können.

020 Hebelwirkung

📖 Das Zeug zur Macht

in: »Der Welt über die Straße helfen«
Peter Sloterdijk; Schriftenreihe der HfG
Karlsruhe; Fink 2010; ISBN 978-3770549856

Peter Sloterdijk stellt in seinem Aufsatz »Das Zeug zur Macht« die Frage, aus welchen Quellen Design heute seine herausgehobene gesellschaftliche Bedeutung bezieht und welche Rechtfertigungen es für diese Bedeutung gibt. Design weist weit zurück in die frühen Tage der Menschheit, in denen Rituale dazu dienten, die eigene Machtlosigkeit gegenüber Naturgewalten und einer feindlich gesinnten Umwelt zu überwinden und neue Handlungsmöglichkeiten zu gewinnen: »Denn Design ist – von einem kompetenzökologischen Ansatz her gesehen – nichts anderes als die gekonnte Abwicklung des Nichtgekonnten. Es sichert die Kompetenzgrenzen der Einzelnen, indem es dem Subjekt Verfahren und Gesten an die Hand gibt, im Ozean seiner Inkompetenz als Könner zu navigieren. Insofern darf man Design als Souveränitäts-Simulation definieren: Design ist, wenn man trotzdem kann.«

Gestaltung gibt dem Menschen die Werkzeuge an die Hand, sich über den eigenen Körper und den eigenen Geist hinaus zu verlängern und mehr zu können, als er eigentlich kann. Dass es sich bei diesem neuen Können nur um eine Simulation handelt, spielt keine Rolle. Denn in dem modernen Wettlauf um Kompetenz entscheidet allein die Frage, wer das »als ob« am besten beherrscht.

Weil der Mensch »kann«, *muss* er allerdings auch können, denn wer Möglichkeiten hat und sie nicht nutzt, verdient kein Mitleid. So sorgt Design nicht nur dafür, dass man »auch bei schlechtem Wetter in Form bleibt«. Es macht jeden von uns zum Kunden im Kaufhaus der Kompetenz, der durch den gezielten Erwerb von immer neuem Können aktives Kompetenz-Management erzeugt: »Ein Kunde ist aus solcher Sicht immer ein Idiot, der Souveränität kaufen möchte. Und der Designer liegt – in strategischer Allianz mit den Herstellern und den Experten für das Innere der schwarzen Kästen – immer auf dem Sprung, um neue Wendungen auf dem Souveränitätsmarkt hervorzubringen oder nachzuvollziehen.«

Die Kritik am Design als Vortäuschung nicht vorhandener Möglichkeiten beschreibt die Lebensumstände und das Dilemma des modernen Menschen, der sich in einer ständigen Aufholjagd gegen die Welt befindet. Diese Jagd kann der Mensch nicht gewinnen – aber er hat sie dank Design auch noch nicht verloren: »Modern zu sein bedeutet, in einer Umgebung zu leben, die uns Abenteuer, Macht, Freude, Wachstum und Wandel verspricht – und gleichzeitig droht, alles zu zerstören, was wir kennen und sind«, schreibt Marshall Berman in seinem Text »All That Is Solid Melts Into Air«. In dieser Bipolarität ist Design die Wette auf das Gelingen und täuscht gleichzeitig über den Abgrund hinweg.

Allerdings hat Sloterdijk bei seinen anthropologischen Wanderungen einen sehr traditionell geprägten Begriff von Design im Blick – ein optimistisches Design, das Probleme löst, die Welt verbessert (oder zumindest so tut, als ob) und den Menschen mit Zeichen und Symbolen der Macht ausstattet. Das Gegenmodell zu diesem optimistischen Design ist nicht das pessimistische, sondern das »kritische« Design, das mehr Fragen stellt, als es Antworten liefert, und auf die Abgründe hinweist, statt sie zu verdecken. Kritisches Design findet auf der Meta-Ebene des optimistischen Designs statt. So ist der »Safe Cuddling«-Strampelanzug nur vordergründig ein Objekt, das Kompetenz verleiht und einen Zuwachs an Sicherheit verheißt. ▶021 Auf der darüber liegenden Ebene legt es das von Sloterdijk beschriebene Dilemma des modernen Menschen offen und zeigt, dass die vermeintliche Handlungsoption lediglich die Illusion von Sicherheit ist – und auch das nur zu einem hohen Preis der Angst und des Vertrauensverlustes. All das zeigt, wie sehr Design über sein angestammtes Flussbett hinaus angeschwollen ist, sodass das Ufer nicht mehr erkennbar ist. In der aktuellen Expansion von Gestaltung werden feste Zuschreibungen und Definitionen von Design zwar nicht unbedingt falsch – aber immer unrichtiger.

▶ 021 Kontroverse
🖐 030 Resilienz
▶ 081 Nachhaltigkeit

FREE → WWW.DESIGNKRITIK.DK/
PETER-SLOTERDIJIK-DAS-ZEUG-ZUR-MACHT/

📖 Dilettantismus als Methode
Mark Dions Recherchen zur Phänomenologie der Naturwissenschaften
Dr. Christine Heidemann;
Justus-Liebig-Universität Gießen 2005

Mark Dion ist ein US-amerikanischer Zeichner und Installationskünstler. Als passionierter und obsessiver Sammler entwickelt Dion Skulpturen, Objekte und Räume, die an naturkundliche Schauräume erinnern. Dion arbeitet oft mit naturwissenschaftlichen Sammlungen und Museen zusammen und entwickelt in seinen Arbeiten eine hybride Version von Wissenschaft und Kunst. Damit bricht er die Grenzen zwischen den beiden Disziplinen auf und vermischt bewusst biologische, künstlerische und philosophische Standpunkte miteinander. Dion bekennt sich ausdrücklich zum Dilettanten, den er als interessantere und produktivere Figur betrachtet als den Experten. Das Nicht-Wissen wird so zu einem zentralen Bestandteil seiner Arbeit.

In ihrer Doktorarbeit »Dilettantismus als Methode« nimmt Christine Heidemann das Werk von Dion zum Gegenstand, um zu untersuchen, inwiefern Dilettantismus als künstlerische Methode zu neuen Formen und Erkenntnissen führen kann. Dabei beschränkt sie sich nicht nur auf Dion selbst, sondern leitet allgemeine Betrachtungen über den Wert und die Funktion von Dilettantismus in unterschiedlichen gesellschaftlichen Bereichen ab. Ausgehend davon, dass »Dilettant« noch vor nicht allzu langer Zeit ein sehr positiv besetzter Begriff war, filtert Heidemann die Methoden und konzeptionellen Grundlagen eines wertvollen und produktiven Dilettantismus heraus und macht sie außerhalb ihres Untersuchungsgegenstandes anwendbar.

Für Kommunikationsdesigner sind die von Heidemann entwickelten Gedanken deshalb interessant, weil es ein wichtiger Teil der Expertise eines Designers ist, sich schnell in fremde Sachgebiete einarbeiten zu können: Mit mindestens einem Fuß befindet sich ein Designer immer auf einem Terrain, von dem er nichts weiß. Noch bedeutsamer wird der Begriff des Dilettanten aber vor dem Hintergrund der aktuellen Designlandschaft: Gestaltung wird immer mehr zu einer Disziplin des Grenzgängertums und verbindet sich mit Technologie, Wissenschaft, Kultur und Gesellschaft. Dabei spielt Gestaltung nicht mehr nur die Rolle des Zulieferers und kommunikativen Dienstleisters, sondern wird zu einer Disziplin, die selbst eigene neue Formen und Erkenntnisse hervorbringt. Die Erkenntnisse von Heidemann könnten in eine neue Grundlagenlehre für Gestaltung einfließen, nach der Grenzgängertum nicht zu Banalität und zur ständigen Wiedererfindung des Rades führt, sondern Gestalter zu Experten im Dilettantismus macht.

🖑 **036 Dilettantismus**

FREE ⬇ → HTTP://GEB.UNI-GIESSEN.DE/GEB/
VOLLTEXTE/2006/3803/

📖 Future Perfect
The Case For Progress In A Networked Age
Steven Johnson; Riverhead 2013;
ISBN 978-1594631849

Was passiert, wenn eine Metapher plötzlich Realität wird? Steven Johnson beschreibt die Struktur des Internets nicht als einen technischen Masterplan, in dem viele Computer dezentral miteinander verknüpft sind, sondern als ein Modell, um unterschiedlichen Bereichen der Gesellschaft eine neue Form zu geben. Durch Open Source 🅐, Beteiligung, Wahlmöglichkeiten und die Öffnung von Strukturen dringen die Prinzipien des Netzes in die reale Welt ein und verändern Geschäftsmodelle, Arbeitsweisen, Freizeit und Politik.

Die Protagonisten dieser Entwicklung bezeichnet Johnson als »Peer-Progressives«: Gleichgesinnte auf Augenhöhe, Kollegen, Kollaborateure und Verbündete. Es sind die Macher, Vordenker und Unternehmer der vernetzten Bürgergesellschaft, die neue Antworten auf die aktuellen Fragen und Probleme entwickeln, indem sie sich die Idee und die Vorteile dezentraler Strukturen zunutze machen und sie in die analoge Welt übertragen. So könnten die Verwendung von Steuergeldern, das Parteiensystem oder wissenschaftliche Forschung nach Peer-to-Peer-Prinzipien organisiert und damit die aktuelle Vertrauenskrise unserer zentralistischen Institutionen überwunden werden.

Johnson macht in vielen Beispielen und Gedankenspielen anschaulich, welches Revitalisierungspotenzial diese Idee hat, zum Beispiel für die demokratischen Gesellschaften, in denen sich mehr und mehr Menschen von den politischen Entscheidungsprozessen abgeschnitten fühlen. Allerdings ist diese Entwicklung gerade erst in Gang gekommen, und es ist im Moment nicht abzusehen, ob das Konzept der »Peer-Progressives« tatsächlich in all diesen Bereichen seine Tauglichkeit unter Beweis stellen wird. Ein allzu naives Vertrauen in die Macht des Netzes könnte auch zu Fehlentwicklungen führen.

⇧ **004 Peer-to-Peer**

📖 **Future Practice**
Conversations From The Edge Of Architecture
Rory Hyde; Routledge 2012; ISBN 978-0415533546

Für »Future Practice« hat der junge australische Architekt Rory Hyde 17 Interviews mit internationalen Architekten, Theoretikern, Aktivisten, Politikern, Lehrern und Gestaltern über neue Berufsbilder für Architekten und Designer geführt. So unterschiedlich die Positionen und Sichtweisen der Gesprächspartner sind – in einem Punkt sind sich alle einig: Neue Prozesse und Formen der Kooperation werden für Gestaltung in Zukunft wichtiger werden als die vordergründige Fixierung auf ein Endergebnis. Sei es der »Bürgerunternehmer«, der »Doppelte Agent« oder der »Strategische Designer« – Hyde bietet ein vielfältiges Spektrum neuer Rollen, die Alternativen nicht nur für den Beruf des Designers, sondern auch für die Gesellschaft im Allgemeinen in den Raum stellen.

Das Vorwort von Dan Hill liefert die dazugehörige Gebrauchsanweisung: »Dieses Buch bietet eine Reihe von Blaupausen, halbfertigen Gedanken, Experimenten, zufälligen Strukturen und ungenauen Erinnerungen – in anderen Worten: das perfekte Material, um Prototypen für die neuen Ränder der Architektur zu entwickeln.«

Gesprächspartner sind Bruce Mau, Architecture 00:/, ▸077 Reinier de Graaf & Laura Baird (AMO), Mel Dodd (muf_aus), Wouter Vanstiphout, Camila Bustamante, Steve Ashton (ARM), Matt Webb (BERG), Bryan Boyer (Helsinki Design Lab), Todd Reisz (on consultants), Marcus Westbury (Renew Newcastle), DUS Architects, Jeanne Gang (Studio Gang), Conrad Hamann, Liam Young (Unknown Fields), Arjen Oosterman & Lilet Breddels (Volume), Natalie Jeremijenko (Environmental Health Clinic).

⇧ **018 Dunkle Materie**
▸**077 Software**

📖 **Handbuch der Kommunikationsguerilla**
autonome a.f.r.i.k.a. gruppe, Luther Blissett, Sonja Brünzels; Assoziation a; 5. erweiterte Auflage 2012; ISBN 978-3862414109

Das »Handbuch der Kommunikationsguerilla« ist genauso praktisch, wie es sein Name verspricht: Ein Leitfaden für den täglichen Gebrauch. Der Titel »Guerilla« ist dabei der unverhohlenen Revolutionsromantik der Autoren geschuldet, die zweifellos dem linken politischen Spektrum zuzuordnen sind. Lässt man die militante Konnotation aber beiseite, ist »Guerilla« eine Metapher für den Charakter der Strategien und Methoden, die im Buch vorgestellt werden: Täuschung, Fälschung, Sabotage und Überraschung sind die Merkmale des subversiven Handelns aus dem Untergrund. Dazu mischt sich jede Menge Humor – wobei man die Kommunikationsguerilla nicht mit Spaß-Aktivisten verwechseln sollte. Witz ist vielmehr ein Mittel, um einen Zugang zu Menschen zu finden und intelligenten Konzepten in der Mediengesellschaft Gehör zu verschaffen.

Das Buch, das in Kreisen politischer Aktivisten zum Klassiker geworden ist, beschreibt die Prinzipien, Techniken und Werkzeuge der Kommunikationsguerilla, gibt einen Überblick über Anlässe und Praktiken und illustriert das Ganze mit einer Vielzahl unterschiedlicher Beispiele und Anekdoten aus der politischen Geschichte vergangener Jahrzehnte.

Es gibt sicher Leser, die sich fragen, warum sich bei all dieser Raffinesse und dem langen Atem der Kommunikationsguerilla (das Buch ist 2013 in der 5. Auflage erschienen) doch so wenig verändert hat. Dafür gibt es sicherlich viele Gründe: Der mediale und öffentliche Raum ist heiß umkämpft und Aufmerksamkeit ist in der Mediengesellschaft ein knappes und teures Gut. Hinzu kommt, dass Botschaften nicht nur auf Empfänger, sondern auch auf eine geeignete gesellschaftliche Stimmung treffen müssen, um Wirkungen zu erzeugen. Oft erreichen Kampagnen mit gesellschaftlichen Themen nur die, die sowieso schon derselben Überzeugung sind, und polarisieren eher, als dass sie Mehrheiten verschieben würden.

Andererseits – und das ist gerade für Gestalter interessant – ist die Kommunikationsguerilla eine Aktion, der man sich anschließen kann. Politische Gestaltung bleibt meistens in dem Duktus des Künstlers stecken, der eine wichtige Botschaft an ein passives Publikum sendet, das dann applaudiert – oder es teilnahmslos zur Kenntnis nimmt. Politische Plakate nutzen dem Gestalter mehr als den Betroffenen des adressierten Problems. Kommunikationsguerilla bietet mehr Möglichkeiten der Beteiligung. Man sollte deshalb nicht den Fehler begehen und den Wert solcher Aktionen allein an der Wirkung auf die Adressaten festmachen, sondern berücksichtigen, dass Veränderung aus der »Summe einer unendlich großen Anzahl unendlich kleiner Aktionen« entsteht.

↗ 📖 John-Paul Flintoff: »How to Change the World«

🖎 **016 Kommunikationsguerilla**

📖 HCD Toolkit
IDEO; 2013

»HCD« steht für »Hear, Create, Deliver« und für »Human Centered Design«. Das Buch ist das Ergebnis eines Projekts der internationalen Designagentur IDEO und wurde von der Bill & Melinda Gates Stiftung finanziert. Ziel des Projekts war es, eine Methode zu entwickeln, mit der sinnvolle Innovationen für Menschen gestaltet werden können, die von weniger als 2 US-Dollar am Tag leben müssen. In einer zweiten Überarbeitung

wurde das Toolkit auch auf die Arbeit in anderen sozialen Kontexten außerhalb von Entwicklungsländern angepasst.

Das »HCD Toolkit« verbindet die Erfahrungen von IDEO aus hunderten Projekten mit Auftraggebern aus Industrie und dem öffentlichen Sektor mit dem Wissen um die speziellen Bedingungen in der Arbeit mit lokalen sozialen Gemeinschaften und komplexen gesellschaftlichen Problemen. Nicht umsonst steht am Beginn das H, wie »Hear« – Zuhören und Lernen sind nicht nur die Voraussetzung für Designprojekte in einem sozialen Kontext, sondern stehen auch für die Haltung, die der Gestalter mitbringen muss: Fragen statt Antworten, Wege statt Lösungen, Bescheidenheit und Kooperation statt Geniekult.

»Wie bringt man Innovationen in den unteren Teil der gesellschaftlichen Pyramide? Wie passt man eine Technologie an eine bestimmte Region an? Wie kann man die Bedürfnisse und einzelnen Mitglieder einer Gemeinschaft besser verstehen? Welche Möglichkeiten gibt es, zu testen, zu evaluieren und zu verbessern? Human Centered Design kann helfen, Organisationen besser mit den Menschen zu verbinden, die sie bedienen. Es kann Daten in Aktionen überführen und neue Möglichkeiten sichtbar machen. Es kann helfen, die Geschwindigkeit und Effektivität bei der Gestaltung neuer Lösungen zu erhöhen.«

Die Fragen und Themen von HCD sind nicht nur für sozial motiviertes Design von Bedeutung, sondern können auf jeden Designprozess übertragen werden. Allerdings sind im sozialen Kontext Fehler und ein Nicht-Beachten der Nutzer noch unverzeihlicher und werden noch härter bestraft.

Der erste Teil »Hear« stellt die notwendigen Recherche-Methoden vor, um ein HCD-Projekt durchführen zu können. »Create« beschreibt mögliche Wege, wie das Gelernte in konkrete Lösungen umgesetzt werden kann. »Deliver« zeigt, wie aus einer Idee ein Prototyp wird, der implementiert werden kann. Der »Field Guide« schließlich enthält eine Reihe von Arbeitsblättern und konkreten Werkzeugen für die Recherche und die Arbeit mit den Menschen vor Ort. Auf der Plattform WWW.HCDCONNECT. ORG können sich die Anwender der Methodik austauschen, Projekte vorstellen und Erfahrungen miteinander teilen.

Ob Design eine geeignete Methode ist, um soziale Probleme zu bearbeiten, ist umstritten und wird immer wieder kontrovers diskutiert. Wenn die Methoden und Arbeitsweisen von Gestaltern unbedacht auf gesellschaftliche Fragen und lokale Gemeinschaften angewendet werden, besteht die große Gefahr, dass mehr Schaden angerichtet als Nutzen erzeugt wird. ↗  Helicoptering Das HCD Toolkit ist eine fundierte und praxiserprobte Quelle für alle, die wissen wollen, wie es richtig geht.

▶ 037 Zuhören

FREE → HTTP://WWW.IDEO.COM/IMAGES/UPLOADS/
HCD_TOOLKIT/IDEO_HCD_TOOLKIT.PDF

📖 How to change the world
John-Paul Flintoff; The School of Life;
Pan Macmillan 2012; ISBN 978-1447202325

Der britische Philosoph Flintoff legt in diesem kurzen Band dar, warum jeder Mensch die Welt verändern kann und warum es sich lohnt, es zu versuchen. Dabei sollte man die Veränderung der Welt nicht mit ihrer Rettung verwechseln.

Geschichte besteht laut Flintoff nicht aus den Taten großer Männer, sondern ist die Summe einer unendlich großen Anzahl unendlich kleiner Aktionen: Wir alle schreiben Geschichte in jedem Moment unseres Lebens. Deshalb ist es nicht produktiv, ständig auf das große Ganze zu starren. Stattdessen sollte man die direkte Umgebung und die eigene Nachbarschaft im Blick haben. Es gibt viele Möglichkeiten und Strategien, die Welt zu verändern. Man kann zum Beispiel auf Probleme hinweisen, bessere Alternativen entwickeln oder einem Missstand sein Einverständnis entziehen – wie Rosa Parks, die sich 1955 in Montgomery (Alabama) weigerte, ihren Sitzplatz im Bus für einen Weißen frei zu machen. Diese Weigerung führte zum »Montgomery Bus Boycott«, der in der Folge ein Auslöser für die schwarze Bürgerrechtsbewegung geworden ist.

Es ist gleichgültig, auf welchem Gebiet oder mit welchen Mitteln man versucht, die Welt zu verändern – wichtig ist allein, dass man etwas tut, was man gerne macht ... zum Beispiel Design.

📖 In Studio:
Recipes for Systemic Change
Bryan Boyer, Justin W. Cook und
Marco Steinberg; Helsinki Design Lab 2011

»Recipes for Systemic Change« ist die abschließende Dokumentation der Erfahrungen, Methoden und der Gestaltungsphilosophie des Helsinki Design Lab. Als Designlabor und Think-Tank des Finnischen Parlaments hat das HDL Pionierarbeit für ein stark erweitertes Designverständnis geleistet, in dem Systeme gestaltet werden anstelle einzelner Lösungen.

Im Zentrum des Buches steht der Begriff des »Studios«. Ein Studio ist eine Pop-up-Projektstruktur, die individuell nach den Erfordernissen der Aufgabenstellung und der Organisation geformt werden kann, innerhalb derer eine bestimmte Fragestellung behandelt werden soll. Nach der Formel »People, Process, Problem, Place« wird zunächst ein geeignetes Team aufgestellt, das anschließend freie Hand bekommt, wie es die Abläufe in dem Studio gestalten möchte, wie das Problem eingegrenzt und wie der Ort gestaltet werden soll, an dem das Studio stattfindet. Anhand von Beispielen und Case Studies beschreibt das Buch ausführlich eine erprobte Methode, um komplexe Probleme in der Zusammenarbeit von Gestaltern mit Politikern und Experten aus anderen Bereichen zu lösen.

🖑 014 Wandel
🖑 096 Faustregeln

 → WWW.HELSINKIDESIGNLAB.ORG/INSTUDIO

📖 Open Design Now
Why Design Cannot Remain Exclusive
Bas van Abel, Lucas Evers, Roel Klaassen,
Peter Troxler; Bis Publishers 2011;
ISBN 978-9063692599

Dieses Buch ist die bislang umfassendste Sammlung von Standpunkten, Beispielen und Spekulationen über das Phänomen Open Design. In 18 Artikeln, 21 Case Studies und einem »visuellen Index« behandelt der Band alle Fragen und aktuellen Entwicklungen zum Thema. Open Design ist ein Konzept, in dem Gestalter ihre Entwürfe für eine freie Distribution zur Verfügung stellen, ihre Entwurfsunterlagen veröffentlichen und es den Nutzern erlauben, Modifikationen und Anpassungen vorzunehmen. Nun war es schon immer möglich, Entwürfe freizugeben, und so betrachtet ist Open Design nichts Neues. Durch das Internet ist es aber nicht nur möglich, sondern auch einfach geworden – und das ist durchaus neu.

Open Design steht somit für eine Reihe neuer Möglichkeiten und neuer Probleme, mit denen Gestaltung durch das Internet konfrontiert wird. Marleen Stikker stellt deshalb in der Einleitung die Frage, ob der Leser ein »Possibilitarian« oder ein »Realitarian« sei – ob er sich also eher an den neuen Möglichkeiten orientiere oder an den daraus resultierenden Problemen. Wie in einem Kaleidoskop bewegen sich die unterschiedlichen Autoren des Buches zwischen diesen Polen hin und her, wobei nicht verschwiegen werden kann, dass »Open Design Now« ein Plädoyer für die neuen Möglichkeiten ist. Allerdings verschweigt das Buch auch nicht die Probleme bzw. verzichtet nicht darauf, die Fragen zu erwähnen, die sich in dem Spannungsfeld aus Möglichem und Ungelöstem ergeben.

So wird eine Darstellung der historischen Entwicklung des aktuellen Copyrights von Andrew Katz in einen interessanten Kontrast gesetzt zu der Vision einer Zukunft ohne privates geistiges Eigentum: Joost Smiers vertritt die These, dass das aktuelle Urheberrecht allein den erfolgreichen Künstlern nutzt, für den Großteil der Kreativen aber nur Nachteile hat. Er spekuliert darüber, was geschehen würde, wenn man alle geistigen Leistungen von vornherein mit einer offenen Lizenz versehen würde, und kommt zu dem Schluss, dass es in einer solchen Welt zwar keine großen Verwertungsfirmen und Blockbuster mehr gäbe, Anzahl, Qualität und Rentabilität von Produktionen im unteren und mittleren Bereich aber ansteigen würden. Das Problem ist, dass diese These nur zu beweisen wäre, indem man es auf den Versuch ankommen ließe. Wie der dann ausgehen würde, ist eben pure Spekulation ...

Das Themenspektrum des Buches reicht von 3D-Druckern, generativem Design, Vetriebsmodellen und FabLabs über die Open-Source-Bewegung, partizipatives Design und die Emanzipation des Designers von der Industrie bis hin zu neuen Ausbildungskonzepten und Design im politischen Raum. Zusammen mit den konkreten Beispielen wie dem »Fairphone« ▸025, einer 50-US-Dollar-Beinprothese, der Plattform »Thingyverse« oder dem »Instructable Restaurant« ist das Buch der perfekte Einstieg für alle, die Prinzipien von Open Design in ihre gestalterische Praxis integrieren wollen.

🖑 **056 El Dorado**
▸ **025 Revolution**

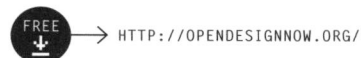 FREE ⟶ HTTP://OPENDESIGNNOW.ORG/

📖 Prototyping and Infrastructuring in Design for Social Innovation

Per-Anders Hillgren, Anna Seravalli, Anders Emilson; MEDEA Collaborative Media Initiative, Malmö University 2011

📖 Design Things and Design Thinking: Contemporary Participatory Design Challenges

Erling Bjögvinsson, Pelle Ehn, Per-Anders Hillgren; in »Design Issues«; Massachusetts Institute of Technology 2012

In dem wissenschaftlichen Papier »Prototyping and Infrastructuring in Design for Social Innovation« fassen die Designer der Initiative MEDEA an der Universität in Malmö ihre Erfahrungen aus den ersten vier Jahren ihrer Arbeit an der Schnittstelle von Interaction Design, Medienforschung und partizipativem Design zusammen. Sie stellen die herausragenden Akteure für Design im sozialen Umfeld in verschiedenen Ländern vor.

Ausgehend von den Grenzen und Limitierungen von Gestaltung im öffentlichen Raum werden Strategien für die Gestaltung sozialer Innovationen beschrieben und evaluiert: Prototyping als Vehikel, um Dilemmas und Konflike sichtbar zu machen, und »Infrastructuring« – das langfristige Engagement von Gestaltern über ein einzelnes Projekt hinaus mit dem Ziel, Netzwerke und Verbindungen zwischen den einzelnen Akteuren aufzubauen. In einer Reihe von Praxisbeispielen werden die Strategien veranschaulicht und die Methoden nachvollziehbar gemacht, sodass sie auch von anderen übernommen und angepasst werden können.

In dem Beitrag »Design Things and Design Thinking« in der Zeitschrift »DesignIssues« des MIT werden diese Forschungsergebnisse weiter ausgearbeitet und vertieft. Damit skizzieren die Autoren eine fundierte Theorie sowie anwendbare Methoden für eine professionelle Praxis der Gestaltung in sozialen Kontexten. Dabei modernisieren sie den Begriff des partizipativen Designs und machen ihn tauglich für die Gesellschaft von heute. In den Anfangszeiten des partizipativen Designs ging es vornehmlich um eine Demokratisierung von Produktionsprozessen und Medien. Heute hingegen sind die gesellschaftlichen Zusammenhänge und Realitäten selbst zum Gegenstand der Gestaltung geworden. Es geht nicht mehr darum, Benutzer in traditionelle Designprozesse einzubinden, sondern neue Gestaltungsansätze zu entwickeln, die von den Nutzern aufgegriffen und für ein »Design nach dem Design« eingesetzt werden können. Ein solcher Anspruch, konkreten Einfluss auf die soziale Wirklichkeit auszuüben, bringt eine erhöhte Verantwortung mit sich. Das MEDEA Lab in Malmö entwickelt die Werkzeuge für eine Professionalisierung von Gestaltern auf diesem Gebiet, sodass die Chance auf positive, langfristige Veränderung steigt und ein kritische, reflektierte Debatte auch über die Grenzen von Gestaltung möglich wird.

🖑 **022 Prototyp**

HTTP://MEDEA.MAH.SE/2011/12/
PROTOTYPING-AND-INFRASTRUCTURING-IN-
DESIGN-FOR-SOCIAL-INNOVATION

HTTP://WWW.MITPRESSJOURNALS.ORG/DOI/ABS/
10.1162/DESI_A_00165

📖 **Shanzhai**
Dekonstruktion auf Chinesisch
Byung-Chul Han; Merve 2011;
ISBN 978-3883962948

China steht in Europa traditionell unter dem Verdacht, nicht besonders originell und – statt etwas Eigenes, Authentisches zuwege zu bringen – ein Land von Plagiatoren zu sein: »Die Chinesen seien ›dafür bekannt, zu betrügen, wo sie nur können‹«, so zitiert Han den Philosophen Hegel in der Einleitung zu seinem Buch. Hegel wundere sich darüber, dass es auch keiner dem anderen übel nehme, selbst wenn der Betrug auffliege – so weit das Vorurteil, in dem sich der Westen nach tausenden erfolgloser Copyright-Prozesse bestätigt sieht.

China macht sich nun allerdings daran, seinerseits das westliche Primat des Originals zu dekonstruieren und definiert mit dem »Shanzhai« Kunst und Kreativität neu: »Nicht eine einmalige Schöpfung, sondern der endlose Prozess, nicht die endgültige Identität, sondern die ständige Wandlung bestimmt die chinesische Idee des Originals. Der Wandel erfolgt allerdings nicht innerhalb einer Seele einer Künstlersubjektivität. Die Spur löscht sie zugunsten eines Prozesses, der keine essentialistische Setzung zulässt.«

Im Shanzhai wird aus der Kopie das eigentliche Kunstwerk. Das Phänomen hat die Grenzen der Produktpiraterie längst überschritten und ist zu einem kulturellen Phänomen geworden, in dem es ein Shanzhai von allem gibt: Harry Potter, Politiker, Marken, Nobelpreise … – es gibt nichts, was nicht als eine abgewandelte, verbesserte oder ironisierte Shanzhai-Form irgendwo wieder auftauchen würde. Zur selben Zeit wird in Europa eine verbissene Debatte um das Urheberrecht geführt, das den kreativen Umgang mit vorgefundenem Material nahezu unmöglich macht. Wenn man bedenkt, dass beispielsweise Rap ohne Sampling nie entstanden wäre, fragt man sich, ob China mit dem Shanzhai nicht das zukunftsweisendere Konzept entwickelt hat.

Byung-Chul Han ist in Korea aufgewachsen und hat in Freiburg und München Philosophie, Deutschsprachige Literatur und Katholische Theologie studiert. Aus der Perspektive des Insiders (oder des Außenstehenden) für die östliche und westliche Kultur wirft Han einen differenzierteren

Blick auf die chinesische Kultur und argumentiert gegen das westliche Überlegenheitsgefühl, das stets auf der Annahme beruht, dass im Grunde jeder gerne so wäre wie wir. Denn das Shanzhai wirft die Frage auf, ob das Original tatsächlich der wertvollste Ausdruck von Kreativität ist: Wo im Westen das Original unverrückbar, unantastbar, fertig und starr ist, ist im Osten das Spiel mit dem Original eine kontinuierliche Transformation, das dem starren Sein ein dynamisches Werden entgegensetzt. Dieses Spiel hat politische Sprengkraft: »Mit der Zeit mutiert der Shanzhai-Kommunismus womöglich zu einer Politikform, die man durchaus Shanzhai-Demokratie nennen könnte, zumal die Bewegung antiautoritäre, subversive Energien freisetzt.«

👆 **096 Faustregeln**

📖 Six Memos for the New Millennium

Italo Calvino; Penguin Classics 2009;
ISBN 978-0141189697

»Six Memos for the New Millennium« ist kein Designbuch. Es ist ein philosophischer und literarischer Ausblick auf das dritte Jahrtausend – geschrieben 1985, also kurz vor dem Übergang in das neue Millennium. Und dennoch (oder gerade deshalb) ist es ein Buch für Gestalter: Italo Calvino wählt sechs Werte, Qualitäten und Besonderheiten aus der Literatur, die ihm am Herzen liegen, und bezieht diese auf das neue Jahrtausend. Dabei zeigt sich Calvino als luzider und weitsichtiger Kommentator, der die vielen Dilemmas, Fragestellungen und Gestaltungsprobleme erahnt, mit denen wir heute konfrontiert sind. »Six Memos« ist kein Buch für Gestalter, es ist ein Buch über Literatur. Und genau das macht es für Designer so wertvoll. Es ist nicht für Designer geschrieben, aber es beschäftigt sich mit Fragen der Gestaltung.

So schreibt Calvino bereits in der Vorbemerkung, dass er keine Lust habe, über die Zukunft des Buches zu sprechen, weil er vollstes Vertrauen in die Zukunft der Literatur habe, die uns Dinge gebe, die nur die Literatur geben könne. Sprache werde immer ein geeignetes Medium finden. Damit entkoppelt er elegant den Inhalt vom Medium und ermöglicht so das Nachdenken über Gestaltung jenseits von Dogmen, kurzlebigen Technologien und vordergründigen, fachlichen Grenzen.

Die sechs Werte, von denen Calvino spricht, sind »Lightness«, »Quickness«, »Exactitude«, »Visibility«, »Multiplicity« und »Consistency« (das letzte Kapitel konnte Calvino nicht mehr schreiben, weil er überraschend verstarb).

»Lightness« ist für Calvino nicht die Reduktion von Material und Gewicht, sondern eine neue Fähigkeit, die uns die Grenzenlosigkeit, Freiheit und Mobilität des vernetzten digitalen Raums verleiht: »Du musst leicht sein wie ein Vogel, nicht wie eine Feder«, schreibt Calvino und zeigt, dass wir dieser neuen Welt nicht ausgesetzt sind, sondern uns in ihr bewegen können. Literatur (und Gestaltung) im neuen Jahrtausend funktionieren als Verbindungsstücke zwischen dem disparaten Wissen der modernen Welt, das immer wieder neu zusammengesetzt werden muss.

In »Exactitude« fragt Calvino, wie wir mit der Flut an Bildern und Nachrichten umgehen können, mit denen wir täglich konfrontiert sind. Je mehr wir sehen, desto genauer müssen wir hinschauen. Nur die Exaktheit kann die Schönheit des Vagen und Subtilen retten. Es erfordert die höchste Aufmerkamkeit und den Blick für das kleinste Detail, um Ambivalenz, Zwischentöne und die Anziehungskraft des Verschwommenen wahrnehmen zu können.

In »Multiplicity« beschäftigt sich Calvino mit der Frage, wie komplexe Verbindungen vereinfacht werden können. Das immer weiter anschwellende Meer von Ereignissen, Menschen und Dingen muss in eine sinnvolle Balance gebracht werden zwischen »Genauigkeit, (...) Mathematik, einem reinen Geist oder sogar einer militärischen Mentalität« auf der einen Seite und »Seele, Irrationalität, Menschlichkeit und Chaos« auf der anderen.

Es liegt nun an dem Leser, seine Schlüsse zu ziehen und darüber nachzudenken, was »Lightness« mit Open-Source-Systemen zu tun haben könnte, »Exactitude« mit Informationsgestaltung und »Multiplicity« mit der gestalterischen Bändigung von Big Data. 📖

▶ **051 Leichtigkeit**

Small, Local, Open and Connected: Resilient Systems and Sustainable Qualities
Ezio Manzini; Designobserver 2013

Ezio Manzini ist einer der profiliertesten Vertreter einer wachsenden Bewegung im Design, die der Disziplin eine neue Form geben will, um sie von ihren industriellen Wurzeln zu lösen und ihr mehr Bedeutung in der Debatte um nachhaltige Systeme zu geben. Der Essay »Small, Local, Open, Connected ...« auf dem US-amerikanischen Blog WWW.DESIGNOBSERVER.COM ist eine ebenso kurze wie umfassende und inhaltsreiche Zusammenfassung der Grundlagen eines neuen Designverständnisses. Die nostalgisch und bescheiden anmutenden Kategorien des Kleinen und Lokalen werden in die vernetzte Realität des 21. Jahrhunderts katapultiert. Manzini zeichnet das Bild einer zweiten Globalisierung, in der nicht mehr Produktionsketten, Waren- und Geldströme vernetzt werden, sondern soziale Modelle, Wissen und Fähigkeiten.

Widerstandsfähige, natürliche Systeme bestehen für gewöhnlich aus einer Vielzahl kleiner, unabhängiger Systeme, die dezentral miteinander verbunden sind. Diversität und Komplexität sind die Basis ihrer Anpassungsfähigkeit an unterschiedliche Umgebungen und die Voraussetzung für ihren Fortbestand. Dieses Vorbild aus der Natur nutzt Manzini, um ein Modell für nachhaltige Gestaltungslösungen zu entwickeln. Lokale Prototypen für überschaubare Fragestellungen können durch die globale Vernetzung zu großen Systemen verbunden werden. Durch Open-Source-Strategien lassen sich diese Einzelteile außerdem kopieren und anpassen, sodass die verschiedenen Knoten des Netzes voneinander profitieren und lernen können: »Vor 40 Jahren war das ›Kleine‹ wirklich klein. Es war so klein, dass es kaum eine Chance hatte, die großen Zusammenhänge zu beeinflussen. Dasselbe kann man über das Lokale sagen, das isoliert von anderen Orten existierte. Heute ist das alles anders. Heute kann das Kleine auch in einem großen Maßstab äußerst einflussreich sein, weil es ein Knoten in einem globalen Netzwerk ist. Das Lokale kann seine Isolation durchbrechen, indem es sich dem weltweiten Fluss von Menschen, Ideen und Informationen öffnet. Das Kleine und Lokale kann, wenn es gleichzeitig offen und vernetzt ist, eine Gestaltungsrichtlinie für widerstandsfähige Systeme mit nachhaltigen Qualitäten darstellen, mit einer positiven Feedback-Schleife innerhalb des Systems.«

☞ **028 SLOC**

 → HTTP://CHANGEOBSERVER.DESIGNOBSERVER.COM/ FEATURE/SMALL-LOCAL-OPEN-AND- CONNECTED-RESILIENT-SYSTEMS-AND- SUSTAINABLE-QUALITIES/37670/

Stealth of Nations:
The Global Rise of the Informal Economy
Robert Neuwirth; Anchor 2011;
ISBN 978-0307279989

»Wealth of Nations« ist der Titel des 1776 erschienenen Hauptwerkes des schottischen Ökonomen Adam Smith. Das Buch markiert den Ursprung moderner Wirtschaftswissenschaften und beschäftigt sich mit der Frage, wie Nationen durch Arbeitsteilung, Produktivität und freie Märkte zu Wohlstand gelangen.

»Stealth of Nations« richtet den Blick auf eine andere Ökonomie, die verdeckte, getarnte und informelle Wirtschaft, die sich rund um den Globus in einem enormen Aufschwung befindet. Im Zentrum dieser »anderen Wirtschaft« steht das »System D«, eine Wortschöpfung aus dem französischsprachigen Afrika: Ein »Débrouillard« ist ein gewiefter Pfiffikus, ein besonders effektiver und genialer Lebenskünstler mit einer extra Portion Bauernschläue. In den früheren französischen Kolonien steht der Begriff für all die Händler ohne Steuernummer, die erfindungsreichen Unternehmer, Improvisateure und DIY-Marktteilnehmer, die ohne Regulierung durch die Bürokratie in den Lücken der offiziellen Wirtschaft überleben: System D ist ein intelligenter, resilienter und selbstorganisierter Organismus, der seinen eigenen ungeschriebenen Gesetzen folgt. Mit der Globalisierung ist nicht nur der offizielle Warenfluss explodiert – auch das System D erlebt einen gigantischen

Aufschwung: Die OECD hat im Jahr 2009 ein Schätzung veröffentlicht, wonach nahezu 1,8 Milliarden Menschen – die Hälfte aller arbeitenden Menschen auf der Welt – im System D tätig sind.

Das System D ist längst in den entwickelten Ländern angekommen und umfasst nicht nur so negative und schädliche Phänomene wie Steuerhinterziehung und Schwarzarbeit, sondern auch alternative Wirtschaftsmodelle wie die virtuelle Währung »Bitcoin«, Tauschplattformen oder DIY. Mit System D will Neuwirth die negative Konnotation des Begriffes der informellen Ökonomie durch etwas Positives ersetzen. Denn »informell« bedeutet immer auch, am Rande der Illegalität, in einer Grauzone und mit undurchsichtigen Mitteln zu arbeiten. Statt aber den Blick nur darauf zu lenken, was die informelle Ökonomie *nicht* kann, erzählt Neuwirth davon, was sie *wohl* kann. Die westliche Welt hat eine sehr konventionelle Auffassung davon, was wirtschaftliche Entwicklung bedeutet. In einer Zeit, in der ganze Gemeinden in Griechenland nur noch funktionieren, weil sie eine Tauschwirtschaft eingeführt haben, und das Vertrauen in die bestehenden Systeme zerfällt, lohnt sich eine Suche nach Vorbildern für mögliche Alternativen.

🖱 **088 Informelle Ökonomie**

📖 The Open Book of Social Innovation
Robin Murray, Julie Caulier Rice, Geoff Mulgan; Nesta, The Young Foundation 2010; ISBN 978-1848750715

📖 Social Venturing
Robin Murray, Julie Caulier Rice, Geoff Mulgan; Nesta, The Young Foundation 2009; ISBN 978-1848750449

Die beiden Bücher sind Teil einer Serie zum Thema soziale Innovationen. Beide Bücher gehören zusammen und bauen aufeinander auf.

Das »Open Book« präsentiert ein plastisches Bild des Arbeitsfeldes und zeigt, dass es sich bei sozialer Innovation um ein neues und wirtschaftlich interessantes Gebiet handelt, in dem Unternehmer,

Gestalter, Organisationen und soziale Bewegungen rund um den Globus aktiv tätig sind. Es ist eine Einführung in die grundlegenden Gestaltungsprozesse und die Philosophie hinter der Idee sozialer Innovationen und stellt inspirierende Macher und Beispiele vor.

»Social Venturing« hingegen ist ein praktisches Arbeitsbuch, das die Methoden und Werkzeuge im Detail beschreibt und Themen wie Finanzierung, Wissensmanagement, rechtliche Fragen, Organisationsmodelle und Geschäftsmodelle im Detail behandelt.

Ziel der Serie ist es, mehr Menschen zu ermutigen, soziale Innovationen zu entwickeln, und gleichzeitig Ressourcen zur Professionalisierung bereitzustellen. Soziale Innovationen müssen von unten wachsen und können nicht von oben implementiert werden. Deshalb sind es oft kleine Initiativen, Einzelpersonen und informelle Micro-Unternehmen, die den Impuls für eine soziale Innovation geben. Auf der anderen Seite ist Idealismus allein an dieser Stelle nicht genug. Motivierte Macher brauchen Zugang zu Geld und schlagkräftigen Organisationen, die helfen können, gute Ideen zu skalieren und so zu implementieren, dass viele Menschen davon profitieren können. Die Bücher, die von der halbstaatlichen britischen Innovationsagentur Nesta und der unabhängigen Young Foundation herausgegeben wurden, sollen helfen, diese Lücke zu schließen.

🖱 **038 Soziale Innovation**

 → HTTP://WWW.NESTA.ORG.UK/PUBLICATIONS/ OPEN-BOOK-SOCIAL-INNOVATION

 → HTTP://WWW.NESTA.ORG.UK/PUBLICATIONS/SOCIAL- VENTURING

📖 The Meme Machine
Susan Blackmore; Oxford University Press 2000; ISBN 978-0192862129

Sex, Sex, Sex … (doch davon später mehr).
»Gene sind Instruktionen, um Proteine herzustellen, die in den Zellen unserer Körper gespeichert sind und durch Reproduktion weitergegeben werden. Der Wettbewerb, den sie unter-

einander austragen, befördert die Evolution der biologischen Welt. Meme sind Instruktionen, um bestimmte Verhaltensweisen auszuführen, die in unserem Gehirn (oder in Objekten) gespeichert sind und durch Nachahmung weitergegeben werden. Ihr Wettbewerb befördert die Entwicklung des Geists.« So beschreibt Susan Blackmore die Analogie zwischen biologischen Genen und kulturellen Memen. Menschen lernen durch Nachahmung. Wenn wir etwas imitieren, wird dieses »Etwas« von einem Gehirn zu einem anderen weitergegeben. Dieses Etwas kann eine Idee sein, eine Instruktion oder ein Stück Information. Alle Wörter, die wir kennen, alle Geschichten und Lieder, alle Fähigkeiten, Gewohnheiten und Spiele, die wir von anderen aufgeschnappt haben, sind Meme.

Es gibt erfolgreichere Meme und weniger erfolgreiche. Das liegt daran, dass wir unaufhörlich neue Meme produzieren, aber nur eine begrenzte Anzahl von Gehirnen zur Verfügung haben und damit eine begrenzte kollektive Prozessorleistung. Deshalb stehen Meme, genauso wie Gene, in einem Wettbewerb miteinander, kopiert zu werden. Während bestimmte Meme, wie zum Beispiel eine bahnbrechende Erfindung, für uns nützlich sein können, können andere neutral sein – wie zum Beispiel ein Sommer-Hit, der zwar nett klingt, dessen Nutzen aber vergleichsweise gering ist. Andere Meme können schädlich sein, wie zum Beispiel Kettenbrief-Systeme. Den Memen ist das egal. Das Kriterium für die Verbreitung ist nicht der Nutzen, sondern ausschließlich, ob das Mem leicht zu kopieren ist. Meme sind – genauso wie Gene – egoistisch und wollen um ihrer selbst Willen weitergegeben werden. Das erklärt sicher einiges über viele kulturelle Phänomene, mit denen wir zum Beispiel auf Facebook konfrontiert sind. Süße Katzenbilder, denen menschliche Sprache in den Mund gelegt wird, Food Porn und Gangnam Style ... Ob ein Mem verbreitet wird, hat mit der Fitness des Mems zu tun – und nicht damit, ob es uns fitter macht.

Was aber bedeutet die Mem-Theorie für Gestalter? Abgesehen davon, dass es offensichtlich bestimmte Meme gibt, die besonders geeignet sind werbliche Botschaften erfolgreich zu machen (so steigert zum Beispiel das Wort »Sex« zu Beginn eines Textes die Wahrscheinlichkeit, dass wir zu lesen beginnen), ist es vor allen Dingen das Internet,

das Meme in das Blickfeld von Designern gerückt hat. Das Internet ist *der* perfekte Kanal, um Meme zu generieren und zu verbreiten. Der »Like«-Button von Facebook, der Re-Tweet in Twitter, das Teilen von Inhalten durch WhatsApp ... – all diese Plattformen scheinen so angelegt zu sein, als wären sie eine perfide Verschwörung der Meme selbst. Wer Susan Blackmore gelesen hat, kann seinen Facebook-Stream nicht mehr neutral betrachten. Warum ist eine Statusmeldung erfolgreicher als eine andere? Warum interessiert niemanden, was ich über den Kategorischen Imperativ denke, aber alle, was ich gestern gegessen habe? Folgt man Blackmore, gibt es dafür nur einen Grund: Pizza ist einfacher zu kopieren als Philosophie (obwohl Philosophie origineller, bedeutsamer und interessanter ist).

In der One-to-Many-Kommunikation früherer Zeiten war Originalität ein wichtiger Faktor für den Erfolg einer Botschaft. In dieser Umgebung muss sich ein Mem zunächst einmal von seinem konkurrierenden Umfeld abheben. Es muss etwas können, was sonst keiner kann. In der Many-to-Many-Kommunikation von heute kann ein Mem auch originell sein – es muss aber vor allen Dingen eine Instruktion beinhalten, wie es leicht kopiert werden kann. Die »Follower« sorgen für den Erfolg – und nicht der Autor. Wie also kann ich einem potenziellen Follower dazu verhelfen, selbst originell zu werden? Es ist unnötig zu sagen, dass diese Frage die traditionellen Rollenbilder eines Gestalters komplett über den Haufen wirft.

 006 Mem

Welt im Wandel
Gesellschaftsvertrag für eine Große Transformation
Wissenschaftlicher Beirat der Bundesregierung Globale Umweltveränderungen (WBGU); Berlin 2011

Der Großteil aller Experten ist sich darin einig, dass es keine Alternative zu einer post-fossilen Wirtschaftsordnung gibt. Eine ökologische Wirtschaft ist keine Wachstumsbremse, sondern die einzige Chance in Zukunft überhaupt noch

Wachstum erzeugen zu können. Wie aber gelangen wir dorthin? Ein solches Ziel kann nicht von Politik oder Industrie im Alleingang erreicht werden, sondern ist eine Aufgabe für die ganze Gesellschaft, die sich in allen Bereichen wandeln muss. Deshalb verzichtet der Bericht »Welt im Wandel« darauf, ausführliche Untergangsszenarien zu zeichnen, sondern stellt die Strategien und Handlungsmöglichkeiten in den Vordergrund. Die von der Bundesregierung beauftragten Experten fordern einen neuen »Gesellschaftsvertrag« zur Innovation und eine neue Form des Austausches zwischen Regierungen und Bürgern innerhalb und außerhalb der Grenzen des Nationalstaats. In dem Bericht wird insbesondere die Rolle des Individuums und kleiner, lokaler Institutionen als »Agenten des Wandels« hervorgehoben.

▶013 Agenten

 → HTTP://WWW.WBGU.DE/FILEADMIN/TEMPLATES/
DATEIEN/VEROEFFENTLICHUNGEN/HAUPTGUTACHTEN/
JG2011/WBGU_JG2011_ZFE.PDF

Wer gestaltet die Gestaltung?
Praxis, Theorie und Geschichte des partizipatorischen Designs
Claudia Mareis, Matthias Held, Gesche Joost (Hg.); transcript 2011; ISBN 978-3837620382

Das Buch basiert auf der Jahrestagung der Deutschen Gesellschaft für Designtheorie und Forschung (DGTF) aus dem Jahr 2011 und ergänzt die Ergebnisse der Konferenz mit Beiträgen über die Geschichte, Praxis und aktuelle Forschung zum Thema partizipatives Design.

Aus dem Vorwort: »Anders als in den ersten Ansätzen aus den 1970er Jahren, ›Nicht-Designer‹ in den Gestaltungsprozess aktiv einzubeziehen, sind die Herangehensweisen an Formen der Teilnahme und Teilhabe heute vielfältiger: Sie finden in unterschiedlichen Stadien des Designprozesses statt, beziehen sich auf Ideen, Projekte oder Infrastrukturen, werden im kommerziellen wie im nicht-kommerziellen, sozial motivierten Bereich angewandt und adressieren so unterschiedliche Inhalte wie Stadtplanung, visuelle Kommunikation, Mode-Design oder Mensch-Maschine-Interaktion.«

Die »Maker-Economy«, »FabLabs«, »User Generated Content« sind nur einige wenige Formen, die aus diesem neuen Verständnis von Design entstanden sind, in dem nicht mehr die Beziehung eines schöpferischen Genies zu seinem Publikum, sondern die vielfältigen Beziehungen innerhalb des Publikums zum zentralen Auslöser von Gestaltung werden. Mehr noch: Das partizipative Design von heute hebt die Grenzen zwischen Hersteller, Macher und Konsument auf. Damit ist die Hoffnung nach mehr Transparenz, Demokratie und gesellschaftlicher Teilhabe verbunden.

Wie realistisch ist diese Hoffnung? Bringen diese neuen/alten Methoden tatsächlich mehr soziale Beteiligung oder handelt es sich um Simulationen und Surrogate, die lediglich ein Gefühl vermitteln – aber keine konkreten Ergebnisse? Wie realistisch ist es, dass durch die Vernetzung Produktionsprozesse und Eigentumsverhältnisse aufgelöst werden? Oder bearbeitet partizipatives Design lediglich kleine Nischen und Experimentierfelder, deren gesamtgesellschaftliche Wirkung am Ende doch überschaubar bleibt? Basiert das Leitbild der partizipativen Gestaltung nicht auf einem idealisierenden Verständnis von Demokratie und sozialer Beteiligung? Was ist der Stellenwert von Partizipation in der praxisbasierten Designforschung und welche Erkenntnisse lassen sich aus konkreten Projekten und Case Studies ziehen?

Mit Elizabeth Sanders (Ohio State University), Pieter Jan Stappers (TU Delft) und Pelle Ehn (Malmö University's School of Arts and Communication) stellt das Buch die Positionen einiger der herausragendsten Vertreter der partizipativen Gestaltung in den Raum und zur Diskussion. Hinzu kommen Fallstudien aus der Praxis und aktuelle Forschungsberichte, die den Band zu einer differenzierten, reichhaltigen und kritischen Übersicht über den Status quo des partizipativen Designs machen.

◌ 076 Partizipatives Design

Begriffe und Definitionen
Glossar

Adhocracy

ist eine Open-Source-Software zur Beteiligung von vielen Menschen an Entscheidungsprozessen durch moderationsfreie Diskussion. Die Software wird vom Verein »Liquid Democracy« in Berlin weiterentwickelt. Adhocracy wird sowohl im politischen Raum eingesetzt als auch in Unternehmen und Organisationen. Adhocracy wird durch eine kontroverse Debatte begleitet, wie demokratisch ein solches Verfahren tatsächlich ist und welche unvorhergesehenen Nebeneffekte durch Online-Entscheidungsprozesse entstehen können.

Arduino

ist eine Open-Source-Plattform für Physical Computing. Mit Physical Computing sind digitale Systeme gemeint, die sich mit der Beziehung zwischen Menschen und Computern befassen und eine Verbindung zwischen der digitalen und der analogen Welt herstellen. Arduino besteht aus einer Hardware, dem Arduino-Board sowie einer Entwicklungsumgebung, die die Programmiersprache »Processing« verwendet und dadurch auch mit vergleichsweise geringen Programmierkenntnissen nutzbar ist. Mit Arduino lassen sich interaktive Installationen und Objekte entwickeln sowie Softwareanwendungen auf Computern steuern.

Autogerechte Stadt

Der Begriff ist vom Titel des 1959 erschienenen gleichnamigen Buches des Architekten Hans Bernhard Reichow abgeleitet. Die »autogerechte Stadt« war das stadtplanerische Paradigma der Nachkriegszeit in Deutschland. Beim Wiederaufbau der vielen zerstörten Städte sollten alle planerischen Maßnahmen so ausgerichtet sein, dass ein optimaler Verkehrsfluss der Autos möglich gemacht wird. Alle anderen Kriterien der Stadtplanung hatten sich diesem Prinzip unterzuordnen. Dabei wurde auch in noch erhaltene Bausubstanz stark eingegriffen und Städte regelrecht zerteilt. Heute wird die Idee, Städte autogerecht zu gestalten, kritisch betrachtet und als Musterbeispiel einer einseitig auf Technologie ausgerichteten, verfehlten Stadtplanung mit beträchtlichen negativen sozialen Folgen angesehen.

Big Data

bezeichnet die Möglichkeit, riesige Datenmengen nicht nur zu speichern, sondern auch verarbeiten, analysieren, verteilen, durchsuchen und interpretieren zu können. Immer größere Datenspeicher und immer leistungsfähigere Prozessoren führen dazu, dass immer mehr Daten produziert werden. Dabei sind die Computer, mit denen Daten erzeugt werden, kaum noch sichtbar. In nahezu allen technischen Geräten sind heute Computer enthalten, und auch andere Objekte wie Kleidung, Schuhe, Lebensmittel, Verpackungen usw. werden in Zukunft mit Mikrochips versehen sein, die miteinander vernetzt sein werden. Die Auswertung der so erzeugten Daten kann auf vielen Gebieten nützlich sein. Medizinische Diagnostik, Energieeinsparung, Marktforschung, Soziologie, Sprach- und Verhaltensforschung sowie die Bekämpfung von Finanzkriminalität sind nur einige wenige Anwendungsfelder von Big Data. Dabei steht diese Entwicklung erst am Anfang und es werden sich in Zukunft noch viele andere Nutzungsmöglichkeiten ergeben.

Allerdings gibt es auch Kritik. Zum einen ist Big Data eine große Gefahr für Datenschutz und Privatsphäre. Die potenziellen Möglichkeiten sind so groß, dass der Missbrauch unausweichlich ist. Zum anderen sind viele Daten nicht unbedingt bessere Daten. Hinzu kommt, dass die Auswertung und Interpretation der Daten große Spielräume zulässt. Zahlen suggerieren Objektivität und verleiten dazu, die Ergebnisse von Algorithmen als unumstößliche Wahrheiten zu interpretieren.

Black-Box-Technologie

Eine Black Box ist ein System, von dem nur das äußere Verhalten beobachtet werden kann, während die Vorgänge im Inneren des Systems nicht nachzuvollziehen sind. Black-Box-Technologie ist dementsprechend eine Technologie, die so komplex ist, dass nur ihre äußere Erscheinung verstanden werden kann, nicht aber ihre möglichen Implikationen aufgrund der Abläufe in dem System selbst. Ein Beispiel für eine Black-Box-Technologie ist die Gentechnik, bei der unklar ist, welche Folgen veränderte Gencodes langfristig für den gesamten Genpool auslösen können.

Bologna-Prozess

ist die europaweite Harmonisierung von Studiengängen, Abschlüssen und Hochschulsystemen. Die Reform wurde 1999 im italienischen Bologna von 29 europäischen Kultusministern beschlossen und wird seitdem europaweit umgesetzt. Kern der Reform für Deutschland ist die Abschaffung der Diplom- und Magister-Abschlüsse, die durch den Abschluss zum »Bachelor« und den darauf aufbauenden »Master« ersetzt wurden. Die Reform hat gravierende Auswirkungen auf die Hochschulen und führte zu harscher Kritik seitens der Studierenden und der Hochschullehrer. Die Verkürzung von Mindeststudienzeiten hatte eine Abwertung des Bachelor-Abschlusses zur Folge. Wo versucht wurde, dem Qualitätsverlust durch eine Komprimierung der Lehrinhalte entgegenzuwirken, fühlten sich viele Studierende überfordert. Die Verkürzung der Bachelor-Studienzeit auf die einer reinen Berufsausbildung lässt außerdem das humanistische Bildungsideal außer Acht, nach dem Lernen auch zur Herausbildung einer reiferen und reicheren Persönlichkeit dienen soll.

↗ 📖 Steven Henry Madoff: »Art School (Propositions for the 21st Century)«

Brand Equity

Der Wert eines Unternehmens besteht nicht nur aus Anlagen, Umsatz oder Patenten, sondern auch aus nicht-materiellen Bestandteilen, wie zum Beispiel der Bekanntheit oder dem Vertrauen, das Kunden einem Unternehmen entgegenbringen. Solche nicht-materiellen Werte werden in der Marke des Unternehmens gebündelt und greifbar. In vielen Ländern kann der Wert der Marke in die Bilanz eines Unternehmens hineingerechnet werden und steigert so den Unternehmenswert.

Es ist allerdings nur sehr schwer möglich, einen genauen Wert für »Vertrauen« oder »Bekanntheit« zu errechnen. Deshalb gibt es eine unüberschaubare Anzahl von Modellen, um den Markenwert zu ermitteln. Entsprechend groß können die Unterschiede des Wertes für ein und dieselbe Marke ausfallen.

📄 Citizen Science

bezeichnet Wissenschaft, die durch Bürger betrieben werden kann. Die Beteiligung kann darin bestehen, Daten in Crowdsourcing-Prozessen zu sammeln. Bürgerbeteiligung kann aber auch in Form einer externen Beratertätigkeit im Rahmen von Forschungsprojekten bestehen. Eine weitere Form der Bürgerwissenschaft ist der Amateurismus – viele Meteore und Pulsare beispielsweise wurde von Amateur-Astronomen entdeckt.

📄 Cradle to Cradle (C2C)

ist ein Produktionsprinzip, bei dem keine Abfälle mehr entstehen, sondern Materialströme so gestaltet werden, dass Abfallstoffe entweder komplett abbaubar sind oder wiederverwendet werden, sodass ein geschlossener Kreislauf entsteht. Das Prinzip wurde 2002 von dem deutschen Chemiker Michael Braungart und dem amerikanischen Architekten William McDonough entwickelt. In der nächsten industriellen Revolution müssen alle Produkte als potenzielle Baustoffe des nächsten Produktes betrachtet werden.

C2C ist aber nicht nur ein Materialkonzept, sondern findet auch in der Stadtentwicklung Anwendung. Vor allen Dingen in den Niederlanden gibt es viele Gemeinden, die sich entsprechend der Prinzipien des C2C organisiert haben. Bereits 1992 haben Braungart und McDonough für die Expo2000 in Hannover die sogenannten »Hannover-Prinzipien« für den nachhaltigen Bau von Gebäuden und die Gestaltung von Dingen entwickelt. Diese Prinzipien beschränken sich nicht auf technologische Produktionsweisen, sondern stellen einen allgemeinen Codex von Haltungen und Einstellungen auf. Dadurch werden die Prinzipien auch für andere Gestaltungsbereiche nutzbar.

Der Begriff »Nachhaltigkeit« wird im Rahmen von C2C kritisch betrachtet, weil er meist darauf abzielt, weniger zu verbrauchen und Produktionsprozesse weniger schädlich zu machen. Das bedeutet aber nicht, dass sie unschädlich werden. C2C vermittelt eine positivere Vision, die nicht darauf ausgerichtet ist, weniger Schaden anzurichten, sondern darauf, mehr Nutzen zu erzielen.

Die Kritik an C2C ist, dass das Konzept die Nutzungsphase von Produkten nicht berücksichtigt. Diese Phase ist aber oft die entscheidende für die Ökobilanz eines Produkts. Diese Kritik macht klar, dass das größte und entscheidende ökologische Problem unserer Industriegesellschaft die Art der Energiegewinnung darstellt: Ein Auto beispielsweise kann zu 100 % recyclebar sein – solange es keine sauberen Energien zum Antrieb und für die Herstellung gibt, werden Autos immer eine besonders negative Ökobilanz aufweisen.

📄 Data Mining

ist die systematische Anwendung von Algorithmen und statistischen Methoden, um in großen Datenbeständen Muster zu erkennen und daraus Rückschlüsse auf die User zu ziehen, von denen die Daten stammen.

📄 Deep-Machine-Learning-Algorithmus

ist ein Teil des Konzepts, Maschinen so zu konstruieren, dass sie selbständig lernen können. Deep Learning bedeutet, dass diese Lernprozesse auf vielen unterschiedlichen und verknüpften Ebenen stattfinden können. Deep Learning hat in der dynamischen Analyse großer, sich verändernder Datensätze eine zentrale Bedeutung. So hat zum Beispiel Google in Zusammenarbeit mit der Stanford University ein Netzwerk aufgebaut, das sich selbst die Erkennung von Gesichtern und Katzen beigebracht hat.

📄 Edupunk

ist eine Bewegung in den USA, die eine DIY-Methode für akademische Bildung propagiert. »Edupunks« sind gut vernetzte Studenten, die sich ihre Studieninhalte aus unterschiedlichen Quellen zusammensuchen und so ihr eigenes Studium »sampeln«. Dabei können sich Online-Quellen mit informellen Lernplattformen und institutionellen Kursangeboten vermischen. Die Bewegung verbindet Kritik an den hohen Studiengebühren in den USA mit dem Wunsch nach individuelleren und flexibleren Ausbildungskonzepten.

WWW.ATLAS.EDUPUNKSGUIDE.ORG ist eine umfangreiche Sammlung von offenen Ressourcen, Websites und Kursangeboten etablierter Universitäten, mit deren Hilfe kostenlose Bildungsangebote gefunden und neu kombiniert werden können.

Gamification

ist die Integration spieletypischer Elemente in spielfremde Kontexte, um Nutzer stärker zu involvieren oder Probleme zu lösen. Durch das Spielen soll in erster Linie die Motivation gesteigert werden, Handlungen durchzuführen, die ohne das Spiel zu monoton oder zu kompliziert wären. Gamification durchdringt unterschiedliche Bereiche wie Fitness/Sport, Wissenschaft, Kultur, Bildung, E-Commerce und Markt- und Meinungsforschung. Typische Spielelemente sind Feedbacks, Geschicklichkeitsspiele, Herausforderungen, Einbettung von Inhalten in Erzählungen, Kooperationen mit anderen Spielern oder Ranglisten und Highscores. Der tiefere Sinn des Spiels, wie zum Beispiel das Sammeln wissenschaftlicher Daten, kann dabei so sehr in den Hintergrund treten, dass er im Bewusstsein des Spielers keine Rolle mehr spielt.

FabLab

FabLabs sind offene Hightech-Werkstätten, die jedem Menschen Zugang zu Produktionsmitteln geben sollen, um selbst Einzelstücke herstellen zu können und mit neuen Produktionsverfahren wie 3D-Druckern oder CNC-Fräsen zu experimentieren. Das erste FabLab wurde 2002 am Massachusetts Institute of Technology eröffnet. Von dort haben sich FabLabs zu einer globalen Bewegung ausgeweitet. Hinter FabLabs steht vor allen Dingen eine politische und soziale Idee. Die Werkstätten sollen Produktionsmittel demokratisieren und technologisches und gestalterisches Wissen auch in Bevölkerungsschichten mit niedrigem Bildungsstand und niedrigen Einkommen bringen. Menschen sollen durch FabLabs in die Lage versetzt werden, eigene Ideen umzusetzen und ihre eigene Kreativität zu entdecken. Durch die Entwicklung von Open-Design-Strategien werden FabLabs zu Knotenpunkten einer globalen Community von Bastlern und Hackern.

Filter Bubble

Suchmaschinen verwenden Algorithmen, die vorhersagen sollen, welche Ergebnisse innerhalb einer Online-Suche für einen bestimmten Nutzer relevant sein könnten. Dafür nutzen sie die Daten des Nutzers aus der Vergangenheit. Der Effekt ist, dass nur noch Ergebnisse angezeigt werden, die mit den vorherigen Suchen in einem bestimmten Zusammenhang stehen. Dieses Phänomen kann eine Reihe negativer Folgen haben, wie zum Beispiel, dass Nutzer nur noch Informationen erhalten, die die eigene Auffassung bestätigen, und die Ansichten von Kritikern bzw. Andersdenkenden ausblenden. Deshalb darf – so die Kritiker des Konzepts einer personalisierten Online-Umgebung – Personalisierung niemals versteckt stattfinden und muss vor Manipulationen geschützt werden.

Helicoptering

bezeichnet das »Einfliegen« (und Ausfliegen) von engagierten Gestaltern in sozial benachteiligte Gemeinschaften mit dem Ziel, das Leben der Betroffenen durch Design zu »verbessern«.
↗ IDEO: »HCD Toolkit«

Hyperlokalität

Der Begriff hat seinen Ursprung im Journalismus und bezeichnet Nachrichten, die nur für eine sehr begrenzte Gruppe relevant sind – zum Beispiel Menschen in einem Stadtviertel oder eine Interessengruppe. Durch den Einfluss des Internets, das Web 2.0 und insbesondere durch »User Generated Content« ist der Begriff Hyperlokalität in die Netzwelt eingegangen und hat dort eine neue Bedeutung erhalten: »Hyperlokalität bezeichnet den Zustand, in dem alle Geräte und Objekte vernetzt und örtlich lokalisierbar sind – den Moment also, wo die physische Welt und die virtuelle Welt miteinander verschmelzen und wir ständig und von überall her auf ihre Ebenen zugreifen.« (Max Celko) [90]

Auf ähnliche Weise wird der Begriff in der Debatte um nachhaltige Entwicklung genutzt: Lösungen für gesellschaftliche Fragestellungen sollten lokal entwickelt werden, sodass sie an einem bestimmten Ort für eine bestimmte Gruppe gut funktionieren. Anschließend können diese

Modelle von anderen Gruppen an anderen Orten übernommen und auf die dortigen Bedingungen angepasst werden.

Independent Game Szene

Im Bereich der Computerspiele gibt es eine sehr große Gemeinde von unabhängigen Entwicklern – Einzelpersonen oder kleineren Unternehmen, die mit kleinen Budgets und abseits der großen Konsolen-Monopolisten Spiele entwickeln. Die in dieser Szene entwickelten Spiele sind meist innovativer und setzen auf sozio-kulturelle bzw. technologische Nischen, die von den großen Publishern gemieden werden. Indie-Entwickler können so zu technologischen Vorreitern werden, die den Weg frei machen für neue Trends wie zum Beispiel Casual Games. Durch die niedrigen Kosten des Online-Vertriebs ist die Anzahl der unabhängigen Entwickler in den letzten Jahren stark angestiegen.

Integriertes Lernen

(engl.: »Blended Learning«) ist die Kombination unterschiedlicher Lernformen aus dem analogen (Präsenzveranstaltung) und dem digitalen Bereich (E-Learning). Dabei können Chats, E-Mail, Websites mit Printmedien, (Computer-)Spielen, Gruppenarbeit, Workshops, eigendiszipliniertem Lernen und vielen anderen synchronen und asynchronen Methoden kombiniert werden.

Internet der Dinge

beschreibt die Entwicklung, dass immer mehr Computer vollständig in andere Objekte integriert und damit unsichtbar werden. In der Folge können Dinge über digitale Netzwerke miteinander verbunden werden und kommunizieren. Durch diese Maschine-Maschine-Kommunikation werden immer mehr Abläufe des menschlichen Lebens für Rechner lesbar, messbar und interpretierbar. Basis des Internets der Dinge sind sehr kleine Mikroprozessoren, Identifikatoren (z.B. RFID-Chips oder Barcodes) und Sensoren. Ein gerne verwendetes Beispiel für das Internet der Dinge ist der Kühschrank, der selbständig Lebensmittel nachbestellt. Es sind aber noch viel weitergehende Applikationen denkbar und bereits in der Anwendung. Denn der Kühlschrank könnte gemeinsam mit den Laufschuhen und der Waage einen Fitness- und Ernährungsplan aufstellen. Wenn alle Objekte in einem Haushalt eine IP-Adresse haben, könnten die Besitzer von Werkzeugkästen Mikro-Unternehmen gründen, die alle Werkzeuge online stellen und in der Region verleihen – denn wer braucht schon eine eigene Bohrmaschine, nur um einmal im Jahr ein Bild aufzuhängen?

In der Industrie wird mit Unterstützung des Internets der Dinge das Konzept »Industrie 4.0« umgesetzt: die vollkommen vernetzte und integrierte Fabrik, in der Maschinen mit Außendienstmitarbeitern, Werkstücken und Online-Shops kommunizieren können.

Man kann davon ausgehen, dass das Internet der Dinge über kurz oder lang den Personal Computer verschwinden lassen und den Arbeitswerkzeugen der Zukunft eine vollkommen neue Form geben wird.

Luther Blissett

ist ein frei verwendbares, kollektives Pseudonym, das den Unterschied zwischen Einzelpersonen und Gruppen aufhebt. Luther Blissett war in den 1980er Jahren ein Profi-Fußballer, der unter anderem für den AC Mailand spielte. 1994 wurde das Pseudonym von einer Gruppe italienischer Aktivisten erstmals benutzt, um Falschmeldungen in Medien zu lancieren und kollektive Protestaktionen durchzuführen. 1999 beging Luther Blissett »Selbstmord« – nicht ohne vorher noch den kollaborativ geschriebenen Roman »Q« zu veröffentlichen, der zu einem internationalen Bestseller wurde und laut Wikipedia die »bislang kommerziell erfolgreichste Open-Content-Publikation überhaupt« ist.

Massive Open Online Courses (MOOC)

sind Online-Kurse, die theoretisch eine unbegrenzte Anzahl von Teilnehmern haben können. MOOCs bestehen meist aus einer Serie von Videos mit anschließenden Aufgaben und Prüfungen. Es finden sich aber mittlerweile viele Formen des

Integrierten Lernens [a] (Blended Learning), in denen unterschiedliche Formen der Online-Kommunikation miteinander verknüpft werden (z. B. Foren, Chats und Plattformen zur Kollaboration).

MOOCs sind ein durchaus umstrittenes Konzept für neue Lernplattformen. Auf der einen Seite steht der offene und leichte Zugang zu Wissen. Auf der anderen Seite die Mängel in der didaktischen Umsetzung, die eher an klassischen Frontalunterricht erinnert, der als Lernform nicht besonders effektiv und motivierend ist.

[a] Mikrokredite

sind Kredite über sehr kleine Beträge zwischen einem und mehreren hundert Euro. Die Darlehen werden typischerweise für Existenzgründungen in Entwicklungsländern vergeben. Die Finanzinstitute, die Mikrokredite vergeben, sind meist nach dem Vorbild von Genossenschaften organisiert. Es handelt sich also nicht um eine neue Idee, sondern um eine regionale und kulturelle Anpassung eines bestehenden Modells. Die Idee des Mikrokredits ist es, von Armut betroffenen Menschen den Aufbau einer eigenen Existenz zu ermöglichen, indem man ihnen Zugang zu Kapital verschafft. So kann sich beispielsweise eine Frau in einem indischen Dorf durch den Kauf einer Nähmaschine als Schneiderin selbständig machen.

Das Besondere an Mikrokrediten ist, dass Geld nicht – wie in der klassischen Finanzwirtschaft üblich – an Menschen fließt, die Sicherheiten stellen können, sondern ausdrücklich an Menschen, die keinen Zugang zu Kapital haben. Mikrokredite weisen mit ca. 95 % eine höhere Rückzahlungsquote auf als traditionelle Darlehen. Der Grund dafür ist, dass das Genossenschaftsmodell eine stärkere soziale Verpflichtung erzeugt. So werden Mikrokredite oft innerhalb von Dorfgemeinschaften vergeben, in denen Menschen füreinander bürgen. Die Basis des Mikrokredits ähnelt so betrachtet einem Peer-to-Peer-Netzwerk [a], in dem Kreditnehmer, Bürgen, Kapitalgeber und Kreditgeber dieselben Personen sein können.

Nachdem der Gründer der Mikrokreditbewegung in Indien Muhammad Yunus den Friedensnobelpreis erhalten hat, ist das Modell allerdings auch in die Kritik geraten. Als Folge des Erfolgs wurde die Idee mehr und mehr von der klassischen Kreditwirtschaft und »Kredithaien« übernommen, die mit ihren Vorstellungen von Rendite Kreditnehmer in die Schuldenfalle drängten. Diese Entwicklung zeigt, dass solche genossenschaftlichen Systeme nicht einfach zu kopieren sind und es einer genaue Kenntnis der kulturellen und sozialen Bedingungen bedarf, um erfolgreich sein zu können.

[a] Mooresches Gesetz

Das Mooresche Gesetz besagt, dass sich die Anzahl der Schaltkreiskomponenten auf einem Computerchip ca. alle 18 Monate verdoppelt. Das bedeutet, die Speicherfähigkeit und die Rechnerleistung von Computern steigt entsprechend exponentiell an. Umstritten ist, wie lange dieses »Gesetz« noch Gültigkeit haben wird. An einem bestimmten Punkt erreichen Speicherchips, wie wir sie heute kennen, eine physikalische, fundamentale Grenze – so die Annahme. Die hinter dem Mooreschen Gesetz stehenden technologischen Entwicklungen sind die Grundlage dafür, dass immer größere Datenmengen verarbeitet werden können und damit immer komplexere Anwendungen möglich werden.

[a] New Esthetic

ist ein vom Medienkünstler James Bridle eingeführter Begriff und bezeichnet das verstärkte Auftauchen der visuellen Sprache von digitaler Technologie und von Maschinen in der analogen Welt. Durch die zunehmende Vermischungvon virtuellen und physischen Phänomenen entstehen neue Mischformen einer Ästhetik, die von Menschen und Maschinen geteilt wird: »Im Mittelpunkt der New Esthetic steht das Gefühl, dass wir lernen, Maschinen zu winken – und dass diese in ihrer störerhaften, energetischen und algorithmischen Art beginnen, zurückzuwinken.« (Matthew Battles) [91] »New Esthetic« ist ein Tumblr, auf dem Beispiele gesammelt und kommentiert werden, ein Medienkunstprojekt und Plattform für kritische Reflexion.

One-to-Many, Many-to-Many, Many-to-One

Vor der Vernetzung digitaler Medien waren die Kommunikationsmodelle der Massenmedien durch das Prinzip des »One-to-Many« charakterisiert: Ein Sender sendet eine Botschaft an viele Empfänger. Entsprechend wirkungsvoll konnten sich Botschaften verbreiten. Voraussetzung für den Wirkungsgrad war allerdings eine Verknappung von Kanälen. Dieses Prinzip befindet sich in der Auflösung. Je mehr Fernsehprogramme es beispielsweise gibt, desto schwieriger wird es für den Sender einer Botschaft, das Publikum zu erreichen. Dementsprechend kostspielig ist es, diese Kanäle zur Verfügung zu stellen. Die Einführung des Privatfernsehens hat zu einer dramatischen Reduktion der Reichweiten einzelner Kanäle geführt.

Das Internet schließlich hat die Trennung von Sendern und Empfängern endgültig aufgehoben. Heute ist jeder sowohl Sender als auch Empfänger: Viele Menschen senden an viele Menschen – »Many-to-Many«. In der Folge ist es nicht mehr möglich vorherzusagen, wer wann welche Botschaft erhalten wird (wenn überhaupt). Die Kanäle der »One-to-Many«-Kommunikation, wie zum Beispiel Fernsehsender oder Zeitungen, erodieren. An ihre Stelle treten neue Kanäle, die möglichst große Plattformen für die »Many-to-Many«-Kommunikation anbieten (Facebook, Google, Twitter). Nur durch Monopolisierung ist es möglich, die Investitionen in das Netzwerk rentabel zu machen.

Allerdings – und das ist das eigentlich Bemerkenswerte – ist mit der »Many-to-Many«-Kommunikation eine neue, zusätzliche Währung eingeführt worden: Wo sich früher nur mit Geld große Reichweiten erzeugen ließen, kann das heute auch ein Witz, eine Online-Petition, ein süßes Katzenbild oder ein Nacktfoto der Nachbarin. Ein solcher Kanal entsteht durch das gemeinsame Interesse der Nutzergemeinschaft, eine ganz bestimmte Botschaft zu teilen und weiterzuverbreiten. Zu diesem Zweck stellt die Gemeinschaft ad hoc einen temporären Kanal zur Verfügung. Solche Kanäle haben immer das Ziel, ein kollektives mediales Erlebnis zu erzeugen.

Das gemeinsame Interesse kann aber auch sein, eine kollektive Botschaft an einen einzigen Adressaten zu senden. Typische Beispiele für eine solche »Many-to-One«-Kommunikation sind Shitstorms, Online-Petitionen oder Meme wie in dem Beispiel des Tumblr »IKEA has 99 problems but this bitch ain't one«. ▶005

Dabei müssen sich die vielen Sender ihrer neuen Rolle nicht unbedingt bewusst sein. Denn durch Big Data und die Möglichkeit, große Datenmengen zu verarbeiten und ihre Struktur verständlich zu machen, werden auch unbewusste kollektive Verhaltensweisen sichtbar – und damit zur Botschaft. Man muss nur den Einfluss von Umfragen auf die Politik betrachten, um sich ein Bild davon zu machen, was das Wissen um Einstellungen auslösen kann. Der Schwarm mag nicht intelligenter sein als das Individuum – aber er hat das größere Sprachrohr.

▶005 Bilderstürme

Open Design

ist eine Bewegung in der Gestaltung, die einen offenen und freien Zugang zu geistigem Eigentum und Entwurfsdaten befördern will, um unterschiedliche Formen der Kollaboration zwischen Nutzern, Designern und Herstellern zu erlauben. Bereits im 19. Jahrhundert gab es in Großbritannien Unternehmen in der Stahlindustrie, die Besuchern und Beratern Zugang zu ihren Fabriken gaben, damit diese über ihre Produktionsmethoden schreiben konnten, um so den Innovationsprozess in der gesamten Industrie zu beschleunigen. In den 70er und 80er Jahren des 20. Jahrhunderts wurde das Konzept auf Software ausgeweitet (Open Source, Freeware) und durch die Möglichkeiten des Internets und neuer Technologien (CNC-Fräsen und 3D-Drucker) auf das Produktdesign. Heute finden sich die Prinzipien von Open Design in allen Disziplinen der Gestaltung wieder.

Open Source

ist ein Begriff, der ursprünglich aus der Software-Entwicklung kommt. Open Source bedeutet, dass mit der Software auch der dazugehörige Quellcode zugänglich gemacht wird. Durch die Digitalisierung finden sich aber mittlerweile Open-Source-Konzepte in allen gesellschaftlichen

Bereichen wieder. Der Begriff bezieht sich nicht mehr nur auf Code und Technologien, sondern ist ein politischer Begriff geworden, der eine ablehnende Haltung gegenüber der strikten Handhabung von Urheberrechten bezeichnet.

- ↗ 📖 Steven Johnson, Riverhead Hardcover: Future Perfect – The Case For Progress In A Networked Age
- ↗ 📖 Bas van Abel, Lucas Evers, Roel Klaassen, Peter Troxler: Open Design Now – Why Design Cannot Remain Exclusive
- ↗ 📖 Italo Calvino: Six Memos for the New Millennium
- ↗ 📖 Ezio Manzini: Small, Local, Open and Connected: Resilient Systems and Sustainable Qualities

📖 Peer-to-Peer-Netzwerke

Peer-to-Peer (P2P) Connections (von engl. Peer: »Gleichgestellter«, »Ebenbürtiger«) bezeichnet eine Kommunikation unter Gleichen – meist bezogen auf ein Rechnernetz. In einem reinen Peer-to-Peer-Netz sind alle Computer gleichberechtigt und können sowohl Dienste in Anspruch nehmen als auch zur Verfügung stellen. Das Gegenteil von P2P-Netzwerken sind Client-Server-Netzwerke, in denen der Server Dienste zur Verfügung stellt und über mehr Rechte verfügt als der Client, der lediglich Dienste in Anspruch nehmen kann.

📖 Post-Design

beschreibt den abnehmenden Einfluss bestimmter Designdisziplinen auf Kultur, Wirtschaft und Wissenschaft. Design tritt dann in eine Post-Ära ein, wenn die gestalterische Kernkompetenz einer Disziplin nicht mehr genügend Exklusivität bietet und gleichzeitig das Vertrauen der Gesellschaft in die Problemlösungsfähigkeit der Disziplin abnimmt.

Der britische Gestalter und Hochschullehrer Adrian Shaughnessy beispielsweise spricht von einer »Post-Grafikdesign«-Ära, in der jeder ein Designer werden kann, weil die entsprechenden Werkzeuge für jeden zur Verfügung stehen. Diese Austauschbarkeit betrifft zunächst nur Gestalter am qualitativ unteren Ende der professionellen Skala und zieht sich später durch den gesamten Berufszweig hindurch. Gleichzeitig macht die Inflation von Grafikdesign die eigenen Werkzeuge stumpf. Ein visuell prägnantes und konsequent umgesetztes Erscheinungsbild bietet heute keine Garantie mehr für eine ausreichende Differenzierung. Grafikdesign löst also nicht mehr das eigentliche Problem des Auftraggebers. Die Konsequenz ist, dass traditionelle professionelle Standards an Bedeutung verlieren oder ganz verschwinden. Die Nischen für gestalterische Qualität im traditionellen Sinne werden immer kleiner. Andere Disziplinen – zum Beispiel Service-Design, strategische Beratung und Programmierung – übernehmen dann die Funktion, die vormals das Grafikdesign hatte (Differenzierung).

Die Anfangsstadien ähnlicher Entwicklungen lassen sich heute auch im Produktdesign beobachten: Die Funktion und der eigentliche Nutzen von Produkten wird in Zukunft nicht mehr durch eine gut gestaltete Form (Hardware) zur Verfügung gestellt, sondern über die in dem Objekt enthaltene Software (Internet der Dinge 📖). So sind die von »Nest Labs« produzierten Heizungsthermostate deswegen begehrt, weil sie selbstlernend auf die unterschiedlichen Lebensrhythmen ihrer Nutzer reagieren und so auf bequeme Weise Energie einsparen können. Dass diese Thermostate gut aussehen und vor allen Dingen über eine gut gestaltete Bedienungsoberfläche verfügen, ist nicht mehr Teil der Problemlösung, sondern nur noch Teil des Produktmarketing.

📖 Rant

ist ein Wutausbruch, meist in Form eines langen Monologs. Häufig in Online-Foren anzutreffen.

📖 Resilienz

ist die Fähigkeit eines Systems, mit Veränderungen und Störungen umgehen zu können. Die Störungen von außen müssen dabei entweder kompensiert werden (das System kehrt in seine ursprüngliche Form zurück) oder das System muss sich an die Veränderung anpassen, ohne dass seine Grundfunktion beeinträchtigt wird.

Der Begriff der Resilienz ersetzt in der Debatte um den ökologischen Wandel der Gesellschaft mehr und mehr die Idee der Nachhaltigkeit. Ausgangspunkt ist die Erkenntnis, dass sich die negativen Folgen von Umweltveränderungen auf das Ökosystem der Erde nicht mehr vollständig aufhalten lassen und die Frage im Raum steht, wie man mit diesen Veränderungen umgehen kann. Dabei treten – im Vergleich zur Nachhaltigkeit – auch die sozialen und kulturellen Folgen von Umweltveränderungen verstärkt in den Fokus. Wo Nachhaltigkeit in erster Linie eine Verhaltensänderung fordert (weniger verbrauchen, um die Veränderung zu verhindern oder zu verzögern), beschäftigt sich Resilienz auch damit, wie gesellschaftliche Systeme (z. B. eine Stadt oder der Gesundheits-Sektor) so verändert werden können, dass sie die negativen Folgen von Störungen absorbieren können.

Smart City

ist eine politische Strategie, um Städte lebenswerter und gleichzeitig wettbewerbsfähiger zu machen. Grundlage ist der Gedanke, dass die Qualität einer Stadt nicht allein von ihrer »harten« Infrastruktur und dem bebauten Raum abhängt, sondern auch von weichen Faktoren, wie der Verfügbarkeit von Wissen, von Kommunikation, Mobilität, Umweltbedingungen und sozialen Strukturen. Diese Faktoren sollen verbessert und effektiver gestaltet werden durch den Ausbau von IT-Strukturen, eine stärkere Vernetzung sowie durch darauf aufbauende mobile Software-Anwendungen.

Ein zentraler Bestandteil des Konzepts sind über die Stadt verteilte, drahtlos vernetzte Sensoren, die unterschiedliche Daten messen (Verkehr, Luftverschmutzung, soziale Parameter, gesellschaftliche Aktivitäten wie zum Beispiel die Nutzung eines öffentlichen Parks etc.). Die Daten werden von der Stadtverwaltung erhoben und allen Bürgern zugänglich gemacht. Diese Datenpools können zur kollaborativen Entwicklung von Apps und Anwendungen genutzt werden mit dem Ziel, die Lebensqualität in der Stadt zu verbessern.

Kritik bezieht sich vor allen Dingen auf die einseitige technologische Ausrichtung des Konzepts. Die damit verbundenen Festlegungen im Vorfeld können dazu führen, dass effektivere Alternativen nicht mehr zugelassen und negative Folgen übersehen werden.

Stilles Wissen

bedeutet »können, ohne sagen zu können, wie«. Ein Beispiel für »Stilles Wissen« ist das Gehen, das man beherrscht, ohne sich über die dahinterliegenden Mechanismen im Klaren zu sein. Intuitives, kollektives und erfahrungsbasiertes Wissen, das nicht zu verbalisieren oder zu formalisieren ist, kann aber dennoch sehr wertvoll sein. Gestalterische Strategien können dabei helfen, solches Wissen zugänglich und teilbar zu machen.

Stopp-Regel

ist eine Regel, die besagt, wann und unter welchen Umständen ein bestimmter Prozess beendet oder weitergeführt werden soll. Eine Stopp-Regel kann beispielsweise zum Verkauf einer Aktie führen, wenn ihr Kurs unter einen bestimmten Wert fällt. Es kann aber auch eine unbewusste Faustregel sein, ab welcher Entfernung von der eigenen Wohnung man für gewöhnlich den nächsten freien Parkplatz nimmt. Im Umgang mit Wicked Problems in der Medizin kann eine Stopp-Regel eine bestimmte Therapie beenden, weil sie ab dann als aussichtslos eingestuft wird und/oder der Schaden den Nutzen übersteigt. Stopp-Regeln sind wichtige Werkzeuge im Umgang mit komplexen Systemen, bei denen das Endergebnis unsicher ist und nicht ausreichend Informationen für Entscheidungen zur Verfügung stehen.

Transition Town Movement

»Transition Town« ist ein internationales und informelles Kollektiv von Initiativen, Gemeinden und Städten. Ziel der Bewegung ist es, Menschen dabei zu unterstützen, sich selbst zu organisieren, um resiliente Gemeinschaften aufzubauen und CO_2-Emissionen zu reduzieren. Transition Towns basieren auf dem Konzept der Permakultur, das die Schaffung dauerhaft funktionierender, nachhaltiger und naturnaher Kreisläufe zum Ziel hat. Permakultur ist ein Prinzip, das ursprünglich für die Landwirtschaft entwickelt wurde, mittlerweile aber auf viele andere Bereiche übertragen wird, wie zum Beispiel Energieversorgung oder die Gestaltung sozialer Infrastrukturen. Gegründet wurde das Transition Town Movement 2006 von

Rob Hopkins und Studenten des »Kinsale Further Education College« in Irland. Heute gibt es laut der Website WWW.TRANSITIONNETWORK.ORG rund um den Globus 475 Transition Towns.

⟨⟩ Ulmer Schule

Die »Hochschule für Gestaltung Ulm« wurde 1953 von dem Gestalter Otl Aicher, seiner Frau Inge Aicher-Scholl, dem Künstler Max Bill und weiteren Personen gegründet und ist unter dem Begriff »Ulmer Schule« als gestalterisches Programm und wegweisendes Ausbildungsmodell bis heute bekannt. Die Ulmer Schule hat nach dem Krieg und dem durch die Nationalsozialisten verursachten kulturellen Niedergang einen modernen, internationalen Gestaltungsbegriff in Deutschland etabliert. Zu den Dozenten gehörten neben den Gründern international renommierte Gestalter und Künstler wie Josef Albers, Josef Müller-Brockmann, Tomás Maldonado und Edgar Reitz.

Mit dem Namen Ulmer Schule wird heute vor allen Dingen eine gestalterische Haltung verbunden, in deren Mittelpunkt der Funktionalismus steht. Diese Reduktion der Form und die Konzentration auf den Nutzen und die Funktion eines Objekts war nicht zuletzt eine Reaktion auf den überladenen und mystischen Symbolismus des Nationalsozialismus. Die Ulmer Schule hat das Erscheinungsbild Westdeutschlands nach dem Krieg entscheidend mit beeinflusst. Das »neue Deutschland« sollte offener und freundlicher sein – aber auch bescheidener, geläutert und rationaler. Gestaltung wurde damit auch zu einer ethischen und politischen Dimension. Nicht zuletzt deshalb wurde die Schule 1968 nach Auseinandersetzungen mit der konservativen Landesregierung von Baden-Württemberg geschlossen.

In der Folgezeit wurde die »Ulmer Schule« – ähnlich wie das Bauhaus – zu einem Begriff für eine ganze Epoche und einem Ausdruck der Moderne in Deutschland. An dieser Auffassung und ihrer starren Formalisierung entzündete sich in späterer Zeit aber auch Kritik. Die Ausschließlichkeit und der Anspruch auf eine gestalterische Wahrheit lief dem Pluralismus der zunehmenden Demokratisierung und Öffnung der Gesellschaft, zuwider.

⟨⟩ Wiki

ist ein in sich verlinktes und verschlagwortetes System von Texten (Hypertext), in dem Nutzer Texte nicht nur lesen, sondern auch selbst verändern können. Wikis sind im eigentlichen Sinne Content-Management-Systeme, in denen alle Nutzer über die gleichen Rechte verfügen. Wikis spielen für das kollaborative Wissensmanagement eine zentrale Rolle und sind ein Sinnbild für die Veränderung im Umgang mit geistigem Eigentum im Netz. Denn wenn jeder Text von jedem Nutzer verändert werden kann, ist das klassische Urheberrecht nicht mehr anwendbar. Das »Wiki« ist zu einem Synonym für viele andere sozio-kulturelle Phänomene im Internet geworden, wie zum Beispiel die Bereitschaft unentgeltlich und freiwillig an der Entwicklung einer Plattform teilzunehmen oder die Idee einer intuitiven Schwarm-Intelligenz: »Einer weiß viel, zwei wissen mehr und alle wissen alles.« (Eric A. Leuer) ✎92

Die wahre Reise der Entdeckung besteht nicht darin, neues Land zu erobern, sondern mit neuen Augen zu sehen.

Marcel Proust

IMG **Bildnachweise**

✎ **Fußnoten**

BILDQUELLEN WERDEN NUR GENANNT, WENN DER
BILDAUTOR NICHT AUCH DER AUTOR DES PROJEKTS
IST.

IMG001
IMG002   Bild: Henning Bock

▶001   Offenheit

CREDITS   OPENSTRUCTURES
           ist ein kollaboratives Projekt. Es wurde
           von Thomas Lommée am »Institute Without
           Boundaries« konzipiert und wird am Department
           of Architectonic Engineering Sciences an der
           »Vrije Universiteit Brussels« in Belgien
           weiterentwickelt

IMG003   OPENSTRUCTURES WASSERKOCHER
          Der originale Wasserkocher wurde von Jesse
          Howard und Thomas Lommée im Rahmen des ersten
          OpenStructures-Workshops in Brüssel entworfen
          und zur weiteren Bearbeitung an das Studio
          »Unfold« in Antwerpen weitergereicht. Der
          adaptierte Kocher enthält OpenStructures-
          Teile von Fabio Lorefice (3D-gedruckter Ad-
          apter) und Unfold (3D-gedruckter keramischer
          Wasserfilter)

IMG004   OPENSTRUCTURES-KINDERSCHAUKEL »SWING«
          Die Schaukel ist Teil des Projekts
          »OpenStructures Kids Toys«, gestaltet von
          Christiane Hoegner (www.lofi-studio.com),
          enthält OpenStructures-Teile von Thomas
          Lommée und Jo Van Bostraeten

IMG005
IMG006   OPENSTRUCTURES-BAUTEILE
          von Lukas Wegwerth

IMG007   OPENSTRUCTURES-SCAFFOLDING
          Lukas Wegwerth in Zusammenarbeit mit
          Thomas Lommée und Christiane Hoegner.
          Bild: Lukas Wegwerth

▶003   Netz/Stern

IMG011   Bild: Wikimedia Foundation

IMG012   Bild: Illustration Julia Wagner

▶005   Bilderstürme

IMG015   Bild: Metro International S.A; IKEA

IMG016   Original (links): »V-J Day in Times Square«;
          Alfred Eisenstaedt; 1945
          Collage (rechts): Autor unbekannt

IMG018   Original (oben): Pete Souza/White House; 2011
          Collage (unten); Autor unbekannt

IMG019   Original (oben): »American Gothic«;
          Grant Wood; 1930
          Collage (unten); Autor unbekannt

IMG020   Original (oben): J. Howard Miller; 1942
          Collage (unten): Autor unbekannt

▶007   Führen/Folgen

IMG021
IMG025
IMG026
IMG027
IMG028   Bild: Autor unbekannt

ᚺ008   Offene Marken

IMG022
IMG023
IMG024   Erscheinungsbild der Kunsthalle Wien
          Gestaltung: Boy Vereecken
          Marketing: Michael Würges

▶009   Adhokratie

IMG029   Proteste am Gezi Park; 2013
          Bild: João Ferreira

▶015   Aktivismus

IMG032   Jelka Kretzschmar

▶017   Transparenz

IMG037   Bild: Daniel Alexander

IMG039   Bild: Nick Ballon

▶019   Geschichten

IMG040   Bild: Chris Molnar

IMG042   Bild: Autor unbekannt

IMG043   Bild: Chris Molnar

▶023   Flexibilität

IMG047
IMG048
IMG049   Bild: Inga Knölke

▶025   Revolution

IMG050
IMG051
IMG052   Bild: Fairphone

▶027   Globalisierung

IMG053
IMG055
IMG056   Open Source Ecology

▶**073 Teilen**

IMG135   Bild: Peter Bil'ak

▶**075 Aktion**

IMG137   Bild/Illustrationen: Autoren unbekannt

▶**077 Software**

IMG138   Bild: Indy Johar; 00:/ Architects

▶**079 Luxus**

IMG140   Bild: Emrullah Gümüssoy

IMG142   Bild: Van Bo Le-Mentzel

IMG143   Bild: Daniela Klient

▶**083 Branding**

IMG146   Bild: Panasonic

IMG147   Bild: Wikipedia-Autor »Pitichinaccio«;
basierend auf folgenden Quellen:
Michael Grant: Lexikon der antiken Mythen und
Gestalten, München (dtv) 1980
Robert von Ranke-Graves: Griechische
Mythologie: Quellen und Deutung, Reinbek
bei Hamburg (Rowohlt) 1984
Vollmer's Wörterbuch der Mythologie;
Stuttgart 1874, Nachdruck Wiesbaden (Fourier)

▶**085 Sichtbarkeit**

IMG149
IMG150   Bild: Diginfo News

▶**087 Alternativen**

IMG151
IMG152   Bild: Autor unbekannt

⤷**088 Informelle Ökonomie**

IMG153   Bild: Claro Partner (mit Abänderungen des
Autors)

▶**089 Einfachheit**

IMG154   Bild: Nokia

IMG155   Screenshot der Website www.GOV.UK

▶**091 Realität**

IMG156
IMG157
IMG158
IMG159   Bild: Bureau DEVET

▶**093 Hardware**

IMG160   Bild: Los Angeles Times

IMG161   Bild: Erin Nekervis

IMG162   Bild: Jonathan Apples

IMG163   Bild: Lawrence Peregrine-Trousers

▶**095 Skalierung**

IMG164
IMG165
IMG167
IMG168   Bild: Daily Dump

▶**097 Social Distribution**

IMG169
IMG170
IMG171
IMG172   Bild: Peter Bil'ak

▶**099 Nähe**

IMG173
IMG174
IMG175   Bild: Frabauke Fotografie

1 Vgl.: »Intuit 2020 Report, 20 Trends That Will Shape The Next Decade«; Intuit 2010
URL http-download.intuit.com/http.intuit/CMO/intuit/futureofsmallbusiness/intuit_2020_report.pdf [ABGEFRAGT AM 8.2.2014]

2 Vgl.: »Riddle of GAP president's resignation just weeks after failed logo redesign«; Daily Mail Online; 3.2.2011
URL www.dailymail.co.uk/news/article-1353258/Gap-president-Marka-Hansen-resignation-just-weeks-failed-logo-redesign.html [ABGEFRAGT AM 8.2.2014]

3 s.a. Achim Schaffrinna: »Neues Corporate Design für die Stadt Kassel«; Designtagebuch; 11.10.2013
URL www.designtagebuch.de/neues-corporate-design-fuer-die-stadt-kassel [ABGEFRAGT AM 8.2.2014]

4 Derek Sivers: »Leadership Lessons from Dancing Guy«; Transskript des gleichnamigen TED-Talks
URL http://sivers.org/ff http://www.ted.com/talks/derek_sivers_how_to_start_a_movement.html [ABGEFRAGT AM 8.2.2014]

5 2012 haben die »Yes Men« im Auftrag von Greenpeace eine Website im Design von Shell veröffentlicht. Auf dieser Seite konnten Besucher eigene Anzeigenmotive erstellen, um damit angeblich eine PR-Kampagne Von Shell zu unterstützen. Die Social-Media-Kampagne wurde von den Nutzern nicht als Fälschung erkannt. Anstatt Anzeigen für Shell zu entwerfen, machten tausende Nutzer ihrem Ärger über Ölbohrungen in der Arktis mit ironischen und ätzenden Plakatmotiven Luft.
URL http://arcticready.com/arctic [ABGEFRAGT AM 8.2.2014]

6 Vgl.: Transskript des Interviews mit Andy Bichlbaum alias Jude Finisterra in der Sendung »BBC WORLD« vom 3.12.2004
URL http://theyesmen.org/dowtext [ABGEFRAGT AM 8.2.2014]

7 Vgl.: John-Paul Flintoff: »How to change the world«, The School of Life; 2012 (Übersetzung des Autors)

8 Website des DGB
URL http://www.dgb.de/uber-uns/dgb-heute/mitgliederzahlen [ABGEFRAGT AM 8.2.2014]

9 »Geheimdiplomatie: Merkel schmiedet europäische Allianz gegen CO_2-Grenzwerte«, Spiegel Online; 13.10.2013
URL www.spiegel.de/politik/deutschland/geheimdiplomatie-gegen-klimaschutz-merkel-schmiedet-allianz-gegen-co2-grenzwerte-a-927585.html [ABGEFRAGT AM 8.2.2014]

10 Peter Wippermann (Hg.): »Anzeigentrends. Was bleibt, was geht, was kommt«; Verlag Hermann Schmidt Mainz; 1997

11 Vgl.: Wikipedia-Eintrag »Kommunikationsguerilla«
URL WWW.de.wikipedia.org/wiki/Kommunikationsguerilla [ABGEFRAGT AM 8.2.2014]

12 Jens Meier: »Liebesgrüße nach Moskau«; Stern Online; 12.8.2013
URL www.stern.de/panorama/kreativer-protest-gegen-putin-liebesgruesse-nach-moskau-2050300.html [ABGEFRAGT AM 8.2.2014]

13 »›Trojanisches T-Shirt‹ auf Rechtsrock-festival in Gera geschmuggelt«; Thüringische Landeszeitung, 12.3.2012
URL www.tlz.de/startseite/detail/-/specific/Trojanisches-T-Shirt-auf-Rechtsrockfestival-in-Gera-geschmuggelt-855291880 [ABGEFRAGT AM 8.2.2014]

14 Amy Dickinson: »Ask Amy: Parent pressures gay son to change«; Washington Post; 18.11.2013
URL www.washingtonpost.com/lifestyle/style/ask-amy-parent-pressures-gay-son-to-change/2013/11/12/a46984d0-4815-11e3-bf0c-cebf37c6f484_story.html [ABGEFRAGT AM 8.2.2014]

15 Greenpeace Website: »Greenpeace, the Yes Men and the inside story of #ShellFail«; 11.6.2012
URL http://www.greenpeace.org/international/en/news/Blogs/makingwaves/greenpeace-the-yes-men-and-the-inside-story-o/blog/40893 [ABGEFRAGT AM 8.2.2014]

16 »Future Practice: Conversations from the Edge of Architecture«; Rory Hyde; Routledge; 2013

17 »Schlimmer als bei Apple-Zulieferer Foxconn«; Zeit Online; 29.7.2013
URL http://www.zeit.de/wirtschaft/unternehmen/2013-07/apple-pegatron-menschenrechte [ABGEFRAGT AM 8.2.2014]

18
URL www.thetoasterproject.org/page2.htm [ABGEFRAGT AM 8.2.2014]

19 David Korowicz: »On the Cusp of Collapse: Complexity, Energy and Globalised Economy«; in »Fleeing Vesuvius«; Douthwaite and Fellon; 2011

20 Vgl.: Erling Bjögvinsson, Pelle Ehn, Per-Anders Hillgren: »Design Things and Design Thinking: Contemporary Participatory Design Challenges«; Massachusetts Institute of Technology; 2012

21 Vgl.: Bruno Latour: »Pandora's Hope: Essays on the Reality of Science Studies«; Harvard University Press; 1999

22 Erling Björgvinsson und Per-Anders Hillgren:
»Living Labs in the Streets of Malmö«;
Medea - The Collaborative Media Initiative,
Malmö University; 2010
URL http://chokobar.files.worDpress.com/2010/
02/08-participatory-design-in-the-streets-of-
malmo.pdf
[ABGEFRAGT AM 8.2.2014]

23 Vgl.: »Low2No - Entwurf für ein CO_2-neutrales
Wohnviertel mit Mischnutzung bei Helsinki«;
IN »Intelligente Architektur«, AIT Spezial
Nr. 84; 2013

24 Christina Schelhove und Cornelia Heydenreich:
»Noch keine fairen Handys«; Germanwatch e.V.;
August 2013
URL www.germanwatch.org/de/4956
[ABGEFRAGT AM 8.2.2014]

25 Ashlee Vance: »The Post-Apocalypse Survival
Machine Nerd Farm«; Bloomberg Business Week;
2012
URL http://www.businessweek.com/articles/
2012-11-01/the-post-apocalypse-survival-
machine-nerd-farm [ABGEFRAGT AM 8.2.2014]

26 http://de.wfp.org/hunger
[ABGEFRAGT AM 8.2.2014]

27 Vgl.: Rory Hyde: »Future Practice:
Conversations from the Edge of Architecture«;
Routledge; 2012

28 Vgl.: Wikipedia-Eintrag: »Willentliche
Aussetzung der Ungläubigkeit«
URL http://de.wikipedia.org/wiki/Willentliche_
Aussetzung_der_Ungl%C3%A4ubigkeit
[ABGEFRAGT AM 8.2.2014]

29 Bruce Sterling: »Design Fiction«;
Interactions; Volume XVI.3; 2009

30 Vgl.: Wikipedia-Eintrag: »Society of
Dilettanti«
URL http://de.wikipedia.org/wiki/Society_of_
Dilettanti [ABGEFRAGT AM 8.2.2014]

31 Wolfgang Ullrich: » »Nur wer's nicht kann,
kann's«; DIE ZEIT; 5.2.2004
URL http://www.zeit.de/2004/07/
Kunstdilettantismus [ABGEFRAGT AM 8.2.2014]

32 Stéphane Vincent: »Les designers sont-ils
forcément de bons innovateurs sociaux?«; auf
dem Blog »La 27e Région«; 25.12.2009
URL blog.la27eregion.fr/Les-desiGners-sont-ils-
forcement [ABGEFRAGT AM 8.2.2014]

33 »The Open Book of Social Innovation«,
Robin Murray, Julie Caulier Rice,
Geoff Mulgan; Nesta, The Young Foundation
2010

34 Julie Kim: »Why We Need a New and
Hyper-Local Model for Design Activism«;
Core 77; 28.2.2013
URL www.core77.com/blog/sustainable_design/
why_we_need_a_new_and_hyper-local_model_for_
design_activism_by_julie_kim_24424.asp
[ABGEFRAGT AM 8.2.2014]

35 Mick Ebeling: »Watch: The Incredible Power
Of a Single Pair Of Glasses«;
Huffington Post; 26.4.2013
URL http://www.huffingtonpost.com/mick-ebeling/
eyewriter-ted-talk_b_3158106.html
[ABGEFRAGT AM 8.2.2014]

36 Vgl.: Klint Finley: »Mathematicians Predict
the Future With Data From the Past«; Wired;
4.10.2013
URL http://www.wired.com/wiredenterprise/2013/04
cliodynamics-peter-turchin/all
[ABGEFRAGT AM 8.2.2014]

37 Vgl.: »Predicting crime with big data,
affordably«; Science Daily; 10.1.2014
URL http://www.sciencedaily.com/
releases/2014/01/140110142212.htm
[ABGEFRAGT AM 8.2.2014]

38 Vgl.: Cliff Kuang: »Tracking Air Fares:
Laborate Algorithms Predict Ticket Prices«;
WIRED; 23.6.2008
URL http://www.wired.com/science/discoveries/
magazine/16-07/pb_airfares
[ABGEFRAGT AM 8.2.2014]

39 Vgl.: »The future of insurance - How big data
and cognitive computing are transforming the
industry«; IBM; 2013
URL http://public.dhe.ibm.com/common/ssi/ecm/en/
imw14671usen/IMW14671USEN.pdf
[ABGEFRAGT AM 8.2.2014]

40 Vgl.: Steven Totman: »It's not just Lance
Armstrong who is afraid of being caught out
by big data«; The Guardian; 18.2.2013
URL http://www.theguardian.com/public-leaders-
network/2013/feb/18/lance-armstrong-big-
data-fraud [ABGEFRAGT AM 8.2.2014]

41 Vgl.: »Big data delivers promise of
personalized medicine«; EBD Group; 31.7.2013
URL http://ebdgroup.com/partneringnews/2013/07/
big-data-delivers-promise-of-personalized-
medicine [ABGEFRAGT AM 8.2.2014]

42 Vgl.: Wikipedia-Eintrag: »Ziviler Ungehorsam«
URL http://de.wikipedia.org/wiki/Ziviler_
Ungehorsam [ABGEFRAGT AM 8.2.2014]

43 Vgl.: Wikipedia-Eintrag: »Censorship by
Apple«
URL http://en.wikipedia.org/wiki/Censorship_by_
Apple [ABGEFRAGT AM 8.2.2014]

44 Vgl.: Shiv Malik: »Facebook accused of
removing activists' pages«; The Guardian;
29.4.2011
URL http://www.theguardian.com/technology/2011/
apr/29/facebook-accused-removing-activists-
pages [ABGEFRAGT AM 8.2.2014]

45 Vgl.: Dominic Rushe: »Google: don't expect
privacy when sending to Gmail«; The Guardian;
15.8.2013
URL http://www.theguardian.com/technology/2013/
aug/14/google-gmail-users-privacy-email-
lawsuit [ABGEFRAGT AM 8.2.2014]

46 Frank Schirrmacher: »Wir wollen nicht«;
Frankfurter Allgemeine Zeitung; 26.8.2013

⁄47 Günter Grass: »Facebook ist Scheißdreck«;
Der Tagesspiegel; 4.9.2013
URL http://www.tagesspiegel.de/medien/
literaturnobelpreistraeger-guenter-grass-
facebook-ist-scheissdreck/8738808.html
[ABGEFRAGT AM 8.2.2014]

⁄48 Danny Weitzner: »The Family of Technologies
That Could Change the Dynamic in Privacy«;
IAPP Navigate Conference; 21.6.2013
URL https://www.youtube.com/watch?v=2f5hQ4OSxmg
[ABGEFRAGT AM 8.2.2014]

⁄49 Statista: »Anzahl der Blogs weltweit von
2006 bis 2011 (in Mio., jeweils Oktober)«
URL http://de.statista.com/statistik/daten/
studie/220178/umfrage/anzahl-der-blogs-
weltweit/ [ABGEFRAGT AM 8.2.2014]

⁄50 Vgl.: Joseph L. Bower, Clayton M.
Christensen: »Disruptive Technologies.
Catching the Wave«, Harvard Business Review,
Bd. 69, 1995

⁄51 Vgl.: Clayton M. Christensen: »Disruptive
Innovation« , in: The Encyclopedia of
Human-Computer Interaction, 2nd Ed., 2013
URL http://www.interaction-design.org/
encyclopedia/disruptive_innovation.html
[ABGEFRAGT AM 8.2.2014]

⁄52 Website: »Liberator Pistol«
URL www.defdist.org [ABGEFRAGT AM 8.2.2014]

⁄53 Ryan Boyette: »Nuba Reports«; Kickstarter;
25.2.2012
URL www.kickstarter.com/projects/300883085/
nuba-reports?ref=38k4lm
[ABGEFRAGT AM 8.2.2014]

⁄54 Vortrag von Stefan Diez; 2. Deutsche
Designdebatte; Rat für Formgebung; 13.6.2013
URL vimeo.com/68480834 [ABGEFRAGT AM 8.2.2014]

⁄55 Adrian Shaughnessy: »The state of design
education«; creative bloq; 13.8.2013
URL http://www.creativebloq.com/state-design-
education-8133968 [ABGEFRAGT AM 8.2.2014]

⁄56 Dennis Paul auf www.open-output.org; 4.3.2013
URL www.open-output.org/blog/?p=136
[ABGEFRAGT AM 8.2.2014]

⁄57 Adrian Shaughnessy: »When Less Really Does
mean less«; Designobserver; 29.2. 2012
URL http://observatory.designobserver.com/
feature/when-less-really-does-mean-
less/32738 [ABGEFRAGT AM 8.2.2014]

⁄58 Vgl.: Florian A. Schmidt: »A Few Questions on
Open Online Design Education - A conversation
between Florian A. Schmidt and Stefano
Mirti«; Medium; 27.8.2013
URL https://medium.com/p/7a8576f3362d
[ABGEFRAGT AM 8.2.2014]

⁄59 Vgl.: Noah Bradley: »Don't go to Art School«;
Medium; 26.7.2013
URL https://medium.com/i-m-h-o/138c5efd49e9
[ABGEFRAGT AM 8.2.2014]

⁄60 Pedro Reyes: »Imagine«; auf dem Blog von
Pedro Reyes; 4.9.2012
URL http://www.blog.pedroreyes.net/?p=151
[ABGEFRAGT AM 8.2.2014]

⁄61 Donald Rumsfeld auf einer Pressekonferenz
im Februar 2002
URL https://www.youtube.com/watch?v=GiPe1OiKQuk
[ABGEFRAGT AM 8.2.2014]

⁄62 Vgl.: Dan Hill: »Dark Matter and Trojan
Horses«; Strelka Press; 2012

⁄63 Vgl.: »Sugata Mitra: Eine Schule in der
Cloud«; TED Talk; Februar 2013
URL http://www.ted.com/talks/sugata_mitra_
build_a_school_in_the_cloud.html
[ABGEFRAGT AM 8.2.2014]

⁄64 Kati Borngräber: »Die Axt im Schilderwald,
Interview mit dem Verkehrsplaner Hans
Monderman«; Spiegel Online; 8.12.2005
URL http://www.spiegel.de/auto/aktuell/
interview-mit-dem-verkehrsplaner-hans-
monderman-die-axt-im-schilderwald-a-389289.
html [ABGEFRAGT AM 8.2.2014]

⁄65 Giovanni Pezzato auf dem Symposium
»Reinventing School from A to Z33«
URL http://www.reinventingschool.net
[ABGEFRAGT AM 8.2.2014]

⁄66 Helen Walters: »Can Innovation Really Be
Reduced To A Process?«; 18.7.2011
URL http://www.fastcodesign.com/1664511/can-
innovation-really-be-reduced-to-a-process
[ABGEFRAGT AM 8.2.2014]

⁄67 Vgl.: Tom McNichol: »Roads gone wild«;
Wired 2004
URL http://www.wired.com/wired/archive/12.12/
traffic.html [ABGEFRAGT AM 8.2.2014]

⁄68 Indy Johar in: Rory Hyde: »Future Practice:
Conversations from the Edge of Architecture«;
Routledge; 2012

⁄69 Vgl.: Wikipedia-Eintrag: »Soziales Kapital«
URL http://de.wikipedia.org/wiki/Soziales_Kapital
[ABGEFRAGT AM 8.2.2014]

⁄70 Bruce Sterling auf der Konferenz »Reboot 11«
am 25.6.2009
URL http://www.wired.com/beyond_the_
beyond/2011/02/transcript-of-reboot-11-
speech-by-bruce-sterling-25-6-2009
[ABGEFRAGT AM 8.2.2014]

⁄71 Boris Groys: »Self-Design and Aesthetic
Responsibility«; Vortrag auf der Frieze Art
Fair London; 16.10.2008
URL http://www.e-flux.com/journal/self-
design-and-aesthetic-responsibility
[ABGEFRAGT AM 8.2.2014]

⁄72 Vgl.: »Excerpts from the Informal Economy
Symposium: Why Informal Enterprise Matters«;
Barcelona; 12.10.2012
URL http://vimeo.com/52561862
[ABGEFRAGT AM 8.2.2014]

73 Howard W. French: »Chinese Market Awash
in Fake Potter Books«; NY Times; 1.8.2007
URL http://www.nytimes.com/2007/08/01/world/
asia/01china.html?pagewanted=1&_r=1&
[ABGEFRAGT AM 8.2.2014]

74 Vgl.: »BDG Honorar- & Gehaltsreport 2012«;
BDG Berufsverband der Deutschen
Kommunikationsdesigner (Hg.); 2012
URL http://presse.bdg-designer.de/BDG_
Gehaltsreport_2012.pdf
[ABGEFRAGT AM 8.2.2014]

75 »Armutsgrenze«; cecu.de; 2014
URL http://www.cecu.de/armutsgrenze.html
[ABGEFRAGT AM 8.2.2014]

76 Adrian Shaughnessy: »The State of Design
Education«; creative bloq; 13.8.2013
URL http://www.creativebloq.com/state-design-
education-8133968 [ABGEFRAGT AM 8.2.2014]

77 Peter Sloterdijk: »Das Zeug zur Macht«;
in: »Der Welt über die Straße helfen«;
Schriftenreihe der HfG Karlsruhe; Fink 2010

78 »Essay: On the smart city; Or, a ›manifesto‹
for smart citizens instead«; Dan Hill
URL http://www.cityofsound.com/blog/2013/02/
on-the-smart-city-a-call-for-smart-citizens-
instead.html#more [ABGEFRAGT AM 8.2.2014]

79 Vgl.: Gerd Gigerenzer und Wolfgang
Gaissmaier: »Denken und Urteilen unter
Unsicherheit: Kognitive Heuristiken«, in
»Funke«, Denken und Problemlösen, 2006
URL http://www.psychologie.uni-heidelberg.de/ae/
allg/enzykl_denken/Enz_06_Heuristiken.pdf
[ABGEFRAGT AM 8.2.2014]

80 Vgl.: »Was ist ein Autor?«, in: »Schriften
zur Literatur«; Michel Foucault;
Nymphenburger Verlag; 1974

81 Vgl.: Roland Barthes: »Der Tod des Autors«,
In: Fotis Jannidis (Hg.): »Texte zur
Theorie der Autorschaft«; Reclam; 2000

82 Vgl.: Giaco Schiesser: »Autorschaft nach dem
Tod des Autors. Barthes und Foucault
revisited«, in: Hans Peter Schwarz (Hrsg.):
»Autorschaft in den Künsten. Konzepte -
Praktiken - Medien«; Museum für Gestaltung
Zürich; 2007

83 Peter Bil'ak; Vorlesung; 8.4.2013
URL http://vimeo.com/63781592

84 Fabrizio Gatti: »Migranti, la strage dei
bambini«; in: »L'Espresso«; 12.11.2013
URL http://espresso.repubblica.it/
attualita/2013/10/12/news/migranti-la-
strage-dei-bambini-1.137398
[ABGEFRAGT AM 8.2.2014]

85 »Innenminister Friedrich fordert Härte«;
Tagesschau; 8.10.2013
URL http://www.tagesschau.de/ausland/
fluechtlingspolitik120.html
[ABGEFRAGT AM 8.2.2014]

86 Vgl.: Susan Sontag: »Regarding the Pain of
Others«; Penguin; 2004

87 »Straftatbestand: Illegale Einwanderung«;
Tagesschau; 7.10.2013
URL https://www.tagesschau.de/ausland/
lampedusa498.html
[ABGEFRAGT AM 8.2.2014]

88 Plakatwettbewerb »Mut zur Wut«
URL http://mutzurwut.de/2013
[ABGEFRAGT AM 8.2.2014]

89 Vgl.: Wikipedia-Eintrag: »Mac Guffin«

90 Vgl.: Wikipedia-Eintrag: »Hyperlokalität«

91 Vgl.: Wikipedia-Eintrag: »New Esthetic«

92 Vgl.: Wikipedia-Eintrag: »Wiki«

Ich habe immer versucht, in einem Elfenbeinturm zu leben. Aber ein Meer von Scheiße schlägt an seine Mauern, genug, ihn zum Einsturz zu bringen.

Gustave Flaubert an Iwan Turgenjew (1873)

Zweifel, Hoffnung und ein »Buch mit 300 Seiten«

Eine Schlussbemerkung

Zweifel

1998 erhielt ich – direkt nach meinem Diplom – meinen ersten Lehrauf-
trag. Mein ehemaliger Professor Peter Rea fragte mich, ob ich nicht für vier
Wochen nach Beirut kommen wolle, um an dem neu gegründeten Designstudiengang an der Notre Dame University einen Kurs zu geben. 1998
war der 20-jährige Bürgerkrieg im Libanon gerade zu Ende gegangen. Mit
der für Libanesen typischen Mischung aus Optimismus und Fatalismus
begann das Land, sich neu zu erfinden und in die Zukunft zu stürzen. Ein
perfekter Moment, um einen Designstudiengang aus der Taufe zu heben.
Der Libanon hatte damals sicherlich 99 wichtigere Probleme und dennoch
(oder vielleicht deshalb) waren die Kurse voll mit hochmotivierten Studen-
tinnen und Studenten, die keine Ahnung hatten, was Design ist, was es kann
und worum es dabei überhaupt geht. Heute ist der Libanon das gestalterisch interessanteste und reichste Land der gesamten Region, vor allem was
Schriftdesign und Typografie betrifft – eine Art Niederlande des Mittleren
Ostens.

In den folgenden Jahren gründete ich ein Designbüro und den Wettbewerb
»:output«. Ich unterrichtete außerdem Gestaltung in Deutschland und in
den USA. Zwischen 2006 und 2012 hatte ich schließlich eine Professur an
der Hochschule für Gestaltung (HfG) in Karlsruhe inne. Je länger ich aber mit
Studenten arbeite und mit jeder weiteren Ausgabe von :output, hat sich mein
Bild von Gestaltung immer stärker verändert.

Heute frage ich mich, ob es gut für mich war, gleich zu Beginn meiner Lauf-
bahn als Gestalter nach Beirut zu gehen. Denn im Rückblick begannen
genau hier meine Zweifel. Die sichtbaren Löcher, die Granaten in die Fassade des einstmals mondänen Holiday Inn an der Strandpromenade Beiruts
gerissen hatten, haben die Perspektive auf mein eigenes Leben verändert.
Meine Studenten waren so alt wie ich und es gab niemanden, der nicht eine
eigene, persönliche Kriegsgeschichte zu erzählen hatte. Familienmitglieder,
die es nicht mehr gab. Der Schulweg, der – je nach der aktuellen Position
der Heckenschützen – täglich neu gefunden werden musste. Der beste Club
der Stadt in einem ausgebombten Keller. Ich hatte nicht das Gefühl, mehr zu
wissen als die Studenten – im Gegenteil: ich konnte nur über Zeilenabstän-
de berichten, Farbsysteme, Semiotik, warum die Form der Funktion folgen
solle und (immerhin) über meine wunderschöne Kindheit in einem kleinen
Dorf in Unterfranken.

Ich werde seitdem das Gefühl nicht mehr los, dass Design ein vergleichs-weise flaches Paralleluniversum konstruiert, das neben dem »echten Leben« existiert – was auch immer das ist. Ich meine damit nicht eine billige Pole-mik gegen die substanzlose Welt der Werbung oder des Konsums und dass wir ab jetzt alle etwas sinnvolleres machen sollten. Ich meine damit, dass Design nur begrenzt in der Lage ist, authentische Erfahrungen zu produzie-ren und sich stattdessen in Naivität und Harmlosigkeit erschöpft.

Ich will meine Zweifel an einem Beispiel illustrieren. Die HfG Karlsruhe wurde seinerzeit als kulturelle Reaktion auf eine aufkommende »zweite Mo-derne« und die digitale Revolution konzipiert, so der damalige Gründungs-rektor Heinrich Klotz Anfang der 90er Jahre. Im zentralen Lichthof der HfG aber erstreckt sich über drei Stockwerke hinweg eine wunderschöne, riesige Plakatgalerie. Nichts gegen Plakate – es ist nur so, dass ich mir die digitale Revolution irgendwie anders vorgestellt hatte.

Meine Zweifel gründen dabei nicht auf einer Kritik an einem bestimmten Medium oder einer bestimmten Form, sondern auf der Haltung dahinter. Das Plakat ist der Versuch, einen komplexen Sachverhalt (den Vorzug eines Produkts, das Zeichengebäude einer Marke, einen sozialen Missstand oder den Inhalt eines Theaterstücks) in eine einfache Form zu bringen. Es ist eine Art ästhetischer jpg-Kompression, um komplizierte Inhalte durch überfüllte Medienkanäle zwängen zu können.

Aber funktioniert die Welt heute noch so? Ändert ein wütendes Plakat irgend-etwas an einem drängenden Problem? Glauben wir einer Marke, weil sie ein »gutes« Logo hat? Wählt jemand eine Partei, weil sie eine »gute« Kam-pagne hat? Nimmt überhaupt jemand Notiz von alldem? Und wenn nicht, ist es nicht zynisch, einfach weiterzumachen wie bisher? Ist es unter diesen Umständen sinnvoll, die Feinheiten der Typografie an den Beginn eines Designstudiums zu stellen? Müssten in einer Gestaltungshochschule nicht ganz andere Fragen verhandelt werden? Wo ist die kulturelle Reaktion auf die digitale Revolution, von der Heinrich Klotz gesprochen hat? Warum fällt diese Reaktion so verhalten aus? Kann es sein, dass wir nicht radikal genug denken? Wer soll uns in Zukunft noch glauben?

Wie gesagt, ich habe Zweifel. Deshalb sollen diese Fragen nicht als Über-heblichkeit verstanden werden, nicht als Besserwisserei, Kulturpessimismus, Kritik an Kollegen oder Abgesang. Zweifeln bedeutet nicht, die besseren Antworten zu haben. Zweifeln bedeutet, sich nicht mehr mit den bisherigen Antworten zufrieden geben zu wollen.

Ich behaupte nicht, dass Design so, wie es heute praktiziert wird, keinen Wert hätte – im Gegenteil. Ich frage mich nur, ob das schon alles war. Und ich glaube, dass es noch andere gibt, die ähnliche Fragen haben. Deshalb dieses Buch…

Hoffnung

Die Zweifel sind zum Glück nicht alles. Denn die Arbeit an diesem Buch hat mir auch gezeigt, dass es an vielen Orten Künstler, Designer, Wissenschaftler, Autoren, Programmierer, Journalisten, Hacker, Unternehmer, Politiker und Vertreter vieler anderer Berufe gibt, die dabei sind, die Welt neu zu erfinden. Nahezu alle Beispiele, Projekte und Versuche, die auf den vorhergehenden Seiten versammelt sind, haben etwas gemeinsam: Sie verwischen die Grenzen zwischen den Disziplinen. Die Frage, ob dies oder jenes noch Grafikdesign oder Produktdesign oder etwas ganz anderes sei, spielt keine Rolle mehr. Dadurch entsteht eine neue Freiheit.

Der deutsch-katalanische Designer Martí Guixé hat sich die Berufsbezeichnung »Ex-Designer« gegeben, weil für ihn die Diskussion darüber, wo seine Arbeit einzuordnen sei, zur geistigen Freiheitsberaubung wurde. Wo der Designer in einer Disziplin diszipliniert wird, ist der Ex-Designer frei, offene Fragen zu stellen.

Diese Freiheit steht den Zweifeln gegenüber und stimmt mich ausserordentlich optimistisch. Denn es war genau dieses Gefühl der Freiheit, das mich vor 20 Jahren dazu bewogen hat, Design zu studieren. Ich will diese Freiheit gerne zurück haben. Auch deshalb dieses Buch.

Das Buch mit 300 Seiten

Ich habe mir das einfacher vorgestellt. Es hat drei Jahre gedauert, dieses Buch zu schreiben. Wobei nicht das Schreiben selbst so langwierig war, sondern der damit verbundene Lernprozess. Lernen braucht Zeit.

Dieses Buch begann mit einem Semesterprojekt mit Studierenden der HfG Karlsruhe, aus dem heraus sich eine hervorragende Diplomarbeit von Lisa Stöckel mit dem Titel »A Container of Possibilities« entwickelt hat.

Wir haben im Rahmen des Studienprojektes Interviews geführt mit dem Schweizer Gestalter Ruedi Baur (Paris), der niederländischen Designerin und Leiterin der Designabteilung des Sandberg Instituut Annelys de Vet (Amsterdam/Brüssel), mit dem Chemiker und Erfinder des Designprinzips »Cradle to Cradle« Michael Braungart (Hamburg), dem Erfinder der »Knowmads« Peter Spinder (Amsterdam) sowie mit dem dänischen Designjournalisten Morten Grønborg (Kopenhagen).

Ein eigens organisiertes Symposium mit den Dozenten Elio Caccavale (Glasgow), Hugo Puttaert (Antwerpen), Stefano Mirti (Mailand), Ann Laenen (Genk), Kali Nikitas (Los Angeles), Jan Willem Stas (Den Haag), Catelijne van Middelkoop (Eindhoven), Roger Teeuwen (Rotterdam), Mieke Gerritzen (Breda), Stefan Schäfer (Den Haag), Thomas Castro (Arnhem) und Anniek Brattinga (Arnhem) hat neue Perspektiven aus der Designausbildung beigetragen.

Hinzu kommen die vielen Projekte und Praxisbeispiele, die die jeweiligen Gestalterinnen und Gestalter großzügig zur Verfügung gestellt haben.

Der Rest war lesen, viele Flaschen Rotwein und hitzige Gespräche mit dem Designprofessor Ulysses Voelker aus Mainz sowie lange Telefonate mit der Verlegerin.

In diesen drei Jahren habe ich die Geduld einiger Menschen auf eine harte Probe gestellt.

Zunächst einmal die Geduld von Karin und Bertram Schmidt-Friderichs, die mit der richtigen Mischung aus Druck, konstruktiver Kritik, Leidenschaft, Akribie und Großzügigkeit dafür gesorgt haben, dass es »nur« drei Jahre geworden sind.

Dann die Geduld meiner Kinder. Das ständige Nachfragen meines Sohnes Luis, ob das »Buch mit den 300 Seiten« endlich mal fertig werden würde, hat die Sache sicherlich auch ein wenig beschleunigt. Zum Glück sind es am Ende nur 288 Seiten geworden, sonst hätte es noch länger gedauert...

Und schließlich die Geduld von Friederike, der härtesten und liebenswertesten Kritikerin von allen.

Florian Pfeffer
Amsterdam, März 2014

Gestaltung und Satz
one/one
www.oneone-studio.com

Verwendete Schriften
Theinhardt (Optimo)
Dolly (Underware)
Letter Gothic Std (Monotype)

Farben
Hochpigmentierte Farben von K+E

Papier
Tauro Offset 120g/m²

Wir übernehmen Verantwortung
Nicht nur für Inhalt und Gestaltung, sondern auch für die Herstellung. Das Papier für dieses Buch stammt aus sozial, wirtschaftlich und ökologisch nachhaltig bewirtschafteten Wäldern und
entspricht deshalb den Standards der Kategorie „FSC Mix".

Druck
ODD Print und Medien, Bad Kreuznach

Die Druckerei ist FSC- und PEFC-zertifiziert. FSC (Forest
Stewardship Council) und PEFC (Programme for the Endorsement
of Forest Certification Schemes) sind Organisationen, die sich
weltweit für eine umweltgerechte, sozialverträgliche und ökonomisch tragfähige Nutzung der Wälder einsetzen, Standards für
nachhaltige Waldwirtschaft sichern und regelmäßig deren
Einhaltung überprüfen. Durch die Zertifizierung ist sichergestellt,
dass kein illegal geschlagenes Holz aus dem Regenwald verwendet
wird, Wäldern nur so viel Holz entnommen wird, wie natürlich
nachwächst, und hierbei klare ökologische und soziale Grundan-
forderungen eingehalten werden.

Siebdruck
Kreye Siebdruck, Koblenz

Buchbinderei
Lachenmaier Buch.kreativ, Reutlingen

Dank an
Jelka Kretzschmar (Bilder- und Rechterecherche)

Verlag
Verlag Hermann Schmidt Mainz
Gonsenheimer Str.56
55126 Mainz
Tel. 06131/50600
Fax 06131/506080
info@typografie.de
www.typografie.de
facebook: Hermann Schmidt Verlag
twitter: VerlagHSchmidt

ISBN
978-3-87439-834-3

Printed in Germany with Love.

Bücher haben feste Preise!
In Deutschland hat der Gesetzgeber zum Schutz der kulturellen
Vielfalt und eines flächendeckenden Buchhandelsangebotes
ein Gesetz zur Buchpreisbindung erlassen. Damit haben Sie die
Garantie, dass Sie dieses und andere Bücher überall zum selben
Preis bekommen: Bei Ihrem engagierten Buchhändler vor Ort,
im Internet, beim Verlag. Sie haben die Wahl. Und die Sicherheit.
Und ein Buchhandelsangebot, um das uns viele Länder beneiden.